VINOD VERMA

Gesund und vital durch Āyurveda

Dr. med. VINOD VERMA

Gesund und vital durch Āyurveda

Grundlagen, Methoden und Rezepte
der altbewährten indischen Heilkunst –
für westliche Menschen
nutzbar gemacht

Otto Wilhelm Barth Verlag

Erklärung

Die Informationen, die in diesem Buch gegeben werden, sollen nicht die Hilfe eines Arztes ersetzen. Dieses Buch bezweckt, den Leser zur Gesundheitsvorsorge und Selbsthilfe bei alltäglichen Beschwerden anzuleiten. Die Autorin und der Verlag sind nicht verantwortlich für irgendwelche medizinischen Forderungen, die sich auf das präsentierte Material beziehen.

Die Verwendung der Kräuter- oder anderer Heilmittelrezepte zum Zwekke der kommerziellen Herstellung oder Vermarktung bedarf der Zustimmung der Autorin und des Verlags. Rechtsverletzungen werden gerichtlich verfolgt.

2. Auflage der Sonderausgabe 1995.

Einzig berechtigte Übersetzung aus dem Englischen von Roland E. Zeitler

Die Erstausgabe ist unter dem Titel «Āyurveda – Der Weg des gesunden Lebens. Das ganzheitliche Gesundheitssystem» erschienen.

Inhalt

Vorwort 11

1. Historische und philosophische Grundlagen des Āyurveda 17

Die alten Texte 17 / Philosophische Gesichtspunkte 26 / Tridosha – die Lehre von den drei Humoren 37 /Āyurveda und seine Entwicklung in der Neuzeit 44

2. Praktische Grundlagen des Āyurveda 49

Die erste Priorität weiser Lebensführung 49 / Die Einteilung der Krankheiten 52 / Ein Arbeitsmodell zum Verständnis der Humoraltheorie 53 / Eine detaillierte Erörterung der Humore 64 / Die drei Doshas in Diagnose und Heilung 76 / Umwelt und humorale Befindlichkeit 84 / Weitere grundlegende Aspekte des Āyurveda 88

3. Eine integrale Lebensweise 95

Überprüfung des Stuhls 97 / Überprüfung des Urins 99 / Überprüfung des Schweißes 100 / Überprüfung des Atems 101 / Überprüfung der Körpertemperatur 102 / Überprüfung des Pulses 103 / Überprüfung der Zunge 104 / Überprüfung der Augen und des allgemeinen Aussehens 105

4. Pflege und Reinigung der Organe und anderer Körperteile 108

Äußere Reinigung 109 / Reinigung des Mundes, der Zähne und der Backentaschen 109 / Reinigung und Pflege der Nasenwege 112 / Reinigung der Ohren 113 / Pflege der Augen 113 / Pflege der Haut 115 / Pflege der Hände und Füße 118 / Pflege des Kopfes und der Haare 118 / Pflege der Vagina 120 / Innere Reinigung 121 / Fettkuren 122 / Schwitzkuren 123 / Künstliches Erbrechen 125 / Einlauf (Klistier) 127 / Reinigung durch Abführmittel (Purgative) 132 / Weitere Reinigungsmethoden im Āyurveda 133

5. Vitalisierung durch Massage und Yoga 134
Massagen 134 / Druck und Druckmassage 136 / Ölmassage 141 / Kopfmassage 146 / Heilmassage 148 / Yoga 148 / Einführung 148 / Yoga-Praktiken zur Erhaltung der Gesundheit 153 / Sūrya Namaskāra («Sonnengruß») 153 / Eine Version von Shirsāsana 161 / Makarāsana 162 / Pavanamukta 163 / Konāsana im Sarvāngāsana 163 / Upavishtha Konāsana 166 / Baddha Konāsana 168 / Prānāyāma 169 / Jalneti 173

6. Ernährung 176
Menge und Qualität der Nahrung 177 / Fettleibigkeit und der Konsum von Alkohol und Tabak 182

7. Anpassung an natürliche Kräfte 188
Nicht-unterdrückbare Triebkräfte 189 / Unterdrückbare Triebkräfte 191 / Anpassung an die biologischen Veränderungen im Alterungsprozeß 198

8. Körper, Geist und Seele in Krankheit und Therapie 206
Sinne, Vernunft und Zeit 207 / Die drei Eigenschaften des Geistes 210 / Drei Therapieformen: rational, psychisch und spirituell 220

9. Āyurvedische Heilmittel und Krankheitsvorbeuge 231
Pharmazeutische Eigenschaften natürlicher Substanzen 234 / Herstellung von Heilmitteln 241 / Vorbeugung und Heilung einiger häufiger Krankheiten 247 / Müdigkeit 248 / Schmerz 254 / Schlaf und Schlafstörungen 264 / Augenbrennen und

Schwächung der Sehkraft 273 / Halsinfektion, Erkältung und Husten 275 / Chronischer Husten und Asthma 277 / Nebenhöhlenentzündung 280 / Heuschnupfen 283 / Verdauungsstörungen 284 / Appetitmangel und übermäßiger Appetit 285 / Magenübersäuerung und Magengeschwür 287 / Andere gastrische Probleme 292 / Stuhlverstopfung 293 / Trägheit der Leber 295 / Hämorrhoiden 298 / Frauenleiden 301 / Haarausfall und graue Haare 309

10. Auswahl und Beschreibung von Arzneipflanzen 312

Anis 315 / Kleiner Kardamom 315 / Großer Kardamom 316 / Zimt 317 / Süßholz 317 / Kreuzkümmel 318 / Ajwāin 318 / Koriander 319 / Bockshornklee/Kuhklee 320 / Dill 320 / Kalongī 321 / Gewürznelke 321 / Kresse 322 / Basilikum 322 / Gelbwurz/Kurkuma 323 / Indischer Flieder/Zedrachbaum 324 / Feigenbaum/Pipal 325 / Ingwer 325 / Knoblauch 326

Anhang 329

Danksagung 337 / Anmerkungen 339 / Register 345

Dieses Buch ist meinem Āyurveda-Meister

ACHARYA PRIYAVRAT SHARMA

gewidmet.

Seine hervorragenden Leistungen auf dem Gebiet der āyurvedischen Medizin, ganz besonders auf dem der Erforschung der pharmazeutischen Eigenschaften āyurvedischer Produkte, sind die Grundlage meiner Arbeit, und ohne seine Anleitung wäre es nicht möglich gewesen, dieses Buch zu schreiben.

Wie ein Bürgermeister mit Umsicht die Pflichten der Stadt wahrnimmt und ein Wagenlenker jene, die seinen Wagen betreffen, so sollte auch ein weiser Mensch Umsicht walten lassen in den Dingen, die des Körpers sind. Die Achse eines Wagens, die mit allen erforderlichen Eigenschaften ausgestattet ist, tut ihren Dienst und unterliegt einzig der normalen Abnutzung, die ihr eine begrenzte Lebensdauer auferlegt; ähnlich geht die Lebensspanne des menschlichen Körpers zu Ende, nachdem sie eine natürliche Grenze erreicht hat. Von einem solchen Tod sagt man, er komme «zu seiner Zeit». So wie die gleiche Achse vor der Zeit bricht aufgrund von Überlastung, unebener Straße, Fehlen einer Straße, Bruch der Räder, Fehler am Wagen oder mangelnden Könnens des Fahrers, Verlust des Bolzens, mangelhafter Schmierung oder zu großer Erschütterung – ähnlich findet das Leben eines Menschen sein vorzeitiges Ende infolge von Überanstrengung, mangelhafter Übereinstimmung der Nahrung mit der speziellen Eigenart der Person, unregelmäßigem Essen, unnatürlichen Körperhaltungen, übertriebenen sexuellen Ausschweifungen, Gesellschaft unwürdiger Personen, Unterdrückung nicht-unterdrückbarer Triebkräfte, Nicht-Unterdrückung unterdrückbarer Triebkräfte, Befall durch Organismen, giftige Winde und Feuer, Verletzung sowie Vermeidung von Nahrung und Heilmitteln.

Charaka, 6. Jh. v. Chr.

Vorwort

Seit einigen Jahren findet eine uralte indische Weisheitslehre zunehmend Verbreitung im Westen: der Āyurveda (die Wissenschaft vom Leben). Diese Quelle des Wissens, die im wesentlichen ausschließlich als eine Disziplin der Medizin betrachtet wird, ist immer öfter Thema der Massenmedien, auch in den westlichen Ländern. Die Wiederbelebung eines solchen Interesses trifft zusammen mit einem allgemeinen Bewußtseinswandel, in dem sich die Welt gegenwärtig befindet. Es gibt eine Verschiebung in unseren Wertesystemen, wie man ganz deutlich an der Anzahl von Gesundheits- und Umweltbewegungen sehen kann sowie an der verbreiteten Suche nach spirituellem Bewußtsein.

Der Āyurveda ist ein Strom von Wissen, wie die anderen Veden auch, und es heißt, daß sein Ursprung so alt ist wie die Menschheit selbst.[1] Dieses Wissen wird als zeitlos betrachtet, da niemand weiß, wann es nicht war. Āyurveda befaßt sich nicht nur mit Krankheiten und ihrer Heilung, sondern mit dem Leben im allgemeinen, mit dem Ziel, dem Menschen eine bessere Lebensqualität und ein längeres Leben zu bescheren. Gemäß der *Charaka Samhitā*, der bekanntesten und umfassendsten Abhandlung über diese Disziplin, wird Āyurveda definiert als «jenes, welches sich befaßt mit den guten und schlechten, glücklichen und unglücklichen (Aspekten des) Lebens, mit dem, was (das Leben) fördert und dem, was (das Leben) nicht fördert, und der Beschaffenheit und Größe (dieser Aspekte).»[2] *Ayus* wird hier definiert als die Verbindung von Körper, Sinnesorganen, Geist und Seele. Wenn sich diese Verbindung löst, endet das Leben. Deshalb bedeutet das Wort Ayus «Leben».

Āyurveda ist die Wissenschaft vom Leben, und das Leben hat

natürlich über die bloßen Körperfunktionen hinaus viele Aspekte. Āyurveda, in seiner Gesamtheit, behandelt das Leben als Ganzes; das Heilen von Leiden oder Krankheiten ist nur ein Teilbereich davon. Deshalb müssen Sie, wenn Sie etwas über Āyurveda wissen möchten und diesem Weg folgen wollen, zunächst einmal verstehen, daß diese Lehre vom Leben auf bestimmten folgerichtig aufgebauten philosophischen Konzepten über unser Dasein und unser Verhältnis zum Universum beruht. Wir beschäftigen uns hier nicht mit einer Sammlung von Regeln und Anweisungen, etwas zu tun oder zu lassen; deshalb ist es wesentlich, die Grundlagen zu verstehen, die das Fundament āyurvedischer Praxis bilden.

Bei der Anwendung jedweden medizinischen Verfahrens sollte es unser Hauptinteresse sein, nach lebensfördernden Methoden zu suchen, nach vorbeugenden Maßnahmen, mit denen wir Krankheiten fernhalten können, und im Falle einer Erkrankung nach der richtigen Arznei (welche nicht nur heilt, sondern den Patienten auch vor Nebenwirkungen schont) und anderen Heilmitteln. Wir sollten nicht fanatisch einer medizinischen Richtung das Wort reden, noch sollten wir ein allgemein vorherrschendes System vollständig verwerfen. Viele wirksame Methoden aus verschiedenen medizinischen Richtungen können sich durchaus gegenseitig ergänzen.

Ein entscheidender Nachteil der modernen Medizin ist, daß sie sich in erster Linie für die Krankheit interessiert und nicht für die Gesundheit. Die medizinische Forschung und all ihre Anstrengungen richten sich auf das Aufspüren von Heilmitteln gegen Krankheiten, und kein Wort wird darüber verloren, wie man die Gesundheit erhalten und vorbeugende Maßnahmen treffen kann, um sich vor mannigfachem Leiden zu bewahren. Eine gesunde Lebensweise und vorbeugende Maßnahmen sind nicht Thema der medizinischen Ausbildung. Im Āyurveda jedoch liegt der Schwerpunkt auf dem Erhalt der Gesundheit und dem Annehmen einer gesunden Lebensweise. Der zweite wesentliche Nachteil unserer vorherrschenden medizinischen Verfahrensweise ist, daß alle Menschen bei der Heilung von Krankheit gleich behandelt werden. Die individuellen Unterschiede und die jeweilige individuelle Grundbefindlichkeit werden nicht mit in Betracht gezogen. Wir Menschen unterscheiden uns jedoch in unserem Verhalten und unserer Reaktion auf eine jeweilige Heilbehandlung ebensosehr, wie wir verschieden sind in unserer äußeren Erscheinung und unseren Wesensmerkmalen. Im Āyurveda werden die individuellen Abweichungen berücksichtigt, und Gesundheitspflege und Behandlung gründen sich auf die individuelle Körperbeschaffenheit.

Bevor Sie anfangen mit diesem Buch zu arbeiten, ist es wichtig zu begreifen, daß die āyurvedische Vorstellung vom Körper anders ist als in der modernen Medizin und Biologie. Im Gegensatz zu letzterer ist nach āyurvedischer Auffassung der Mensch weder zweigeteilt in Körper und Geist, noch wird der Körper wie eine Maschine betrachtet, die sich in ihre Einzelteile zergliedern läßt. Wenn man im Āyurveda vom «Körper» spricht, dann ist der Geist mit eingeschlossen, denn jener Begriff wird verwendet, um unser physisches, zerstörbares Selbst zu kennzeichnen im Gegensatz zur Seele, die unzerstörbar ist, ohne Substanz und nur eine Form von Energie. Der Geist wird sogar als der sechste Sinn betrachtet. Körper, Geist und Seele ergeben ein Lebewesen. Die Seele ist das wahre «Selbst» eines Individuums und die Ursache des Bewußtseins. Körper und Geist bilden den physischen Teil eines Wesens, das nicht ohne Seele existieren kann. Diese Energie oder Seele ist wiederum verbunden mit der universellen Seele oder kosmischen Energie. Im Āyurveda wird ein lebender Körper (eine Person) nicht als eine unabhängige Einheit angesehen. Die biologischen, mentalen, spirituellen und kosmischen Aktivitäten sind voneinander abhängig und miteinander verwoben. Deshalb werden im Āyurveda die Leiden und Funktionsstörungen eines Individuums im Zusammenhang mit seiner sozialen, kulturellen und spirituellen Umgebung sowie seiner kosmischen Verknüpfung behandelt. Zum Beispiel hängt die elementare menschliche Grundbefindlichkeit von dem relativen Anteil der drei «Humore» *(doshas)** ab, die die Unversehrtheit des Körpers aufrechterhalten und verantwortlich sind für alle physischen und mentalen Abläufe. Diese drei Humore stammen von den fünf elementaren oder materiellen Elementen ab (Äther, Luft, Feuer, Wasser, Erde), die die materielle Wirklichkeit

* Wie in der klassischen griechischen Vorstellung von den «Humoren» sind die Doshas weniger materielle «Körpersäfte» als vielmehr psychophysische Eigenschaften. Das Konzept der Doshas wird später im einzelnen behandelt.

dieses Universums bilden. Sie werden im Verlauf der Ausführungen in diesem Buch feststellen, daß die Prinzipien, die den Kosmos regieren, auch im biologischen Bereich ihre Anwendung finden. So ist also die Auffassung von Gesundheitspflege im Āyurveda sehr verschieden von jener der modernen Medizin, die allopathisch (den physischen Symptomen entsprechend) ist.

Im Āyurveda ist ein physischer oder chemischer Eingriff zur Behandlung eines Leidens nicht genug. Gesundheit ist Harmonie im Individuum und dessen Einklang mit seiner Umgebung; so beruht auch die Behandlung auf diesen Prinzipien. Heilen bedeutet, diese Harmonie wiederherzustellen, und es erfordert eine Menge zusätzlicher Schritte, die über die bloße Verabreichung von Medikamenten hinausgehen. Sie werden sehen, daß es in diesem Buch wesentlich mehr Hinweise zur Gesundheitspflege als Heilmittelrezepte gibt. Dabei werden Sie feststellen, daß in vielen Kapiteln beides miteinander verbunden ist. Die Formeln oder Rezepte zur Herstellung verschiedener Arzneimittel dürfen nicht einfach symptomorientiert verwendet werden, ohne auch alles übrige zu befolgen.

Der Āyurveda ist eine sehr umfassende und tiefe Quelle des Wissens. Das vorliegende Buch ist nur eine Einführung und ein praktischer Ratgeber für eine āyurvedisch orientierte Lebensweise. Am Anfang werden die Grundlagen dieser Disziplin leichtverständlich erklärt. Es folgt eine Beschreibung der täglichen Praxis und dessen, was wir tun können, um unsere Gesundheit zu erhalten und Harmonie in unser Leben zu bringen. Es werden verschiedene Methoden aufgezeigt, mehr Sensibilität für unseren Körper und seine Umgebung zu entwickeln, Methoden der Selbstdiagnose, Wege der Heilung kleinerer Leiden durch ganz einfache Maßnahmen, Möglichkeiten der Krankheitsvorbeuge, Rezepte zur Herstellung einfacher Arzneimittel aus Heilpflanzen und Anleitung zur inneren und äußeren Reinigung des Körpers. Jeder praktische Teil wird in allen Einzelheiten erklärt, und es gibt auch Informationen darüber, wo die jeweiligen Produkte erhältlich sind. Es wird aufgezeigt, daß die āyurvedische Medizin nicht begrenzt ist auf bestimmte Kräuter, die nur in Indien wachsen, speziell im Himālaya, wo die Urschriften über Āyurveda verfaßt wurden. Die Bestimmung der Heilpflanzen nach ihrem Geschmack und andere Eigenschaften der Arzneimittel werden genau erklärt.

Āyurvedische Arzneimittel sind weder zeit- noch ortsgebunden. Im Zuge der Verbreitung des Āyurveda in Südindien und Sri Lanka wurden viele örtlich vorkommende Pflanzen und Mineralien miteinbezogen. Auf ähnliche Weise wurden viele Arzneimittel aus Griechenland und dem Mittleren Osten in die āyurvedischen Schriften aufgenommen.

Dieses Buch wurde geschrieben mit dem Ziel, den Menschen ihre Gesundheit bewußt zu machen und sie gewahr werden zu lassen, daß nur ein wenig Aufmerksamkeit sich selbst gegenüber sie vor kleineren Gesundheitsstörungen ebenso bewahren kann wie vor dauernden gesundheitlichen Schäden. Bei der steigenden Zahl körperlicher Leiden und einem globalen Anstieg der Krankheitskosten wird es für jeden Menschen immer wichtiger, einen persönlichen Beitrag zur Erhaltung der eigenen Gesundheit zu leisten. Das überlieferte Wissen der Rishis (Weisen) lehrt uns den Gebrauch vorbeugender Maßnahmen und sanfter Heilmittel, um uns bei guter Gesundheit zu halten; warten wir nicht, bis Körper und Geist erschöpft und größere Störungen im Organismus aufgetreten sind.

Der Zweck dieses Buches ist nicht nur, westlichen Lesern das Wissen des Āyurveda zu offenbaren, denn dies wurde in einigen jüngst erschienenen Publikationen zu diesem Thema bereits getan. Mein Hauptinteresse ist vielmehr, Ihnen Wege und Methoden aufzuzeigen, mit deren Hilfe Sie dieses Wissen nutzbringend anwenden können, um Ihre Lebensqualität zu verbessern. Aus diesem Grund ist es ganz wesentlich, einen neuen Anfang zu setzen. Zuallererst müssen wir erkennen, wohin uns die moderne Zivilisation hinsichtlich unserer geistigen Befindlichkeit und Lebensweise gebracht hat. Wir leben unser Leben in Bruchstücken, aufgespalten in Zeit, Raum, Körper und Geist. Wollen wir nun unser Leben auf āyurvedischen Grundlagen aufbauen, so können wir nicht einfach diese Prinzipien auf unser zersplittertes Dasein anwenden. Was ich meine, wenn ich von einem Neubeginn spreche, ist, daß wir zuerst uns selbst als Ganzheit, als Einheit und als ein in sich vollständiges Wesen sehen und empfinden müssen – erst dann können wir unsere Einheit mit dem Kosmos erfassen. Ganzheitliche Medizin ist nicht möglich ohne eine ganzheitlich ausgerichtete Lebensweise. Das vorliegende Buch wird diese auf eine Weise darstellen, die Ihnen hilft, sich Ihres Selbst bewußt zu werden mit dem Ziel, Ganzheit als Einheit von Körper, Geist und Seele zu erkennen.

Dieses Buch wurde für eine Leserschaft geschrieben, die noch kein Vorwissen über Āyurveda oder Medizin im allgemeinen hat. Alle technischen Begriffe wurden deshalb in einfachen Worten erklärt. Kommentare und Vorschläge der Leserinnen und Leser sind willkommen.

1. Historische und philosophische Grundlagen des Āyurveda

Die alten Texte

Die ersten schriftlichen historischen Belege über Āyurveda finden sich im *Rigveda* und im *Atharvaveda*, zwei der vier Hauptveden (Bücher der Weisheit) des alten Indien. Das Wort *Veda* bedeutet wörtlich «Wissen». Es gibt verschiedene Auffassungen über den Zeitraum der Entstehung der vier Veden: *Rigveda*, *Yajurveda*, *Sāmaveda* und *Atharvaveda*. Einige Historiker meinen, daß die Veden von den Ariern verfaßt wurden, die um 2000 v. Chr. aus Osteuropa und Kleinasien nach Indien kamen und die Völker der Indus-Zivilisation unterwarfen.[1] Dagegen spricht jedoch, daß die Arier ein Hirtenvolk waren und deshalb wohl kaum eine solche Meisterschaft in der Sprachbeherrschung erlangt haben konnten, daß sie schon kurz nach der Unterwerfung der Indus-Völker in einem derart anspruchsvollen Stil über verschiedenste Wissensgebiete zu schreiben vermochten. Tatsächlich glaubte man bis zum Zeitpunkt der Entdeckung der Überreste der Indus-Zivilisation (vor nur ca. 70 Jahren), daß die Arier bei ihrem Einfall in Indien nur auf Stammesvölker trafen. Die jüngsten Untersuchungen der Indus-Kultur haben jedoch gezeigt, daß diese Zivilisation nicht nur weit fortgeschritten war, sondern daß auch eine kulturelle Kontinuität bis in das heutige Indien besteht.[2] Deshalb ist es schwierig, eine Aussage darüber zu machen, ob das vedische Wissen im Zusammenhang mit der Indus-Zivilisation steht, oder ob die Veden später geschrieben wurden. Träfe der erste Fall zu, wären die Veden 3500 bis 5000 Jahre alt.

Der *Rigveda* bezieht sich häufig auf die Heilkunst, wohingegen der *Atharvaveda* eine literarische Quelle für den *Āyurveda* ist, der später als eigenständiger Veda geschrieben wurde. *Atharvan* bedeutet «Feuer» (ebenso auch Licht – die Sonnengottheit). Der *Atharvaveda* gibt konkrete Hinweise darüber, wie Krankheiten und Unglücksfällen zu begegnen ist. Er ist nicht ausschließlich ein Werk über Medizin, da er sich auch mit anderen Aspekten des Lebens befaßt, wie zum Beispiel dem materiellen, sozialen und politischen Bereich. Er behandelt die folgenden Bereiche der Gesundheitspflege: 1. Nahrung und Verdauung; 2. Möglichkeiten, die Geisteskraft zu stärken; 3. Wege und Methoden, Krankheiten zu überwinden, und Wissen über Arzneipflanzen; 4. Wege, die Gesundheit zu erhalten und ein langes Leben zu führen; 5. Anweisungen zur Überwindung schlechter Charaktereigenschaften und zur Ausbildung angenehmer Wesenszüge.

Es ist wichtig zu erwähnen, daß sich das System der Gesundheitspflege, wie es im *Atharvaveda* beschrieben wird, sehr an der Nutzbarmachung der Kräfte des Selbst *(ātmashakti)* orientiert und diese zum Zwecke der Autosuggestion und Heilung einsetzt. In alten Zeiten hielten die Rishis sehr viel vom Einsatz der eigenen inneren Kräfte zur Selbstheilung.

Bei der Beurteilung dieser medizinischen Abhandlung, die vor mehreren tausend Jahren verfaßt wurde, müssen wir berücksichtigen, daß sie geschrieben wurde, um der Lebensweise von Menschen zu dienen, die zu jener Zeit lebten. Wir finden darin Anweisungen, wie man sich vor Feinden, Geistern und Krankheiten schützt, und es werden verschiedene Wege aufgezeigt, wie man sich am besten gegen sie wehrt. Der Sprung vom einen zum anderen ist in der Tat so abrupt, daß man geneigt ist zu glauben, eine Krankheit werde wie ein leibhaftiger Feind betrachtet und umgekehrt. Möglicherweise gab es in jenen Tagen häufig Kämpfe zwischen verschiedenen Stammesgruppen, und solche Anweisungen waren deshalb sehr wichtig. Beginnen wir nun, einige Bereiche der Gesundheitspflege, so wie sie in diesem Veda beschrieben werden, näher zu untersuchen.

Es finden sich dort einige ausgesprochen suggestive Methoden, die ganz offensichtlich dazu verwendet wurden, einen Patienten durch das Verändern seines psychischen Zustandes zu heilen.

> Ich zerstöre deine Leiden, die mit den Harnwegen verknüpft sind. Möge der aufgestaute Urin aus deinem Körper herauskommen. ... Dein aufgestauter Urin möge herauskommen und dabei ein Geräusch erzeugen. Jener Urin, der aufgehalten wird in deiner Blase, möge er bald herauskommen und einen Ton erzeugen. Nach der Art, wie man einen Weg bahnt, um das Wasser aus einem Fluß abzuleiten, ähnlich bahne auch ich einen Weg, um deinen Urin abzuleiten. Möge all dein aufgestauter Urin herauskommen. Um Wasser aus dem Meer, einem See oder einem Teich abzuleiten, schafft man einen Weg. Auf ganz gleiche Weise habe ich eine Schleuse in deiner Blase geöffnet, um deinen aufgestauten Urin abzulassen. Möge all dein Urin abfließen unter großem Geräusch. So, wie ein Pfeil seinem Ziel entgegenstrebt, nachdem er sich vom Bogen gelöst hat, so möge auch dein aufgestauter Urin aus dir herauskommen unter großem Geräusch.[3]

Der *Atharvaveda* ist das erste schriftliche Dokument über die Lehre von den drei Humoren. Später nahm diese Theorie durch Erfahrung und fortwährendes Experimentieren eine hochentwikkelte Form an. In vedischen Zeiten waren die medizinischen Beschreibungen verbunden mit Gebeten an die Kräfte der Natur:

> O Sonne, mach uns frei von Krankheit, geboren aus den Drei Säften [*tridosha*, d. h. *kapha*, *vata* und *pitta*]. . . . O Sonne, laß' diesen Menschen frei sein von Kopfschmerz und anderen Leiden, die mit Kapha verbunden sind; eingedrungen sind sie in jeden Teil seines Körpers. Befreie ihn von Kapha, welcher entstammt dem Regen und dem Wasser; befreie ihn von Vata, welcher entstammt der Luft, und befreie ihn vom Fieber, welches verursacht wurde durch eine Mißbildung von Pitta. Mögen alle Leiden diesen Menschen verlassen und in die Wälder und einsamen Berge ziehen.[4]

Es gibt Mantras für eine leichte Entbindung, die sich an Pusa – die Gottheit der Entbindung – richten.

> O Pusa, befreie den Leib von der Nachgeburt. Wir öffnen auch

> den Weg zum Schoß für eine leichte Entbindung. O Gottheit, sei geneigt und mache die Gelenke dieser schwangeren Frau lokker. O Sutī, Gottheit des Windes, laß' die Öffnung der Gebärmutter sich nach unten richten, damit sie angeregt werde. O gebärende Frau, diese Nachgeburt wird dich nicht gesund machen. Diese Nachgeburt gehört nicht zu deinem Fleisch, deinen Knochen, deiner Haut und so weiter; sie ist es nur wert, ausgeworfen zu werden. ... O schwangere Frau, ich öffne den Ausgang deines Schoßes, um das Kind herauszulassen. ... So schnell wie der Wind und der Geist, so flink und ohne Begrenzung wie die Vögel am Himmel umherfliegen, so kommst auch du heraus, o zehn Monate eingeleibtes Kind, zusammen mit der Nachgeburt, laß' diese Nachgeburt herausfallen.[5]

Im Zusammenhang mit der Behandlung von Fieber wird noch hinzugefügt, daß Schmerz verursachende Fieber, die das Leben erschweren, dem Feuer entstammen. Indem man heißes Wasser auf das Opferfeuer sprengt, wird das Fieber höflich ersucht, zurückzukehren zu seinem Ursprungsort – dem Feuer. Es gibt eine Beschreibung der verschiedenen Arten von Fieber einschließlich der Malaria. Sie werden gebeten, den Körper des Kranken zu verlassen, und ihnen allen wird ein ehrenvoller Abschied bereitet. Vielleicht wurden diese Mantras begleitet von komplizierten feierlichen Handlungen, die in jenen Tagen von āyurvedischen Priesterärzten (Vaidyas und Pandits) ausgeführt wurden.

Wir sehen also, daß die Krankheiten mit Respekt behandelt und höflich gebeten wurden, den Körper zu verlassen. Im *Atharvaveda* hatten Arzneimittel den Status von Gottheiten (I, 30). Es muß daran erinnert werden, daß das Wort «Gott» im alten Indien dazu verwendet wurde, die verschiedenen Kräfte der Natur zu beschreiben. Alles, was mächtig, wirkungsvoll, freundlich und hilfreich war, konnte als Gott bezeichnet werden. Zum Beispiel waren alle fünf Elemente der Prakriti (kosmische Substanz) – also Erde, Feuer, Wasser, Luft und Raum – Gottheiten; ebenso die Sterne, Planeten, Bäume und Flüsse. Später nahmen diese Gottheiten menschenähnliche Formen an oder verschmolzen mit Tieren. Tiere und Pflanzen, Flüsse, Seen und Meere, Berge und Steine, Sonne, Mond und Sterne, Planeten und vieles mehr waren alle in das menschliche Leben integriert. Sie wurden durch Gebete gebührend zufriedengestellt. Viele von diesen Praktiken werden noch heute befolgt, obwohl die moderne Technik das Empfinden von Dankbarkeit gegenüber der Natur verändert hat. Die Millionen Gottheiten, die wir aus der noch lebendigen alten hinduistischen Kultur kennen, bezeichnen verschiedenste Energiezustände in der Natur. Die Menschen entwickeln ihnen gegenüber eine Beziehung der Harmonie, des Respekts und der Dankbarkeit. Dies ist eine Art, der Natur unsere Dankbarkeit zu bekunden für all das, was sie uns gibt, und zur gleichen Zeit ihre Stärke und Integrität zu respektieren.

Im *Atharvaveda* werden Heilpflanzen detailliert beschrieben mit all ihren Eigenschaften und ihrem spezifischem Stellenwert in der Heilbehandlung. «Voller Lebenskraft, O Haridre (Kurkuma)! Du bist die beste aller Medizinen, wie die Sonne und der Mond am Tag und in der Nacht.»[6] Des weiteren gibt es eine Zusammenstellung von Heilpflanzen, die eine Anzahl von Hautkrankheiten heilen (I, 24). Wir finden Beschreibungen von Krankheiten wie Hepatitis, Malaria, Typhus, Tuberkulose, Epilepsie. Auch anatomische Einzelheiten des menschlichen Körpers werden gegeben (II, 33). Wir wollen bei diesen Angaben nicht in Einzelheiten gehen, da sie heute für uns in erster Linie von historischem Interesse sind. Ich finde, der wichtigste Gesichtspunkt bei der Betrachtung dieses Veda ist die Dynamik und die Kraft der Sprache, die im suggestiven und rituellen Heilen verwendet wird. Ich zitiere deshalb im folgenden, was ich die «antibiotischen Mantras» des *Atharvaveda* nenne:

> Mit der Mühle, hergestellt aus dem Stein des Indra, der alle Krimis (schädliche Bakterien und andere Parasiten) vernichtet, zermalme ich alle Krimis, gleich wie das Korn zermalmt wird (vom Mühlstein). Ich vernichte alle sichtbaren und unsichtbaren Krimis, die den Körper angreifen. Ich vernichte all jene Krimis, die wie ein Geflecht sind, welches Blut und Fleisch vergiftet. Ich vernichte all diese Krimis mit Mantras und Heilmitteln. Mögen all diese Krimis sterben. Ich mache all diesen Krimis mit der Kraft dieses Mantras ein Ende. Die Würmer der Eingeweide, des Kopfes, der Muskeln und alle anderen Arten (von Parasiten)

vernichten wir mit der Kraft der Mantras. All die Krimis, entsprungen aus den Wäldern, den Bergen, den Pflanzen, den Tieren und so weiter, die in den Körper eingedrungen sind durch Nahrung, Wasser oder durch Wunden, ich beende ihr Gedeihen und vernichte sie.[7]

Wir sehen also, daß die Menschen des vedischen Zeitalters ein genaues Wissen von den externen parasitären Angriffen auf den Körper hatten, ihre Verbreitung und Giftigkeit kannten, ebenso ihre Herkunft und die Wege ihres Eindringens in den Körper. Es gibt auch antibiotische Mantras für Tiere, die ich jedoch aus Platzgründen hier nicht anführen möchte.

Wie Sie wissen, bedeutet Gesundheitspflege nicht nur, den Körper frei zu halten von Krankheit. Besonders in alten Zeiten betrachteten die Menschen Gesundheit als Erfüllung der Gesamtheit ihrer Persönlichkeit und als Verwirklichung inneren Friedens. Die Wichtigkeit der Mann-Frau-Beziehung war ihnen wohl bewußt, auch die Probleme, die daraus entstehen können. Beschließen wir die Reihe von Zitaten aus diesem uralten und ersten schriftlichen Dokument über Medizin und Gesundheit mit folgendem amüsanten Mantram:

> O meine Dame! So wie ein kleiner Strohhalm im Wind umherwirbelt, ebenso errege ich Ihren Sinn, so daß Sie mich zu begehren beginnen und nicht von mir getrennt sein wollen. . . . Möge diese Frau zu mir kommen mit der Sehnsucht nach einem Ehemann. Im Verlangen nach ihr verschenke ich mich vollständig an sie. Ich bin mit Reichtümern zu ihr gekommen, so wie das beste Pferd zu seinem weiblichen Ebenbild.[8]

P. V. Sharma schreibt über die Zeit, aus der diese Schriften stammen:

> In vedischen Zeiten erlangten die Menschen Wissen über die Welt der Pflanzen durch ihre liebevolle Verbindung mit der Natur. . . . Bei ihrer Suche nach Arzneimitteln halfen ihnen die Tiere. Sie begannen solche Pflanzen zu verwenden, die auch die Tiere für sich benutzten. So war es möglich, über diese Pflanzen Untersuchungen anzustellen, um sie schließlich (als Heilmittel)

einzuführen. Obwohl es in jenen Tagen keine fortgeschrittenen technischen Instrumente wie heute gab, lieferten die Menschen jener Zeit aufgrund ihrer genauen Beobachtung und göttlichen Klarsicht trotzdem Ergebnisse von hoher wissenschaftlicher Gültigkeit. Wegen der Mithilfe der Tiere an der Sammlung dieses medizinischen Wissens sind viele Arzneimittel nach Vögeln und anderen Tieren benannt.[9]

Der vollständigste und genaueste Text, den wir über den Āyurveda besitzen, ist die *Charaka Samhitā.* Sie wurde mindestens eintausend Jahre später als der *Atharvaveda* geschrieben und ist eng verbunden mit dem *Atharvaveda.* Es heißt, daß die Grundidee der *Charaka Samhitā* zuerst von dem Weisen Ātreya formuliert wurde.

Man glaubt, daß das Wissen des Āyurveda dem Weisen Ātreya von den Göttern mitgeteilt wurde (s. Diagramm 1). Der Āyurveda wurde von Brahmā mit der Schöpfung selbst ins Leben gerufen. Dieses Wissen wurde dann an Daksha Prajāpati weitergegeben, der es seinerseits Indra übergab. Der Weise Bhāridvāja, aufgefordert von anderen Weisen, begab sich zu Indra, um dieses Wissen zum Wohle der Menschheit zu erlangen, und brachte es auf die Erde. Es war Bhāridvāja, der dieses Wissen an den Weisen Ātreya übergab. Der Weise Ātreya erörterte die medizinischen Themen mit Gelehrten und Weisen bei mehreren Zusammenkünften, die in verschiedenen Teilen des Landes stattfanden. Der brillanteste seiner Schüler war Agnivesha, der die Inhalte und Ergebnisse in einer Schrift festhielt – den «Abhandlungen des Agnivesha». Dieser Text wurde von Charaka vertieft und erweitert zur *Charaka Samhitā.* Ein Gelehrter aus Kaschmir mit Namen Dridhabala überarbeitete das Werk nochmals, und diese Fassung ist schließlich der Text, den wir heute besitzen. Nach der historischen Untersuchung von Professor Priyavrat Sharma lebte Ātreya um das 7. Jahrhundert v. Chr.[10]

Charakas Text ist wichtig und revolutionär, denn darin «wurde bezüglich der Ursachen und der Heilung von Erkrankungen Schluß gemacht mit der Blindgläubigkeit und dem Aberglauben der alten Tage, und eine zweckmäßige Haltung gegenüber diesen Problemen entwickelt. Charaka legte auch großen Wert auf ein logisches Vorgehen (*yukti*). Er gab den Rat, jeden Schritt nach be-

Diagramm 1. Eine Zusammenfassung der āyurvedischen Überlieferung entsprechend der *Charaka Samhitā*

Der Āyurveda wurde von Brahmā geschaffen.

↓

Dieses ewige Wissen wurde von Daksha Prajāpati und Indra an Bhāridvāja bzw. Atri weitergereicht, der es in die irdische Welt brachte. Bhāridvāja übergab dieses Wissen an Ātreya.

↓

Ātreya organisierte Zusammenkünfte im ganzen Land und formulierte die Grundideen im 7. Jh. v. Chr.

↓

Agniveŝha, der brillanteste der sechs Schüler von Ātreya, schrieb dieses Wissen in Form des *Agnivesha Tantra* nieder.

↓

Verbessert und erweitert von Charaka im 6. Jh. v. Chr., wurde dieses Wissen bekannt unter dem Namen *Charaka Samhitā*.

↓

Dridhabala überarbeitete diesen Text im 4. Jh. v. Chr. Dabei fügte er noch einiges hinzu. Die gegenwärtige Schrift, die überall verwendet wird, ist das *Agnivesha Tantra* nach der Überarbeitung von Charaka und Dridhabala.

stem Wissen zu tun. ... Charaka betonte die Wichtigkeit des Forschungsprozesses, der ganz wesentlich ist, um die wissenschaftliche Wahrheit zu erlangen.»[11]

Wir werden uns in diesem Buch immer wieder auf die *Charaka Samhitā* beziehen, wenn es darum geht, āyurvedische Gedankengänge zu erklären oder bestimmte Methoden zur Erhaltung und Wiederherstellung der Gesundheit zu erläutern.

Zu Lebzeiten des Ātreya gab es noch eine andere wichtige Schule: die Schule des Weisen Dhanvantrī, die sich ausschließlich mit chirurgischen Problemen befaßte. Ātreya überwies Fälle an Dhanvantrī, aber es wird nicht erwähnt, daß Patienten des Dhanvantrī an Ātreya überwiesen wurden. Dies zeigt, daß chirurgische

Eingriffe nur dann vorgenommen wurden, wenn alles andere nichts geholfen hatte.

Es gibt zahlreiche Schriften über den Āyurveda, die von großer Bedeutung sind. Die *Sushruta Samhitā* wurde von Sushruta geschrieben, der möglicherweise ein Zeitgenosse von Charaka war. Dieses Werk ist von größtem Wert, da es neben dem allgemein heilkundlichen Teil auch chirurgische und rhinoplastische Verfahren und die entsprechenden Instrumente beschreibt. Das dritte Hauptwerk der ayurvedischen Medizin jener Tage ist das *Ashtanga Samgraha* des Vagbhata. Vagbhata arbeitete an der medizinischen Fakultät der Universität Nalanda (in der Nähe des heutigen Patna).

Er faßte in seinen Arbeiten die Ansichten von Charaka und Sushruta zusammen und fügte seine eigenen sehr umfangreichen wissenschaftlichen Daten über die Behandlung von Krankheiten hinzu.

Dies war ein goldenes Zeitalter für die Entwicklung der āyurvedischen Medizin. Neben den Grundsätzen der allgemeinen Heilkunde und Chirurgie finden wir in der alten āyurvedischen Literatur auch die Beschreibung von acht verschiedenen Spezialgebieten: 1. Innere Medizin; 2. Kinderheilkunde; 3. Hals-, Nasen-, Ohren- und Augenkrankheiten; 4. Psychiatrie; 5. Chirurgie und Rhinoplastik; 6. Toxikologie (Giftkunde); 7. Verjüngung und Langlebigkeit; 8. Aktivierung der Zeugungskraft.

Obwohl man im Laufe der Zeit umfangreiche Kommentare zu den früheren Werken verfaßte, wurde doch auch manches Neue hinzugefügt. Aus Platzgründen werden wir hier von einer historischen Darstellung absehen. Jedoch sollte man erwähnen, daß der Āyurveda, obwohl er eine uralte Wissenschaft ist, nie in seiner Entwicklung stehenblieb. Es gab und gibt noch heute eine ständige Erweiterung dieses Wissens. Als sich Alexander der Große im 3. Jh. v. Chr. in Indien aufhielt, wurden viele für den Āyurveda neue Arzneipflanzen und Behandlungsmethoden einfach übernommen. Gleiches geschah auch später, als andere Invasoren ins Land kamen. Es ist in der Tat so, daß manche alte griechisch-arabische Heilmethode, die in ihrem Ursprungsland längst in Vergessenheit geraten ist, nur deshalb überlebte, weil sie in Indien bis zum heutigen Tag praktiziert wird. In den letzten zweihundert Jahren haben uns moderne Wissenschaftler geholfen, die chemische Zusammensetzung von Heilpflanzen zu bestimmen und so das Grundprinzip āyurvedischer Therapie vom Standpunkt der modernen Wissenschaft zu beleuchten. Vielleicht ist es vielen von Ihnen nicht bewußt, daß einige wichtige chemisch hergestellte Arzneimittel ihren Ursprung im Āyurveda haben. Zwei der bekanntesten Beispiele sind die Pflanzen *Rauwolfia serpentina* und *Ephedra gerardiana. Rauwolfia serpentina* wird in Indien seit Urzeiten verwendet, um den Blutdruck zu senken. Sie wurde 1703 von dem französischen Botaniker Plumier nach Europa gebracht und mit einer lateinischen Bezeichnung, dem Namen des Physikers Rauwolf, versehen. *Sarpa* bedeutet Schlange, und so findet sich in dem lateinischen Wort *serpentina* die Sanskritbezeichnung *sarpagandha* wieder. Im Jahre 1931 gelang es zwei indischen Wissenschaftlern, die Wirkstoffe Reserpin und Rescinamin aus dieser Pflanze zu gewinnen.[12] Später, im Jahre 1945, wurden die Forschungen an dieser Pflanze von dem Schweizer Pharmakonzern Ciba-Pharma in Bombay aufgenommen, und tatsächlich wurde es diesem Konzern zugeschrieben, das erste allopathische Heilmittel zur Behandlung von Bluthochdruck hergestellt zu haben. Ähnlich war es bei der Pflanze *Ephedra gerardiana.* Sie gedeiht in den Bergen des Himālaya in einer Höhe zwischen 2000 und 4000 Metern und ist ein uraltes Mittel zur Behandlung von Husten und Asthma. Diese Pflanze besitzt den Wirkstoff Ephedrin, der heutzutage auf der ganzen Welt zur Behandlung von Asthma Verwendung findet.

Philosophische Gesichtspunkte

Eine āyurvedische Lebensweise erfordert es, im Einklang mit dem kosmischen Rhythmus zu leben. Es ist nicht möglich, diese holistische Heilweise zu übernehmen, ohne ein ganzheitliches Leben zu führen, da alles in diesem Universum miteinander verbunden ist und in Beziehung zueinander steht. Um diese kosmische Einheit begreifen zu können, müssen Sie die Begriffs- und Gedankenwelt verstehen, in der der Āyurveda wurzelt.

Sāmkhya und Yoga

Sāmkhya und Yoga stehen in enger Beziehung zueinander und sind zwei der sechs Lehren des alten Indien. Das Sāmkhya bildet die philosophische Grundlage des Yoga. Der Yoga zeigt uns die Techniken, wie wir das Ziel, das im Sāmkhya beschrieben ist, erreichen können.

Nach dem Sāmkhya, das wörtlich «Zahl» bedeutet, wird die Wirklichkeit des Kosmos in 25 Bestandteile (*tattva*) unterteilt. Purusha, die Universalseele, und Prakriti, die kosmische Substanz, sind die beiden Hauptbestandteile (s. Diagramme 2 und 3)[13]. Prakriti besteht aus drei sie bildenden Eigenschaften (*guna*): Sattva, die Eigenschaft der Wahrheit, Tugend, Schönheit und Ausgeglichenheit; Rajas, die Eigenschaft der Kraft und des inneren Antriebs; und Tamas, die Eigenschaft, die Bewegung einschränkt, blockiert und Widerstand leistet. Prakriti hat keinen Drang zur Handlung, denn sie ist unbelebt. Purusha ist das belebende Prinzip von Prakriti und ohne jegliche Eigenschaft (*gunas*). Es ist Purusha, der der Materie das Leben einhaucht. Nur durch die Verbindung von Purusha und Prakriti offenbart sich alle Existenz. Durch diesen Zusammenschluß entstehen die nächsten drei Bestandteile. Es sind die Vernunft (*buddhi*), das Prinzip der Individuation (*ahamkāra*) und das Denkvermögen (*manas*). Dadurch wiederum entstehen die fünf feinstofflichen Elemente: Klang, Fühlbarkeit, Erscheinung, Geschmack und Geruch. Die feinstofflichen Elemente stehen im Zusammenhang mit den ihnen entsprechenden materiellen oder fundamentalen Elementen: Äther, Luft, Feuer, Wasser und Erde. Zu diesen fünf Grundelementen stehen die fünf Sinnesorgane (Hören, Fühlen, Sehen, Schmecken, Riechen) und die fünf Handlungsorgane (Sich-Ausdrücken, Anfassen, Bewegen, Ausscheiden, Sich-Fortpflanzen) in Beziehung.

Vor der Manifestation der objektiven Welt, das heißt vor der Verbindung von Purusha und Prakriti, sind die drei Eigenschaften der Prakriti in vollkommenem Gleichgewicht. Nach der Manifestation der objektiven Welt hingegen wird dieses Gleichgewicht beständig durch Handlungen (*Karma*) verändert. Karma ist das Wesensmerkmal der Verbindung von Purusha und Prakriti.

Wir, als lebende Wesen, sind der Mikrokosmos des oben beschrie-

Diagramm 2. Eine bildliche Darstellung der verschiedenen kosmischen Elemente nach dem Sāmkhya

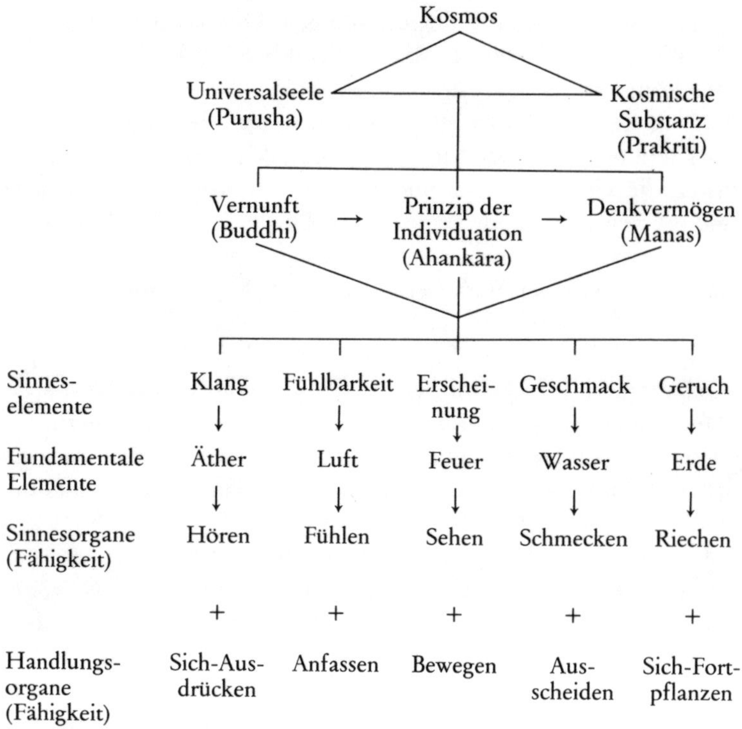

benen Makrokosmos. Unsere Seele ist Teil der Universalseele (*purusha*) in uns. Die Verbindung unserer Seele mit der Kosmischen Substanz läßt den Intellekt, das Individuationsprinzip und das Denkvermögen entstehen. All dies zusammen bildet unsere individuelle Identität, die die fünf feinstofflichen Elemente in sich birgt. Wir nehmen die materielle Welt durch diese feinstofflichen Elemente wahr. Die materiellen Elemente lassen unsere Sinnes- und Handlungsorgane entstehen. Es ist unsere innere Natur zu handeln, also Karma zu schaffen. Die individuelle Seele durchläuft einen Kreislauf von Geburt und Tod, genannt Samsāra. Das

Diagramm 3. Die Beziehung der fünf fundamentalen Elemente

Äther → Klang

Fühlbarkeit ← **Luft** → Klang

Erscheinung
↑
Fühlbarkeit ← **Feuer** → Klang

Erscheinung
↑
Fühlbarkeit ← **Wasser** → Klang
↓
Geschmack

Erscheinung
↑
Fühlbarkeit ← **Erde** → Klang
↙ ↘
Geschmack Geruch

Karma des einen Lebens entscheidet über die Früchte des nächsten hinsichtlich Geburt, Schmerz und Freuden. Dieser Kreislauf ist ohne Ende, und man sucht Befreiung vom Schmerz der Geburt und des Todes. Nach Samkhyā und Yoga liegt die Freiheit nun darin, dem Pfad der Unsterblichkeit zu folgen. Dies geschieht, indem man die zwei allerletzten Wirklichkeiten des Universums durch eigene Erfahrung erkennt. Das endgültige Ziel schließlich ist es, Samsāra zu überwinden und eins zu werden mit der Universalseele, die in den vedischen Schriften Purusha oder Brahman genannt wird.

Warum ist Samsāra so schmerzhaft, und warum sucht man sich davon zu befreien?

Wir Menschen betrachten die Zeit vom Standpunkt unserer Lebensspanne aus. Von einem größeren Zeitmaßstab mehrerer Leben aus gesehen, zeigt es sich, daß wir jedesmal, wenn wir auf die Welt kommen, von neuem lernen, schaffen, uns verstricken und anhaften, so, als ob wir hier für immer lebten. Eines Tages jedoch müssen wir all das aufgeben und zurücklassen, was wir aufgebaut, geliebt und angehäuft haben. Unser Körper, mit dem wir uns identifizieren, verfällt, und das wahre Selbst, die Seele (*ātman*, ein Teil von *purusha*) verläßt den Körper und wird wiedergeboren. Die großen Rishis, die die Zeit in ihrer Ewigkeit wahrnehmen konnten, suchten Wege, dieses Kommen und Gehen zu beenden und Unsterblichkeit und Freiheit zu finden. Um diese Vorstellung von Schmerz zu begreifen, den das Samsāra, also der Kreislauf von Leben und Tod, verursacht, lassen Sie uns als Beispiel folgenden Tagesablauf betrachten. Stellen Sie sich vor, man bittet Sie, in einem Wartezimmer Platz zu nehmen. Im Verlaufe des Tages ruft man Sie wiederholt für einige Minuten in einen Nebenraum. Dort wird Ihnen gesagt, daß Sie zurückgehen und auf den nächsten Aufruf warten sollen. Wieder im Wartezimmer, werden Sie erneut aufgerufen. Dieser Vorgang dauert den ganzen Tag. Sie werden das sicherlich ausgesprochen ärgerlich, langweilig und ermüdend finden, und alles unternehmen, Mittel und Wege zu suchen, dieses «Kommen» und «Gehen» zu beenden.

Der Begriff des Karma

Um die «Wissenschaft vom Leben» verstehen und daher Nutzen aus ihr ziehen zu können, müssen Sie zuerst den Begriff des Karma gründlich erfassen. Der Prozeß der karmischen Entwicklung wird weithin mißverstanden und falsch interpretiert. Die Folgen vorangegangener Handlungen (*karma*) werden sehr eng gesehen, so daß man dem Leben gegenüber eine deterministische Haltung einnimmt. Indem die eigene Hilflosigkeit zum Handlungsprinzip gemacht wird, liefert man sich der Tatenlosigkeit hinsichtlich möglicher Anstrengungen in diesem Leben aus (gegenwärtiges Karma).

Unser Status und unsere Lebensqualität in dieser Geburt hängen ab von dem angehäuften Karma der vorherigen Leben. Die Früchte mancher unserer Handlungen werden in diesem Leben geerntet, doch was an Bestand übrigbleibt, ist verantwortlich für die Lebensqualität des nächsten.

Die Bildung des Vorrats an vorangegangenem Karma in bezug auf Zeit und Raum kann am besten veranschaulicht werden, wenn man als Beispiel verschiedene Obstbäume nimmt. Stellen Sie sich vor, Sie wollten einen Obstgarten mit verschiedenen Obstbäumen anlegen. Zuerst müssen Sie ein Stück Land auswählen, das hinsichtlich der klimatischen Bedingungen den Anforderungen der Obstbäume, die Sie pflanzen wollen, entspricht. Dann beginnen Sie, auf diesem Land alle möglichen Arten von Obstbäumen zu pflanzen, denen ein solches Klima zusagt. Stellen Sie sich vor, Sie bauen Bananen, Mangos, Litschis, Orangen, Zitronen, Granatäpfel und Guave an. Jeder dieser Bäume wird zu einer anderen Zeit Früchte tragen. Zitronen-, Orangen-, Granatäpfel-, Guave- und Bananenpflanzen tragen nach zwei bis fünf Jahren. Ein Litschibaum braucht vielleicht zehn Jahre, wohingegen die Mangos der Bäume, die Sie gepflanzt haben, möglicherweise erst von Ihren Kindern geerntet werden können.

In dem genannten Beispiel wäre es nicht möglich gewesen, auf dem gleichen Stück Land Äpfel, Kirschen oder Pflaumen anzubauen, da diese Früchte ein kälteres Klima benötigen als die gewählten Obstsorten. Ganz ähnlich verhält es sich auch bei Ihnen. Aufgrund der Folgen des Karma der vorangegangenen Leben, die Ihnen einen Samsāra vorgeben, befinden Sie sich bereits in einer ganz bestimmten Situation und unterliegen so vorgegebenen Grenzen, genauso, wie Sie es bei der Wahl einer geeigneten Obstsorte in obigem Beispiel wären. Ähnlich wie verschiedene Bäume zu verschiedenen Zeiten Früchte tragen, so trägt auch Ihr Karma vorangegangener Leben, einschließlich des jetzigen, bei passender Gelegenheit Früchte, eben dann, wenn die Zeit reif ist und die Umstände es zulassen. Stellen Sie sich zum Beispiel vor, Sie haben in einem Ihrer früheren Leben jemandem Schaden zugefügt oder ihn verletzt, oder Sie haben geborgtes Geld nicht zurückgegeben. Die Umstände erlaubten es vielleicht nicht, dieser Person sehr bald wieder zu begegnen (nach ein paar Jahrzehnten oder sogar erst nach mehreren Leben), da das ja auch von dem Karma der betroffenen Person und dessen Entfaltung abhängt. Dennoch kommt es, oft unter den merkwürdigsten Umständen und seltsamsten Voraussetzungen, zur Wiederbegegnung, so daß das vorangegangene Geben oder Nehmen beständig ausgeglichen wird.

So wie ein Obstbaum nur dann Früchte trägt, wenn die Zeit reif ist, und an einem Mangobaum niemals Orangen wachsen, so ist auch das Universum ein ausgezeichnet organisiertes Gefüge, in dem die Ereignisse aufeinander abgestimmt sind und so die Folgen jeder einzelnen Tat zu einer bestimmten Zeit zur Reife gelangen. Unsere Freiheit liegt jedoch in unserem Erkenntnisvermögen und unserem Willen. Wir können gutes Karma schaffen, um die Wirkungen des vorangegangenen, schlechten Karma zu lindern und die Zukunft dieses und der nächsten Leben zu verbessern. Wie im Beispiel der Obstbäume dargestellt, sind wir gleich einem Gärtner, der durch Anstrengung und harte Arbeit die richtigen Voraussetzungen für eine bessere Qualität der Früchte schaffen kann, oder durch dessen eigene Nachlässigkeit Bedingungen entstehen, die Früchte von nur minderer Qualität gedeihen lassen.

Als Gärtner beziehungsweise Schöpfer unseres eigenen Schicksals sollten wir nicht murren über das Terrain (*karmabhūmi*), also über Lebenslagen, in denen wir bereits stecken. Statt dessen sollten wir alles tun, um aus einer solchen Situation das Beste zu machen. Durch Anstrengung, Willen und harte Arbeit können wir eine Wüste in einen blühenden Garten verwandeln – genauso wie es auch möglich ist, einen blühenden Garten durch Faulheit, Mangel an Tatkraft und Unentschlossenheit in kurzer Zeit herunterzuwirtschaften. Wir müssen begreifen, daß unser Leiden von uns selbst verursacht wird. Dies gilt gleichermaßen für weltliche Freuden, gute Gesundheit und materiellen Reichtum – Früchte unser eigenen Aussaat. Alles, was wir hier und jetzt tun, sind Vorbereitungsarbeiten für die nächste Ernte. Gute Taten wie Freundlichkeit, Mitgefühl, Freundschaft etc. sind nie umsonst; sie sind wie Dünger für die Erde und bereiten den Boden (*karmabhūmi*) für einen guten

Ertrag. Ähnlich verhält es sich mit allen unheilsamen Handlungen wie Schmerz zufügen, töten, stehlen und so weiter. Sie machen den Boden unfruchtbar und hart und legen den Grundstein für künftiges Leid.

Unsere Erkenntnisfähigkeit oder Vernunft verlangt von uns, daß wir unterscheiden zwischen einem guten und einem schlechten Karma. Indem wir in diesem Leben ein gutes Karma schaffen, können wir gleichzeitig die Auswirkungen von vorangegangenem, schlechtem Karma mildern. Genießen wir jedoch gerade die Früchte eines guten Karma, so müssen wir uns daran erinnern, daß es sich dabei wie mit einem Sack voll Geld verhält: Wenn alles ausgegeben ist, ist er leer. Legen wir jedoch dieses «Geld» klug an, werden wir reiche Ernte einbringen. Falls wir aufgrund unseres früheren Karma privilegiert sind, sollten wir nicht eingebildet, grausam, selbstsüchtig, gedankenlos und gefühllos werden. Vielmehr sollten wir uns zurückhaltend, großzügig, freundlich und diszipliniert verhalten. Diese guten menschlichen Eigenschaften sollten auch dann beibehalten werden, wenn in unserem Leben nicht alles so glatt geht, wie wir uns das wünschen. Unternehmen Sie also alles, die Folgen des früheren Karma abzuschwächen.

Karma und Āyurveda

Nach der Lehre des Āyurveda hängt die Länge und Qualität des Lebens von zwei Faktoren ab: *Daiva* und *Purushakāra.* Daiva nennt man die Handlungen oder das Karma vorangegangener Leben, wohingegen Purushakāra das bezeichnet, was wir jetzt in diesem Leben tun.[14] Man sagt, der Schlüssel zu einem gesunden, glücklichen und langen Leben ist die rechte Koordination dieser beiden Komponenten. Nehmen wir als Beispiel jemanden, der dazu verdammt ist, infolge eines schlechten Karma vergangener Leben (*daiva*) Probleme mit dem Magen zu haben. Wenn dieser Mensch nun auf seinen Magen aufpaßt und alles tut, um dieses chronische Leiden auszuheilen oder es erst gar nicht ausbrechen zu lassen (*purushakāra*), dann wird die Widerstandskraft des Magens zunehmen und ein angenehmeres und glücklicheres Dasein erreicht. Nimmt man jedoch dieses Problem nicht ernst (das wäre ein

Beispiel für einen Mangel an Koordination zwischen den Folgen vergangener Handlungen und denen der Gegenwart) und mutet dem Magen exzessive Belastungen zu, dann werden sich die Magenprobleme ganz sicher zu einem Magengeschwür oder Magenkrebs ausweiten, was ein unglückliches und kurzes Leben zur Folge hat.

Obwohl wir mit dem Karma der Vergangenheit belastet sind, bedeutet das also nicht, daß alles bereits vorbestimmt ist, da dem Menschen sonst jegliche Freiheit genommen wäre und so das Karma dieses Lebens in bezug auf die eigene Anstrengung seine Bedeutung verlöre. Wenn die Länge des Lebens vorbestimmt und das Leiden an einer bestimmten Krankheit im voraus auferlegt wäre, dann würde ich dieses Buch nicht schreiben – so wenig wie Sie es lesen würden. Diesen Gedanken drückt Charaka sehr gut aus, wenn er sagt:

> Wenn es eine für alle vorbestimmte Lebensspanne gäbe, so wäre es nicht notwendig, dem Wunsch nach einem langen Leben Ausdruck zu verleihen durch Mantras, Arzneimittel, Edelsteine, glückverheißende Zeremonien, Opfergaben, Geschenke, Beachtung von Geboten, Buße, Fasten, Segnungen, Verbeugungen, Tempelbesuche und vieles mehr; auch gäbe es keine Notwendigkeit, erregte, wütende oder rennende Kühe, Elefanten, Kamele, Pferde, Büffel, Schweine und heftige Winde zu meiden; ebenso würde man sich nicht fernhalten von Wasserfällen, Bergen, unebenem und schwierigem Gelände und von starken Strömungen im Wasser. Man würde sich nicht fernhalten von achtlosen, geisteskranken, erregten, wütenden und unausgeglichenen Personen, auch nicht von solchen, die mit Verwirrung und Gier geschlagen sind; man würde sich nicht fernhalten von Feinden, lodernden Feuern und giftigen Schlangen; man würde Überanstrengung nicht meiden und ein Benehmen, das der Zeit und dem Ort nicht angemessen ist; ja, man würde sich auch nicht fernhalten von einem zornigen König. So sollten doch diese und noch viele andere Gefahren mehr nicht bedrohlich sein, wenn die Dauer unseres Lebens vorbestimmt wäre.[15]

Wir sehen also, daß der Āyurveda einen ungeheuren Wert auf die eigene Anstrengung legt, wenn es um den Erhalt der Gesundheit geht oder darum, ein lebenswertes und langes Leben zu führen. Es wird nicht geleugnet, daß ein jeder von uns mit anderen körperlichen und geistigen Voraussetzungen ausgestattet ist, je nach früherem Karma. Es liegt jedoch an uns, gegen die üblen Folgen dieses Karma anzukämpfen. Eigene Anstrengung kann unsere Schwächen mindern, und es wird uns gelingen, die Lebensqualität beträchtlich zu erhöhen. Das bedeutet jedoch nicht, daß Menschen, die mit einer guten körperlichen und geistigen Gesundheit gesegnet sind, sorglos sein und sich Freiheiten herausnehmen sollten. Sie tragen in gleicher Weise Verantwortung, ihre Gesundheit zu erhalten, so daß sie sich auch weiterhin und bis ans Ende ihrer Tage kräftig fühlen und ein langes Leben führen können. Ich habe oft gesehen, daß solche Menschen dazu neigen, sich prahlerisch in Exzessen zu verlieren: «Mein Magen ist sehr gut, er kann sogar Steine verdauen« oder «Ich kann monatelang arbeiten und mit wenig Schlaf auskommen» oder «Ich kann eine Menge trinken, ohne daß ich einen Kater bekomme». Solche Leute überschätzen ihre Kräfte und ihre Leistungsfähigkeit – bis sie eines Tages Opfer ihrer Gedankenlosigkeit werden. Menschen dieser Art müssen weit weniger Anstrengung und Sorge für ihren Körper aufbringen als jene mit angeborenen gesundheitlichen Schwächen. Wir schulden jedoch unserer Existenz auf diesem Planeten, daß wir alles in unserer Macht stehende tun, uns frei von Krankheit zu halten. Wie wir selbst wissen, gibt es kein intellektuelles, spirituelles oder materielles Vorankommen für jene, denen es an Lebenskraft fehlt. Es ist unsere erste Pflicht, sämtliche Anstrengung darauf zu richten, Ausgleich und Harmonie in uns zu schaffen. Auf diese Weise setzen wir unsere Energien nicht nur für unser eigenes Wohlbefinden ein, sondern für das Wohlbefinden des ganzen Universums.

Der Körper – ein Mikrokosmos

Betrachten wir noch einmal Diagramm 2. Die fünf materiellen Elemente (Äther, Luft, Feuer oder Licht, Wasser, Erde) sind die unvergänglichen Grundstoffe. Sie gelten als die elementaren Bestandteile, aus denen sich unsere physische Welt herleitet. Diese fünf

Grundelemente vermischen sich auf bestimmte Art und in einem bestimmten Verhältnis jeweils anders und bilden so die Vielfalt der physischen Welt. Leben und Welt unterliegen den gleichen Gesetzen. Wir Menschen repräsentieren den Kosmos im Kleinformat. Der *Jīva** in uns stellt das Prinzip des Lebendigen dar; er ist Teil der kosmischen Unermeßlichkeit, Purusha. Unser physisches Selbst setzt sich zusammen aus den fünf Grundelementen: Äther, Luft, Feuer, Wasser und Erde. Der Jīva ist das unzerstörbare, unveränderbare Selbst; unsere physische Erscheinung hingegen unterliegt beständiger Wandlung.

Die Lebewesen des Universums unterscheiden sich einzig in dem Mischungsverhältnis der fünf Grundelemente, die ihnen ihre physische Gestalt verleihen. Der Jīva, die lebendige Essenz, die physischer Gestalt Leben verleiht, ist gleich in der Ameise, einem Elefanten oder einem menschlichen Wesen. Im Moment des Todes löst sich der Jīva, diese Leben ermöglichende Kraft, vom physischen Selbst. Das physische Selbst löst sich wieder auf in die fünf Elemente, zu denen es gehört. Nach einer bestimmten Zeit kann Jīva eine neue Gestalt in einem anderen Lebewesen annehmen. Die erworbenen karmischen Voraussetzungen entscheiden dabei über Art und Gestalt der Wiedergeburt. Charaka sagt dazu:

> Der Embryo entstammt dem Selbst – dem Jīva (Quelle des Lebens), der frei ist von Krankheit, Alter, Tod oder Verfall ... Er dringt in die Gebärmutter ein und, indem er sich mit Sperma und Ei verbindet, bringt er sich hervor in der Gestalt eines Embryo. Die Geburt dieses Selbst ist nicht möglich, da es ohne Anfang ist. ... Im Lauf der Zeit erreicht derselbe Fötus nach und nach das Stadium der Kindheit, der Jugend und des Alters. In dem Stadium, in dem er [der Jīva] physische Gestalt angenommen hat, wird er «Geborener» oder «Gewordener» genannt, im vorangegangenen Stadium wird er hingegen als «angehender Geborener» oder «angehender Gewordener» bezeichnet. In Anbetracht des Alterns ist die Geburt in der Tat nur eine Umwandlung ... Wenn auch der Embryo geboren wird, so kann es nicht

* In medizinischen Texten wird der Terminus *Jīva* für Ātman (die individuelle Seele) benutzt.

von etwas anderem als dem Selbst geschaffen sein, so wie ein Sproß nicht treiben kann aus einem Nicht-Samen.[16]

Es ist wichtig zu verstehen, daß in diesem ganzheitlichen System die physische Gestalt des gesamten Kosmos aus fünf Grundelementen besteht, die wiederum in ihre unsichtbaren Bestandteile aufteilbar sind. Diese fünf Elemente sind verschiedene Energieformen, die sich zusammenfinden und zerfallen und dabei in beständiger Veränderung begriffen sind. Es herrschen einheitliche Prinzipien nicht nur im Hinblick auf die Lebewesen dieses Universums, sondern auf *alles,* was existiert. Deshalb betrifft uns auf irgendeine Weise immer auch das, was um uns herum vorgeht, wie auch wir unsere Umgebung beeinflussen. Für die Erhaltung kosmischer Harmonie und kosmischen Gleichgewichts ist es wesentlich, daß harmonische Verhältnisse zwischen den fünf Grundelementen herrschen. In diesem Universum ist alles ineinander verwoben und miteinander verbunden. Sie werden sehen, daß es in den fundamentalen Aussagen des Āyurveda darum geht, wie die Harmonie zwischen den verschiedenen Kräften der Natur erhalten werden kann. Zuerst muß einmal ein Gleichgewicht innerhalb des eigenen Mikrokosmos hergestellt werden, erst dann sollte man sich um den Erhalt des Gleichklangs mit dem allumfassenden Makrokosmos kümmern. Betrachten wir, wie diese Vorstellungen in die medizinische Praxis eingehen.

Tridosha – die Lehre von den drei Humoren

Alle physischen und geistigen Körperfunktionen werden gesteuert von drei Humoren (*tridosha*): Vāta, Pitta und Kapha. Diese drei Humore halten den ganzen Körper zusammen; sie steuern seinen gesamten physischen Aufbau und seine geistigen Prozesse. Ein ausgewogenes Zusammenspiel dieser drei Humore erhält das Leben und hilft, bei guter Gesundheit zu bleiben. Ein humorales Ungleichgewicht verursacht körperlichen Verfall und eine unausgeglichene Persönlichkeit. Die physische Verschiedenheit der Menschen, die Unterschiede in ihren Charakterzügen und ihren biologischen Reaktionen rühren her von verschiedenen Mischungsverhältnissen der Doshas. Ein extremes Übergewicht des einen oder anderen Dosha verursacht innere Störungen und macht anfällig gegenüber Angriffen von außen. Das jeweilige Mischungsverhältnis der Humore ist verantwortlich für die Grundbefindlichkeit eines Menschen, die nicht nur etwas aussagt über die individuelle Krankheitsanfälligkeit, das Krankheitsbild, die körpereigenen Abwehrkräfte und die Reaktionsweise auf bestimmte Behandlungsmethoden, sondern die auch die Wesenszüge des Menschen bestimmt. Im Āyurveda ist die menschliche Grundkonstitution zuallererst eine psychosomatische Grundbefindlichkeit.

Die Tridosha-Theorie ist nichts weiter als die biologische Umsetzung der Theorie von den fünf Grundelementen, die das Universum bilden. Vāta leitet sich her von Äther und Luft, Pitta stammt vom Feuer ab, und Kapha hat seinen Ursprung in Erde und Wasser (s. Diagramm 4). So sehen wir also, daß die drei Humore nicht nur das Individuum in seiner Gesamtheit bestimmen, sondern es auch zum Kosmos in Beziehung setzen.

Diagramm 4. Alle physischen und geistigen Körperfunktionen werden von den drei Humoren bestimmt, die sich ableiten von den fünf materiellen bzw. fundamentalen Elementen

Äther + Luft	Feuer	Wasser + Erde
↘ ↙	↓	↘ ↙
Vāta	Pitta	Kapha

Sich mit der Vorstellung anzufreunden, daß der Körper eine Gesamtheit in sich ist, und diesen noch dazu in Beziehung zum Kosmos zu setzen, mag schwierig sein für jemanden, der es gewohnt ist, den Körper als die Summe seiner Teile zu begreifen. Nach den Vorstellungen der modernen Medizin versehen verschiedene Körperorgane wie etwa das Gehirn, die Leber, der Magen, die Nieren oder die Lunge ihre jeweils verschiedenen Aufgaben und werden deshalb wie Teile einer Maschine betrachtet. Im Falle einer Funktionsstörung wird der Defekt einem bestimmten Körperorgan zugeordnet und genau dort behoben. In einer ganzheitlichen Medizin wie der des Āyurveda sind all diese Organe mit ihren bestimmten Funktionen jedoch Teil eines Ganzen, das als solches mehr ist als die Summe seiner Teile. Wenn es also vorkommt, daß ein Organ nicht richtig arbeitet, so sucht die āyurvedische Medizin eine Lösung des Problems im Sinne der Humoraltheorie, was in erster Linie einer Behandlungsweise entspricht, in der nach den *Ursachen* einer Krankheit geforscht wird. Heilung wird durch das Beseitigen der Ursachen des Leidens erreicht.

Die moderne Medizin wird auch Allopathie genannt. Allopathie ist ein medizinisches Heilverfahren, das Krankheit durch eine Behandlungsweise bekämpft, die eine bestimmte Wirkung erzeugen soll – und zwar eine Wirkung, die sich unterscheidet von jener, die die Krankheit hervorruft. Diese Verfahrensweise hängt vollständig ab von den Krankheitssymptomen, und demzufolge liegt die Behandlung darin, diese Symptome zu unterdrücken. Zum Beispiel wird im Falle von Schmerzen ein Schmerzmittel verabreicht; um Übersäuerung zu heilen, gibt man ein Mittel, das die Säure neutralisiert; bei Menstruationsbeschwerden werden Hormonpräparate verschrieben und bei Allergien behandelt man mit Antihistaminen. Dies zeigt, daß die allopathische Medizin nicht ganzheitlich denkt wie der Āyurveda, wo der Körper in seiner Ganzheit zusammen mit dem gesamten Spektrum der Aktivitäten des einzelnen einbezogen wird in die Überlegung, wie das Leiden am besten zu behandeln sei.

Bevor ich fortfahre, möchte ich, daß Sie begreifen, wie grundsätzlich anders, verglichen mit Āyurveda, die moderne Medizin an Krankheit, ihre Ursachen und ihre Heilung herangeht. Die moderne Medizin hat eine reduktionistische (vereinfachende) Vorgehensweise. Sie vergleicht den menschlichen Körper mit einer Maschine und glaubt, daß er in seine Teile zerlegt werden kann. Der Āyurveda stützt sich zur Erhaltung und Wiederherstellung der Gesundheit auf eine ganzheitliche Betrachtungsweise. In Diagramm 5 sind die reduktionistische und die holistische (ganzheitliche) Vorgehensweise nebeneinandergestellt.

Der Begriff «ganzheitlich» wird im Westen seit einigen Jahren sehr häufig verwendet, und zwar immer dann, wenn eine Heilmethode bezeichnet werden soll, die anders ist als die Verfahren der

Diagramm 5. Ein Vergleich zwischen reduktionistischen und holistischen Verfahrensweisen in der Medizin

Reduktionistisch	**Holistisch**
A: Der menschliche Körper wird mit einer Maschine verglichen, die in ihre Einzelteile zerlegt werden kann.	A: Das Individuum wird als nicht teilbare Einheit angesehen, ein einheitliches Ganzes, das weder auf seine Einzelteile reduziert noch getrennt werden kann von seiner sozialen, kulturellen und spirituellen Umwelt sowie von seiner kosmischen Einbettung.
B: Eine Krankheit wird betrachtet als eine Funktionsstörung des jeweiligen Teiles (der »Körpermaschine«).	B: Eine Krankheit wird gesehen als die Folge mangelnden Gleichklangs mit der kosmischen Ordnung. Sie ist nicht begrenzt in Raum und Zeit.
C: Die verschiedenartigen Körperabläufe werden auf der biologischen und molekularen Ebene wahrgenommen, und Funktionsstörungen werden durch physische und/oder chemische Intervention behandelt. Zu diesem Zweck werden Körper und Geist als getrennt betrachtet.	C: Störungen werden verstanden und behandelt im Kontext der sozialen, kulturellen und spirituellen Umgebung des Individuums. Bei der Behandlung werden deshalb Körper, Geist und Seele als einheitliches Ganzes betrachtet.
D: Der Zufall spielt eine wichtige Rolle bei der Bestimmung der Ursachen des Phänomens Krankheit.	D: Das Universum ist ein perfekt organisiertes Ganzes, wo nichts ohne Grund oder zufällig geschieht. Alles bewegt sich auf ein bestimmtes Ziel zu. Deshalb ist es nicht die zufällige Verbindung oder Trennung bestimmter Chemikalien, was Krankheiten verursacht.
E: Zeit und Materie werden auf kleinere Einheiten reduziert.	E: Alle Materie ist ein vernetztes und dynamisches Gewebe, das in ständiger Wandlung begriffen ist; diese Umwandlung erfahren wir als Zeit. Die Zeit hat damit Ewigkeitscharakter.

modernen Medizin und/oder wenn sie aus alten Kulturen wie der indischen, chinesischen, griechischen oder der schamanischen Tradition stammt. Die Anwendung einzelner Methoden, die den genannten Kulturen entnommen sind, garantiert jedoch noch lange nicht die Ausübung einer wirklich ganzheitlichen Behandlungsweise. Wenn Sie eine āyurvedische Medizin oder ein anderes pflanzliches Heilmittel einnehmen, oder wenn Sie sich einer Akupunkturbehandlung unterziehen, so muß das deshalb noch nicht heißen, daß hier eine ganzheitliche Heilmethode zur Anwendung kommt. «Ganzheitlich» bedeutet nicht nur, den Körper als Einheit zu betrachten, sondern eben auch das Miteinbeziehen der individuell unterschiedlichen sozialen, kulturellen und spirituellen Umwelt zusammen mit der kosmischen Verbindung. Deshalb schließt eine ganzheitliche Vorgehensweise zur Erhaltung und Wiederherstellung der Gesundheit eine ganzheitliche Lebensweise ein, was nichts anderes heißt, als sich in Einklang mit der kosmischen Ordnung zu bringen. Sie werden im folgenden sehen, wie der Āyurveda die menschliche Verbindung mit dem Kosmos offenlegt und zum Bestandteil seiner Verfahrensweise macht.

Nach der Lehre des Āyurveda ist die Ursache von verschiedenen Gesundheitsstörungen ein Ungleichgewicht zwischen den drei Humoren. Deshalb sucht man zuerst nach den Dingen, die dieses Ungleichgewicht verursachen. Danach werden durch besondere vorbeugende Maßnahmen, eine spezielle Diät, Körperübungen und die Behandlung mit Arzneipflanzen verschiedenartige Heilverfahren angewendet, um im Körper das humorale Gleichgewicht wiederherzustellen. Die Grundeigenschaften der drei Humore sind ähnlich jenen der materiellen Elemente, denen sie entstammen, und ihre Aktivitäten im Körper entsprechen deshalb der Eigenart des jeweiligen Elements. Zum Beispiel stammt Vāta von Äther und Luft ab. Die spezifischen Eigenschaften von Vāta stehen deshalb in Zusammenhang mit diesen beiden Elementen. Vāta ist alles durchdringend, rauh, leicht, trocken, beweglich, flink und kalt. Entsprechend diesen Eigenschaften sind die Funktionen von Vāta beispielsweise jene physischen und psychischen Abläufe im Körper, die mit rascher Bewegung zusammenhängen. Vāta ist deshalb verantwortlich für die Blutzirkulation, die Hirnfunktion und die Funktion der peripheren Nerven, die Ausscheidung, alle Körperbewegungen, das Atmen, die Angst, den Schmerz, die Begeisterung und so weiter.

Das materielle Grundelement von Pitta ist das Feuer, und deshalb ist es von Natur aus heiß. Die anderen Eigenschaften von Pitta sind scharf, heiß, sauer und beweglich. Es ist verantwortlich für die Sehkraft, die Verdauung, den Erhalt der Körperhitze, für Hunger und Durst, Biegsamkeit und Glanz des Körpers, Heiterkeit und Intellekt.

Kapha ist schwer, kalt, weich, ölig, süß, unbeweglich und schleimig. Er bildet die gesamte feste Struktur des Körpers. Die anderen Eigenschaften von Kapha sind Bindefähigkeit, Festigkeit, Schwere, Stärke, Potenz, Duldsamkeit und Beschränkung.

Die Eigenschaften und Funktionen dieser drei Humore finden Sie in Diagramm 6 zusammenfassend dargestellt.

Ein Mangel eines dieser drei Humore verursacht einen Ausfall normaler Körperfunktionen, bei einem Übermaß erhöht sich die Anfälligkeit für Krankheiten und Funktionsstörungen nehmen zu. Um die körperliche und geistige Gesundheit zu erhalten, ist es deshalb unabdingbar, ein humorales Gleichgewicht aufrechtzuerhalten. Die Methoden dazu werden in den folgenden Kapiteln behandelt.

Die Grundbefindlichkeit des Menschen wird, wie schon gesagt, von den drei Humoren bestimmt. Ein Humor, der vorherrscht oder auch nur eine Tendenz dazu besitzt, verleiht einer Person ihre charakteristische Art, Persönlichkeit und physische Beschaffenheit. Das bedeutet jedoch nicht, daß es deshalb nur drei verschiedene Typen von Menschen gäbe. Es ist die Umwandlung und die Verbindung der Humore in verschiedenen Mischungsgraden, was die große Vielfalt hervorruft. Auch darüber mehr im nächsten Kapitel.

Äußere Faktoren wie Wetter, Klima, Ernährung, emotionale Befindlichkeit, Beziehungen, soziales Umfeld, Alter, Tageszeit – all das und noch vieles mehr verändern beständig die humorale Zusammensetzung. Der Āyurveda zeigt uns viele praktische Wege, ein humorales Gleichgewicht aufrechtzuerhalten. Die Methoden sind der Grundbefindlichkeit des Individuums und seiner Lebensumstände angepaßt. Im Āyurveda werden die Menschen nicht alle

Diagramm 6. Die drei Humore des Körpers *(tridosha)*, ihre Beziehung zu den fünf fundamentalen Elementen, ihre Eigenschaften und ihre Funktionen

Dosha	*zugehörige(s) Grundelement(e)*	*Eigenschaften*	*Funktionen*
Vāta	Äther/Luft	leicht, trocken, beweglich, alles durchdringend, flink, kalt, rauh	Blutzirkulation, Atmung, Ausscheidung, Hirnfunktionen, Angst, Trauer, Begeisterung, Schmerz, Bewegung, Aktivität
Pitta	Feuer	heiß, scharf, sauer, beweglich	Sehkraft, Körperhitze, Hunger, Durst, Weichheit und Körperglanz, Heiterkeit, Intellekt
Kapha	Erde/Wasser	schwer, kalt, weich, ölig, schleimig, süß, unbeweglich	Bildet die gesamte feste Körperstruktur, Festigkeit, Schwere, Potenz, Stärke, Duldsamkeit, Zurückhaltung

gleich behandelt, und es wird auch nicht angenommen, daß ein jeder seine Gesundheit dadurch erhalten kann, daß er die gleiche Lebensweise befolgt, das gleiche ißt, sich an dieselben Regeln hält und die gleiche Medizin einnimmt. Wir besitzen als Lebewesen eine ungeheuer große Variationsbreite und immense individuelle Unterschiede. Deshalb können wir nicht so behandelt werden, als ob wir nur ein mechanischer Apparat wären. Im nächsten Kapitel werden wir die praktische Anwendung der Lehre von den drei Humoren besprechen.

Āyurveda und seine Entwicklung in der Neuzeit

Es ist interessant, die unterschiedlichen Richtungen zu betrachten, in welche sich diese uralte Wissenschaft vom Leben entwickelt. Im heutigen Indien, wo die Menschen sich mehr und mehr der Medizin des Westens (Allopathie) zuwenden, ist der Āyurveda immer noch fester Bestandteil der Familientradition, besonders in den ländlichen Gebieten. In den Städten, wo diese alte Heilkunde bereits in Vergessenheit zu geraten drohte, kann man eine Wiederbelebung dieser alternativen Heilmethode und eine Rückkehr zu den kulturellen Wurzeln feststellen. Soweit mir bekannt ist, gibt es noch eine große Zahl von Menschen – sie sind etwa eine Generation älter als ich –, die sich ihrer körperlichen Befindlichkeit sehr bewußt sind und deshalb ihre Speisen und Arzneimittel sorgfältig auswählen. Diese Menschen richten ihren Speiseplan nach ganz bestimmten Tages- und Jahreszeiten. Mir fiel das erst jüngst auf, als ich in einem traditionellen āyurvedischen Nahrungs- und Arzneimittelgeschäft in meinem Heimatort einkaufte. Es war Juli, und ein Kunde bat um eine Flasche Brahmi Sharvat (ein süßer Sirup, der Brahmi und andere Kräuter enthält). Der Ladenbesitzer antwortete, daß er es zur Zeit nicht vorrätig hätte, da während der Monsunmonate niemand Sharbat verlange. Tatsächlich warnen die āyurvedischen Schriften davor, in der Regenzeit süße, kalte Getränke zu trinken. Am lebendigsten ist die āyurvedische Tradition noch bei den Angehörigen der verschiedenen Stämme in Indien. Es sind durchweg gesunde Menschen, die immer noch unberührt vom Einfluß starker chemischer Arzneimittel sind.

Die āyurvedische Tradition ist innig verquickt mit der althergebrachten familiären, sozialen und religiösen Lebensweise Indiens. Jemand, der mit der indischen Kultur nicht vertraut ist, kann nicht hoffen, āyurvedische Heilkunst und Gesundheitspflege bei einer Familie oder von gewöhnlichen Menschen zu lernen, falls er rationale oder intellektuelle Erklärungen erwartet. Jedoch gibt es für jenen eine umfangreiche Literatur, viele Fachschulen, Universitäten, Pandits (Gelehrte) und Vaidyas. Aber wenn jemand wirklich in diese ganzheitliche Lebensart eintauchen will, ist es besser, damit zu beginnen, einfach verschiedene Methoden auszuprobieren und nach dem Rest später zu fragen. Es ist wie beim Lernen einer neuen Sprache. Wenn Sie in einem fremden Land sind, schnappen Sie zuerst das eine oder andere Wort auf, später ganze Sätze. Langsam beginnen Sie die Menschen zu verstehen und schließlich sind Sie in der Lage, diese Sprache zu sprechen.

Ich werde Ihnen erklären, was ich meine, wenn ich sage, der Āyurveda sei innig verquickt mit der familiären, sozialen und religiösen Tradition Indiens. In den meisten Familien gibt es einen «Apotheker». Normalerweise ist das die Hausfrau, der Großvater oder die Großmutter, oder ein anderes erfahrenes Familienmitglied. Sie wissen, «was zusammen mit was» gekocht werden muß, um eine gesunde Kost zu bereiten; sie geben ein Löffelchen hiervon und davon, um ein Wehwehchen zu kurieren; sie sind mit verschiedenen Methoden innerer und äußerer Reinigung vertraut und sie kennen noch Hunderte anderer Hausmittel zur Erhaltung und Wiederherstellung der Gesundheit.

Es gibt zum Beispiel einen sehr wirksamen Weg, um mit Streß und Schock umzugehen. Gesetzt den Fall, ein Familienmitglied ist verstorben und ein Angehöriger kann nicht weinen, weil er oder sie unter der Einwirkung eines Schocks steht. Man wendet nun verschiedene wirkungsvolle Methoden an, um diese Person zum Weinen zu bringen. So werden nach dem Tod des geliebten Menschen dreizehn Tage lang ausgedehnte Feierlichkeiten inszeniert, um es den Hinterbliebenen bewußt zu machen, daß dieser Mensch nun wirklich tot ist.

Oder: Einige Tage vor der Hochzeitsfeier werden Braut und Bräutigam mit einer bestimmten Salbe eingerieben, die unter anderem Kichererbsenmehl, Senföl, Gelbwurz und Sandelholzöl enthält. Sie hat reinigende und antiseptische Eigenschaften, riecht gut und verleiht der Haut Geschmeidigkeit. Dies hat den Zweck, das Paar auf sein erstes intimes Beisammensein vorzubereiten, indem es ihm die Aufregung nimmt und ihre Körper sauberer, weicher, glänzender und frei von Krankheitserregern macht.

Die Berücksichtigung unserer kosmischen Verknüpfung in der

holistischen Tradition des Āyurveda hat auch einen religiösen Aspekt. So werden nach āyurvedischer Lehre die fünf Grundelemente in Form verschiedener Götter verehrt, welche die Verbindung zwischen den biologischen und kosmischen Aspekten des Lebens darstellen. Fasten ist in der Hindu-Tradition sehr wichtig, um Selbstkontrolle zu üben und den Körper zu reinigen. Der Āyurveda verbietet jedoch völliges Fasten, da es Vāta im Körper vermehrt. Deshalb ist das Fasten meist ein Teil-Fasten. Viele Menschen unterziehen sich solch einem Teil-Fasten, das mit verschiedenen Gottheiten in Verbindung gebracht wird, die wiederum unterschiedliche Formen kosmischer Energie repräsentieren. Zum Beispiel wird in bestimmten Teilen Indiens am Dienstag zu Ehren des Gottes Hanuman gefastet. Hanuman ist der Gott, der vom Wind geboren wurde, also wird er mit Vāta in Zusammenhang gebracht. Während dieser Zeit wird auf Salz verzichtet. Körnerhaltige Nahrung gibt es nur einmal am Tag. Früchte oder andere Speisen dürfen zu den übrigen Mahlzeiten gegessen werden. Das alles dient dem Zweck, Vāta im Gleichgewicht zu halten. Am Donnerstag fastet man zu Ehren der Göttin der Gelehrsamkeit, am Freitag für die Göttin der Zufriedenheit. Wiederum ist es sehr aufschlußreich, daß man beim Fasten am Freitag zwar Salziges, doch nichts Saures essen darf. Nur eine Mahlzeit am Tag ist erlaubt. Da Saures Pitta erhöht, wirkt sich das Vermeiden saurer Speisen günstig auf das Pitta-Gleichgewicht aus. Pitta ist verantwortlich für das Hungergefühl, daher repräsentiert die Göttin der Zufriedenheit symbolisch auch die Nahrungsaufnahme.

Ähnlich wird bei Neumond und bei Vollmond gefastet. Während einer Sonnen- oder Mondfinsternis darf nicht einmal Wasser getrunken werden. All diese Regeln werden beachtet, um ein kosmisches Bewußtsein auszubilden. Stellen Sie sich nur die Büroangestellten unserer Tage vor, die in großen, geschlossenen, klimatisierten Gebäuden arbeiten und kaum jemals zum Himmel aufblikken, um im zu- und abnehmenden Mond den Rhythmus der Natur wahrzunehmen.

Eine weitere wichtige Fastenzeit ist das Sieben-Tage-Fasten. Es findet zweimal im Jahr statt, und zwar am Ende des Winters (im März) und nach dem Monsun (im September). Einerseits steht dieses Fasten in Zusammenhang mit diversen Gottheiten und Feierlichkeiten, andererseits besitzt es die wichtige Funktion der inneren Reinigung, wie sie der Āyurveda beim Wechsel zweier Jahreszeiten empfiehlt. Der Grund, warum dieses Fasten eine reinigende Wirkung hat, liegt in der Vorschrift, während dieser sieben Tage auf körnerhaltige Nahrung völlig zu verzichten.

Die rapide Verstädterung bringt es mit sich, daß die uralten gesundheitserhaltenden Grundsätze und Bräuche in den großen Städten Indiens rasch verschwinden. Das Zerbrechen der Großfamilien, wo diese Bräuche von den Älteren an die Jüngeren weitergereicht wurden, ist dafür verantwortlich, daß diese Art der Tradierung nicht mehr funktioniert. Die Modernisierung, der zunehmende Streß, der Einsatz von Pestiziden und die wachsende Luftverschmutzung durch Industrie und Autoabgase haben in den vergangenen Jahren enorme Gesundheitsprobleme verursacht. Zu hoher Blutdruck, Erkrankungen der Herzkranzgefäße, Allergien und Krebs verbreiten sich mehr und mehr. Obwohl die meisten Menschen in Indien das Ausmaß dieser Probleme noch nicht erkannt haben, gibt es wie überall auf der Welt eine Minderheit, die aufgewacht ist. Dieses neue Bewußtsein hat eine rasche Kommerzialisierung der āyurvedischen Medizin gefördert und āyurvedische Arzneimittelhersteller schießen im ganzen Land wie Pilze aus dem Boden. Daher sind die Produkte, die man kaufen kann, nicht immer echt, denn manche Firmen wollen nur das schnelle Geld machen. In Indien wie überall auf der Welt sind viele wissenschaftliche Institute damit beschäftigt, die alten āyurvedischen Heilverfahren zu untersuchen – teilweise mit dem Ziel, die Gültigkeit āyurvedischer Medizin nachzuweisen. Es ist ein Jammer, daß Arzneimittel und gesundheitserhaltende Praktiken, die sich über Jahrtausende beim Menschen als hilfreich erwiesen haben, in diesen Labors heute an Versuchstieren ausprobiert werden sollen.

Ein anderer wichtiger Bereich āyurvedischer Forschung, mit dem sich pharmazeutische Firmen im In- und Ausland zunehmend beschäftigen, ist die Analyse der Wirkstoffe āyurvedischer Produkte. Ziel ist, diese Stoffe künstlich zu erzeugen, um so den komplizierten Prozeß der Herstellung von Arzneimitteln aus Pflanzen und anderen natürlichen Materialien zu umgehen. Im Āyurveda ist jedoch die Gesamtverträglichkeit und Ganzheit der Heil- und Pflegeprodukte wichtig. Die Einnahme isolierter Wirkkomponenten zur Unterdrückung einer Krankheit stört das Gleichgewicht im Körperhaushalt und verursacht Nebenwirkungen. Hinzu kommt noch, daß diese Art von Behandlung die Bildung körpereigener Abwehrkräfte erschwert. Schnelle Wirkung wird hierbei einzig durch die Unterdrückung der Krankheitssymptome erzielt.

Bei der Herstellung echter āyurvedischer Heilmittel müssen bestimmte Vorschriften strikt befolgt werden. Diese betreffen unter anderem die Jahreszeiten, zu denen Arzneipflanzen gesammelt werden dürfen, die Methoden ihrer Trocknung (Sonne oder Schatten), oder die Art und Weise ihrer Zerkleinerung. Arzneimittel, die mit modernen Maschinen hergestellt werden – etwa durch die Trocknung der Pflanzen in Öfen und ihre Zerkleinerung in Hochgeschwindigkeitsmühlen, was bekanntlich Wärme erzeugt –, sind wirkungslos. Diese Wirkungslosigkeit beruht in den meisten Fällen auf chemischen Veränderungen, die durch übermäßige Hitzeeinwirkung oder Verdampfung der ätherischen Substanzen beim Mahlvorgang verursacht werden. Man sollte sich also bewußt sein, daß bei der Herstellung āyurvedischer Heilmittel nicht immer den Grundsätzen des Āyurveda entsprochen wird. Kommerzialisierung in diesem Bereich dient weder den Produkten noch den Benutzern.

Zusammenfassend sei gesagt, daß eine āyurvedische Lebensweise zuallererst ein gründliches Verständnis āyurvedischer Prinzipien verlangt. Dadurch gelangen wir zu einer Sicht unserer selbst, die auf diesen Grundsätzen beruht. Schließlich lernen wir, unsere Ernährung mit unserer Befindlichkeit, der Umgebung, dem Klima und dem Wetter in Einklang zu bringen. Dies führt uns zu einer größeren Achtsamkeit uns selbst gegenüber und zu einem tieferen Verständnis unserer Gesundheitsprobleme. Zur Wahrung der Harmonie von Körper und Geist lehrt uns der Āyurveda, durch Yoga-Übungen sämtliche Körperorgane und geistigen Prozesse zu aktivieren und mit Lebenskraft zu füllen. Diese Lebenskraft stärkt das Abwehrsystem und gibt uns einen Vorrat an Energie, der dazu verwendet werden kann, chronische Krankheiten und kleinere Gesundheitsprobleme zu heilen – selbstverständlich auch unter Anwendung milder āyurvedischer Heilmittel. Wir werden darüber noch ausführlich sprechen.

2. Praktische Grundlagen des Āyurveda

Die erste Priorität weiser Lebensführung

Die erste und vornehmste Priorität āyurvedischer Lebensführung sollte der «Wunsch zu leben» sein. Dabei gilt es, durch das Beachten bestimmter Verhaltensregeln die Gesundheit zu erhalten und die Behandlung von Krankheiten und Funktionsstörungen unverzüglich und mit aller Kraft zu beginnen. Dies hilft, die Lebenskraft zu bewahren und ein langes Leben zu führen. Die zweite Priorität sollte der Wunsch nach Wohlstand sein, denn es wäre erbärmlich, lange zu leben, ohne die Mittel zu besitzen, seinen Unterhalt zu bestreiten. Hat man die ersten beiden Prioritäten erfüllt, sollte man sich auf den spirituellen Weg begeben, um die Wirklichkeit jenseits unserer sinnlichen Wahrnehmung zu erfahren (siehe dazu Diagramm 7).[1]

Unglücklicherweise sind bei einer großen Anzahl von Menschen die ersten beiden Prioritäten entweder umgekehrt, oder sie wechseln im Laufe des Lebens fortwährend ab. Es gibt keinen Zweifel, daß der Wunsch zu leben eine allen Lebewesen innewohnende Grundeigenschaft ist. Selbst der kleinste Einzeller besitzt Mittel, sich vor lebensbedrohenden Angriffen zu schützen. Problematisch wird es jedoch, wenn wir Menschen eine Existenz führen, die größtenteils lebensfeindlich oder ungesund ist, obwohl wir den «Wunsch zu leben» in uns tragen.

Ich werde Ihnen ein Beispiel geben, das Ihnen zeigt, wie für viele Menschen die erste Priorität des Āyurveda in ihrem täglichen Leben zur zweiten Priorität geworden ist. Die Arbeit mit Menschen erfordert in der ganzheitlichen Medizin deren volle Beteiligung.

Sehr oft begegnen mir dabei Menschen, die mir sagen, daß es für sie nicht möglich ist, viel Zeit für ihre Heilung aufzuwenden. Obwohl ich ihnen antworte, daß sie ganz sicher gesund werden, wenn sie nur mitmachen, und obwohl diese Menschen Beispiele anderer sehen, die durch die ganzheitliche Behandlung mit vorbeugenden und milden Heilmitteln gesund wurden, wollen sie sich nicht am Heilungsprozeß beteiligen. Warum? Weil sie «zu beschäftigt» sind und «einfach keine Zeit haben». Sie widmen den Großteil ihrer Zeit der Suche nach mehr Geld, Ruhm, Komfort und so weiter. Sie gönnen sich nicht einmal eine Minute Zeit, darüber nachzudenken, daß der größte Luxus der Welt, die höchste Position in einer Firma oder sonst irgendeine Errungenschaft für sie keine Bedeutung mehr haben wird, wenn sie dadurch ihre Lebenskraft einbüßen, krank werden oder sogar sterben. Die weltlichen Freuden sind für einen Menschen nur von Wert, wenn er die Zeit hat, sie zu genießen. Endet das Leben, dann enden auch die Freuden an diesen materiellen Gütern, da nichts in die andere Welt mitgenommen werden kann.

Viele Menschen führen in ihrer Jugend, wenn sie eine Menge Energie und Kraft besitzen, ein erfolgsorientiertes Leben und vernachlässigen ihre Gesundheit dabei. Nach ungefähr zwei Jahrzehnten solcher Hektik bemerken sie, daß ihre Lebenskraft nachläßt. Einige von ihnen werden aufgeschreckt durch negative Anzeichen wie Bluthochdruck, hoher Cholesterinspiegel, Schlaflosigkeit, Migräne, Schulterschmerzen oder Rückenschmerzen. In diesem Lebensabschnitt sind sie tief verstrickt in eine streßreiche und überbeschäftigte Lebensroutine, so daß sie es als sehr schwierig empfinden, sich selbst etwas Zeit zu gönnen, um ihre Energien durch Schlaf, Entspannung und andere vorbeugende Maßnahmen neu zu beleben. Zwar ist es ihre Gewohnheit, sich häufig hochtechnisierten Gesundheits-Check-ups zu unterziehen, aber das führt meist nur dazu, daß sie noch mehr Pillen schlucken, was sie nur tiefer in den Teufelskreis von Überdosierung und Nebenwirkungen stürzt.

Es gibt noch eine andere Kategorie von Menschen, die als Reaktion auf die eben beschriebene Haltung die dritte Priorität des Āyurveda zu ihrer ersten machen. Sie verlassen in der Jugend ihr Zuhause auf der Suche nach Gott und anderen übernatürlichen

Diagramm 7. Der Wunsch zu leben – die erste Priorität weiser Lebensführung

Ein vernunftbegabter Mensch mit klarem Verstand, der fähig und tüchtig ist und danach trachtet, daß es ihm gutgeht in dieser und der anderen Welt, sollte drei Ziele verfolgen: 1. den Wunsch zu leben; 2. den Wunsch nach Wohlstand; 3. das Verlangen nach der anderen Welt (Spiritualität).

Von all diesen Wünschen sollte man dem Wunsch zu leben zuerst folgen, denn wenn das Leben erlischt, kann man die anderen Ziele nicht mehr verfolgen.

Das Verlangen nach Wohlstand sollte die zweite Priorität sein. Es gibt nichts Erbärmlicheres, als ein langes Leben ohne ausreichende Versorgung zu führen.

Nach der Erfüllung dieser beiden Prioritäten sollte man dem spirituellen Weg folgen, um die Wirklichkeit hinter der Sinneswahrnehmung zu erfahren.

Kräften, ohne sich um eine anständige Ausbildung zu kümmern, um später einmal ihren Lebensunterhalt verdienen zu können. Eine derartige Haltung ist nicht minder verwerflich, denn die Menschen dieser Kategorie neigen dazu, aus Mangel an Geld in schrecklichen Verhältnissen zu leben. Sie werden von ihrem sozialen Umfeld nicht akzeptiert und sehen sich dann Problemen gegenüber, die sich körperlich und geistig sehr ungünstig auf sie auswirken. So können sie nicht den Zustand inneren und äußeren Wohlbefindens erlangen.

Eine āyurvedische Lebensführung beginnt also mit der Einsicht, daß die erste Priorität die Befolgung bestimmter Regeln zur Erhaltung der Gesundheit sein sollte, verbunden mit dem Wunsch, Krankheiten und Leiden schnell zu heilen. Wir werden Schritt für Schritt sehen, wie dies erreicht werden kann.

Zuerst ist es notwendig, sich selbst kennenzulernen und seine eigene Grundbefindlichkeit genau zu studieren. Sie haben im vorigen Kapitel erfahren, daß die Grundbefindlichkeit eines Menschen auf dessen humoraler Zusammensetzung beruht. Bevor wir jedoch dieses Thema, das die Grundlage des Āyurveda bildet, behandeln, werfen wir einen kurzen Blick auf die Einteilung der Krankheiten. Dies wird uns helfen, unsere humorale Beschaffenheit besser zu verstehen. Ferner wird es uns deutlich machen, daß es noch zwei weitere wichtige Bereiche der Gesundheitspflege gibt.

Die Einteilung der Krankheiten

Der Āyurveda lehrt uns, daß es drei Arten von Krankheiten gibt (Diagramm 8): endogene (innen entstandene), exogene (von außen stammende) und psychische.[2] Die inneren Erkrankungen entstehen durch ein Ungleichgewicht zwischen den drei Humoren Vāta, Pitta und Kapha. Äußere Erkrankungen sind die Folge äußerer Einflüsse wie Gift, Luftverschmutzung, Parasiten, Bakterien, Viren und so weiter. Die dritte Krankheitsgruppe bilden die psychischen Erkrankungen. Zu ihnen kommt es, wenn Wünsche unerfüllt bleiben oder man mit Unerwünschtem konfrontiert ist.

Wir werden an anderer Stelle sehen, daß diese drei Krankheitstypen miteinander in Verbindung stehen. Das humorale Ungleichgewicht, das endogene Erkrankungen verursacht, macht auch anfällig für exogene Erkrankungen, da ein Organismus mit aus dem Gleichgewicht geratenen Funktionen nicht stark genug ist, sich gegen äußere Angriffe zu verteidigen. In ähnlicher Weise werfen exogene Erkrankungen den Körper aus dem Gleichgewicht und beeinträchtigen die Humore. In jedem Fall sollte vor der Behandlung die Hauptursache der Erkrankung herausgefunden werden. Auch der dritte Krankheitstyp (psychische) beeinflußt das humorale Gleichgewicht negativ. Andererseits üben endogene Erkrankungen eine enorme Wirkung auf den Gemütszustand aus und können in manchen Fällen psychische Leiden auslösen. Wir werden im nächsten Kapitel mehr darüber erfahren.

Ein Arbeitsmodell zum Verständnis der Humoraltheorie

Sie wissen bereits, daß die drei Humore, die bekanntlich für alle psychischen und geistigen Funktionen verantwortlich sind, zurückzuführen sind auf die fünf Grundelemente, aus denen das Universum besteht. Sie sind sowohl für die physiologischen Abläufe im Organismus, wie auch für den Persönlichkeitstyp verantwortlich. Jedem Humor sind bestimmte Grundfunktionen zugeordnet, die ihrer Natur nach jenen Elementen ähnlich sind, aus denen sie sich herleiten. So entstammt Vāta der Luft und dem Äther. Luft und Äther sind trocken, licht, rauh, alles durchdringend und beweglich. Deshalb ist Vāta von ähnlicher Natur und verantwortlich für alle Bewegungen – Atmen, Blutzirkulation, Empfindungen und so weiter.

Das Gleichgewicht der Humore bürgt für gute Gesundheit und das Glück eines Menschen. Ein Ungleichgewicht hingegen verursacht Krankheit. Der Grundgedanke des Āyurveda ist es deshalb, das humorale Gleichgewicht zu erhalten, um eine gute Gesundheit sicherzustellen. Zwei Faktoren sind für dieses Gleichgewicht im wesentlichen verantwortlich. Sehen wir uns den ersten Faktor an. Bei jedem Menschen gibt es eine akute oder tendenzielle Vorherr-

Diagramm 8. Die Einteilung der Krankheiten nach der Lehre des Āyurveda

Drei Arten von Krankheiten

endogene	**exogene**	**psychische**
Endogene Erkrankungen entstehen durch ein Ungleichgewicht zwischen den drei Humoren Vāta, Pitta und Kapha.	Exogene Erkrankungen entstehen durch äußere Einflüsse wie Gift, Luftverschmutzung, Parasiten, Viren und Bakterien.	Psychische Erkrankungen entstehen, wenn Wünsche unerfüllt bleiben und man mit Unerwünschtem konfrontiert ist.

schaft eines oder auch zweier Humore, die dadurch seine psychosomatische Grundbefindlichkeit, seine elementare Wesensart, seine Prakriti bestimmen. Der graduelle Unterschied dieser Vorherrschaft ist der Grund für die zahllosen Variationen physischer und psychischer Eigenschaften. Der zweite Faktor ist die Tatsache, daß verschiedene Lebensumstände beständig dieses Gleichgewicht verändern, indem einzelne Humore unterschiedlich beeinflußt werden. Alles war wir essen, das Wetter, das Klima, die unterschiedlichen Jahres- und Tageszeiten, unser soziales Umfeld, unsere Arbeitsweise, unser Schlaf – all das verändert unser humorales Gleichgewicht. Ziehen wir aber unsere humorale «Grundmischung» in Betracht, sollte es unser Ziel sein, ein Leben zu führen, das unser humorales Gleichgewicht unter Berücksichtigung unserer humoralen «Grundmischung» sichert. Das erfordert ein Verstehen und bewußtes Wahrnehmen der eigenen Natur sowie ein Wissen über die humoralen Einflüsse unserer Umgebung.

Lassen Sie uns als nächstes untersuchen, wie die humorale Zusammensetzung für die Grundbefindlichkeit einer Person verantwortlich ist und so die Unterschiede zwischen den Menschen bestimmt. Die Menschen auf dieser Welt weisen unterschiedliches Aussehen, unterschiedliche Vitalität, unterschiedliche Intelligenz

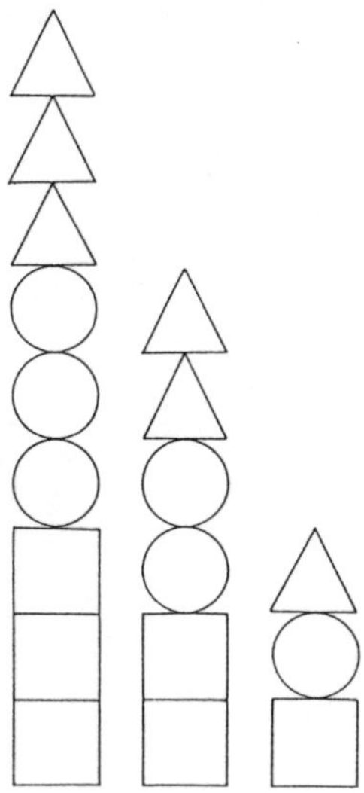

Abbildung 1. Dreieck, Kreis und Quadrat symbolisieren Vāta, Pitta und Kapha.
A stellt eine Idealperson dar mit optimal ausgeprägten Eigenschaften (Intelligenz, Vitalität, Aussehen, etc.) und bei bester Gesundheit. Für jeden Humor stehen drei Zeichen.
B stellt ebenfalls eine gesunde Person dar, auch hier befinden sich die Humore im Gleichgewicht, doch die Eigenschaften sind nicht so stark ausgeprägt wie bei A. Für jeden Humor stehen deshalb nur zwei Zeichen.
C stellt eine Person dar, deren Eigenschaften im Vergleich zu den anderen am wenigsten stark ausgeprägt sind. Dennoch ist sie bei guter Gesundheit, da sich auch in ihr die Humore das Gleichgewicht halten, wenn sie auch schwächer ausgeprägt sind. Für jeden Humor steht nur ein Zeichen.

und viele andere Unterschiede mehr auf. Vergessen Sie für einen Augenblick diese Eigenschaften und versuchen Sie einmal, die humorale Zusammensetzung der Menschen in Ihrer nächsten Umgebung zu betrachten. Zur Vereinfachung stellen wir die drei Humore in verschiedenen Symbolen dar: ein Dreieck für Vāta, ein Kreis für Pitta und ein Quadrat für Kapha. Stellen Sie sich eine Person vor, deren Gesundheit und Verstandeskraft vollkommen ist (möglicherweise gibt es so einen Menschen gar nicht). Diese Person stellen wir

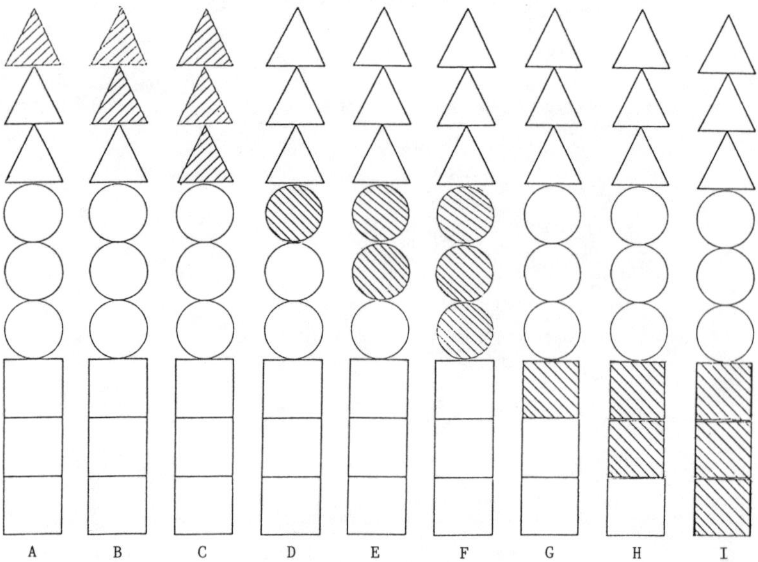

Abbildung 2. A, B und C stellen Personen dar, bei denen Vāta (schraffierte Dreiecke) die Tendenz zur Dominanz besitzt.
D, E und F stellen Personen dar, bei denen Pitta (schraffierte Kreise) die Tendenz zur Dominanz besitzt.
G, H und I stellen Personen dar, bei denen Kapha (schraffierte Quadrate) die Tendenz zur Dominanz besitzt.
In allen Fällen ist die Tendenz zur Dominanz des entsprechenden Humors jeweils unterschiedlich stark ausgeprägt; das humorale Gleichgewicht ist jedoch immer noch gegeben, wenn auch gefährdet.

jetzt mit den beschriebenen Symbolen dar, wobei wir jeweils drei Zeichen pro Humor nehmen (Abb. 1 A). Es könnte jedoch auch andere gesunde Menschen geben, deren Humore sich ebenso im Gleichgewicht befinden, die aber eine geringere Vitalität und weniger Intellekt besitzen als die Idealperson. Dennoch ist das Verhältnis der Humore zueinander bei ihnen gleich (Abb. 1 B, 1 C).

Im nächsten Schritt unserer bildlichen Darstellung der Humoraltheorie werfen wir einen Blick auf jene Kategorie von Menschen, die im großen und ganzen gesund sind, denen aber die Tendenz der Vorherrschaft, in graduellen Abstufungen, des einen oder anderen

Abbildung 3. A, B und C stellen Personen dar, bei denen Vāta, Pitta und Kapha jeweils unterschiedlich stark dominieren. D, E und F zeigen eine stärker ausgeprägte Vorherrschaft des entsprechenden Humors als bei A, B und C. Bitte beachten Sie, daß die Dominanz eines Humors mehr ist als eine Tendenz dazu, denn sie zerstört das humorale Gleichgewicht (vgl. Abb. 2).

Humors innewohnt. Sie sind deshalb sehr empfindlich, was diesen Humor anbelangt, und schon bei der kleinsten Nachlässigkeit gewinnt dieser spezielle Humor das Übergewicht und wird zur Ursache mangelnden Wohlbefindens. Die Abbildungen 2 A bis 2 I zeigen die Variationsmöglichkeiten in dieser Kategorie. Die Humore mit der Tendenz zur Dominanz sind schraffiert dargestellt.

Der Leser braucht jetzt nur die Kombinationsmöglichkeiten von Abbildung 1 mit denen von Abbildung 2 zu multiplizieren, um eine Vorstellung zu bekommen, wie groß die humorale Variationsbreite bereits auf dieser Stufe ist.

Bis jetzt haben wir von Personen gesprochen, die nur eine *Ten-*

denz zur Dominanz eines bestimmten Humors haben. Diese Menschen können es schaffen, bei ein wenig Umsicht immer gesund zu bleiben. Die nächste Kategorie besteht aus Menschen, bei denen ein oder zwei Humore dominieren. Sie sind deshalb häufig Opfer von endogenen Krankheiten, deren Ursache ebendieses humorale Ungleichgewicht ist. In Abbildung 3 sehen wir einige Beispiele dieser Kategorie. Vāta, Pitta oder Kapha dominieren im jeweiligen Beispiel, und zwar geringer in A, B und C, und stärker in D, E und F.

Wenn wir die Kombinationsmöglichkeiten von Abbildung 1 mit denen von Abbildung 3 multiplizieren, bekommen wir eine noch größere Variationsbreite humoraler Zusammensetzung. Wir können uns leicht vorstellen, daß es in bezug auf die Gesamtmenge und den Ausprägungsgrad der Humore viele Verbindungsmöglichkeiten gibt.

Es gibt auch Menschen, bei denen zwei Humore dominieren, entweder gleichzeitig oder jeweils einer zu verschiedenen Jahreszeiten, Monaten, Tagen und so weiter. Der Variationsgrad hängt natürlich ab vom Lebensstil, der Ernährung und anderen bereits erwähnten Faktoren.

Die nächste Gruppe besteht aus Personen mit einem enormen Übergewicht eines oder zweier Humore. Solche Leute müssen sehr auf sich aufpassen. Es handelt sich bei ihnen in der Regel um jene Menschen, die ständig über irgendwelche Beschwerden klagen. Wenn sie sich entsprechend schonen, können sie ihre Gesundheit verbessern und ihren humoralen Gleichgewichtszustand erlangen. Falls sie aber nicht ausreichend Sorgfalt darauf verwenden, ihre innere Ordnung aufrechtzuerhalten, verschlechtert sich ihr Zustand aufgrund ihrer Nachlässigkeit, und ernsthafte Erkrankungen sind die Folge. Dabei kommt es nicht selten vor, daß derlei Menschen über eine ganze Reihe von Leiden klagen. Am häufigsten hört man von Bluthochdruck, Diabetes, Migräne, Schlaflosigkeit und chronischen Rückenschmerzen. Bei fortgesetzter Mißachtung ihrer Gesundheit sind solche Leute auch Angriffen von außen schutzlos ausgeliefert. Fortwährend geplagt von Krankheiten, werden sie nervös, gereizt, aufbrausend, manchmal sogar auch psychisch krank.

Wir sehen am Beispiel dieser Kategorie von Personen, wie die an anderer Stelle beschriebenen drei Krankheitstypen ineinandergreifen. Wenn Menschen mit erheblichen Störungen des Humoral-

Abbildung 4. A, B und C zeigen Fälle extremer Dominanz jeweils eines der drei Humore Vāta, Pitta oder Kapha, symbolisch dargestellt durch Vergrößerung und Vervielfachung des entsprechenden Zeichens.

gleichgewichts jedoch alles daransetzen, die Harmonie in ihrem Körper wiederherzustellen, indem sie ihre Lebensweise entsprechend umstellen, sich bewußt ernähren und ihre Emotionen und andere damit in Verbindung stehende Faktoren in den Griff zu bekommen versuchen, dann bleiben auch sie relativ gesund und zufrieden und können ein langes Leben genießen. Diese Beschreibung sollte dem Leser die Bedeutung von Daiva und Purushakara – Begriffe, die ich im vorigen Kapitel erklärt habe – klarmachen; ebenso die Notwendigkeit, diese beiden Komponenten aufeinander abzustimmen, um ein gesundes und langes Leben zu ermöglichen. Wenn es nämlich einen Mangel an Koordination zwischen Daiva und Purushakara gibt, dann werden die entsprechenden Humore weiter zunehmen, was zu verschiedenen pathologischen (krankhaften) Zuständen führen kann – bis hin zu körperlichem und geistigem Verfall. Betrachten wir nun Abbildung 4, in der einige Fälle extremer Erhöhung dargestellt sind.

Es gibt noch viel mehr Kombinationsmöglichkeiten. Ich möchte mich jedoch aus Platzgründen auf die bisherigen Beispiele beschränken und es den Rechenkünsten des Lesers überlassen, weitere zu finden.

Wir haben gesehen, daß es die Schwankungen in der Zusammensetzung der Humore sind, welche die vielen unterschiedlichen Typen von Menschen entstehen lassen. Wenn ich über Humore spreche und darüber, daß man alles tun sollte, ein humorales Gleichgewicht zu schaffen, so stellt sich die Frage, welche Faktoren dieses Gleichgewicht beeinflussen können. Erinnern Sie sich bitte daran, daß die drei Humore von den fünf Grundelementen abstammen, aus denen sich das Universum zusammensetzt. Das Universum ist ein dynamisches Ganzes, in dem alles ununterbrochen in Veränderung begriffen ist. Nichts ist statisch. Zeit ist Umwandlung, und diese Umwandlung stellt sich uns dar als eine Abfolge von Augenblicken. Da alles in diesem Universum teilhat am Ganzen, kann keine Veränderung stattfinden, ohne auch alles übrige zu betreffen. Deshalb muß die Antwort auf obige Frage lauten, daß *alles und jedes* die humorale Zusammensetzung beeinflußt. Klima, Wetter, Jahreszeit, geographische Lage, Tageszeit, Alter, Nahrung, Sozialverhalten, Denkprozesse, zwischenmenschliches Handeln, Luft, Wasser und alle anderen Faktoren unserer menschlichen Existenz wirken auf unser humorales Gleichgewicht ein. Sie lassen einen, zwei oder alle drei Humore in verschiedenen Graden zu- oder abnehmen.

Die āyurvedische Methode der Gesundheitspflege läßt sich in drei Schritten darstellen:

1. Wissen über sich selbst und seine eigene Grundbefindlichkeit.
2. Kennen der grundlegenden Eigenschaften verschiedener Nährstoffe; Kennen der qualitativen und quantitativen Beeinflussung der Humore durch das eigene Verhalten, das Klima, die Umwelt und andere Faktoren im weltlichen und geistigen Beziehungsgefüge des Menschen.
3. Lernen, den zweiten Schritt mit dem ersten Schritt in Gleichklang zu bringen, so daß man in der Lage ist, Einklang mit sich und seiner Umwelt zu schaffen.

Sie werden sehen, daß bei einer solchen Grundauffassung *alles* in

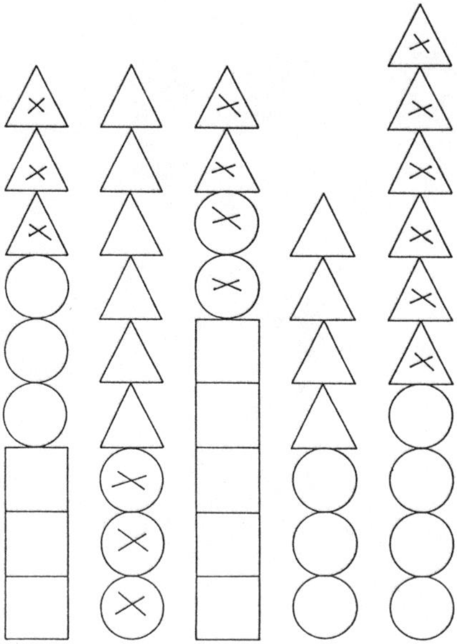

Abbildung 5. Veranschaulichung von Nährstoffen in ihrer Eigenschaft, Humore zu vermehren und/oder zu reduzieren. Eine humormindernde Eigenschaft wird mit einem Kreuz im entsprechenden Symbol kenntlich gemacht.

diesem ganzheitlichen System Medizin sein kann, gleichzeitig jedoch auch gefährlich, giftig oder krankheitsauslösend. Einige Leiden können allein durch Wasser, Salz oder bestimmte Übungen geheilt werden; andere wiederum entstehen einzig dadurch, daß irgendeine Kleinigkeit nicht in Einklang steht mit der eigenen Grundbefindlichkeit.

Betrachten wir dazu zwei Abbildungen, die den Einfluß bestimmter Nährstoffe auf den jeweiligen Humor verdeutlichen sollen. Abbildung 5 zeigt fünf solcher Nährstoffe und ihre Wirkkraft auf bestimmte Humore (A bis E). In den Beispielen wird der humormindernde Faktor durch ein Kreuz im entsprechenden Symbol gekennzeichnet. Beispiel A zeigt also einen Vāta-mindernden und Pitta- und Kapha-mehrenden Nährstoff. In Beispiel B handelt es sich um einen Nährstoff, der Vāta ganz außerordentlich vermehrt,

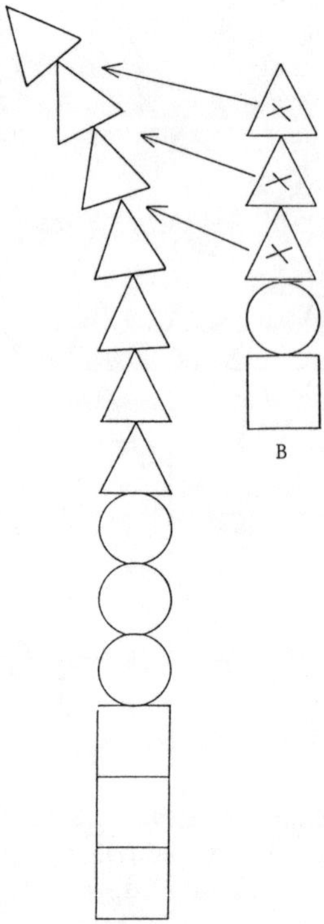

Abbildung 6. Person (A) besitzt zu viel Vāta. Durch die Umstellung der Ernährungsweise auf Vāta-reduzierende Kost (B) wird das überschüssige Vāta abgebaut und das humorale Gleichgewicht wiederhergestellt.

Pitta aber reduziert. Kapha bleibt unbeeinflußt. Beispiel C wiederum zeigt einen Nährstoff, der Vāta und Pitta abbaut, jedoch Kapha um ein vielfaches anhebt. In Beispiel D werden Vāta und Pitta gesteigert. Beispiel E schließlich zeigt uns einen Fall, wo Vāta reduziert wird, Pitta jedoch angehoben.

Dies sind nur einige Beispiele, aber Sie können sich sicherlich vorstellen, daß es Tausende solcher Nährstoffkombinationen gibt mit jeweils mehr oder weniger humormindernden oder humormehrenden Faktoren.

Lassen Sie uns als nächstes betrachten, wie ein bestimmter Humor auf einen entsprechenden Nährstoff reagiert. Abbildung 6 stellt eine Person dar, deren Vāta weit überrepräsentiert ist. Mit Hilfe einer Substanz, die Vāta-reduzierend wirkt, kann der Vāta-Überschuß abgebaut und dadurch das humorale Gleichgewicht wieder erreicht werden.

Stellen Sie sich jetzt den entgegengesetzten Fall vor. Die gleiche Person, deren humorales Gleichgewicht durch übermäßig vorhandenes Vāta bereits empfindlich gestört ist, nimmt nun Nährstoffe zu sich, die aufgrund ihrer Zusammensetzung Vāta noch mehr anwachsen lassen. Das wird den Gesundheitszustand dieses Menschen ganz sicher verschlechtern und Ursache zahlreicher Erkrankungen sein. Sollte dieser Überhang an Vāta für längere Zeit bestehen bleiben, entwickeln sich daraus ernste Krankheiten. Wir werden darauf in Kürze näher eingehen.

Das System zunehmender und abnehmender Humore ist nicht ganz so einfach, wie ich es Ihnen in den leichtverständlichen Abbildungen gezeigt habe. Um das alles in die Praxis umsetzen zu können, muß man sich selbst kennen und ein großes Feingefühl gegenüber den Einflüssen der Umwelt besitzen. Man muß auch lernen, ein Gleichgewicht herzustellen zwischen seiner momentanen Befindlichkeit und den Nährstoffen, die man zu sich nimmt. Um dies zu erreichen, ist es manchmal notwendig, gängige Regeln und Vorstellungen bezüglich bekömmlicher oder unbekömmlicher Nahrung über Bord zu werfen. Denken Sie immer daran, daß jeder einzelne von uns einmalig ist. Was gut für Ihre Mutter, Ihre Frau oder Ihren Ehemann sein kann, könnte für Sie schädlich sein. Folgen Sie bitte nicht blindlings den Massenmedien oder irgendwelchen anderen Meinungsmachern, die Ihnen sagen wollen, was Sie zu tun und zu lassen haben.

Es ist absolut wesentlich, das āyurvedische Konzept von Gleichgewicht und Harmonie zu verstehen, da es sonst passieren kann, daß Sie bei dem Versuch der Heilung eines in seiner Funktionsweise gestörten Humors einen anderen empfindlich schädigen. Ich habe dies kennengelernt bei Menschen, die sich plötzlich ganz enthusiastisch mit Naturheilkunde beschäftigen. Sie sammeln von überall her Informationen und beginnen, sich selbst mit Heilpflanzen zu behandeln. Sie glauben, daß alles, was pflanzlich und natürlich ist, nur nützlich sein kann und ohne schädliche Nebenwirkungen ist. Mit solchen Vorstellungen bringen sie nicht nur ihr System aus dem Gleichgewicht, sondern sie versäumen es auch, dieses Ungleichgewicht mit ihren naturheilkundlichen Küchenrezepten in Verbindung zu bringen. Ein berühmtes Beispiel in diesem Zusammenhang ist der Knoblauch. Seit einigen Jahren wird Knoblauch als wahre Wundermedizin gepriesen. Zweifelsohne wirkt frischer Knoblauch – in entsprechendem Boden und unter geeigneten klimatischen Bedingungen herangewachsen – heilsam auf viele Erkrankungen. In einigen āyurvedischen Schriften wird sogar erwähnt, daß Knoblauch bei Tausenden von Krankheiten hilft. Die unterschiedslose Anwendung von Knoblauch ist jedoch strikt untersagt. Knoblauch hilft bei Krankheiten, die auf einen Überschuß an Vāta zurückzuführen sind; er läßt jedoch Pitta ansteigen. Deshalb sollte Knoblauch als Heilmittel sehr vorsichtig angewendet werden, und nur in Verbindung mit Nährstoffen, die Pitta reduzieren. Menschen mit einer Pitta-Dominanz sollten Knoblauch nur in geringer Dosierung zu sich nehmen.

In diesem Stadium mag das alles vielleicht noch sehr kompliziert erscheinen. Haben wir uns jedoch einmal mit der āyurvedischen Lebensweise vertraut gemacht, dann geht uns diese Sensibilität in Fleisch und Blut über. Der Kosmos und das physische Selbst werden dann nicht länger als zwei verschiedene Einheiten betrachtet. Dieses Universum besteht aus einer unendlichen Reihe von Aktion und Reaktion. Gesundheit ist demnach nichts anderes als der harmonische Fluß dieser Energien.

Eine detaillierte Erörterung der Humore

Lassen Sie uns jetzt die drei Humore im einzelnen untersuchen: ihre Funktionen, die Erkrankungen, die sie verursachen können, und die Faktoren, die sie beeinflussen. Dabei erfahren wir auch mehr über unsere Grundbefindlichkeit. Auf diese gehen wir jedoch erst nach der genauen Beschreibung der drei Humore näher ein, da eine detaillierte Kenntnis der Humore das Verstehen unserer elementaren Beschaffenheit erleichtert.

Vāta

Wie Sie wissen, entstammt Vāta den Grundelementen Äther und Luft. Äther ist leicht und Luft ist trocken. Vāta ist so, wie diese beiden Elemente: fein, leicht, beweglich, trocken, kalt, rauh und alles durchdringend. Er steuert alle Bewegungen und sämtliche körperlichen und geistigen Tätigkeiten. Er ist verantwortlich für Ein- und Ausatmung und Ausscheidung. Vāta steuert das Informationssystem des Gehirns; er steuert die Denkprozesse und ist deshalb verantwortlich für Sprache, Empfindung, Berührung, Hören und Riechen. Er reguliert die psychosomatischen Körperfunktionen. Gefühle wie Angst, Schmerz, Begeisterung oder Mut werden von Vāta kontrolliert. Vāta regelt die natürlichen Triebe, sorgt für die Blutzirkulation und ist verantwortlich für sexuelle Vitalität und die Bildung des Fötus.

Wir sehen also, daß die Funktionen von Vāta eine enge Beziehung haben zu den Gestaltungskräften. So sind beispielsweise Blutzirkulation, Denkprozesse oder Empfindungen verknüpft mit rascher Bewegung – Bewegung ist ein Merkmal der Luft. Das Blut breitet sich in allen Teilen des Körpers aus – Durchdringung ist ein Merkmal des Äthers. Ähnlich ist es mit den natürlichen Trieben. Sie haben die Kraft der Luft. Sprache, Empfindung, Berührung, Hören und so weiter setzen eine schnelle Kommunikation zwischen dem peripheren und dem zentralen Nervensystem voraus. Das Medium für Sprechen und Hören ist der Raum. Das Atmen wiederum ist mit Bewegung verknüpft und hat natürlich auch ganz unmittelbar mit Luft zu tun.

Wenn man nun die oben beschriebenen Merkmale in Bezug setzt zu den Charaktereigenschaften eines Menschen, so zeigt sich, daß Personen mit einer Vāta-Dominanz agil und wendig im Denken sind. Ihre körperliche Stabilität ist gering. Sie sind zu raschem Handeln fähig, und die vorher erwähnten Vāta-Eigenschaften wie Angst, Furcht, Ärger und so weiter stellen sich bei ihnen schnell ein. Luft und Äther sind von Natur aus kalt, deshalb können Vāta-beherrschte Menschen Kälte schlecht ertragen und frieren leicht. Der rauhe Charakter der Luft zeigt sich in ihren Haaren und Nägeln. Die Blutgefäße dieser Menschen treten hervor.

Lassen Sie uns zunächst alle Faktoren betrachten, die Vāta ansteigen lassen. Anschließend werden dann Möglichkeiten aufgezeigt, wie dieser Humor wieder ins Gleichgewicht gebracht werden kann. Die Faktoren, die Vāta zunehmen lassen, sind: Fasten; übermäßige körperliche Bewegung; Kälte; langes Aufbleiben; Regenzeit/Regenwetter; Alter; Abend und der letzte Teil der Nacht; Genuß von überreifer, trockener, vorgekochter (*bāsā*)[3] Nahrung und stopfenden Substanzen; Verletzungen; übermäßiger Blutverlust; zuviel Geschlechtsverkehr; Angst; verdrehte Körperhaltung; Unterdrückung natürlicher Triebe; Gefühl von Bedauern und Schuld.

Diese Faktoren zeigen uns, daß Zeit in jeder Hinsicht eine sehr wichtige Rolle in der Humoraltheorie spielt. Ein Tag, eine Jahreszeit, das eigene Alter, alles ist Zeit und hat eine wichtige Bedeutung. Von ebenso wichtiger Bedeutung sind aber auch verhaltens- und gefühlsbezogene Aspekte. Es genügt schon das Aufbleiben bis spät in die Nacht und das anschließende Schuldgefühl darüber, um eine Störung des Vāta-Gleichgewichts herbeizuführen. Die Gesundheit erhalten wir nicht nur durch physische Anstrengungen, sondern auch durch die Kontrolle unserer Emotionen. Das bedeutet jedoch nicht ihre Unterdrückung. Wir werden darüber später noch sprechen. In diesem Zusammenhang genügt es zu begreifen, daß man zur rechten Zeit angemessen handeln muß und alle Anstrengungen darauf zu richten hat, einen Humor nicht leichtfertig zu schädigen. Sehen wir uns nun an, wie sich die Symptome eines überhöhten Vāta äußern. Dies soll Sie in die Lage versetzen, eine Störung selbst zu diagnostizieren und mit den oben angegebenen Faktoren in Verbindung zu bringen.

Ein Übermaß an Vāta macht den Körper steif und schmerzend, der Mund ist trocken und man hat einen üblen Geschmack im Mund, der Magen schmerzt, die Haut ist trocken, man fühlt sich müde und der Stuhl ist dunkel; der Kiefer schmerzt, ebenso die Augen, die Augenlider sind verkrampft, die Gegend um die Schläfen schmerzt und man hat einen dunklen Schleier vor den Augen; Schwindelgefühl, Zittern, Gähnen, Schluckauf, allgemeines Unbehagen, Wahnvorstellungen, stumpfe Hautfarbe und ein in sich selbst zurückgezogenes und ängstliches Verhalten. Charaka beschrieb achtzig durch Vāta hervorgerufene Störungen und sagte, dies seien «achtzig der wichtigsten Symptome unter den unzähligen Krankheitsbildern eines überhöhten Vāta».[4] Viele der achtzig

Krankheitssymptome beschreiben unterschiedliche Schmerzzustände, ich habe mich in meiner Aufzählung auf die wesentlichen beschränkt.

Der erste Schritt zur Vorbeugung eines humoralen Ungleichgewichts sollte sein, sich selbst in Relation zu einem Humor zu verstehen. Der zweite Schritt wäre dann, zu lernen, wie man ein Unwohlsein oder eine Erkrankung, die auf einen gestörten Humor zurückzuführen ist, durch Wiederherstellung des humoralen Gleichgewichts in den Griff bekommt und zum Guten wenden kann. Sehen wir uns deshalb an, was alles unternommen werden kann, um überhöhten Vāta abzubauen und die Harmonie wiederherzustellen.

Die Behandlung von Vāta sollte mit einer Darmreinigung beginnen, gefolgt von einer entsprechenden Diät. Eine angemessene Kost ist in diesem Fall alles, was Vāta-reduzierende Bestandteile enthält. Einzelheiten dazu werden wir später noch erläutern. Was die anderen Faktoren betrifft, so wird etwa empfohlen, sich warm zu halten, süße, saure und salzige Nahrung zu sich zu nehmen und sich massieren zu lassen. Ausreichend Ruhe, Schlaf, eine ruhige Umgebung und ein heiterer Gemütszustand sind zusätzlich erforderlich, um Vāta wieder ins Gleichgewicht zu bringen.

Man muß sich dabei immer wieder alle Faktoren vor Augen führen, die zur Erhöhung dieses Humors beitragen. Sobald entsprechende Symptome bemerkt werden, sollten sofort Maßnahmen eingeleitet werden, um alle Vāta-mehrenden Einflüsse auszuschalten. Lernen Sie, rechtzeitig zu handeln. Wir wissen beispielsweise, daß feuchte Witterung Vāta ansteigen läßt. Vermeiden Sie also während dieser Zeit Speisen oder Tätigkeiten, die den gleichen Effekt haben. Wenden Sie sich statt dessen einer Lebensweise zu, die Vāta abbauen hilft. So gelingt es, diesen Humor trotz der feuchten Witterung im Gleichgewicht zu halten. Je mehr Vāta-steigernde Einflüsse vorhanden sind, desto schlimmer ist die Wirkung. Wenn Sie zum Beispiel über sechzig sind, die Witterung ist feucht, Sie bleiben bis spät in die Nacht auf, machen sich große Sorgen über irgend etwas und ernähren sich von Vāta-anregenden Speisen wie Kartoffeln, Reis oder Blumenkohl, so können Sie sicher sein, daß Sie dadurch Vāta-bedingte Gesundheitsstörungen auslösen. Ähnlich verhält es sich bei jemandem, der an einer Verletzung leidet.

Sein Vāta ist bereits erhöht, und er sollte deshalb alles vermeiden, was noch dazu beiträgt.

An dieser Stelle wende ich mich besonders an jene Leserinnen und Leser, bei denen Vāta dominiert oder eine Tendenz dazu besitzt – also an Menschen mit einer Vātika-Natur. Diese Personen sind anfälliger für eine Störung des Vāta; sie sollten deshalb besonders darauf achten, nicht in eine Lebens- und Ernährungsweise zu verfallen, die Vāta anwachsen läßt. Erschrecken Sie nicht bei dem Gedanken an die vielen guten Sachen, die Sie angesichts dieser vielen Warnungen meinen nicht mehr essen zu dürfen. Es ist gar nicht so schlimm. Sie müssen nur darauf achten, Ihre Beilagen so zu wählen, daß Vāta-erhöhende Speisen durch Vāta-reduzierende Speisen ausgeglichen werden. Ihrem heißgeliebten Kartoffelgericht sollte also ein Tomatensalat folgen, der auch etwas Knoblauch enthält. Diese Kombination schafft ein natürliches Gleichgewicht. Wenn Vātika-Menschen keine Rücksicht auf ihre Vāta-Natur nehmen, werden sie ständig über Schmerzen klagen und älter aussehen als sie wirklich sind.

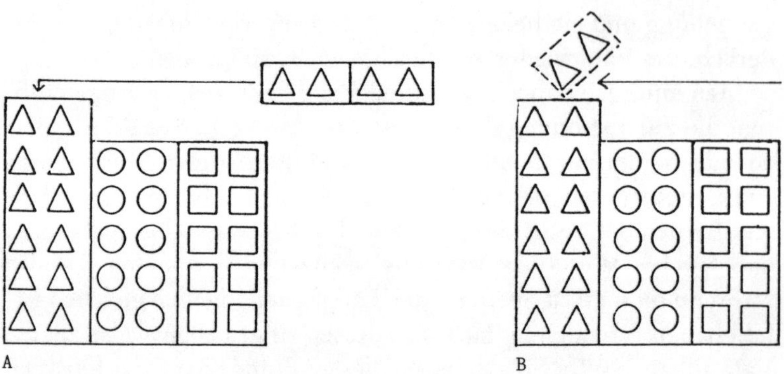

Abb. 7

Abbildung 7 zeigt, wie eine Person mit einer nur geringfügigen Dominanz eines Humors durch falsche Lebensweise diesen Humor noch weiter erhöht (A), oder wie es ihr gelingt, durch den jeweiligen Humor reduzierende Faktoren ein Gleichgewicht zwischen den drei Humoren herzustellen und zu erhalten (B).

Man hat beobachtet, daß es in unserem Zeitalter der chemischen Düngemittel, der Pestizide und des Gebrauchs aller möglichen Konservierungsstoffe Anzeichen einer allgemeinen Vāta-Erhöhung gibt – besonders im Westen. Dies erklärt die Erkrankungen der Atmungsorgane und des Blutkreislaufs, Arthritis, Fettleibigkeit, Magenkrankheiten, Schlaflosigkeit und Geistesstörungen. In Anbetracht dessen sollten wir alles unternehmen, uns vor einer Störung dieses Humors zu schützen – und somit vor Krankheiten, die damit unmittelbar zusammenhängen.

Diagramm 9 zeigt eine Auflistung der typischen Eigenschaften Vāta-dominanter Personen, Faktoren, die diesen Humor ansteigen lassen, Symptome einer Überhöhung und Behandlungsmöglichkeiten.

Pitta

Pitta stammt vom Grundelement Feuer ab; deshalb ist es heiß von Natur. Seine Eigenschaften sind scharf, sauer und herb; sein Geruch ist fleischig. Pitta ist verantwortlich für die Sehkraft, den Hunger und den Durst, die Verdauung, die Regulierung der Körperhitze, die Geschmeidigkeit und den Glanz der Haut, die Heiterkeit, den Intellekt und die sexuelle Spannkraft. All diese Funktionen haben wiederum einen Bezug zu dem Element, dem Pitta entstammt. Dieses uralte Wissen darüber hat auch die Sprache beeinflußt. Nicht ohne Grund benutzen wir solche Worte wie «brillant», «hell» und «glänzend», um unsere Bewunderung für die geistigen Fähigkeiten eines Menschen auszudrücken. Ganz ähnlich verwenden wir die Begriffe «leuchtend», «glühend» und «strahlend», wenn wir einen bestimmten Gesichtsausdruck beschreiben wollen. Mit einem gedämpften Pitta kann es sogar einer intelligenten Person an Geisteskraft und Assimilationsvermögen mangeln, und selbst ein schöner Mensch sieht ohne den Glanz von Pitta langweilig aus. Wir wissen auch, daß die Verdauung von Nahrung unmittelbar zusammenhängt mit der Erzeugung und Assimilation von Energie. Es ist diese Energie, die für die «Hitze» in

Diagramm 9. Ursprung, Funktion und Eigenschaften von Vāta

Vāta ist leicht, fein, beweglich, trocken, kalt, rauh und alles durchdringend wie die Grundelemente Luft und Äther, von denen er abstammt.

Vāta steuert alle Körperbewegungen und Geistestätigkeiten, den Blutkreislauf, die Atmung, die Ausscheidung, die Sprache, die Empfindungsfähigkeit, den Tastsinn, das Gehör, Gefühle wie Furcht, Angst, Kummer oder Begeisterung, die natürlichen Triebkräfte, die Bildung des Fötus, das Sexualverhalten.

Charakterbild bei Vāta-Dominanz	*Vāta-mehrende Faktoren*	*Symptome bei Vāta-Überhöhung*	*Behandlung*
– rege – schnell in den Bewegungen – handelt rasch – zeigt schnell Furcht, Ärger etc. – ist leicht reizbar – kann Kälte nicht ertragen und fröstelt leicht – hat grobe Haare und Nägel – hat hervortretende Adern	– Fasten – übermäßige körperliche Bewegung – Kälte – langes Aufbleiben – Regenwetter – Alter – Abend und späte Nacht – Genuß überreifer oder vorgekochter Nahrung – Verletzungen – Blutverlust – zuviel Geschlechtsverkehr – Angst – verdrehte Körperhaltung – Unterdrückung natürlicher Triebkräfte – Schuldgefühl	– steifer und schmerzender Körper – Trockenheit und übler Geschmack im Mund – Appetitlosigkeit – Magenschmerzen – trockene Haut – Müdigkeit – dunkler Stuhl – Schlaflosigkeit – Schmerzen im Bereich der Schläfen – Schwindelgefühl – Zittern – Gähnen – Schluckauf – allgemeines Unbehagen – Wahnvorstellungen – stumpfe Hautfarbe – in sich zurückgezogenes und ängstliches Verhalten	– süße, saure und heiße therapeutische Maßnahmen – Einlauf – Vāta-reduzierende Kost – Massagen – Einreibungen – ausreichend Ruhe, Entspannung und Schlaf – ruhige Umgebung – heiterer Gemütszustand

unserem Körper verantwortlich ist. Tatsächlich werden im Āyurveda die Verdauungskräfte *Agni* genannt, was «Feuer» bedeutet.

Menschen, deren Pitta vorherrscht, können Hitze nicht vertragen. Sie haben gewöhnlich ein heißes Gesicht, empfindliche Organe, eine glänzende Haut und eine Tendenz zu Leberflecken, Sommersprossen und Pickeln. Sie besitzen außergewöhnlichen Hunger und Durst; deshalb essen und trinken sie oft und viel. Sie bekommen früh Falten, ihr Haar wird schnell grau und fällt aus. Sie neigen zu Körper- und Mundgeruch. Personen mit Pitta-Übergewicht sind unduldsam und es mangelt ihnen an Ausdauer. Vergessen Sie jedoch nicht, wie groß die Vielfalt von Menschentypen ist, die sich aufgrund der zahllosen Mischungsmöglichkeiten graduell unterschiedlich dominierender Humore ergeben. Deshalb sollte die obige Beschreibung nicht allzu eng oder schablonenhaft gesehen werden.

Salzige, scharfe und alkalihaltige Kost läßt Pitta anwachsen, ebenso der Genuß von Nahrung oder Getränken, die ein brennendes Gefühl hinterlassen. Sonnenbaden vermehrt Pitta. Andere Pitta-erhöhende Faktoren sind die Mittagszeit, die Mitternacht, der Sommer* und der Vorgang der Verdauung. Auch Ärger vergrößert Pitta.

Die wesentlichen Anzeichen für erhöhtes Pitta sind ungewöhnlich starkes Schwitzen, ein Brennen im Körper, das Gefühl, gleich ohnmächtig zu werden, großer Durst, blasse Augen, blasse Haut und dunkelgelber Urin. Charaka beschrieb vierzig von «unzähligen» Symptomen, die auf ein geschädigtes Pitta hinweisen (*Sūtrasthāna*, XX, 14), wie beispielsweise ein brennendes Gefühl an einer bestimmten Stelle des Körpers, übler Geruch, ein Ziehen in bestimmten Körperteilen, Brennen auf der Haut, feuchte Haut und Ausschlag. Unter den vielen anderen Pitta-bedingten Erkrankungen seien noch erwähnt Herpes, Gelbsucht, Entzündung der Augen, des Halses, der Mundschleimhäute, des Afters und des Penis. Ein Zuviel an Pitta läßt ein Gefühl der Unzufriedenheit entstehen.

* In Hinsicht auf das Klima in Mitteleuropa ist der Sommer die Pitta-vermehrende Jahreszeit. In Ländern, wo der Sommer sehr heiß ist und der Herbst trocken und sonnig, ist es der Herbst (im Sommer hält man sich dann vorwiegend in kühlen Innenräumen auf).

Diagramm 10. Ursprung, Funktion und Eigenschaften von Pitta

Pitta ist so heiß wie das Grundelement Feuer, von dem es abstammt. Es ist scharf, sauer, beißend und von fleischigem Geruch.

Pitta steuert die Sehkraft, die Verdauung, den Hunger, den Durst, die Körperhitze, Geschmeidigkeit und Glanz, die Heiterkeit, den Intellekt und die sexuelle Spannkraft.

Charakterbild bei Pitta-Dominanz

- kann Hitze nicht vertragen
- hat gewöhnlich heißes Gesicht
- hat empfindliche Organe
- neigt zu Leberflecken, Sommersprossen und Pickeln
- glänzende Haut
- übermäßiger Hunger und Durst
- frühzeitiges Auftreten von Falten
- Haarausfall und graue Haare
- Körpergeruch
- unduldsam und Mangel an Ausdauer

Pitta-mehrende Faktoren

- scharfe, salzige, alkalihaltige Kost
- jegliches Essen oder Getränk, das ein brennendes Gefühl verursacht
- Sonnenbaden
- Mittag
- Mitternacht
- Sommer
- der Vorgang der Verdauung
- Jugend
- Ärger

Symptome bei Pitta-Überhöhung

- ungewöhnlich starkes Schwitzen
- Körpergeruch
- außergewöhnlicher Hunger oder Durst
- Entzündungen
- Risse und Verdickungen der Haut
- Hautausschlag
- Akne
- Herpes
- zuviel Hitze im Körper
- brennendes Gefühl
- Unzufriedenheit
- Ärger

Behandlung

- süße, bittere, zusammenziehende und kalte Maßnahmen
- Einreibung und Darmentleerung
- Einsalben
- kalte Bäder und Massagen
- Pitta-reduzierende Kost
- Trost

Ein aus dem Gleichgewicht geratenes Pitta sollte durch süße, bittere, adstringierende (zusammenziehende) und kalte Maßnahmen behandelt werden. Es ist ratsam, die betreffenden Körperstellen oder -teile einzureiben und eine Darmentleerung einzuleiten. Massagen, kalte Bäder und Trinken von kaltem Wasser hilft ebenso, Pitta zu reduzieren. Personen mit der Tendenz zu Pitta-Dominanz sollten sehr vorsichtig sein und eine Zunahme dieses Humors nicht provozieren. Ihnen sei angeraten, verschiedene Maßnahmen zu ergreifen, um ein Vorherrschen von Pitta erst gar nicht entstehen zu lassen. Sie sollten deshalb sehr fette und schwere Kost meiden und statt dessen frisches Obst und Gemüse essen. Besonders wichtig ist es, viel kaltes Wasser zu trinken, um Pitta daran zu hindern, sich im Körper anzusammeln.

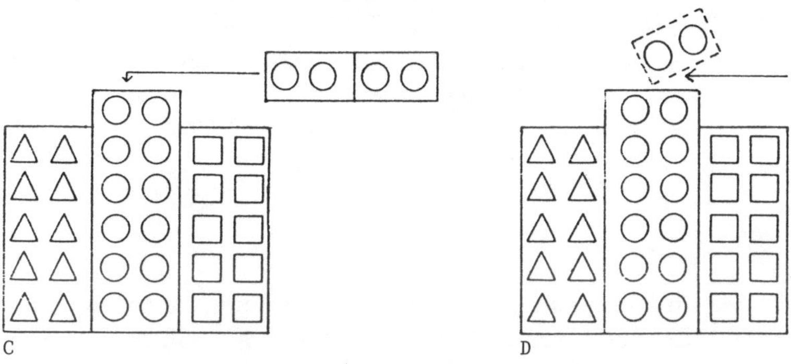

Abb. 8

Wie Sie wissen, stammt Pitta vom Grundelement Feuer ab, das bekanntlich heiß ist. Deshalb bedeutet ein Übermaß an Pitta ein Übermaß an Hitze im Körper. Sie sollten jedoch diese Hitze nicht verwechseln mit Fieber. Diese Hitze, auch «Feuer» (*agni*) genannt, ist eine sehr feine Energie. Ist sie im Übermaß vorhanden, so führt das zu verschiedenen Erkrankungen wie Einreißen der Haut, Akne, Ausschlag, Herpes, Entzündungen und so weiter. Es handelt sich dabei um eine verborgene und latente Form der Hitze, die mit medizinischen Instrumenten nicht gemessen werden kann. Pitta-erhöhende Lebensmittel besitzen die gleiche verborgene Hitze. In der āyurvedischen Terminologie ist es üblich, Nahrungsmittel als «heiß» oder «kalt» zu bezeichnen, was nichts anderes bedeutet als Pitta-mehrend oder Pitta-reduzierend.

Diagramm 10 faßt noch einmal alle Eigenschaften von Pitta zusammen: Faktoren, die es zunehmen lassen, Symptome bei Überhöhung und Behandlungsmöglichkeiten.

Es ist wichtig, zeit-, orts- und situationsgemäß handeln zu lernen. Beispielsweise erhöht sich Pitta in der Jugend, im Sommer und beim Sonnenbaden. Stellen Sie sich nun junge Leute vor, die ihre Ferien im Sommer am Meer verbringen, wo sie den ganzen Tag lang in der Sonne liegen. Es ist nicht ungewöhnlich, unter ihnen viele zu finden, die Hautprobleme haben. Wenn man sich weiterhin Einflüssen aussetzt, die einen bestimmten Humor aus dem Gleichgewicht bringen, dann wird sich schließlich ein Ungleichgewicht einstellen – mit allen Krankheiten, die dies zur Folge haben kann. Baut man jedoch einen überhöhten Humor rechtzeitig ab, erspart man sich viele Probleme (siehe Abb. 8).

Kapha

Kapha wird auch Shleshmā genannt. Er entstammt den beiden Elementen Erde und Wasser. Er ist weich, fest, träge, süß, schwer, kalt und starr. Wir sehen also, daß die Eigenschaften von Kapha mit den Elementen seines Ursprungs zusammenhängen.

Kapha ist für den Körperbau verantwortlich. Er steuert den Fetthaushalt, die Bindekräfte und hat die Funktion von Festigkeit, Schwere, sexueller Potenz, Duldsamkeit, Zurückhaltung und Gierlosigkeit. Menschen mit dominantem Kapha besitzen einen kompakten und stabilen Körper, ihre Organe sind gut ausgebildet. Die süße Natur dieses Humors bringt es mit sich, daß sie ein Übermaß an Sexualsekreten und Potenz besitzen. Der träge Charakter von Kapha ist für eine gewisse Schwerfälligkeit im Handeln und Sprechen verantwortlich.

Aufgrund der Starrheit, die diesen Humor auszeichnet, gehen Kapha-beherrschte Menschen eine Sache sehr zögerlich an. Sie sind in der Regel unordentlich. Ihre Bewegungen sind sicher und sie besitzen fest verbundene starke Bänder. Kapha ist von kalter Natur und deshalb haben diese Menschen wenig Hunger und Durst. Auch ihre Körperausscheidungen sind gering. Die klare Eigenschaft dieses Humors verleiht ihnen klare Augen, ein klares Gesicht und einen klaren Teint.

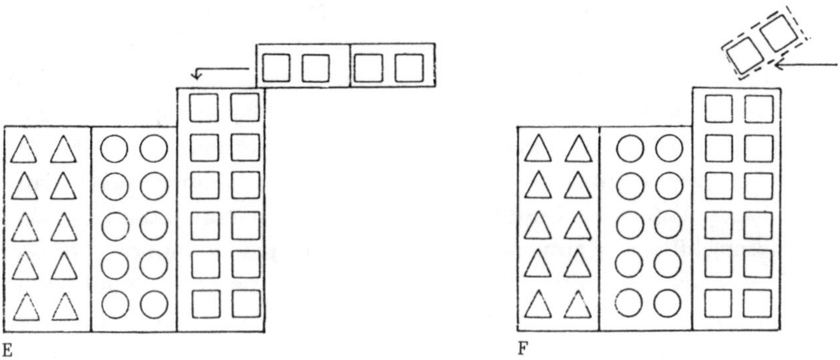

Abb. 9

Kapha erhöht sich durch die Aufnahme übermäßig süßer, salziger und alkalihaltiger Nahrung sowie schwer verdaulicher öliger und fetter Kost; ferner durch viel Sitzen, Mangel an Bewegung und Tagträumen; das Kindesalter, der Morgen, der Frühling und die frühe Nacht fördern ebenso einen Kapha-Anstieg. Zuviel Kapha verursacht Schläfrigkeit, übermäßiges Schlafen, einen süßen Geschmack im Mund, ein Gefühl von Kälte, Übelkeit, Kitzeln im Hals, übermäßige Speichelbildung, ein Gefühl von Schwere, Weißliches in Urin und Kot, weißliche Trübung der Augen, Mißbildung von Körperorganen, geistige und körperliche Abgespanntheit, Schlaffheit und Niedergedrücktheit.

Kapha sollte mit scharfen, bitteren, adstringierenden, groben, heißen und rauhen Maßnahmen oder Substanzen behandelt werden. Heiße Umschläge (feuchte Hitze), künstliches Erbrechen und Körperbewegung helfen sehr schnell, Kapha wieder ins Gleichgewicht zu bringen und somit die Störungen zu beheben. Menschen mit dominantem Kapha sollten ermutigt werden, weniger zu schlafen und ein aktiveres Leben zu führen; Schlaf verschlimmert ihren Zustand nur. Deshalb ist es für sie sehr gesund, lange wach zu bleiben. Abbildung 9 zeigt Ihnen, daß rechtzeitiges Handeln erhöhten Kapha reduzieren kann, um so das Gleichgewicht wiederherzustellen; Kapha-provozierendes Verhalten läßt die Überhöhung noch mehr anwachsen und führt zu einer Schädigung der Gesundheit.

Manchmal befinden sich Menschen, die an einem Kapha-Übergewicht leiden, in einem Teufelskreis. Da sie sich unwohl und schläfrig fühlen, schlafen sie noch mehr oder bleiben noch länger im Bett. Dies erhöht die Niedergeschlagenheit und die Zunahme von Kapha weiterhin. Es bedarf einer enormen persönlichen Anstrengung oder der Hilfe eines Arztes, einen Ausweg aus dieser Misere zu finden und Aktivitäten zu entwickeln, um das überschüssige Kapha abzubauen. Wie bei jedem anderen Humor sollte man rechtzeitig darauf bedacht sein, die Störung auf angemessene Weise und entsprechend den örtlichen und zeitlichen Gegebenheiten zu behandeln. Verschiedene Methoden sollten dabei gleichrangig angewendet werden. Einzig eine Umstellung der Ernährung reicht oft nicht aus. Eine aktivere Lebensweise, weniger Schlaf und mehr Körperbewegung müssen deshalb die Diät begleiten.

Diagramm 11 faßt noch einmal alle Eigenschaften von Kapha zusammen, die Gründe für seinen Anstieg, die Störungen, die das verursachen kann, und verschiedene Maßnahmen, das Gleichgewicht wiederherzustellen.

Die drei Doshas in Diagnose und Heilung

Wie bereits dargestellt, entstammen die drei Humore den fünf Grundelementen, die die materielle Wirklichkeit dieses Universums bilden. Die Humore haben charakteristische Funktionen im Körper, die in Verbindung stehen mit den Eigenschaften und Funktionen der fünf Grundelemente. Wie bei den fünf Elementen, die in ausgewogenem Zustand lebensfördernd und im gestörten Zustand lebenszerstörend wirken, so verhält es sich auch mit den Humoren.

Diagramm 11. Ursprung, Funktion und Eigenschaften von Kapha

Kapha entstammt den Grundelementen Erde und Wasser. Er ist daher weich, fest, träge, süß, schwer, kalt, schleimig, fettig und unbeweglich.

Kapha ist für den Körperbau verantwortlich. Er steuert den Fetthaushalt, die Bindekräfte und die Festigkeit; seine Funktionen sind Schwere, sexuelle Potenz, Stärke, Duldsamkeit, Zurückhaltung, Gierlosigkeit.

Charakterbild bei Kapha-Dominanz	*Kapha-mehrende Faktoren*	*Symptome bei Kapha-Überhöhung*	*Behandlung*
– schwerfällig im Handeln, Essen und Sprechen	– salzige, alkalihaltige Speisen	– Schläfrigkeit	– scharfe, bittere, zusammenziehende, grobe, heiße und rauhe Maßnahmen
– zögerliches Beginnen	– ölige, fettige, schwer verdauliche Kost	– übermäßiges Schlafen	– feuchte Hitze
– unordentlich	– sitzende Lebensweise	– süßer Geschmack im Mund	– Erbrechen
– standfest und sicher in den Bewegungen	– Mangel an Körperbewegung	– übermäßige Speichelbildung	– Bewegung
– fest verbundene und starke Bänder	– Tagträumen	– Gefühl von Schwere im Körper	– wach bleiben
– wenig Hunger, Durst und Schweißabsonderung	– Frühling	– Kältegefühl	– Kapha-reduzierende Kost
– klare Augen, klares Gesicht, klares Aussehen	– Morgen	– Übelkeit	
	– frühe Nacht	– Kitzelgefühl im Hals	
		– Weißliches in Urin und Kot, weißliche Trübung der Augen	
		– Mißbildung von Körperorganen	
		– Gefühl der Müdigkeit	
		– Abgespanntheit	
		– Schlaffheit und Niedergedrücktheit	

> Die gewöhnliche Luft, die die Natur durchströmt, nimmt die Aufgabe wahr, die Erde zu halten, das Feuer zu entflammen, die Sonne, den Mond und die Sterne zu dauernder Bewegung zu veranlassen, Wolken und Regen zu bilden, Bäche entspringen, Samen treiben, Pflanzen wachsen und Bäume groß werden zu lassen, Blumen und Früchte hervorzubringen, . . . die Jahreszeiten zu scheiden (und) zuviel Feuchtigkeit aufzusaugen und umzuwandeln. Wenn sich jedoch die Luft nicht im Gleichgewicht befindet, so zeigen sich die folgenden (negativen) Auswirkungen: Berge und Bäume werden heftig geschüttelt, Flutwellen entstehen in den Ozeanen, Seen laufen über, Flüsse treten über die Ufer, die Erde bebt, die Wolken dröhnen, Tau ergießt sich auf die Erde, . . . die sechs Jahreszeiten werden durcheinandergebracht, das Korn ist nicht fest, die Lebewesen leiden unter Erschwernissen, Gutes wird durch Schlechtes ersetzt, und Wolken, Sonne, Feuer und Wind werden losgelassen, welches das Ende der vier Zeitalter bringt.[5]

Wir sehen also, daß Störungen auch in der Natur vorkommen. Dies hat dieselben negativen Folgen, wie das der Fall ist, wenn Humore aus dem Gleichgewicht geraten und dem Körper Schaden zufügen. Warum gerät ein Humor aus dem Gleichgewicht? In der Regel deshalb, weil er über einen längeren Zeitraum immer den gleichen oder ähnlichen schädigenden Einflüssen ausgesetzt war. Manche Leute essen nur bestimmte Sachen und bemerken nicht deren Langzeitwirkung auf die Gesundheit. Sie verändern auch nicht die Qualität und Quantität ihrer Nahrung entsprechend der Jahreszeit oder ihrem Lebensalter. Es gibt Menschen, die plötzlich einer Mode folgen und irgend etwas tun oder essen, was die Medien als «gut für die Gesundheit» preisen. Eine solche Mode kann Gymnastik sein, Akrobatik, Aerobics, eine verzerrte und kommerzialisierte Version eines Yoga oder das Essen oder Nicht-Essen bestimmter Dinge. Wer solchen Modeerscheinungen folgt, ohne auf die eigene Leistungskraft und Konstitution zu achten, trägt natürlich zu einer Störung des entsprechenden Humors bei. Ein anderer Faktor, der ebenfalls eine wichtige Rolle in diesem Zusammenhang spielt, ist ein Ortswechsel ohne ausreichend Rücksicht auf die gewohnte Lebensweise.

Es ist auch wichtig zu verstehen, daß alle drei Humore miteinander verbunden und ineinander verwoben sind, obwohl jeder einzelne seine ganz bestimmten Funktionen hat. Zum Beispiel ist Vāta alles durchdringend und transportiert die Nährstoffe über bestimmte Kanäle. Falls nun diese Funktion aufgrund einer Vāta-Störung eingeschränkt ist, leidet der ganze Körper, da dadurch auch die beiden anderen Humore aus dem Gleichgewicht geraten. Wenn Pitta gestört ist, so wirkt sich das auf die Nahrungsaufnahme, Verdauung und Assimilation aus. Sehr bald verursacht dies einen Mangel an Nährstoffen. Dadurch werden Vāta und Kapha unmittelbar betroffen, da Pitta Feuer oder Energie für alle Bewegungen von Vāta liefert, aber auch Nährstoffe für Kapha, der seinerseits für die Bildung der Körpersekrete und die Erneuerung und den Austausch von Körperzellen wie Haut, Blut und so weiter verantwortlich ist. Ein gestörter Kapha wiederum verstopft die Kanäle, die Vāta für seine ungestörte Zirkulation braucht, um unter anderem die Nährstoffe, die Pitta liefert, zu verteilen. Die Kanäle sind nämlich genau dort blockiert, wo sich Kapha angesammelt hat. Die Schädigung von Vāta beeinträchtigt schließlich Pitta, da die Verteilung der Energie nicht mehr gewährleistet ist. Wenn also ein gestörter Humor nicht geheilt wird, werden sich die dadurch verursachten pathologischen Folgen verschlimmern und nach einer bestimmten Zeit auch andere Humore in Mitleidenschaft ziehen.

Bei der Diagnose und Heilung spielen Farbe, Geruch und Form eine wichtige Rolle. Wir werden dies auf den folgenden Seiten untersuchen, aber was ich vorher noch erwähnen möchte, ist der Umstand, daß jeder Humor seine bestimmte Farbe besitzt. Vāta ist ohne Form und Farbe, wohingegen Pitta gelb und blau ist, was die Farben von Licht und Feuer sind. Kapha ist ölig und weiß. Die Farben der Humore sind von großem Wert für das Erkennen sowohl der humoralen Eigenschaften der uns umgebenden Welt (einschließlich der Arzneimittel und Nährstoffe) wie auch ihrer humoralen Wirkungen auf uns.

Bei der Beschreibung der drei Humore wird in allen Fällen der Geschmack besonders erwähnt. Die zur Heilung des betroffenen Humors erwähnten Geschmacksrichtungen beziehen sich nicht nur auf die Nahrung, sondern auch auf die humoralen Eigenschaften medizinischer Produkte. Sie brauchen sich nicht allein auf die im Āyurveda oder in diesem Buch beschriebenen Lebensmittel, Heilpflanzen oder medizinischen Produkte zu beschränken. Statt dessen müssen Sie lernen, die humoralen Eigenschaften eines bestimmten Produkts selbst zu erkennen. Ich nahm einmal an einer Konferenz im Āyurvedic College of Gurukul Kangri in Haridwar teil. Professor Achārya Niranjan Dev sagte dort in seinem Vortrag über Āyurveda, in diesem ganzheitlichen System der Medizin seien nicht die Heilmittel wichtig, da sie ja den Gegebenheiten der Zeit und des Orts unterliegen. Vielmehr sei der wertvollste Beitrag des Āyurveda seine Lehre von den drei Humoren.

Sie müssen sich daran erinnern, daß es im Āyurveda zahllose Heilmittel gibt, da uns in einem ganzheitlichen System *alles* irgendwie beeinflußt und alles unser humorales Gleichgewicht verändert. Da es der Grundsatz āyurvedischer Gesundheitspflege und Heilkunst ist, die Humore in uns im Gleichgewicht zu halten, kann *alles und jedes* heilend wirken, je nach den Erfordernissen zu einem bestimmten Zeitpunkt. Ein Glas Wasser, etwas Milch, ein regelmäßiger Spaziergang, jeden Tag ein wenig Knoblauch, Ingwer, eine Tasse Kaffee, eine klimatische Veränderung, die Kontrolle der eigenen Gefühle – all diese einfachen Dinge unseres täglichen Lebens können eine ganz wunderbare Medizin sein. Wenn wir uns diesen Reichtum an Heilmitteln in unserer unmittelbaren Umgebung nutzbar machen wollen, müssen wir lernen, uns selbst und die humorale Beschaffenheit der Dinge um uns herum aus āyurvedischer Sichtweise zu betrachten und zu erkennen. Hat man dies gelernt, so wird man ganz automatisch zur rechten Zeit die entsprechende Medizin nehmen. Wir Menschen haben einen riesigen Schatz an intuitivem Wissen über uns, unser Körpersystem und unseren Geist. Dieses intuitive Wissen bleibt jedoch wegen der vorherrschenden Zweiteilung des Menschen in Körper und Geist ungenutzt. In der modernen Welt, die ihren Ursprung im Abendland hat, wird dem Menschen gesagt, es sei nicht seine Sache darüber nachzudenken, warum ein bestimmtes gesundheitliches Problem aufgetaucht ist, woher es möglicherweise kommt und wie man die Ursache(n) beseitigen und sich selbst heilen könne. Vielmehr wird es den Ärzten überlassen, den kranken Körper zu «reparieren». Ist das nicht eine schrecklich verantwortungslose Haltung?

Ich bin sicher, daß Sie sich nach der Lektüre der Beschreibung der drei Humore bereits Gedanken darüber gemacht haben, welcher dieser Humore nun bei Ihnen vorherrscht. Manche von Ihnen sind vielleicht verwirrt, da Sie bei sich die Merkmale gleich zweier Humore entdecken. Es gibt jedoch neben den drei humoralen Grundtypen, die selbstverständlich graduell unterschiedlich ausgeprägt sind, auch noch andere Kombinationen. Dies sind: Vāta/Pitta-, Vāta/Kapha- und Pitta/Kapha-Dominanz sowie *Samdosha* (Gleichgewicht aller drei Humore). Wie Sie bereits wissen, sind verschiedene Kombinationsformen möglich, und zwar nicht nur hinsichtlich des proportionalen Verhältnisses der Humore zueinander, sondern auch bezüglich der Verschiedenheit der graduellen Ausprägung. Jemand kann also bei gleichem proportionalem Verhältnis der Humore zueinander diese jeweils in einer kräftigen oder geringen Ausprägung besitzen. Das verändert natürlich die physischen und psychischen Verhaltensweisen jenes Menschen.

Will man seine humorale Beschaffenheit kennenlernen, so muß man sehr empfindsam sein gegenüber den eigenen Handlungs- und Reaktionsweisen. Man muß alles, was man ißt oder tut, sehr aufmerksam verfolgen. Man muß lernen, Veränderungen in sich wahrzunehmen, die durch die verschiedenen Tages- und Jahreszeiten, Aufenthaltsorte, sozialen Zusammenhänge und Nährstoffe hervorgerufen werden. Wenn Sie gelernt haben, die Wirkung Ihrer Umgebung auf Sie zu erkennen und in Bezug zur Zeit zu setzen, werden Sie in der Lage sein, Ihre āyurvedische Identität herauszufinden. Mittels genauer Beobachtung sollten Sie Ihre körperlichen und geistigen Verhaltensweisen und Probleme auflisten. Danach müssen Sie ganz sorgfältig jene Faktoren identifizieren, die eine bestimmte Verhaltensweise oder ein bestimmtes Problem verstärken. Wenn Sie diese Faktoren gefunden haben, nehmen Sie die Liste der humortypischen Eigenschaften zur Hand und vergleichen Sie, wozu die Merkmale, die Ihr spezifisches Problem verstärkt haben, passen.

Betrachten wir einige Beispiele, um das, was ich sagen will, zu verdeutlichen. Stellen Sie sich vor, Sie finden heraus, daß Sie während der Sommer- und Herbstmonate ziemlich empfindlich sind. In dieser Zeit verspüren Sie wenig Appetit und Sie sind leicht reizbar. Vielleicht haben Sie auch eine unreine Haut oder bestimmte Allergien. Im allgemeinen mögen Sie diese Monate nicht, da Sie

Hitze schlecht vertragen und sich auch sonst gesundheitlich nicht so wohl fühlen. Sie stellen jedoch fest, daß all diese Probleme verschwinden, wenn der Winter seinen Einzug hält. Das sollte Ihnen deutlich zeigen, daß Sie eine Pitta-dominante Person sind. Um Ihre Probleme zu bewältigen, können Sie nicht einfach den Sommer aus dem Kalender streichen. Aber Sie können alles tun, um Pitta während dieser Jahreszeit zu reduzieren. Zum Beispiel sollten Sie keine ölige oder salzige Nahrung zu sich nehmen, keine Nüsse, keine heißen Getränke, keinen Knoblauch und so weiter. Nehmen Sie statt dessen kalte Bäder, trinken Sie viel kaltes Wasser oder kalte Getränke, damit sich Pitta in Ihrem Körper nicht anhäuft. Dies sind nur einige Beispiele; Sie sollten jedoch auch von allen anderen Mitteln Gebrauch machen, um Pitta abzubauen.

Jene unter Ihnen, die schnell und flink agieren und reagieren, körperlich und geistig, sind bestimmt Vāta-dominante Menschen. Wenn Sie dazu neigen, ziemlich rasch zu frösteln und Kälte gegenüber sehr empfindlich sind, wenn Sie sich schnell erkälten und oft Probleme mit den Atmungsorganen bekommen, dann haben Sie ganz sicher eine Vāta-Natur. Während der feuchten Jahreszeit scheinen alle Ihre Leiden aufzutauchen und eine körperliche und geistige Schwäche stellt sich ein. Am Morgen wachen Sie oft auf mit einem schmerzenden Gefühl im ganzen Körper. Denken Sie bitte nicht daran, schmerzlindernde Mittel zu nehmen. Sie sind eine Vātika-Person, und dieser Humor wird zu bestimmten Jahreszeiten besonders empfindlich gereizt. Behandeln Sie Ihren aus dem Gleichgewicht geratenen Humor mit den geeigneten Mitteln, anstatt die Symptome zu ignorieren oder zu unterdrücken. Trinken Sie jeden Tag ein Glas Wasser mit Salz und frisch gepreßter Zitrone. Lassen Sie unter keinen Umständen eine träge Darmtätigkeit (Verstopfung) zu, sondern machen Sie Einläufe, um Ihren Stuhlgang wieder zu normalisieren. Essen Sie Vāta-reduzierende Kost und ruhen Sie sich ausreichend aus, vermeiden Sie Situationen, die Sie hyperaktiv werden lassen oder aufregen, machen Sie bestimmte Yoga-Übungen, um anständig schlafen zu können, lassen Sie sich massieren und reiben Sie sich mit den entsprechenden Mitteln ein, nehmen Sie ein heißes Bad und gehen Sie alles etwas langsamer an – und Sie werden sehen, daß bei all diesen Maßnahmen Ihre Vāta-Störung schnell behoben ist.

Wenn Sie aber im Gegensatz zu Vātika-Menschen ausgesprochen antriebsschwach sind, viel sitzen, zu viel schlafen, träge in Ihren Handlungen und Reaktionen sind, dann haben Sie eine Kapha-Konstitution. Anders als bei Vātika-Naturen, die dazu neigen, schnell zu reagieren, und impulsiv und außergewöhnlich gefühlsbetont sind, zeigen jene Menschen, bei denen Kapha vorherrscht, gehemmte und gedämpfte emotionale Verhaltensweisen. Wenn Sie sich, trotz ausreichendem Schlaf, oft müde fühlen, gähnen und häufig einen süßen Geschmack im Mund haben, dann können Sie sicher sein, daß Sie ein Übermaß an Kapha besitzen. Nehmen Sie heiße und scharf gewürzte Nahrung zu sich, besuchen Sie ein türkisches Bad, beginnen Sie mit regelmäßigen Yoga-Übungen und stürzen Sie sich in verschiedenste Aktivitäten, anstatt sich Ihrer Müdigkeit und Ihrem Schlaf zu überlassen. Eine Kapha-Müdigkeit ist anders als eine Müdigkeit, die auf körperliche oder geistige Anstrengung zurückzuführen ist. Sie haben ganz sicher schon Leute getroffen, die sich beklagten mit den Worten: «Ich verstehe nicht, warum ich mich immer so müde fühle. Ich schlafe acht bis neun Stunden pro Tag und meine Wochenenden sind geruhsam.» Ein solcher Satz kann nur von einem Menschen kommen, dessen Kapha gestört ist. Er/sie braucht Hilfe! Wenn Sie der- oder diejenige sind, warten Sie nicht! Tun Sie etwas dagegen, sonst werden Sie Ihr Kapha noch mehr aus dem Gleichgewicht bringen.

Die obigen Beispiele bedeuten nicht, daß Sie nicht auch einen anderen Humor, als den, der bei Ihnen vorherrscht, zu übermäßigem Anstieg veranlassen können. Sie beziehen sich nur auf die Tendenz zur Dominanz eines ganz bestimmten Humors. Oft geschieht es, daß man aufgrund plötzlicher klimatischer, ernährungsbedingter oder sonstiger Veränderungen, Achtlosigkeit oder exzessiver Lebensweise Opfer einer Schädigung auch eines anderen Humors wird. Wenn man zum Beispiel in ein heißes Land fährt, sich die meiste Zeit in der Sonne aufhält und scharf gewürzte Speisen, die man nicht gewöhnt ist, zu sich nimmt, wird man sich leicht eine Störung des Pitta zuziehen. Ich habe das in Indien bei Reisenden aus Europa gesehen, die es entgegen aller Warnungen riskierten, in den heißesten Monaten Mai und Juni das Land zu bereisen. Plötzlich haben diese Leute keinen Appetit mehr, es wird ihnen übel, sie klagen über Magenbrennen oder Reizzustände. In einer entgegengesetzten Situation wiederum, also wenn man bei außergewöhnlich kaltem und windigem Klima, das man nicht gewöhnt ist, umherreist, bekommt man Probleme mit dem Kapha- und Vāta-Gleichgewicht. Diese Auswirkungen einer plötzlichen Situationsveränderung habe ich auch während meines Aufenthalts in Deutschland bei Menschen beobachtet, die ein Opfer von Arbeitslosigkeit geworden waren und dadurch zu einer inaktiven Lebensweise gezwungen wurden. Schock, Unsicherheit, Resignation und übermäßig viel Schlaf waren die Folgen – mit dem Ergebnis, daß sie an einem Kapha/Vāta-Übergewicht zu leiden begannen.

Umwelt und humorale Befindlichkeit

Es gibt Hunderte von Faktoren in unserer größtenteils «verwestlichten» Lebensweise, die Vāta anwachsen lassen. Viele Vaidyas (āyurvedische Ärzte) sind der Meinung, daß der Genuß von Nahrungsmitteln, die mit Pestiziden besprüht und mit chemischen Düngemitteln erzeugt wurden, Vāta enorm ansteigen läßt. Gebratene, konservierte und getrocknete Speisen erhöhen Vāta ebenfalls; kalte Getränke im Winter oder während der feuchten Jahreszeit desgleichen. Eine hektische Lebensweise, der Mangel an wirklicher Ruhe, die Vorstellung, selbst in der Freizeit irgend etwas tun zu müssen und der beständige Druck, mit der Zeit Schritt zu halten, sind weitere Vāta-mehrende Faktoren. Wir wissen heutzutage nicht einmal, was wir essen, da unseren Lebensmitteln viele chemische Zusätze hinzugefügt wurden, um ihre Haltbarkeit zu verlängern. Unbehandelte Nahrungsmittel sind kaum zu bekommen. In Konsumgesellschaften ist der Einfluß der Massenmedien so groß, daß die Menschen kaufen und essen, was ihnen «gesagt» wird, oder, in anderen Worten, wozu sie manipuliert werden. Sie essen nicht mehr das, was die Zeit, das Klima oder ihr eigenes intuitives Gefühl nach bekömmlicher Ernährung verlangt. Alles wird überall zu jeder Jahreszeit unter künstlich erzeugten klimatischen Bedingungen angebaut. Es gibt ein Gleichgewicht in der Natur. Gemüse und Früchte haben ihre Jahreszeit und erhalten so unsere natürliche Balance. Der Konsum von allem zu jeder Zeit ist eine Bedrohung dieses Gleichgewichts.

Betrachtet man die gesamten Veränderungen, die in unserer Lebensweise aufgrund des technischen Fortschritts stattgefunden haben, aus āyurvedischer Sicht, so läßt sich sagen, daß unsere Zivilisation im überwiegenden Maß aus Vātika-Menschen besteht. Die Krankheiten, die ein geschädigter Vāta verursacht, sind im Ansteigen begriffen. Einige Beispiele dafür sind Bluthochdruck, Diabetes, Verdauungsstörungen, Schlaflosigkeit, Asthma und andere Infektionen der Atmungsorgane, Rheuma, Gicht, Müdigkeit und zahllose, nicht näher zu benennende Schmerzen.

Gibt es eine Lösung für all das? Eine begrenzte, würde ich sagen. Für eine umfassende Lösung bedürfte es eines völligen Umdenkens in unserem sozialen, politischen und ökonomischen Handeln auf globaler Basis. Beginnen wir deshalb zuerst mit dem individuellen Bewußtsein. Wenn die Zahl der selbst-bewußten Menschen erst einmal eine bestimmte Grenze überschreitet, dann werden die Systeme in ihrer Gesamtheit gezwungen, sich entsprechend den Bedürfnissen (dieser Menschen) zu verändern, oder sie brechen zusammen. Wir, als Individuen, bilden das Fundament solcher Systeme, die uns, in gewisser Hinsicht, Pestizide aufzwingen (täglich kleine Dosen – und von Zeit zu Zeit größere wie beim Chemieunfall in Bhopal 1984), desgleichen eine ungeheure Menge industriell gefertigter Pillen, chemischer Zusätze in unseren Lebensmitteln und vieles andere mehr. Wenn wir wirklich meinen, daß etwas mit unserer Lebensweise nicht stimmt, dann müssen wir damit anfangen, an den Fundamenten dieser Systeme zu rütteln, denn: *Wir sind es, die ihre Existenz ermöglichen.*

Werfen wir noch einmal einen Blick auf die Grundbefindlichkeit des Menschen und die Rolle, die ein humorales Gleichgewicht zur Erhaltung der Gesundheit spielt. Es stellt sich die Frage, wie sich die Humoraltheorie mit dem Ausbrechen von Epidemien vereinbaren läßt. In den Schriften des Āyurveda steht geschrieben:

> Auch wenn sich die Menschen durch ihre humorale Beschaffenheit auf vielfältigste Weise unterscheiden, gibt es dennoch allen gemeinsame Elemente, deren Störung die Ursache dafür ist, daß Krankheiten zur gleichen Zeit und mit den gleichen Symptomen entstehen und das Gemeinwesen zerstören können. Diese allen gemeinsamen Elemente sind Luft, Wasser, Zeit und Ort.

Luft (sollte als unheilsam angesehen werden, wenn sie) nicht im Einklang mit der Jahreszeit (steht), außergewöhnlich feucht (ist), schnell, rauh, kalt, heiß, hemmend, schrecklich dröhnend, furchtbar rasselnd, pfeifend, durchsetzt mit üblem Geruch, Dampf, Staub und Rauch.

Wasser sollte als wertlos angesehen werden, wenn es über die Maßen gestört ist bezüglich seines Geruchs, der Farbe, des Geschmacks und wie es sich anfühlt; wenn es zu schleimig ist, verlassen von Wasservögeln, mit wenig Meerestieren; wenn es unangenehm ist.

(Ein) Ort sollte als ungesund angesehen werden, wenn er zu sehr in Mitleidenschaft gezogen ist hinsichtlich seiner Farbe, seines Geruchs, seines Geschmacks und wie er sich anfühlt. Wenn er zu viel Feuchtigkeit enthält, heimgesucht wird von Reptilien, gewalttätigen Tieren, Moskitos, Heuschrecken, Fliegen, Ratten, Eulen, Geiern, Schakalen etc.; wenn er gefallenes, ausgetrocknetes und beschädigtes Korn hat sowie rauchige Winde; wenn dort Vögel schreien und Hunde heulen und zahlreiche Tiere und Vögel in Verwirrung und unter schmerzhaften Bedingungen leben; wenn es ein Gemeinwesen ist mit aufgegebenen und zerstörten Tugenden wie Wahrheitsliebe, Bescheidenheit, Anstand, Benehmen und andere Werte; wenn dort die Flüsse ständig in Aufruhr sind und über die Ufer treten, und es immer wieder vorkommt, daß Meteoriten vom Himmel fallen, Blitze einschlagen und Beben die Erde erschüttern, ... wenn die Sonne, der Mond und die Sterne rauh, kupferfarben, rötlichweiß und trübe erscheinen.[6]

Zeiten sollten als ungesund betrachtet werden, wenn sie Anzeichen aufweisen, die der jeweiligen Jahreszeit entgegengesetzt, übertrieben oder unzureichend ausgeprägt sind.[7]

Schließlich werden die Ursachen dieser Störungen aufgezeigt und wir lesen, daß

der Urgrund der Unordnung aller die Ungerechtigkeit (*adharma*) ist. Auch jene entsteht aus den Missetaten vergangenen Lebens, doch die Quelle von beiden ist falsches Denken. (Ungerechtigkeit ist) ... wenn die Führer der Staaten, der

> Städte, der Zünfte und der Gemeinden den Pfad der Tugend verlassen haben und ihre Offiziere und Untergebenen ungerecht behandeln; die Bewohner der Städte und Gemeinden und die Händler verbreiten diese Ungerechtigkeit weiter. So geschieht es, daß diese Ungerechtigkeit gewaltsam die Gerechtigkeit vertreibt. ... Folglich, wenn die Gerechtigkeit verschwunden ist, hat die Ungerechtigkeit die Oberhand gewonnen, die Götter[8] haben den Ort verlassen und die Jahreszeiten werden in Mitleidenschaft gezogen; deswegen regnet es nicht, wenn es soll, oder überhaupt nicht, oder zu viel; die Winde sind losgelassen, das Land wird verwüstet und die Wasserreservoire trocknen aus; die Kräuter verlieren ihre natürliche Heilkraft und werden krank. Dann brechen Epidemien aus, denn Speisen und alles, mit dem man in Berührung kommt, sind verschmutzt.[9]

Da das gesamte Universum aus denselben fünf Grundelementen besteht, betrifft uns alles um uns herum, wie auch wir alles beeinflussen. In der Passage, die wir gerade zitiert haben, machte Charaka den Einfluß der moralischen Verkommenheit auf die Umwelt deutlich und wies auf die Folgen hin: das Ausbrechen von Epidemien und die Zerstörung von Gemeinwesen. Was Charaka vor 2500 Jahren feststellte, trifft auch auf unsere Zeit zu, aber in einem weit gefährlicheren Umfang. Es scheint, daß in jenen zurückliegenden Zeiten die Verkommenheit der Moral, der Umwelt, der Flora und Fauna begrenzt und von geringerem Ausmaß war. Seit es Transportmittel gibt, mit denen wir in kürzester Zeit an jeden Ort des Globus reisen können, verbreitet sich, wie Charaka sagt, die moralische Verkommenheit durch die «Händler» rapide. Betrachten wir, wie sich seine Beschreibung von Adharma in unserer Zeit darstellt. Wenn man beispielsweise um die gesundheitsschädigende Wirkung eines Produkts weiß und es trotzdem verkauft, um sich zu bereichern, dann ist das Adharma.

Die «Händler» von heute sind multinationale Konzerne, die es fertigbringen, Zahnpasta mit Fluoriden, Formaldehyd und Sodium Dodecylsulfat zu verkaufen, Shampoos mit Dioxin und Nahrungsmittel und Getränke mit toxischen Konservierungsstoffen. Ganz abgesehen von den riesigen Mengen industrieller Abfälle, die in Flüsse geleitet werden, die Luft vergiften und Löcher im schützenden Mantel der Atmosphäre verursachen. Viele nationale Regierungen beteiligen sich ebenfalls an der Ausbreitung von Adharma, indem sie es zulassen, daß ganz offensichtlich gesundheitsschädigende Dinge in ihrem Land hergestellt oder gelagert werden – dies deshalb, weil wirtschaftliches Wachstum immer auch politischer Gewinn ist.

In diesem Kreislauf von Wachstum und Gewinn wird das wichtigste Anliegen der Menschheit nicht zur Kenntnis genommen: das Leben selbst. Falsches Denken macht vergessen, daß alles, was wir unserer Umwelt antun, irgendwann auf uns zurückfallen wird, da alles in diesem Universum zyklischen Prozessen unterliegt. Charaka wies deutlich darauf hin, als er sagte, daß «es (dann) anormale Zustände der Sterne und Planeten gibt, der Sonne, des Mondes, der Luft, des Feuers und der Welt um uns herum, was auch die Jahreszeiten in Unordnung bringt. Da all diese Zustände anhalten, kann die Erde die Pflanzen nicht mehr richtig versorgen mit Rasa, Virya, Vipaka und Prabhava (verschiedene pharmazeutische Eigenschaften und ihre Wirkweisen); folglich kommt es aufgrund des Fehlens dieser notwendigen Wirkstoffe zur Ausbreitung von Krankheiten.»[10]

Wir sehen also, daß in diesem ganzheitlichen System der Medizin unsere humorale Befindlichkeit nicht unabhängig von unserer Umwelt zu begreifen ist, ebenso, wie auch unsere Umwelt nicht unbeeinflußt von unserem Tun bleibt. Die moralische Verkommenheit hat die Welt in den Ruin geführt. Der Āyurveda warnt uns davor, eine gesunde Umwelt und ihre natürlichen Ressourcen einfach als selbstverständlich zu betrachten. Ich habe dies alles erörtert, weil ich in Ihnen ein Bewußtsein dafür wecken will, daß Ihre Bemühungen auch Ihrer Umwelt gelten sollten. Die Eigenschaften von Pflanzen, die man zu Heilzwecken benutzen kann, werden in einem späteren Kapitel besprochen.

Weitere grundlegende Aspekte des Āyurveda

Lassen Sie uns jetzt noch auf einige andere grundlegende Aspekte des Āyurveda eingehen. Obwohl ich nicht zu tief in technische Details gehen möchte, da dieses Buch ein praktischer Ratgeber für den interessierten Laien sein soll, ist es doch notwendig, diese Grundbegriffe des Āyurveda zumindest kurz zu erläutern. Dhātus, Ojas, Malas und Agni sind die vier Themenbereiche, über die ich im folgenden sprechen möchte. Erschrecken Sie nicht über diese Terminologie; es gibt für sie keine geeignete Übersetzung, doch ich werde sie auf leichtverständliche Weise erklären.

Dhātus

Dhātu bedeutet wörtlich «unterstützen» oder «nähren», aber auch «Metall», was in unserem Zusammenhang jedoch keine Rolle spielt. Dhātus regen das Wachstum des Körpers an, geben ihm seine Struktur und versorgen ihn mit Nahrung. Es gibt sieben Dhātus: 1) Rasa, 2) Rakta, 3) Māmsa, 4) Meda, 5) Asthi, 6) Majjā, 7) Shukra. Dhātus sind entweder zeitlich begrenzt oder ständig vorhanden. Zeitlich begrenzt bedeutet hier, daß sie ständig erneuert werden, also alte werden zerstört und neue gebildet.

Rasa Dhātu ist die Essenz der Nahrung. Alles, was wir «essen, trinken, lecken oder verschlingen» (*Charaka Samhitā,* «Sutrāsthāna» xxviii, 3) wird aufgespalten in zwei Bestandteile: 1. Die Essenz der Nahrung, die von unserem Körper absorbiert und als Rasa bezeichnet wird; und 2. die Abfallprodukte, genannt Mala, die ausgeschieden werden in Form von Schweiß, Urin, Kot, Absonderung der Ohren, der Augen, der Nase, des Mundes, der Genitalien, der Nägel und so weiter. Nach der Absorption zirkuliert Rasa Dhāta durch Sharotas (Kanäle) mit Hilfe von Vāta im Körper. Der Rasa Dhātu versorgt auch die anderen Dhātus mit Nährstoffen.

Rakta Dhātu ist das Blut und seine Zirkulation. Auch dieser Dhātu ernährt die anderen Dhātus. Rakta ist eine Kombination aus Rasa Dhātu und Pitta. Er gibt dem Körper Farbe und Glanz. In den āyurvedischen Texten steht, daß das Blut vom Herzen (*hridaya*) in spezifischen für Rakta Dhātu bestimmten Kanälen im Umlauf gehalten wird.

Māmsa Dhātu ist verantwortlich für die Bildung der Muskulatur. Er wird von Rakta Dhātu und Rasa Dhātu hergestellt. Māmsa Dhātu verleiht dem Körper Struktur und unterstützt Meda Dhātu.

Meda Dhātu (fetthaltiges Gewebe oder Fett) stellt eine Art Polster für den Körper dar und schützt Māmsa Dhātu und Asthi Dhātu (Knochen). Zu wenig davon führt zu Schwäche, zu viel davon ist der Grund für Fettleibigkeit.

Asthi Dhātu ist, im Gegensatz zu den anderen Dhātus, beständig und wird nicht erneuert. Er gibt dem Körper Struktur und unterstützt Māmsa und Meda.

Majjā Dhātu ist das Knochenmark. Er wird von Asthi Dhātu gebildet. Er fettet den Körper und versorgt Shukra Dhātu mit Nährstoffen.

Shukra Dhātu ist weiß, klebrig und flüssig. «Er tritt in der Kindheit nicht in Erscheinung und trocknet im Alter aus. Wie eine Blume erblüht er in der Jugend und erfreut die Sinne. Er wird in monatlichen Zyklen hergestellt. Seine Hauptfunktion ist es, Sinnesfreuden, Zuneigung und Schwangerschaft zu schenken.»[11]

In der āyurvedischen Literatur findet man noch die Beschreibung von sogenannten Upadhātus oder Sub-Dhātus. Diese sind: 1. Stanyam (Brustmilch), 2. Rajah (Menstruationsblut), 3. Shirās (Blutgefäße und Nerven), 4. Snāyus (Nervenfasern), 5. Vasā (Fett) und 6. Shadtvak (sechs Hautschichten). Aus Platzgründen möchte ich darauf nicht näher eingehen. Es geht mir hier nur darum, Ihnen zu zeigen, daß der Āyurveda sehr systematisch die anatomischen und physiologischen Einzelheiten des Körpers herausgearbeitet hat, aber aus einem anderen Blickwinkel als die moderne mechanistisch-orientierte Medizin. Entgegen der reduktionistischen (vereinfachenden) Sichtweise der modernen Biologie und Medizin begreift der Āyurveda alles als miteinander verbunden und ineinander verwoben.

Ojas

Ojas sind die Essenzen der jeweiligen Dhātus. Nach der Beschreibung von Charaka könnte man Ojas als die Antriebskräfte des Menschen verstehen. «Wie die Bienen Honig sammeln von Früchten und Blumen, so bilden die Organe einer Person mit ihren Aktivitäten die Ojas.... Übermäßige Körperbewegung, Fasten, Angst, grobe Kost, Wind und Sonne, Furcht, Schmerz, langes Wachen, übermäßiges Absondern von Schleim, Blut, Samen und anderer Sekrete, der Faktor Zeit (Alter) und Verletzungen sind die Ursachen für eine Abnahme der Ojas.»[12] Ojas verhindern körperlichen Verfall und Degeneration; sie schützen vor Krankheit. In der Terminologie der modernen Medizin können Ojas deshalb dem Immunsystem gleichgestellt werden.

Malas

Malas wurden bereits bei der Beschreibung der Rasas definiert. Es sollte ein Gleichgewicht herrschen zwischen dem, was vom Körper aus der Nahrung (*rasa*) absorbiert wird, und dem, was er ausscheidet (*mala*). Ist dies gewährleistet, so werden auch die Dhātus im Gleichgewicht gehalten. Gibt es zu viel Aneignung und zu wenig Ausscheidung, so sind die Dhātus überfüttert, und die anfallenden Toxine werden vom Körper nicht vollständig ausgeschieden. Dies läßt schließlich Fettleibigkeit und andere Erkrankungen entstehen. Wenn andererseits die Ausscheidung oder die Abfallprodukte ihr normales Maß übersteigen, ist das auch nicht gesund, da die Dhātus nicht ausreichend mit Nährstoffen versorgt werden. Schwäche und Untergewicht sind die Folgen.

Malas sind unentbehrlich für die āyurvedische Diagnose. Sie geben uns wichtige Informationen über unsere humorale Befindlichkeit oder die verschiedenen Körperfunktionen. Man sollte sehr genau auf seine Körperausscheidungen achten und zwar hinsichtlich Farbe, Geruch, Gestalt und so weiter; darüber mehr im nächsten Kapitel.

Agni

Agni ist in Pitta enthalten und wirkt sich heilsam oder unheilsam auf ausgeglichene oder unausgeglichene Körperzustände aus (z. B. gute Verdauung / Magenverstimmung, niedere / hohe Körpertemperatur, normale / anormale Gesichtsfarbe, Kühnheit / Furcht, Ärger / Heiterkeit, Verwirrung / Klarheit usw.).[13] Es gibt je nach Intensität der Ausprägung vier Arten von Agni (Körperfeuer): starkes, schwaches, gleichmäßiges und ungleichmäßiges. Das starke Feuer verträgt alle Ernährungsweisen, während das schwache Feuer sehr empfindlich auf die Ernährung reagiert. Das gleichmäßige Feuer wird von einer falschen Ernährungsweise in Mitleidenschaft gezogen, bleibt aber sonst normal; das ungleichmäßige Feuer ist von gegensätzlicher Natur.

Diese vier unterschiedlichen Arten von Agni finden sich wieder in vier Menschentypen. Menschen mit ausgeglichener Grundbefindlichkeit, bei denen sich also Vāta, Pitta und Kapha im Gleichgewicht befinden, besitzen gleichmäßiges Feuer. Bei Vāta-dominanten Personen ist das Feuer ungleichmäßig, da der «Brandherd» von Vāta gestört wird. Anders ist es bei Personen mit Pitta-Dominanz. Der Herd des Feuers wird von Pitta geschürt, deshalb ist das Feuer stark. Bei Personen mit einer Kapha-Vorherrschaft wird der Herd des Feuers von Kapha gedämpft, das Feuer ist schwach (siehe Diagramm 12).[14]

In āyurvedischen Texten wird darauf hingewiesen, daß es drei Hauptgruppen von Agni gibt, die jeweils spezifische Aufgaben wahrnehmen:

Jathrāgni sitzt zwischen Magen und Zwölffingerdarm. Er steuert die Verdauung und die Assimilation. Er trennt den Teil der Nahrung, der für den Körper verwertbar ist (*prashāda*), von Mala (dem Abfall). Jathrāgni ist der Haupt-Agni und alle anderen Agnis hängen von ihm ab.

Dhatvāgni ist der Agni, der der aufgenommenen Nahrung die Essenz entzieht und den verschiedenen Dhātus zur Verfügung stellt. Dieser Agni hängt natürlich vom Jathrāgni ab, der für die Assimilation der Nahrung verantwortlich ist.

Diagramm 12. Die verschiedenen Arten von Körperfeuer *(agni)* und ihre Beziehung zu den drei Humoren

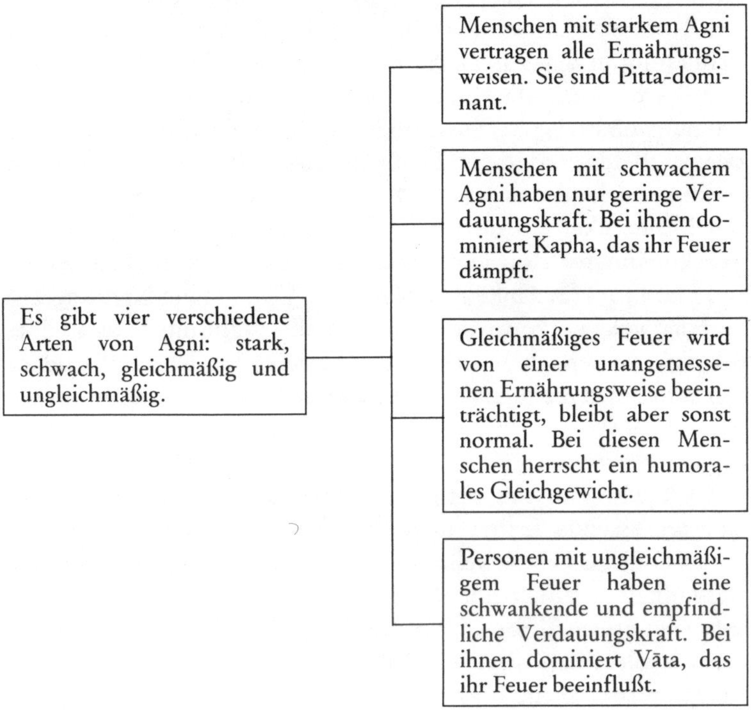

Bhūtāgni steht in unmittelbarer Beziehung zu den fünf Grundelementen. Nicht nur wir selbst bestehen ja aus diesen Elementen, sondern auch die Nahrung, die wir zu uns nehmen. Wenn aber alle Materie aus nur fünf Elementen besteht, warum gibt es dann eine solche Mannigfaltigkeit in diesem Universum? Einfach deshalb, weil diese fünf Elemente und ihre Untergruppen verschieden angeordnet sind. Der Bhūtāgni beispielsweise assimiliert die fünf Elemente, die in der aufgenommenen Nahrung unterschiedlich organisiert sind, und wandelt sie so um, daß ihre Anordnung dem entspricht, was die Dhātus verlangen. Um dies verständlich zu machen, will ich Ihnen ein Beispiel aus der Biologie geben. Unser Körper enthält Proteine, wir nehmen aber auch Proteine zu uns. Proteine setzen sich zusammen aus Aminosäuren. Wenn wir nun Proteine über die Nahrung aufnehmen, können diese als solche vom Körper nicht assimiliert werden. Deshalb werden sie bei der Verdauung in ihre Aminosäuren zerlegt, und diese Aminosäuren sind es schließlich, die von den Zellen aufgenommen werden. Der Zusammenbau der Proteine findet in den Zellen selbst statt, und zwar nach den besonderen Bedürfnissen der jeweiligen Zelle. Es ist dieser Bereich der Verdauung, für den Bhūtāgni verantwortlich ist. Der Blickwinkel ist jedoch im āyurvedischen (ganzheitlichen) System ein anderer als bei der modernen (reduktionistischen) Medizin. Der Grundgedanke ist der gleiche: Es gibt eine Nahrungszufuhr in welcher Form auch immer; die Nahrung wird in ihre Bestandteile zerlegt, absorbiert und verteilt; anschließend wird sie den jeweiligen Bedürfnissen entsprechend wieder zusammengesetzt.

Wie ich schon an anderer Stelle aufzeigte, ist der Āyurveda eine sehr umfassende Lehre. In diesem Buch behandle ich nur die grundsätzliche Lebensweise, die der Āyurveda empfiehlt, um die Gesundheit zu erhalten und sich vor Krankheit zu schützen. Deshalb erspare ich Ihnen hier weitere anatomische und physiologische Details. Interessierte Leser können in den angegebenen Originaltexten zusätzliche Informationen finden.

3. Eine integrale Lebensweise

Wir wollen nun darüber sprechen, was eine «āyurvedische Lebensweise» für unser tägliches Leben bedeutet. Jeder einzelne Aspekt unseres Lebens ist wichtig, und wir sollten deshalb alle unsere Tätigkeiten sehr bewußt ausführen. Der Āyurveda lehrt uns, in jedem Augenblick «bei uns selbst» zu sein und uns als Teil unseres körperlichen und geistigen Tuns zu empfinden. «Bei uns selbst sein» bedeutet, aufmerksam bei der Sache zu sein, die wir gerade tun. Wenn wir essen, zum Beispiel, sollten wir uns auf die Nahrung konzentrieren, auf den Vorgang des Essens und auf die Verdauung und Absorption dessen, was wir zu uns nehmen. «Möge diese Nahrung mir die Güte der Natur schenken, mich mit Energie füllen und mich gesund erhalten», sollten die Gedanken sein, bevor man mit dem Essen beginnt. Der Vorgang des Aufstehens, das Beginnen eines neuen Tages, die Entleerung des Darms, die Tätigkeit des Waschens und so weiter – keine dieser Tätigkeiten sollte mechanisch ausgeführt werden.

Somatische (körperliche) Bewußtheit ist ein sehr wichtiger Bestandteil āyurvedischer Lebensweise. Dies beinhaltet die Ausübung verschiedenster körperlicher Tätigkeiten mit voller geistiger Anteilnahme. Auf diese Weise werden die Körperteile, die an bestimmten physischen Abläufen beteiligt sind, mit einer Dimension in Verbindung gebracht, die nicht nur mit ihrer physiologischen Rolle zu tun hat. Dies führt zu einer Kommunikation zwischen Soma (Körper) und Geist, und deshalb zu einer erhöhten Bewußtheit und Selbst-Wahrnehmung. Da der Āyurveda Methoden der präventiven (vorbeugenden) Gesundheitspflege außerordentlich betont, ist es wesentlich, sich selbst genauestens beobachten zu lernen, um bereits tätig werden zu können, bevor es zu einer Krankheit kommt. Man muß sehr genau beobachten lernen, um die auf den ersten Blick unwichtigen, «nur» subjektiv empfundenen Vorzeichen, die uns gewöhnlich vor Störungen warnen, nicht unbeachtet vorüberziehen zu lassen. Das heißt jedoch nicht, daß man nur noch mit sich selbst beschäftigt sein sollte. Vielmehr muß man lernen, sich von außen zu betrachten, etwa so, wie man ein Gemälde, eine Skulptur, ein architektonisches Gebilde, eine Tanzaufführung oder ein Theaterstück betrachtet; das bedeutet, auch die kleinsten Einzelheiten wahrzunehmen und doch Abstand zu bewahren.

Nichts geschieht ohne Grund, und alles hat eine Ursache. Wenn Sie einen bitteren Geschmack im Mund verspüren, Ihr Urin dunkler als gewöhnlich ist, Sie Schwierigkeiten beim Stuhlgang haben, Säcke unter den Augen feststellen, Mundgeruch bemerken, Ihre Zunge einen weißen Belag aufweist, Sie trotz Kälte schwitzen, Hände und Füße kälter sind als der Rest Ihres Körpers, Ihre Augen nach dem Schlafen eine andere Farbe oder einen anderen Ausdruck als normal haben, Sie eine Blase im Mund bemerken, einen Pickel irgendwo am Körper, ein Brennen in der Vagina, eine Reizung der Kopfhaut – nichts davon sollte einfach ignoriert werden. Gehen Sie diesen Symptomen genau und in allen Einzelheiten nach, und leiten Sie die notwendigen Schritte sofort ein.

Betrachten wir nun einige wesentliche Bereiche, die wir beständig beobachten und sogleich behandeln sollten, falls sich Anzeichen einer Unregelmäßigkeit zeigen. Diese kleinen, aber wichtigen Vorschriften zur Gesundheitspflege sind die Grundlage guter Gesundheit. Sie können uns vor vielen bösen Überraschungen bewahren. Wie bereits erwähnt, stellen sich Krankheiten oder Leiden immer dann ein, wenn sich die Einflüsse einer geringfügigen, aber über einen langen Zeitraum unbeachtet gelassenen Funktionsstörung summiert haben.

Überprüfung des Stuhls

Als ich noch ein kleines Mädchen war, war es normal, daß uns die Eltern jeden Morgen nach Einzelheiten unseres Stuhls befragten. Wenn es geschah, daß ein Kind keinen Stuhlgang hatte, kümmerte man sich sofort darum; ein bestimmtes Mittel wurde verabreicht, Rosenblütenmarmelade beispielsweise, oder man mußte heißes Wasser trinken. Wenn der Stuhlgang damit nicht angeregt werden konnte, wurde ein Einlauf gemacht. Wir wurden gefragt, wie unser Stuhl aussah – nach Farbe, Geruch, ob er hart oder weich war. Aber diese gute alte āyurvedische Tradition ist bereits in weiten Teilen der indischen Bevölkerung im Aussterben begriffen. Wie überall auf der Welt, haben die Menschen auch in Indien im Zuge einer rapide zunehmenden Industrialisierung der Gesellschaft keine Zeit mehr – weder für sich selbst noch für ihre Kinder. Gesundheit wird deshalb den «Fachleuten» auf diesem Gebiet überlassen.

Im Stuhl entledigt sich der Körper seines Abfalls (*mala*). Mit dem Stuhlgang ist die Verdauung beendet. Der Körper hat dann der Nahrung alles entzogen, was er braucht; den Rest scheidet er aus. Obwohl das, was wir täglich ausscheiden, ein Abfallprodukt ist, liefert es dennoch sehr wichtige Informationen über unsere Verdauungstätigkeit. Der Stuhl gibt nicht nur Aufschluß über den Zustand unserer Verdauung, sondern auch über die humorale Zusammensetzung der betreffenden Person. Farbe oder Form des Stuhls kann uns verraten, ob sich unsere Humore im Gleichgewicht befinden. Eine regelmäßige und vollständige Ausscheidung dieses Mala sollte sichergestellt werden. Wenn der Stuhlgang nicht rechtzeitig stattfindet und sich das Mala im Körperinneren staut, kann das ernste gesundheitliche Folgen haben. Das ist genauso, als ob Sie Ihre Küchenabfälle nicht rechtzeitig fortbringen. Die Küche beginnt übel zu riechen, da Gärungsprozesse und Fäulnis einsetzen. Beim Körper verhält es sich ähnlich: Ein verzögerter Stuhlgang hat üble Wirkungen auf den Körper.

Es ist sehr wichtig, daß der Stuhl leicht abgeht und die Entleerung ein- oder zweimal täglich erfolgt. Der Stuhl sollte weder hart noch flüssig sein, nicht faulig riechen und im Wasser schwimmen. Harter, trockener, grobkörniger, grauer oder schwarzer Stuhl weist auf überhöhten Vāta hin. Grünlicher, flüssiger Stuhl zeigt an, daß Pitta geschädigt ist, und weißlicher, klebrig aussehender, mit Schleim vermischter Stuhl läßt auf ein Übermaß an Kapha schließen. Gleich nachdem man durch Überprüfung des Stuhls einen Hinweis auf das Einsetzen einer Störung des humoralen Gleichgewichts bekommen hat, sollte man die notwendigen Maßnahmen zur Beruhigung des gereizten Humors ergreifen.

Es kann vorkommen, daß Ihr Stuhl jeden Tag anders aussieht. Dies weist darauf hin, daß bei Ihnen nicht nur ein Humor gestört ist. In einem solchen Fall sollte ein Einlauf gemacht werden, und die Ernährungs- und Lebensweise ist entsprechend umzustellen. Fasten, leichte Kost und medikamentöse Behandlung sind erforderlich. Näheres dazu werden Sie weiter unten erfahren.

Ich habe bereits erwähnt, daß unsere moderne Gesellschaft hauptsächlich aus Vātika-Menschen besteht. Eine große Anzahl unter ihnen leidet an Verstopfung. Der Ernst dieser Funktionsstörung ist ihnen meist nicht klar, und sie finden nichts daran, nur jeden zweiten oder dritten Tag Stuhlgang zu haben. Bitte denken Sie daran, daß Ihr Darm zum Weitertransport und zur Ausscheidung des Stuhls bestimmt ist, nicht als Behälter zur Aufbewahrung von Körperabfällen. Häufige Verstopfung schädigt Vāta, und es entstehen Krankheiten, die dadurch ausgelöst werden. Hämorrhoiden, Kopfschmerzen und Hautprobleme sind nur einige Folgen davon. Wenn Kot zu lange im Darm gehalten wird, beginnt er zu riechen, zu fermentieren (gären) und zu faulen. Dies wiederum erzeugt Gase im System. Im Āyurveda glaubt man, daß Verwesungsprozesse wie Gärung, Geruch und Gas nicht auf den Ort ihrer Entstehung beschränkt bleiben. Da der Körper ein einheitliches Ganzes ist, werden diese «Gifte» durch das Blut überall verteilt und sind so der Auslöser von verschiedensten Erkrankungen. Verstopfung über einen längeren Zeitraum verursacht eine Reihe von organischen und mineralischen Ablagerungen im Darm, die schwer abzubauen sind und die, aufgrund des verunreinigten Bluts, Anlaß zu Krankheiten geben. Man sollte deshalb auf tägliche Darmentleerung achten und nicht zulassen, daß sich Abfälle im Körper ansammeln. Lassen Sie nicht zu, daß Ihr Körperinneres stinkt.

Einige sehr einfache Mittel gegen Verstopfung stelle ich in

einem späteren Kapitel vor. Außerdem empfehle ich Ihnen, von Zeit zu Zeit einen Einlauf zu machen, um durch vollständige Entleerung den Darm zu reinigen und Vāta-Störungen zu vermeiden.

Überprüfung des Urins

Der Urin ist eine weitere Form der Ausscheidung von Körperabfällen (*mala*). Dabei sollte man immer, neben anderen Merkmalen, Farbe, Menge und Häufigkeit des Harns überwachen. Eine solche Überprüfung hilft, Störungen im humoralen Gleichgewicht zu entdecken. Der Urin eines gesunden Menschen sollte klar und ohne Schaum sein. Trüber, dickflüssiger, stumpffarbener Urin in geringen Mengen weist auf eine Vāta-Erhöhung hin. Tritt der Harn hingegen rötlich, dunkelgelb oder stark riechend aus, so ist das Pitta aus dem Gleichgewicht geraten. Ein weißlicher, schaumiger Urin läßt auf ein Übergewicht von Kapha schließen. Sollten alle drei Humore gleichzeitig betroffen sein, so ist der Urin schwärzlich.

Es kann jedoch vorkommen, daß die erwähnten Abweichungen in Farbe und Geruch durch den Genuß von bestimmten Nahrungsmitteln hervorgerufen werden. Beispielsweise färbt sich der Urin nach dem Essen von roten Beten rötlich; Blumenkohl, Knoblauch und Kohl intensivieren seinen Geruch. Solche zeitlich begrenzten Merkmale brauchen kein Anlaß zur Sorge sein.

Wer sehr häufig das Gefühl verspürt, urinieren zu müssen, dann aber nur wenig Wasser lassen kann, sollte harnhemmende Tees trinken. Stellt sich Harndrang jedoch nur selten ein, und kommt dann auch nur wenig Wasser, so ist das Pitta gestört. Heilung erfolgt durch Trinken von viel Flüssigkeit, kaltem Wasser und harntreibenden Tees (wir werden darauf später noch näher eingehen).

Um ein gutes Funktionieren der Harnwege zu gewährleisten, sollten Sie immer viel Flüssigkeit trinken, besonders am Morgen nach dem Aufstehen (½ Liter Wasser). Schieben Sie außerdem das Wasserlassen *niemals* auf. Ergreifen Sie sofort geeignete Maßnahmen, wenn Sie die Störung eines Humors bemerken. Eine Zu- oder Abnahme in der Häufigkeit oder Menge des Urinierens, verbunden mit Schmerzen beim Ablassen, oder Urin von schleimiger, trüber

Farbe, eventuell mit Blut darin, ist Anzeichen einer schweren Infektion oder sonstigen Erkrankung. In diesem Fall muß sofort ein Arzt aufgesucht werden.

Überprüfung des Schweißes

Das Schwitzen ist eine weitere Form der Ausscheidung von Mala. Über unsere Körperoberfläche verlieren wir ständig Wasser. Bei heißem Wetter schützt das Schwitzen unsere Haut, der Schweiß hält die Haut feucht und seine Verdunstung kühlt sie. Schwitzen hilft auch, Toxine aus dem Körper auszuscheiden, deshalb wird es als Behandlungsmethode verwendet. Wie bereits angedeutet, wendet man Schwitzkuren an, um Vāta wieder ins Gleichgewicht zu bringen, also besonders bei allgemeiner Steifheit, Fettleibigkeit und Erkältung.

Übermäßiges Schwitzen ist ein Symptom für erhöhtes Pitta. Normalerweise sollte der Schweiß farb- und geruchlos sein. Ein riechender oder nicht unter den üblichen Umständen abgesonderter Schweiß ist ein Indikator für Pitta-Dominanz. Wenn das der Fall ist, sollte man Pitta-reduzierende Maßnahmen ergreifen. Ein vorübergehender Schweißgeruch kann auch von bestimmten Nahrungsmitteln herrühren – seien Sie also nicht gleich ängstlich, wenn der Schweiß einmal riecht. Hält dieser Geruch jedoch über einen längeren Zeitraum an, und ist die Schweißabsonderung zu groß, dann sollten die entsprechenden Schritte zur Heilung von Pitta eingeleitet werden. Wer verhältnismäßig wenig schwitzt, sollte sich bemühen, mehr zu schwitzen, da es sich dabei um einen wichtigen Reinigungsprozeß handelt. Ein türkisches Bad, der Besuch einer Sauna oder einfach eine heiße Dusche oder ein heißes Bad, nach dem man den nassen Körper gleich in ein Handtuch hüllt, sind einige Möglichkeiten, die Schweißabsonderung anzuregen.

Überprüfung des Atems

Wie Sie wissen, ist das Atmen die wohl wichtigste Körperfunktion aller Lebewesen. Wenn der Atem stoppt, hören auch andere vitale Körperfunktionen auf, und das Leben ist beendet. Das ist der Grund, warum das Atmen im Yoga und Āyurveda «Prāna» genannt wird. *Prāna* bedeutet «Leben», und das Atmen, also die Aufnahme von Luft, erhält das Leben. Luft ist eines der fünf Grundelemente des Universums. Wenn sie durch den Vorgang der Atmung in unseren Körper eintritt, wird sie zu Prāna Shakti, «Lebenskraft».

Der Atem sollte sanft und gleichmäßig sein. Beide Nasengänge sollten mittels verschiedener Methoden des Yoga offen gehalten werden (siehe das Kapitel über Yoga). Verstopfte Nasenwege, häufige Erkältungen oder sonstige Störungen, die das freie Atmen einschränken, führen zu zahlreichen Problemen wie Kopfschmerzen, Schnarchen, Hals- und Ohrenschmerzen, Schwächung der Sehkraft und Schmerzen der Augenlider. Viele Menschen leiden nur deshalb an chronischen Schmerzen in einer Kopfhälfte, weil die Nasenwege teilweise blockiert sind. Wenn man häufig niesen muß, zum Beispiel bei einer Temperaturänderung oder aufgrund irgendeiner allergischen Reizung (Heuschnupfen), sollte dies behoben werden, um uneingeschränktes Atmen sicherzustellen.

Der Atem sollte tief sein und wir sollten uns des Atemvorgangs bewußt sein. Verwenden Sie jeden Tag mindestens ein oder zwei Minuten darauf, tief ein- und auszuatmen im Bewußtsein, daß die Luft, die Sie einatmen, *die* lebenspendende Kraft ist. Denken Sie daran, daß Sie kaum länger als ein paar Augenblicke darauf verzichten können. Seien Sie dankbar für diese Energie, die Sie am Leben erhält. Atmen Sie mit der Luft, die Sie einatmen, Güte und Ausgeglichenheit ein, und lassen Sie die Luft, die Sie ausatmen, alle unheilsamen Energien aus Ihrem Körper forttragen. Möge die Luft, die Sie einatmen, den Geist anregen und Ihre Vernunft *(buddhi)* stärken. Mögen Klarheit, Ausgeglichenheit und Shānti[1] Ihr Leben bestimmen.

Kurzes und schnelles Atmen verleiht ein blasses und glanzloses Aussehen. Ich empfehle Ihnen, Prānāyāma zu praktizieren (siehe 5. Kapitel). Die Kontrolle der Atmung hilft, das Denken zu kontrollieren, und erhöht so die Konzentrationskraft. Konzentration ist in jedem Heilungsprozeß erforderlich. Prānāyāma und Heilen sind unmittelbar miteinander verbunden.[2] Außerdem gibt es Atemübungen, mit denen man die Atemwege freihalten kann.

Es ist auch sehr wichtig, den Geruch des Atems zu überwachen. Ein fauliger Geruch ist ein Hinweis auf Probleme mit den Zähnen, dem Zahnfleisch oder dem Magen und seinen Säften *(agni)*. Man sollte feststellen, woher der Mundgeruch kommt, um unverzüglich eine entsprechende Behandlung beginnen zu können.

Wenn wir einfühlsam und bewußt atmen, können wir bereits kleinste Anzeichen einer sich anbahnenden Infektion der Nasenwege, des Halses oder des Kehlkopfes wahrnehmen. Es ist einfach, eine solche Infektion im Anfangsstadium zu heilen. Entsprechende Yoga-Übungen, Prānāyāma und milde Kräutertees sind alles, was man braucht. Falls die ersten Symptome jedoch ignoriert werden und die Infektion Zeit hat, sich zu entwickeln, dann dauert die Heilung natürlich viel länger und ist mit Schmerz und Leid verbunden.

Überprüfung der Körpertemperatur

Die oberflächliche Körpertemperatur und der Zustand der Haut sollten durch Befühlen des Körpers überprüft werden, denn auch hier gibt es bei einem humoralen Ungleichgewicht deutlich wahrnehmbare Veränderungen. Bei einem gestörten Vāta ist die Temperatur der Haut niedrig, und sie fühlt sich rauh an. Pitta erhöht die Temperatur und macht die Haut schweißnaß. Ein Übergewicht an Kapha erkennt man an einer öligen und kalten Haut.

Wenn Sie die Hand auf Ihren Arm oder Ihr Bein legen, sollten sich die Glieder weder zu kalt noch zu warm anfühlen. Viele Menschen klagen über zu kalte oder zu warme Füße oder Hände. In beiden Fällen handelt es sich um Anzeichen einer unausgewogenen Verteilung der Körperenergie. Pitta reguliert die Körperwärme, deshalb sollte man das richtige Funktionieren von Pitta sicherstellen, wenn man das Problem schwankender Körperwärme lösen will. Es gibt spezielle Yoga-Übungen für Hände, Füße und Finger, die man dann durchführen sollte.[3]

Bei einem gesunden Menschen ist die Stirn etwas kühler als

Hände und Füße. Eine heiße Stirn weist auf Fieber oder ein Übermaß an Pitta hin. Fieber kann zwar auf erhöhtes Pitta hinweisen, ebenso jedoch auf einen Angriff von außen (exogene Erkrankung).

Überprüfung des Pulses

Die Überprüfung des Pulses nimmt heute eine wichtige Stellung in der āyurvedischen Medizin ein. Es scheint jedoch, daß diese diagnostische Methode erst spät in die āyurvedische Heilkunst integriert wurde, da sie in den klassischen Texten keine Erwähnung findet. Der Pulsschlag offenbart die humorale Befindlichkeit eines Menschen. Es gibt āyurvedische Ärzte *(vaidya)*, die die Patienten nicht über ihre Beschwerden befragen brauchen, sondern nur ihren Puls fühlen, um ihnen dann einen genauen Krankheitsbefund geben zu können. Die Diagnose eines guten Vaidya stimmt immer, und der Patient hat das Gefühl, daß es sich bei dem Arzt um einen Magier oder Hellseher handelt. Um jedoch ein derartiges Wissen zu erlangen, bedarf es jahrelanger Erfahrung und der Kraft der Intuition. Intuition wiederum hängt ab von Geistesruhe und Konzentrationsvermögen.

Die Pulsmessung sollte im Liegen vorgenommen werden. Gewöhnlich befühlt man dazu den Puls am Handgelenk der rechten Hand. Achten Sie darauf, daß die Messung nicht unmittelbar nach einer Mahlzeit oder einer anderen körperlichen Betätigung vorgenommen wird; dazu zählen Gehen, Baden, Sonnenbaden. Der Patient sollte auch nicht hungrig, durstig, müde oder emotional angespannt sein. Das Pulsfühlen sollte mindestens zweimal wiederholt werden, um ein genaues Ergebnis zu bekommen.

Bei einem normalen, gesunden Menschen ist der Puls stark, regelmäßig, weder zu schnell noch zu langsam. Sie meinen vielleicht, daß das eine recht vage Beschreibung sei, doch das Pulsfühlen kann eben nur durch jahrelange Erfahrung gelernt werden. Versuchen Sie einmal, Ihren eigenen Puls zu fühlen, wenn Sie sich gut und gesund fühlen, oder messen Sie den Puls anderer gesunder, emotional ausgeglichener Menschen. Auf diese Weise sammeln Sie Erfahrung, und dann können Sie auch mit der oben gegebenen Beschreibung des gesunden Pulses etwas anfangen.

Der Puls einer Vātika-Person schlägt zickzackartig, das heißt periodisch abwechselnd stark oder schwach. Bei einem Pitta-dominanten Menschen zeigt der Puls plötzliche, unerwartete Sprünge. Bei Kapha-Übergewicht fühlt sich der Puls langsam und schwach an. Es kann natürlich auch sein, daß der Puls zuerst zickzackartig schlägt, plötzlich aber Sprünge vollführt, oder er wechselt von einem langsamen zu einem schnellen Schlag. Derartige Merkmale weisen darauf hin, daß bei dieser Person zwei Humore aus dem Gleichgewicht geraten sind. Ist der Puls unregelmäßig und nicht rhythmisch, so sind alle drei Humore gestört.

Ein schwacher und langsamer Puls ist zudem ein Anzeichen für niedrigen Blutdruck und/oder niedrige Körpertemperatur. Ein sehr langsamer, nahezu unfühlbarer und aussetzender Pulsschlag ist typisch für einen lebensgefährlichen Zustand. Bei Fieber ist der Puls hingegen sehr schnell. Hunger und Geschlechtsverkehr beschleunigen ihn ebenfalls. Emotionen wie Angst und Furcht lassen den Puls schwach schlagen.

Überprüfung der Zunge

Eine gesunde Zunge sollte rosafarben, glatt und glänzend sein; sie sollte keinen weißen Belag haben. Eine trockene und rauhe Zunge kennzeichnet eine Vāta-Störung. Eine rötliche, brennende Zunge, bitter im Geschmack, oft mit Blasen überzogen, läßt auf überhöhtes Pitta schließen. Bei einem Übermaß an Kapha hat die Zunge einen weißlichen Belag und fühlt sich naß und schleimig an. Eine weiße oder schwarze, glanzlose Zunge ist ein Indikator für die gleichzeitige Schädigung mehrerer Humore. Kontrollieren Sie deshalb Ihre Zunge jeden Morgen beim Zähneputzen. Bei Anzeichen einer Störung sollten Sie sofort etwas tun, um die Ursachen zu finden und zu beseitigen.

Überprüfung der Augen und des allgemeinen Aussehens

Die allgemeine Erscheinung eines Menschen gibt sehr wichtige diagnostische Hinweise. Betrachten Sie sich also jeden Morgen sehr sorgfältig. Sie werden dabei täglich leichte Schwankungen in Ihrem Aussehen bemerken. Es gibt Tage, da sehen Sie gesund, heiter und strahlend aus; an anderen Tagen wiederum stellen Sie fest, daß Ihr Gesicht und die Augen leicht geschwollen sind; vielleicht haben Sie Säcke unter den Augen und sehen müde aus, Ihr Gesicht ist ohne Glanz oder Ihre Augen sind stumpf. Sie müssen lernen, Ihr Aussehen mit den dafür verantwortlichen Faktoren in Verbindung zu bringen, um die Ursachen etwa eines ungesunden und müden Gesichtsausdrucks beseitigen zu können. Ein spätes Abendessen, nach dem Sie bald zu Bett gegangen sind, kann Ursache sein für ein geschwollenes und müde aussehendes Gesicht am nächsten Morgen. Zu viel, zu salziges oder zu stark gewürztes Essen kann ebenso dafür verantwortlich sein. Mangel an Schlaf, zu viele Sorgen, Verdauungsstörungen, ein Wetterumschwung, zu viel Alkohol oder Tabak, dies alles hat unmittelbar negative Auswirkungen auf das Erscheinungsbild am nächsten Tag. Diese Einflüsse wirken sich jedoch bei unterschiedlichen Menschen verschieden aus. Was ich sagen will, ist nichts anderes, als daß Sie selbst – bezogen auf Ihre Konstitution – herausfinden müssen, was bei Ihnen welche Wirkung hat. Dies schafft Ihnen die Möglichkeit, alles zu vermeiden, was Ihnen am nächsten Morgen ein glanzloses und müdes Aussehen verleiht. Nach einer Nacht*ruhe* sollten Sie so frisch aussehen «wie eine Blume».

Eine genaue Überprüfung der Augen gibt ebenfalls Aufschluß über die humorale Befindlichkeit. Rostfarbene und trübe Augen, in denen sich die Augäpfel nur langsam bewegen, deuten eine Störung des Vāta an. Ein Übergewicht an Pitta zeigen uns rosafarbene, rote oder gelbliche Augen. Augenbrennen und Anzeichen einer Photophobie (Furcht vor Licht) sind weitere Symptome für Pitta-Dominanz. Ein gestörtes Kapha läßt die Augen weiß und feucht erscheinen. Kontrollieren Sie deshalb Ihre Augen regelmäßig.

Es gibt Leute, die bekommen Säcke unter den Augen, wenn sie

müde oder krank sind. Bei rechtzeitiger Behandlung verschwinden diese aber wieder. Kümmert man sich jedoch nicht darum, dann entwickeln sich solche «Tränensäcke» zu einem bleibenden Gesichtszug. Jene Menschen sehen ständig müde aus und wirken schon in jungen Jahren alt. Ein unregelmäßiger Lebensstil, der Genuß von Tabak und Alkohol, ein nicht behandelter, aus dem Gleichgewicht geratener Humor, Verdauungsprobleme oder Mangel an Schlaf sind nur einige Faktoren, die dazu führen.

Es gibt zwei wesentliche Gründe, warum ich Ihnen empfehle, täglich Ihre Gesundheit auf die oben beschriebene Weise zu überprüfen. Erstens soll es Ihre Selbst-Wahrnehmung schärfen und Sie dadurch zu einer Lebensweise führen, die sich heilsam auf Ihr ganzes Sein auswirkt. Im allgemeinen geben wir acht auf das, was in der Welt um uns herum vorgeht, wie die Menschen sich verhalten und wie sich dieses Verhalten auf uns auswirkt. Wir interessieren uns für politische Veränderungen in der Welt, für Erdbeben, Überschwemmungen oder andere Ereignisse. Wir kümmern uns oft jedoch nur wenig um Veränderungen, Umwandlungen oder Verunstaltungen, die sich in uns selbst ereignen. Es geht also darum, daß Sie eine somatische Bewußtheit entwickeln und «Automatismen» damit stoppen.

Der zweite Grund, der für eine tägliche Gesundheitskontrolle spricht, ist die Schärfung der Aufmerksamkeit gegenüber ganz kleinen, noch subjektiv empfundenen Anzeichen einer möglichen Erkrankung. Dies bildet die Grundlage präventiver Medizin, und der Āyurveda ist besonders darauf ausgerichtet, eine Krankheit erst gar nicht zum Ausbruch kommen zu lassen. In einem sehr frühen Krankheitsstadium kann man sich leicht selbst heilen und auf diese Weise eine «noch nicht eingetretene» Erkrankung vermeiden. Man tut das, indem man alles unternimmt, um das humorale Gleichgewicht im Körper aufrechtzuerhalten. Ein solches Gleichgewicht wirkt nicht nur heilend und beugt Krankheiten vor, die innere Ursachen haben, sondern gibt uns auch die Kraft, Angriffe auf unsere Gesundheit von außen abzuwehren. Dieses Buch wird Sie erkennen lassen, daß es nicht schwer ist, das eigene humorale Gleichgewicht zu erhalten. Es gibt dafür ganz einfache Wege und Mittel. Eine einfühlsame Diagnose, Hygiene, Revitalisierung der

Organe und des gesamten Körpers, ein Leben im Gleichklang mit der Zeit (Alter, Wetter, Tag, Nacht), entsprechende Ernährung, Selbstkontrolle und sanfte Medizin sind einige Bereiche, mit denen man sich vertraut machen muß, wenn man eine āyurvedische Lebensweise anstrebt. Alle diese Bereiche werden im folgenden erörtert. Will man etwas Neues lernen, so ist der Anfang immer am schwersten und verlangt ein gewisses Maß an Anstrengung. Später wird uns die āyurvedische Lebensweise jedoch zu einer selbstverständlichen Gewohnheit. Wenn Sie einmal Schwimmen oder Fahrradfahren gelernt haben, werden Sie diese Fähigkeit Ihr ganzes Leben nicht verlieren und diese Tätigkeiten spontan ausführen können, wenn es erforderlich ist. Ähnlich ist es mit dem Āyurveda. Mit der Zeit wird er Bestandteil Ihres Lebens.

Beim Anwenden āyurvedischer Heilverfahren müssen Sie immer daran denken, daß alles in diesem Kosmos miteinander in Verbindung steht, ineinander verwoben ist und rhythmischen Bewegungsabläufen unterliegt. Sie sollten sich in diesen Rhythmus einstimmen und alles vermeiden, was zur Disharmonie führt. Um Teil dieser kosmischen Musik zu werden, müssen Sie zuerst ein gutes Verhältnis zu Ihrem körperlichen und geistigen Selbst herstellen. Danach gilt es, zwischen sich und Ihrer Umwelt harmonische Verhältnisse zu schaffen.

4. Pflege und Reinigung der Organe und anderer Körperteile

Die Pflege und Reinigung der einzelnen Körperteile ist ein wesentliches Merkmal āyurvedischer Erziehung. Āyurvedische Körperpflege und Körperhygiene spielen eine wichtige Rolle bei der Verhinderung von Krankheiten. Sie gewährleisten ein humorales Gleichgewicht und schützen uns durch eine Steigerung der Vitalkräfte vor äußeren Angriffen. Sauberkeit ist nicht begrenzt auf äußere Körperteile wie Nägel, Hände, Füße oder die Haare. Genauso wichtig ist es, das Innere unseres Körpers durch verschiedene Reinigungspraktiken wie Einlauf, künstliches Erbrechen oder Schwitzen sauber zu halten. Im zweiten Kapitel war schon davon die Rede, daß solche Methoden zur Heilung eines gestörten Humors unabdingbar sind.

Eine Reinigung der inneren Organe gibt Ihnen neue Kraft und erhält ihre Funktionsfähigkeit bis ins hohe Alter. Die alten Meister des Āyurveda gingen von einer Lebenserwartung von einhundert Jahren aus. Für sie endete die Jugend mit sechzig. Ziel ihrer heilpraktischen Maßnahmen war es, Aktivität und Gesundheit auch im letzten Lebensabschnitt sicherzustellen. Deshalb wurde alles getan, um den körperlichen Verfall im Alterungsprozeß zu verhindern oder wenigstens zu verlangsamen. Ein langes Leben bedeutet im Āyurveda nicht einfach hohes Alter, sondern ein Alter ohne Krankheit und mit hoher Lebensqualität. Um das zu erreichen, ist es notwendig, etwas zu tun für die Erhaltung der jugendlichen Frische, Lebenskraft und Funktionsfähigkeit jedes einzelnen Körperteils. Es ist wichtig, sich ständig daran zu erinnern, daß es gilt, *jetzt* zu handeln, um schon heute unsere Gesundheit im hohen Alter sicherzustellen.

Äußere Reinigung

Reinigung des Mundes, der Zähne und der Backentaschen

Die Reinigung des Mundes umfaßt mehr als nur Zähneputzen zweimal am Tag. Viele Menschen haben schlechte Zähne, ein krankes Zahnfleisch oder üblen Mundgeruch. Bläschen auf der Zunge oder in der Mundschleimhaut sind ebenfalls ein häufiges Problem. Bei richtiger Pflege kann dies alles vermieden werden.

Der erste Schritt sollte sein, Mund und Zähne immer sauber zu halten. Damit verhindert man, daß sich Essensreste festsetzen und verfaulen. Machen Sie es sich deshalb zur Gewohnheit, Ihren Mund nach jeder Mahlzeit auszuspülen. Füllen Sie ihn dazu mit Wasser und pressen Sie es mit Hilfe der Backenmuskulatur einige Male kräftig hin und her. Der Druck sollte stark genug sein, so daß die Lücken zwischen den Zähnen von Nahrungsresten freigespült werden. Tun Sie dies jedesmal, wenn Sie etwas gegessen haben. Diese Maßnahme dient der Vorbeugung und erhält Zahnfleisch und Zähne ein ganzes Leben lang. Sollte es Ihnen einmal nicht möglich sein, nach dem Essen den Mund zu spülen, so kauen Sie etwas Kardamom oder Gewürznelke, um sich vor der schädigenden Wirkung von Zucker oder anderen Nahrungsresten zu schützen. Kardamom und Nelke helfen, dem Zahnverfall vorzubeugen; sie erfrischen den Mund und beseitigen schlechten Geruch.

In den Ländern des Westens sind viele Menschen süchtig nach Schokolade, Bonbons oder anderen süßen Sachen. In Indien und anderen Teilen Asiens kauen die Leute Betelnüsse, Betel, Tabak oder ähnliches. Beides ist sehr schlecht für die Mundschleimhaut (Epithelzellen), die ständig ein Sekret produziert, das den Mund feucht hält. Zucker ist ein Reizstoff, und «zuckerfreie» Bonbons enthalten manchmal noch schädlichere Stoffe als Zucker. Das fortwährende Kauen von Betelnüssen trocknet den Mund aus und zerfrißt die Mundschleimhaut. Eine Dauerreizung der Epithelzellen läßt Bläschen entstehen. Wird dieser Zustand chronisch, kann das zu irreversiblen morphologischen Veränderungen führen. Mundkrebs tritt deshalb sehr häufig bei Menschen auf, die viel Betel oder Tabak kauen. Nehmen Sie sich also in acht, bevor es zu spät ist.

Vermeiden Sie auch Kaugummis oder andere derartige Produkte. Benutzen Sie Ihren Mund und Ihre Kauwerkzeuge nur zur Aufnahme guter, schmackhafter Nahrung. Wenn Sie ständig irgend etwas essen, wie wenig es auch sein mag, wirkt sich das nicht nur nachteilig auf Mundhöhle und Backentaschen aus, sondern auch auf die Verdauungssäfte.

Sie sollten Ihre Zähne mit Sorgfalt und Hingabe putzen. Stellen Sie sich dabei vor, Ihre Zähne wären eine sehr zarte, kostbare Porzellanschale. Wie sorgfältig würden Sie dieses wertvolle Stück säubern, nachdem Sie es zum Servieren einer Speise benutzt haben. Sie würden versuchen, die Speisereste vorsichtig mit einem Schwamm oder einer weichen Bürste zu entfernen, ohne die Glasur dieses kostbaren Stückes zu beschädigen. Widmen Sie die gleiche Liebe und Sorgfalt Ihren Zähnen, und putzen Sie sie nicht schnell und mechanisch, ohne mit den Gedanken wirklich dabei zu sein. Die winzigen zurückgebliebenen Speisereste auf und zwischen den Zähnen bewirken sonst, daß sie sehr bald ihren Glanz, ihre Farbe und ihre Kraft verlieren.

Verwenden Sie keine harte Zahnbürste, da sie damit Zahnschmelz und Zahnfleisch zerstören. Wählen Sie Ihre Zahnpasta sehr sorgfältig aus. Es gibt zwei Hauptprobleme mit den im Handel erhältlichen Produkten: 1. Manche enthalten schädliche Chemikalien wie beispielsweise Formalin oder Sodium Dodecylsulfat. Formalinhaltige Zahnpasta wird sogar von einigen Zahnärzten zur Behandlung von Zahnfleischbluten empfohlen. Tatsächlich ist Formalin eine sehr gefährliche Chemikalie, da es, selbst in kleinen Mengen, die Zellen lebender Gewebe absterben läßt. Man verwendet diese Chemikalie im Labor, um das Gewebe von Tieren zu fixieren und zu konservieren. Handelsübliche Zahnpasta enthält zudem eine Menge schädigender Konservierungsmittel, sonst würden Bakterien in ihr gedeihen.

Der Āyurveda empfiehlt zur Reinigung der Zähne verschiedene Pulver aus Kräutern oder Salz, aber auch kleine biegsame Zweige von bestimmten Bäumen wie dem Neem *(Azadirachta indica)*, Nil-Akazie *(Acacia arabica)* oder dem «Zahnwehbaum» Tejphal *(Zanthoxylum armatum)*. Ein solcher Zweig wird an einer Seite angekaut, um daraus so etwas wie eine Bürste zu machen. Anschließend werden Zähne und Zahnfleisch damit abgerieben. Blätter und Zweige der angegebenen Bäume sind auch Bestandteil āyurvedischer Zahnpulver. Sie sind in ganz Indien erhältlich; wenn Sie jedoch keine Möglichkeit haben, ein fertiges Produkt zu kaufen, können Sie sich Ihr eigenes Zahnpulver herstellen. Nehmen Sie dazu Zweige, Kräuter und Früchte, die eßbar (nicht toxisch) sind und die adstringierende, scharfe und bittere Eigenschaften haben. Vermischen Sie diese Substanzen mit etwas Steinsalz. Zu den Pflanzen, die man gut dafür verwenden kann und die auch im Westen erhältlich sind, gehören unter anderem Gewürznelke, Pfeffer, Kamille, Thymian, Zimt und Lorbeerblätter. Diese Kräuter sollten mit Steinsalz sehr fein gemahlen und danach durch ein dünnes Baumwolltuch passiert werden, damit man ein ganz feines Pulver erhält (siehe 9. Kapitel). Falls es nicht fein genug ist, wird es sich zwischen den Zähnen festsetzen. Sie benötigen nur eine kleine Prise davon. Nehmen Sie das Pulver mit der nassen Zahnbürste auf und putzen Sie sich damit die Zähne. Das reinigt sie, beseitigt Mundgeruch, hilft bei Störungen der Geschmacksempfindung und säubert die Zunge.

Es gibt in Rajasthan bestimmte Stämme, deren Angehörige wunderschöne weiße, glänzende Zähne haben. Ich fand heraus, daß sie sich die Zähne mit Holzkohle putzen. Der Āyurveda empfiehlt, zur Stärkung der Zähne pflanzliche Produkte zu kauen. Kardamom oder Gewürznelke reinigt und desinfiziert den Mund. Sesam stärkt die Zähne, ebenso die rosinenartige Frucht des Mastix-Baumes. Sie wird häufig in āyurvedischen Zahnpulvern oder als Heilmittel für Zahnfleischerkrankungen verwendet. Der Mastix-Baum hat seinen Ursprung in der Ägäis, seine Früchte sollten deshalb in Europa erhältlich sein.

Die Säuberung der Zunge ist in der āyurvedischen Gesundheitspflege ebenfalls sehr wichtig. «Der Schmutz, der sich an der Zungenwurzel ablagert, behindert die Atmung und schafft üblen Geruch; deshalb sollte man seine Zunge abschaben.»[1] Es empfiehlt sich, dazu einen geeigneten Schaber aus Gold, Silber, Kupfer, Zinn oder Bronze zu verwenden. Heutzutage bekommt man auch Zungenreiniger aus Plastik. Sie können aber ebenso Ihre Zahnbürste zum Reinigen der Zunge verwenden. Putzen Sie sich die Zähne und spülen Sie den Mund gut aus. Strecken Sie anschließend die Zunge weit heraus und säubern Sie sie sanft mit der Zahnbürste.

Spucken Sie den Speichel aus und spülen Sie den Mund noch einmal. Dies reinigt nicht nur die Zunge, sondern aktiviert auch die Speicheldrüsen und belebt Ihren Hals. Es schützt vor Hals- und Mundinfektionen.

Ich empfehle diese Methode allen, die Probleme mit dem Hals haben. Der Hals dieser Personen ist oft gereizt, und sie klagen über Schmerzen, besonders am Morgen nach dem Aufstehen. Dies ist Folge einer Kapha-Ansammlung während der Nacht. Zu viel Kapha hemmt die Zirkulation von Vāta, und der Organismus wird geschwächt, da die Energie nicht mehr frei fließen kann. Eine solche Situation erhöht die Anfälligkeit gegenüber äußeren Angriffen von Viren oder Bakterien. Führt man jedoch die oben beschriebene Pflege regelmäßig aus, so wird überschüssiger Kapha ausgespült, und kleinere Infektionen werden geheilt. Diese Methode hilft auch, besser mit verschmutzter Luft fertigzuwerden, mildert aber auch die negativen Auswirkungen des Rauchens auf den Hals ab. Zur Behandlung einer chronischen Halsinfektion gurgelt man mit heißem Salzwasser; Kamillentee, Tee aus Granatapfel und Kachnar-Rinde *(Bauhminia variegata)* oder ein Absud aus Makoe *(Solanum nigrum)* können ebenfalls zum Gurgeln verwendet werden.

Während Sie die Zunge reinigen, sollten Sie den Bauch abwechselnd einziehen und entspannen. Das belebt die Bauchmuskulatur.

Reinigung und Pflege der Nasenwege

Durch die beiden Nasenlöcher mit ihrem feinen Haarbewuchs an der Innenseite strömt die Luft beim Ein- und Ausatmen. Die Haare wirken als Filter für die einströmende Luft. Um eine freie Bahn für den Luftstrom zu schaffen, was für unsere Gesundheit unabdingbar ist, sollte man die Nasenwege täglich säubern. Versuchen Sie beim Baden oder Duschen zwei- oder dreimal die Nase kräftig durchzublasen, damit der angesammelte Schmutz ausgeworfen und die Nasenwege durchgespült werden. Wenn Sie jedoch an Erkältung leiden oder Ihre Nase am Morgen immer verstopft ist, müssen Sie die Nase gründlicher spülen. Bedienen Sie sich dazu einer Yogapraktik, die sich *Jalneti* nennt und die im nächsten Kapitel beschrieben wird.

Jalneti beseitigt den angesammelten Schleim und öffnet die Nasenwege. Der Āyurveda empfiehlt auch, an etwas zu riechen, das Sie niesen läßt. Das Niesen beseitigt Blockaden in der Nase und öffnet die Nasengänge. Ein Mittel, das ganz sicher zum Niesen führt und das es auf der ganzen Welt gibt, ist Pfeffer. Eine weitverbreitete Methode ist, sich mit dem Finger etwas Öl in die Nase zu reiben und es leicht zu inhalieren; das kann ebenso zum Niesen reizen. Diese Praktik eignet sich besonders zum Schutz vor Naseninfektionen und bei zu trockener Nase. Im Winter besteht diese Gefahr in Nordindien aufgrund der sehr kalten und trockenen Luft aus dem Himālaya, und im Westen aufgrund der Zentralheizung, die die Luftfeuchtigkeit herabsetzt.

Reinigung der Ohren

Das Säubern und die Pflege der Ohren sind notwendig, um die Hörkraft zu schärfen und zu bewahren. Die Gehörgänge werden von einem zähen Sekret feuchtgehalten, das auch dazu dient, das Eindringen von Staub oder kleinen Insekten zu verhindern. Da dieses Sekret fortwährend erneuert wird, muß das Abfallprodukt *(mala)* von Zeit zu Zeit mit weicher Watte entfernt werden. Da sich aufgrund ihrer verwinkelten Form leicht Schmutz in den Ohren absetzt, sollten sie immer sorgfältig gereinigt werden. Nehmen Sie dazu die Finger, reiben Sie Ihre Ohren während des Duschens gut ab, das massiert und reinigt sie. Eine Ohrenmassage mit Öl wirkt beruhigend und schützt vor Ohrenerkrankungen, die ein gestörter Vāta auslösen kann.

Pflege der Augen

Die Augen sollten so behandelt werden, daß sie ihr klares und leuchtendes Aussehen bewahren. Jeden Morgen nach dem Aufstehen sollte man die Augen waschen, indem man sie mit Wasser bespritzt. Das Wasser sollte weder zu warm noch zu kalt sein. Ablagerungen *(mala)* in den Augenwinkeln sind regelmäßig zu entfernen. Der Āyurveda empfiehlt, Augentropfen zu verwenden. Benutzen Sie milde Augentropfen vor dem Zubettgehen oder wann immer sich Ihre Augen trocken anfühlen. Es gibt in Indien eine ganze Reihe āyurvedischer Augentropfen. Sie können aber auch ein mildes, auf Kräuterbasis hergestelltes Präparat Ihres Landes benutzen. Ich rate davon ab, Augentropfen selbst herzustellen, da das Risiko einer Infektion zu groß ist.

Von der Wichtigkeit von Augentropfen und Collyrium spricht folgende Stelle aus einem āyurvedischen Text: «Wie verschiedene Metalle nach der Reinigung mit Öl, einem Tuch und einer Haarbürste fleckenlos glänzen, so erhellt sich auch die Sehkraft in den Augen der Sterblichen, gleich dem unverhangenem Mond am klaren Himmel der Nacht, nach der Verwendung von Collyrium oder Augentropfen.»[2]

Der Āyurveda erwähnt viele verschiedene Arten von Collyrium, wie zum Beispiel Antimonoxid oder der Ruß von bestimmten Kräutern und Hölzern, die in Ghee (Butterfett) verbrannt wurden. Die Verwendung von Collyrium wird von der modernen medizinischen Wissenschaft jedoch abgelehnt und als gesundheitsschädigend angesehen. Ich stimme dieser Ansicht nicht zu, da eine direkte Verbindung zwischen der Anwendung von Collyrium und Augenerkrankungen nicht nachgewiesen ist. Hinzu kommt, daß die jahrtausendelange Anwendung dieser Produkte wohl für sich selbst spricht. Versuche an Tieren können uns nur sehr verzerrte Daten liefern, da in diesen Experimenten eine viel zu hohe Dosis verabreicht wird. Im Übermaß ist alles giftig.

Wenn Ihre Augen beständig gerötet sind, sollten Sie – neben der Verwendung von Augentropfen – Ihr Pitta-Gleichgewicht überprüfen. Die Sehkraft reagiert besonders empfindlich auf Störungen von Kapha. Deshalb ist es notwendig, Kapha ständig zu überwachen und alles zu tun, um überschüssigen Kapha abzubauen. Ein überhöhter Kapha blockiert die Energiebahnen. Dies führt zu einer Störung von Pitta und Vāta. Sollte es zu einer Anhäufung von Kapha in der Kopfregion kommen, kann das zu einer Beeinträchtigung der Sehkraft führen. Das Problem der Nebenhöhlenentzündung oder des Stirnhöhlenkatarrhs in seiner Beziehung zu Kapha und der Sehkraft wird später noch erörtert werden.

Zur Erhaltung der Gesundheit und der Sehkraft Ihrer Augen sollten Sie regelmäßig bestimmte Yogaübungen machen, die besonders der Augenpflege dienen.[3]

Pflege der Haut

Bisher haben wir die Reinigung und Pflege von vier unserer fünf Sinnesorgane besprochen. Wenden wir uns nun dem letzten Sinnesorgan zu, der Haut. Bei der Hautpflege geht es um Reinigung und Massage der gesamten Körperoberfläche, aber auch um die spezielle Pflege einzelner Teilbereiche.

Das Einölen der Haut wird in der āyurvedischen Gesundheitspflege besonders hoch geschätzt. Man sagt, daß die Haut ganz besonders anfällig ist für Vāta-bedingte Erkrankungen. Deshalb ist eine Ölmassage zu ihrer Pflege und Gesundheit unentbehrlich:

> Wie ein Krug, der mit Öl eingerieben wurde, oder eine gut geschmierte Achse eines Wagens stark und widerstandsfähig werden, so wird auch der Körper durch eine Ölmassage fest, weich, frei von Störungen des Vāta und widerstandsfähig gegenüber Belastung und Bewegung. . . . Der Körper desjenigen, der seine Haut regelmäßig mit Öl massiert, kann Verletzungen und harte Arbeit viel besser ertragen. Durch die tägliche Ölmassage erhält ein Mensch eine Haut, die sich angenehm anfühlt; die Körperteile sehen gut aus, seine Stärke und seine Anmut nehmen zu, und das Alter hat keine so große Macht über ihn.[4]

Wir werden später in allen Einzelheiten über Heilmassagen sprechen. Hier, wo es um die tägliche Körperpflege geht, seien nur Praktiken vorgestellt, die zur täglichen Routine gehören (sollten) und relativ wenig Zeit beanspruchen.

Zwei wesentliche Dinge, die die Schönheit einer Person ausmachen, sind die Klarheit der Augen und das Leuchten der Haut. Wir säubern ja auch unsere Wohnung und richten sie so ein, daß sie schön und attraktiv aussieht. Dies ist eine angeborene Veranlagung des Menschen, die sich äußert, gleich ob er in einer Hütte lebt oder in einem Palast. Eine hübsch hergerichtete Hütte, hier und dort mit Pflanzen dekoriert, kann schöner und attraktiver aussehen als ein vernachlässigter Palast. Ähnlich verhält es sich mit der Schönheit eines Menschen; sie hängt nicht nur davon ab, ob jemand dem Schönheitsideal einer bestimmten Kultur entspricht. Auch ein «gewöhnlich» aussehender Mensch kann ein attraktives Äußeres erlangen, wenn er sich nur entsprechend pflegt. Eine Person hingegen, die dem Schönheitsideal zwar entspricht, sich aber vernachlässigt, erscheint grob und unansehnlich. Sehen wir uns einmal an, was wir tun können, um attraktiv und schön auszusehen.

Beginnen wir mit der Reinigung der Haut. Seife gilt heutzutage überall auf der Welt als das beste Mittel zur Säuberung des Körpers. Das trifft zweifelsfrei zu. Seife hat jedoch die Eigenschaft, die Haut sehr stark auszutrocknen. Es gibt viele Inder, die davon wissen. Deshalb sehen Sie in Indien an öffentlichen Waschstellen oder an den Ufern von Flüssen und Seen, daß die Menschen zusammen mit Seife auch Öl verwenden. Dies ist eine Möglichkeit, der Austrocknung der Haut durch Seife entgegenzuwirken. Ölhaltige Seifen reichen zur Rückfettung der Haut nicht aus, da ihr Anteil an Öl zu gering ist. Deshalb empfiehlt es sich, den Körper vor dem Abseifen einzuölen. Sie können auch etwas Öl in den Seifenschaum zwischen Ihren Händen mischen und sich damit waschen.

Reinigen Sie alle Teile des Körpers. Reiben Sie sich gut ab zwischen den Fingern, in den Kniekehlen und unter den Achseln, hinter den Ohren, zwischen den Beinen, an Füßen und Gelenken. Die Haut sollte fest abgerieben werden, entweder mit den Händen oder einer weichen Massagebürste. Das belebt die Haut, regt den Blutkreislauf an und verleiht dem Körper Glanz.

Wählen Sie Ihre Seife sorgfältig aus. Am geeignetsten ist eine Seife, die weder künstliche Geruchsstoffe noch Farbzusätze enthält, dafür aber etwas Öl. In Frankreich gibt es eine große Auswahl solcher Seifen unter dem Markennamen *Savon de Marseille.* Man kann diese Seifen jetzt auch in anderen Ländern Europas kaufen. In Indien sind Seifen aus Sandelholzextrakt *(Mysoor Sandalwood Soap)* erhältlich. Ich rate davon ab, Flüssigseifen, Duschgels oder Schaumbäder zu benutzen, da sie die Haut stark austrocknen und so einen Anstieg von Vāta in der Hautoberfläche verursachen. Hinzu kommt, daß diese Flüssigkeiten am Körper haften bleiben und man sie nur sehr schwer vollständig abwaschen kann. Der Gebrauch von Milch zur Reinigung des Körpers ist sehr empfehlenswert. Nehmen Sie etwa 150 ml Vollmilch und reiben Sie sich damit am ganzen Körper ein. Milch reinigt sehr gut, trocknet die Haut nicht aus und verleiht ihr Glanz und Weichheit.

Zur besonderen Pflege des Gesichts und zur Erhaltung der

Schönheit empfiehlt sich eine Reinigung mit einer Paste aus der Haut von Milch und geriebenen Mandeln (Mandelpulver). Nehmen Sie dazu am besten unbehandelte, frische Kuhmilch. Wenn Sie diese Milch kochen, bildet sich bei der Abkühlung eine dicke cremige Schicht an der Oberfläche. Schöpfen Sie sie ab und machen Sie durch Zugabe von Mandelpulver eine Paste daraus. Tragen Sie diese Paste aufs Gesicht auf und lassen Sie sie einige Zeit einwirken. Reiben Sie die Paste ab, wenn sie trocken geworden ist, und waschen Sie danach Ihr Gesicht mit warmem Wasser. Wenn Sie keine frische Kuhmilch bekommen, sondern nur homogenisierte, nehmen Sie diese und kochen Sie sie bei kleiner Flamme, bis sie eingedickt ist. Lassen Sie den Topf dazu während des Kochens offen. Sie bekommen auf diese Weise eine eingedickte cremige Milch, die man zum Mischen mit den geriebenen Mandeln verwenden kann. Diese Behandlung ist für trockene wie für fette Haut gleich gut geeignet. Ihr Gesicht wird danach weich und leuchtend sein.

Hat Ihr Gesicht oft ein trockenes und graues Aussehen, so kommt das von einem Übergewicht an Vāta. Leiten Sie Schritte zur Behandlung des Humors ein und geben Sie sich gleichzeitig eine Gesichtsmassage mit Ghee oder der Haut von Milch. Ist Ihre Gesichtshaut zu fettig, säubern Sie sie mit Vollkornmehl oder dem Mehl von Kichererbsen. Mischen Sie drei Teelöffel Mehl mit ¼ Löffel Ghee, ⅛ Löffel gemahlenem Kurkuma-Pulver und etwas Wasser. Vermengen Sie alles gut, und tragen Sie die Paste aufs Gesicht auf. Massieren Sie sie ein wenig mit den Fingern ein. Seien Sie vorsichtig, daß nichts von der Paste auf Ihre Kleider gelangt, da Kurkuma Flecken hinterläßt.

Der Āyurveda betont immer wieder, wie wichtig es ist, den Körper einzuölen. Sie sollten dies mindestens einmal pro Woche tun, am besten ein paar Stunden vor dem Baden. Reiben Sie den ganzen Körper ein. Wenden Sie dabei Druck an, damit das Öl in die Haut eindringen kann. Massieren Sie jede Stelle mehrere Male und lassen Sie nichts aus. Konzentrieren Sie sich besonders auf die Gelenke (Fuß-, Knie-, Hand-, Schulter-, Hüftgelenk und Ellenbogen). Halten Sie sich danach warm und nehmen Sie nach einiger Zeit ein Bad. Das Badewasser sollte nicht zu heiß sein. Verwenden Sie zum Einölen reines Kokosnuß-, Sesam-, Senf- oder Olivenöl. Ghee ist auch gut; wärmen Sie es vor der Massage etwas an.

Pflege der Hände und Füße

Hände und Füße sind stark beanspruchte Körperteile, und man sollte besonders auf sie achten. Halten Sie Ihre Nägel sauber und schneiden Sie sie jede Woche. Reinigen Sie den Raum zwischen Nägeln und Haut sorgfältig mit einer weichen Bürste. Waren Sie lange auf den Beinen, dann sollten Sie sich besonders um Ihre Füße kümmern. Reiben Sie sie gut mit Öl ein, geben Sie ihnen eine Druckmassage und baden Sie sie anschließend in warmem Salzwasser. Das lindert die Müdigkeit, beruhigt Vāta, unterstützt die Sehkraft, schützt vor Rissen in den Fußsohlen, beugt Pilzbefall vor und verhindert Venenverengung und Bänderzerrung.

Es ist wichtig, die Hände gut und oft zu waschen. Das schützt vor Infektionen. Da die Hände sehr oft mit Wasser in Berührung kommen, bedürfen sie der besonderen Pflege. Es empfiehlt sich, sie von Zeit zu Zeit mit Öl, Ghee oder Handcreme einzureiben. Achten Sie darauf, daß sich Ihre Hände nicht rauh oder hart anfühlen. Zu ihrer Belebung sollten Sie die Finger ineinander verschränken und fest zusammendrücken.

Spezielle Yogaübungen für Hände, Füße und Finger regen ihre Durchblutung an und halten die Gelenke beweglich.[5] Dies sind Maßnahmen zur Vorbeugung von Arthritis.

Pflege des Kopfes und der Haare

Die Kopfhaut sollte regelmäßig geölt und gewaschen werden. Ölen Sie Ihre Kopfhaut mindestens einmal pro Woche ein und lassen Sie das Öl für einige Stunden einwirken, am besten über Nacht. Nehmen Sie dazu Kokosnuß-, Sesam- oder reines Olivenöl. Verwenden Sie keine Öle mit Geruchszusätzen oder sonstigen künstlichen Beimischungen. Benutzen Sie solche Öle, die Sie auch zum Kochen verwenden. Āyurvedische Haaröle enthalten verschiedene Kräuter, die den Haarwuchs anregen und das Haar schön und geschmeidig machen. Die Produkte, die im Westen im Handel sind, sind im allgemeinen nicht sehr wirksam, da ihr Anteil an Kräutern nicht hoch genug ist. Wenn Sie kein gutes Kräuteröl bekommen, sollten Sie eines der oben erwähnten reinen Öle benutzen.

Heutzutage verwendet man zum Waschen der Haare gewöhnlich Shampoos. Das Wort «Shampoo» kommt ursprünglich aus Indien und zwar von dem Hindiwort *Champi*, was soviel bedeutet wie «Kopfmassage». Shampoos werden aus Petroleum hergestellt und trocknen die Kopfhaut zu sehr aus. Manche von ihnen enthalten gesundheitsschädliche Chemikalien wie zum Beispiel das hochgiftige Dioxin. Deshalb sollten Sie bei der Wahl Ihres Shampoos sehr vorsichtig sein. Nehmen Sie ein leichtes Shampoo oder eine Haarseife. Haar läßt sich auch gut mit *Savon de Marseille* waschen. Glauben Sie ja nicht, daß die handelsüblichen Kräutershampoos nur Kräuter als Zusatzstoffe enthalten. Benutzen Sie in jedem Fall immer nur wenig Shampoo (so wenig wie möglich), und reinigen Sie die Kopfhaut durch kräftiges Reiben und Massieren. Nehmen Sie sich Zeit dazu. Es wird Ihren ganzen Körper entspannen. Spülen Sie das Haar dann gut aus, damit nichts von dem Shampoo zurückbleibt.

Zögern Sie nicht, Ihr Haar auch einmal mit etwas anderem zu waschen. Ein in Europa verbreitetes alternatives Rezept ist eine Mischung aus Bier und Eiweiß. Sie können aber auch saponinhaltige Pflanzen benutzen. Ein bekanntes āyurvedisches Haarwaschmittel besteht aus Ritha *(Sapindus trifoliatus)*, Amla *(Emblica officianalis)* und Shikakai *(Acacia concinna)* im Verhältnis 1:2:2. Ritha und Shikakai enthalten Saponin, Amla wird verwendet, um dem Haar ein attraktives und glänzendes Aussehen zu verleihen.

Es ist sehr einfach, seine eigene Haarspülung herzustellen. Nehmen Sie für eine Spülung zwei Teelöffel Zucker oder Honig, einen Löffel Zitronensaft oder Essig und fünf Löffel Wasser. Je nach der Länge Ihres Haares brauchen Sie vielleicht eine größere oder kleinere Menge; beachten Sie nur das Mischungsverhältnis 2:1:5. Reiben Sie diese Mischung sorgfältig in das gewaschene und gut gespülte Haar ein, und lassen Sie sie ungefähr eine Minute einwirken, bevor Sie sie ausspülen.

Wer eine trockene Kopfhaut oder/und Schuppen hat, sollte einen Absud aus den Wurzeln der Süßholz-Pflanze *(Glycyrrhiza glabra)* zur Haarspülung benutzen. Diese Wurzel ist außerordentlich süß. Sie enthält fünfzigmal mehr Süße als Zucker. Der Absud daraus macht das Haar weich und zart. Es gibt diese Pflanze überall in Indien, aber auch in Kräuterläden im Westen. Wie man einen

Absud zubereitet, wird weiter unten beschrieben. Geben Sie also diese Flüssigkeit nach der Haarwäsche auf Ihre Kopfhaut, und massieren Sie sie mit den Fingern gut ein. Warten Sie zwei bis drei Minuten, und spülen Sie dann alles gut aus.

Waschen Sie Ihr Haar nicht mit zu heißem oder zu kaltem Wasser. Am besten ist lauwarmes Wasser. Es sollte auf jeden Fall weniger heiß sein als das Wasser, das Sie zum Duschen oder Baden benutzen. Heißes Wasser auf dem Kopf kann Kopfschmerzen oder Schwindelgefühl verursachen.

Es ist wichtig, daß Sie sich mindestens einmal am Tag kämmen. Viele Menschen verwenden eine Haarbürste; ich empfehle Ihnen jedoch auch den Gebrauch eines Kammes – allerdings nicht für zerzaustes Haar. Der Kamm sollte weich und nicht zu fein sein. Diese Art von Massage belebt die Kopfhaut.

Pflege der Vagina

Die Scheide ist eine Höhle wie der Mund, Frauen müssen sich deshalb regelmäßig um sie kümmern. Von Zeit zu Zeit sollte die Vagina mit einem warmen Wasserstrahl oder einem Kräuterabsud ausgewaschen werden. Sie können dazu eine Klistierspritze verwenden. Nehmen Sie zum Waschen einen bitteren Kräutertee oder -absud; damit beugen Sie möglichen Infektionen vor. Ein Absud aus Neem-Blättern *(Azadirachta indica)* oder Kamille ist dazu gut geeignet. In Europa werden Kräutertees zur Funktionsstärkung der Leber verkauft («Lebertee»). Auch dieser Tee läßt sich gut zur Pflege der Vagina benutzen, da seine Bestandteile bitter sind.

Behandeln Sie Schwellungen im Vaginalbereich unverzüglich. Die Ursache ist entweder ein überhöhter Vāta in dieser Region oder eine Infektion. Ein Überschuß oder ein Mangel an Vaginalsäften sind Hinweis auf einen ungesunden Zustand. Leiten Sie die notwendige Behandlung ein, um den normalen Zustand wiederherzustellen. Verschiedene Möglichkeiten werden weiter unten behandelt.

Wechseln Sie die Unterwäsche täglich. Binden sollten möglichst häufig gewechselt werden, damit die gestaute Feuchtigkeit keine Wundstellen verursachen kann. Vom Gebrauch von Tampons oder anderen in die Vagina einzuführenden saugfähigen Materialien rate ich ab, da sie übermäßigen Druck auf die Epithelzellen ausüben und dadurch die Sekretbildung stören können. Jeder Fremdkörper schädigt diese Zellen. Die Scheide ist der Mundhöhle sehr ähnlich. Auch dort würde ein Fremdkörper, über mehrere Tage einbehalten, zu Entzündungen, Blasen und wunder Haut führen.

Zur Belebung der Scheidenmuskulatur empfehle ich die im nächsten Kapitel beschriebenen Übungen.

Innere Reinigung

Im Āyurveda ist die Reinigung des Körperinneren genauso wichtig wie die äußere Reinigung. Es gibt fünf Grundtypen der inneren Reinigung: Fettkuren, Schwitzkuren, künstliches Erbrechen, Einlauf und Purgativa (Abführmittel). Sie dienen dazu, verschiedene Erkrankungen, die auf ein humorales Ungleichgewicht zurückzuführen sind, zu heilen und Gesundheit und Lebenskraft bis ins hohe Alter zu erhalten. Wenn alle Humore gestört sind und man folglich an mehreren Krankheiten gleichzeitig leidet, empfiehlt der Āyurveda eine innere Grundreinigung unter Anwendung aller fünf Methoden. Dies ist dann der einzige Weg, das Übel an der Wurzel zu bekämpfen. Eine solche Reinigung wird auch jenen Menschen empfohlen, die aufgrund der Nebenwirkungen chemischer Arzneimittel erkrankt oder drogenabhängig sind.

Nach der Durchführung aller fünf Reinigungsarten in einer bestimmten Abfolge wird der Patient auf eine leichte, nahrhafte und ausgewogene Diät gesetzt. Ziel dieser Behandlung ist die vollständige Beseitigung körperlicher Beschwerden. In diesem Buch werden wir jedoch nicht diese drastische Methode zur Heilung extremer Fälle besprechen, da sie nur unter Aufsicht eines Arztes angewandt werden sollte und verschiedene komplizierte Einrichtungen notwendig sind. Dieses Buch ist als Leitfaden zur Selbsthilfe gedacht, und so werde ich hier nur einige einfache Reinigungsverfahren vorstellen, die Sie selbst problemlos anwenden können, um Ihr humorales Gleichgewicht aufrechtzuerhalten.

Fettkuren

Bei dieser Reinigungsart geht es darum, dem Körper für einen begrenzten Zeitraum Fett zuzuführen. Es baut erhöhten Vāta ab und macht den Körper geschmeidig. Die Reinigung geschieht dadurch, daß die inneren Abfallprodukte gesammelt und die blockierten Kanäle geöffnet werden. Das Fett, das man für diese Therapie benötigt, kann von Tieren oder Pflanzen stammen – je nach Bedarf.

> Ghee vermindert Vāta und Pitta. Es fördert Rasa und Ojas, regt die Samenbildung an, kühlt, macht weich und verbessert Stimme und Aussehen. Öl wirkt lindernd auf Vāta, verstärkt aber nicht Kapha. Es macht stark, tut der Haut gut, es ist heiß und gibt dem Körper Festigkeit, es reinigt den Genitaltrakt der Frau. Muskelfett wird bei Brüchen und Verletzungen verwendet, bei Problemen mit der Gebärmutter und bei Ohren- und Kopfschmerzen. Es fördert die Zeugungsfähigkeit. Knochenmark gibt Kraft, unterstützt Rasa und Kapha, regt die Samen- und Fettbildung an und stärkt die Knochen. Ghee sollte man im Herbst verwenden, Fett und Mark im Frühling und Öl zur frühen Regenzeit. Fettende Substanzen dürfen nicht bei zu heißem oder zu kaltem Wetter verabreicht werden. Bei überhöhtem Vāta und Pitta, aber auch zur Sommerzeit, sollte man das Fett nachts zu sich nehmen. Bei überhöhtem Kapha und im Winter ist das Fett tagsüber zu verabreichen.[6]

Die durchschnittliche Menge für einen Erwachsenen (55–65 kg) liegt bei 25 Gramm. Die angemessene Dosis berechnet sich nach dem Körpergewicht und der Verdauungskraft des Patienten. Wie bei einem Schwamm, der nur eine bestimmte Menge Wasser aufsaugen kann, verhält es sich auch mit der Aufnahme des Fetts durch den Körper – die individuelle Verdauungskraft entscheidet über die aufgenommene Menge, der Rest wird ausgeschieden.

Die einfachste und gebräuchlichste Durchführung dieser Methode besteht darin, ein oder zwei Teelöffel Ghee in heißer, gesüßter Milch aufzulösen und vor dem Schlafengehen zu trinken. Manche Menschen essen das Ghee auch pur, aber für viele ist das vielleicht etwas zuviel verlangt.

Sie können Ghee oder die anderen Fette auch durch den After einführen. Dies geht leicht mit einer normalen Plastikspritze ohne Nadel oder einer Klistiervorrichtung. Achten Sie darauf, daß das Fett mehrere Stunden im Körper bleibt und nicht gleich wieder ausgeschieden wird. Es gibt Menschen, die auf anale Zuführung sehr empfindlich reagieren und sofort nach der Eingabe Stuhldrang verspüren. Durch Übung kann man diesen Drang jedoch verzögern und die Verbleibzeit verlängern. Dazu muß man sich auf die Analmuskulatur konzentrieren und den ganzen Körper vollständig entspannen.

Wie wichtig es ist, den Körper einzuölen, wurde bereits erwähnt. Soll das Öl jedoch tiefer in den Körper eindringen, bedarf es einer āyurvedischen Massage, wie sie im nächsten Kapitel beschrieben wird. Wenn sich Ihre Haut rauh anfühlt, wenn Sie extreme Trokkenstellen an Ihrem Körper bemerken oder wenn Sie andere Anzeichen eines erhöhten Vāta feststellen, zögern Sie nicht, einfache Methoden der Fettzuführung anzuwenden.

Nehmen Sie eine leichte, flüssige, fettarme, warme Speise zu sich, bevor Sie mit der Fettzuführung beginnen. Essen oder trinken Sie nichts Kaltes vor oder während der Fettkur.

Warnung

Schwangere Frauen, Menschen mit Kapha-Überschuß, langsamer oder nur schwacher Verdauungstätigkeit, übermäßiger Schleimbildung im Mund, einer Abneigung gegenüber Essen, allgemeiner körperlicher und geistiger Schwäche und einem Hang zur Depression sollten die Fettkuren nicht durchführen. Die Fettzufuhr würde die Störungen nur noch verstärken. Drogenabhängige sollten sich dieser Behandlung nur unterziehen, nachdem sie sich von ihrer unmittelbaren Abhängigkeit befreit haben.

Schwitzkuren

Bei diesem Verfahren wird der Körper dadurch gereinigt, daß die Giftstoffe aus der Haut entfernt und ihre feineren Kanäle durch Reizung und Belebung geöffnet werden. Eine Schwitzkur hilft gut bei Vāta/Kapha-, Vāta- oder Kapha-bedingten Erkrankungen.

Wenden Sie dieses Verfahren erst an, wenn Ihre letzte Mahlzeit verdaut ist. Es gibt viele Methoden, den Körper zum Schwitzen zu bringen; welche auch immer Sie anwenden, schützen Sie sich nach der Schwitzkur besonders vor Zugluft.

An Orten mit einem heißen Klima schwitzt man leicht, und der Reinigungsprozeß geschieht praktisch von selbst. Doch in Ländern mit kühlerem Klima sollte man sich von Zeit zu Zeit einer Schwitzkur unterziehen. Dies gilt auch für Menschen, die sich überwiegend in klimatisierten Räumen aufhalten. Eine Schwitzkur empfiehlt sich außerdem bei leichtem Fieber, Erkältung, Husten, Unterkühlung, allgemeinen Schmerzzuständen und anderen Vāta- oder Kapha-bedingten Erkrankungen.

Eine ganz einfache Art zu schwitzen ist es, sich nach einem heißen Bad oder einer heißen Dusche in ein Handtuch zu wickeln. Legen Sie sich hin, decken Sie sich zu und bleiben Sie so, bis Sie nicht mehr schwitzen. Warten Sie noch etwas und stehen Sie dann langsam auf. Ziehen Sie sich warm an und vermeiden Sie Kälte oder Zugluft. Eine andere Methode wäre, eine äußere Hitzequelle zu benutzen. Dies kann eine Wärmflasche sein, ein heißer Stein oder Säckchen mit heißem Sand. Ein Dampfbad ist eine weitere Möglichkeit, das Schwitzen anzuregen. Der Āyurveda gibt genaue Anweisungen für das Dampfbad und rät, dem Wasser Vāta-mindernde Zusätze beizufügen, die der Patient mit dem Dampf aufnimmt.

Sie können zum Schwitzen auch einen Absud trinken. Er muß nicht nur der Temperatur nach heiß sein, sondern auch nach āyurvedischen Maßstäben. Dies bedeutet, daß er aus Substanzen hergestellt sein muß, die Pitta erhöhen. Dazu gehören zum Beispiel Ingwer, Pfeffer oder großer Kardamom. Legen Sie sich nach der Einnahme hin und decken Sie sich mit einer warmen Decke gut zu. Nehmen Sie die Decke nicht weg, wenn Sie zu schwitzen beginnen, damit Sie keinen Zug bekommen. Schwitzen Sie so viel Sie können und stehen Sie erst dann auf, wenn Ihr Körper nicht mehr naß ist.

Warnung

Dampfbäder sollten beendet werden, wenn Kälte und Schmerz nachlassen, Steifheit und Schwere überwunden sind und genug Schweiß ausgetreten ist. Regulieren Sie die Hitze also so, daß Sie nicht zuviel davon bekommen. Überhitzung schädigt Pitta und führt zu Ohnmacht, Unbehagen, Durst, einem brennenden Gefühl, einer schwachen Stimme und allgemeiner Erschöpfung. Unterlassen Sie Schwitzkuren während einer Schwangerschaft, bei überhöhtem Pitta, bei Diabetes, Durchfall, Vergiftung und Gelbsucht; außerdem wenn Sie ärgerlich, hungrig oder durstig sind. Es wurde bereits erwähnt, daß man mit dem Schwitzen erst dann beginnen soll, wenn das Essen verdaut ist. Das bedeutet, frühestens zwei Stunden und spätestens vier Stunden nach der Mahlzeit. Es handelt sich dabei um Durchschnittszeiten, die natürlich von der individuellen Verdauungskraft abhängen.

Künstliches Erbrechen

Eine weitere Reinigungsmethode ist das absichtlich herbeigeführte Erbrechen. Das Erbrechen wird durch die Einnahme spezieller Getränke angeregt und durch Kitzeln im hinteren Rachenbereich ausgelöst. Ziel ist es, den oberen Teil des Verdauungstrakts bis hinunter zum Magen zu waschen und durchzuspülen. Gleichzeitig werden die Epithelzellen aktiviert, um eine normale Sekretbildung zu gewährleisten und die Immunabwehr zu stärken.

Die Bereitschaft zum Erbrechen und die Menge des Erbrochenen hängen von der Menge des im Körper vorhandenen Kapha ab. Kapha-dominante Menschen übergeben sich schnell, bei vermindertem Kapha wird der Heiltrank nur mit Mühe erbrochen.

Als tägliche oder zumindest öfter angewendete Reinigungsmethode empfehle ich Ihnen eine Yoga-Praktik, die sich *Jaldhauti* nennt. Trinken Sie dazu gleich nach dem morgendlichen Aufstehen einen halben Liter leicht gesalzenes warmes Wasser. Gehen Sie danach etwa fünf Minuten auf und ab. Versuchen Sie anschließend das Wasser zu erbrechen, indem Sie den Finger in den Hals stecken. Beim ersten Mal kommt vielleicht nur wenig Wasser. Lösen Sie den Brechreiz noch zwei- oder dreimal aus, bis Sie meinen, das getrunkene Wasser nun vollständig erbrochen zu haben. Diese Art der Reinigung ermöglicht es, überschüssigen Kapha aus Magen, Speiseröhre und Hals auszuspülen und diese Organe neu zu beleben. Jaldhauti hilft, sich vor Erkrankungen des Magens und der Atemwege zu schützen.

Sollten Sie einmal das Gefühl haben, eine bestimmte Nahrung schlecht oder überhaupt nicht verdaut zu haben und deshalb eine Magenverstimmung zu haben, dann bedienen Sie sich der eben beschriebenen Methode. Es wird Ihre Kopfschmerzen und sonstige mit dem «verdorbenen Magen» in Zusammenhang stehenden Beschwerden sofort beseitigen. Wenden Sie Jaldhauti auch an, wenn Sie aus Versehen eine giftige Substanz zu sich genommen haben. Warten Sie dann jedoch nicht nach dem Trinken des Salzwassers, und erbrechen Sie einige Male, indem Sie immer wieder neues Wasser trinken.

Künstliches Erbrechen wirkt, wie gesagt, bei der Behandlung von überhöhtem Kapha sehr gut. Es hilft außerdem bei chronischem Husten, Asthma und anderen Erkrankungen der Atemwege. Wir werden darauf später noch einmal zu sprechen kommen. In der āyurvedischen Therapie bekommt der Kranke eine Suppe aus Rind- oder Schweinefleisch oder von Tieren, die im Wasser oder Sumpfgebieten leben, zu trinken. Eine Suppe aus schwarzen Erbsen oder einfach Milch eignet sich ebenfalls zum Ausspülen des Magens. Dabei sollte man nicht öfter als achtmal würgen. Übertriebenes Erbrechen führt zu Durst, geistiger Verwirrung und/oder Ohnmacht. Es schädigt Vāta, verursacht Schlafstörungen und ist der Grund für allgemeine Schwäche.

Nach dem Erbrechen (außer bei Jaldhauti) sollten Sie für eine Weile ruhen und danach etwas Leichtes zu sich nehmen. Dazu eignen sich Gemüsesäfte, Suppen oder gut gekochter Reis. Essen Sie aber nicht zu viel, ein oder zwei leichte Mahlzeiten an diesem Tag sind genug.

Warnung

Wenden Sie diese Reinigungsmethode nicht an, wenn Sie krank oder sehr müde sind.

Einlauf (Klistier)

> Obwohl der Einlauf an einem örtlich begrenzten Teil des Körpers verabreicht wird, dem Dickdarm, hat er die Kraft, alle Unreinheiten aus dem Körper herauszuziehen, von den Fußsohlen bis zum Kopf, wie die Sonne, die am Himmel steht, die Feuchtigkeit der Erde verdampft.[7]

Die innere Reinigung durch Einlauf hat im Āyurveda eminenten therapeutischen Wert. Wie bereits erwähnt, kann man dadurch Vāta heilen. Da Vāta der in der heutigen Zeit am häufigsten geschädigte Humor ist, kommt dieser Reinigungsform deshalb eine besondere Bedeutung bei der Vorbeugung und Heilung vieler verbreiteter Krankheiten zu. Sie sollten sich auch daran erinnern, daß Vāta eine mächtige Kraft in unserem Körper ist, da er sämtliche Bewegungen steuert und dadurch auf die Verteilung der beiden anderen Humore unmittelbaren Einfluß ausübt. Es gibt zahlreiche Vāta-bedingte Erkrankungen und es gehört zum Wesen dieses Humors, daß er im Alter zunehmend aus dem Gleichgewicht gerät. Deshalb eignet sich diese Methode besonders zur Vorbeugung altersbedingter Krankheiten. Eine rechtzeitige und vorschriftsmäßige Anwendung schützt uns vor vielen Beschwerden und Schmerzen, behebt Ruhelosigkeit und Schlafstörungen und schenkt uns ein langes und gesundes Leben. Neben der Funktion, Vāta abzubauen, dient der Einlauf auch dazu, Pitta zu reduzieren (kalter Einlauf) und Kapha, das sich im Dickdarm angesammelt hat, auszuspülen. Außerdem beugt man dadurch Darmkatarrh und Hämorrhoiden vor. Ich empfehle, regelmäßig zu klistieren, selbstverständlich abgestimmt auf Ihre Konstitution, Ihr Alter und die Jahreszeit. Im folgenden einige Zitate von Charaka, um noch einmal die Wichtigkeit dieses Reinigungsmittels zu betonen; außerdem einige Anweisungen zur richtigen Anwendung:

> Einlauf wird besonders jenen empfohlen, die steif, verkrampft, lahm und von Verrenkungen geplagt sind; in ihren Gliedmaßen bewegt sich zu viel Vāta. Klistieren hilft bei Tympanitis (Aufblähung des Bauches durch Gas), bei knotigem Kot, bei Kolikschmerzen, bei Appetitlosigkeit und bei anderen Störungen des

Magen-Darmbereichs; ferner hilft es jenen Frauen, die trotz Beischlaf nicht empfangen aufgrund bestimmter, von Vāta verursachter Komplikationen; und es hilft Männern, deren Sinne verwirrt sind und deren Geist entkräftet ist.
Jene, die von Hitze niedergedrückt werden, sollten kalt klistieren; und jene, denen die Kälte schwer zusetzt, warm.
Der Einlauf sollte nicht angewendet werden bei Menschen, die an Brustwunden oder übermäßiger Schwäche leiden, die leicht ohnmächtig werden und ihren Darm bereits entleert haben.
Da Vāta verantwortlich ist für die Ausscheidung und Zusammensetzung des Kots, des Urins und der Gallenflüssigkeit, gibt es kein besseres Mittel als den Einlauf, wenn es darum geht, Störungen in diesem Bereich zu beheben. Der Einlauf wird deshalb von einigen eine halbe, von anderen eine ganze Medizin genannt.[8]

Die Klistierspritze ist eine ganz einfache Vorrichtung und normalerweise in medizinischen Fachgeschäften erhältlich. Falls nicht, können Sie sich leicht selbst eine bauen. Sie besteht aus einem Behälter, in den ca. 2 Liter Wasser passen und der einen Auslaß besitzt. An diesem Auslaß wird ein Gummischlauch von ca. 1½ Meter Länge befestigt. Am anderen Ende des Schlauchs sitzt ein Katheter (Röhrchen) mit einer Vorrichtung, womit sich das Wasser an- und abdrehen läßt (Abb. 10). Der Behälter sollte ein kleines Loch besitzen, an dem man ihn aufhängen kann, und zwar höher als die Person, die den Einlauf vornimmt. Nach sorgfältiger Reinigung wird er mit der entsprechenden Klistierflüssigkeit gefüllt.

Öffnen Sie zuerst den Auslaß, um den ungehinderten Fluß zu überprüfen und Luftblasen im Schlauch auszuspülen. Reiben Sie die Spitze des Katheters mit etwas Öl ein, um sein Eindringen in den After zu erleichtern. Bevor Sie klistieren, sollten Sie sich in einem entspannten Zustand befinden. Legen Sie sich hin und machen Sie einige tiefe Atemzüge. Achten Sie darauf, daß Ihr ganzer Körper frei von Anspannung ist. Es ist besser, den Körper vor einem Einlauf etwas zu massieren. Nehmen Sie die Klistierhaltung ein, indem Sie sich auf die linke Seite drehen. Das linke Bein ist angezogen, das rechte gestreckt (Abb. 11). Führen Sie nun den geölten Katheter langsam in den After ein und öffnen Sie den Hahn.

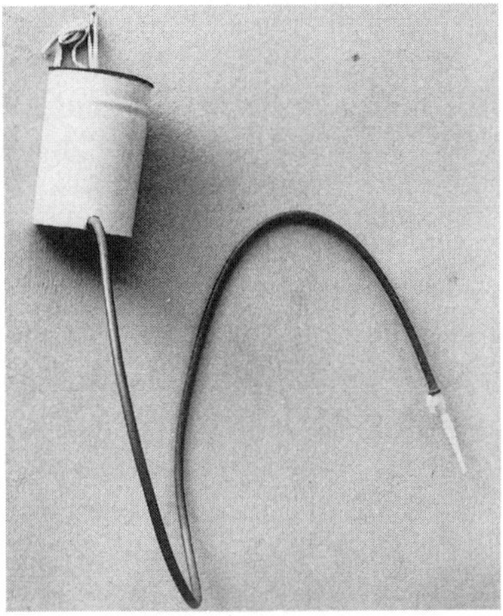

Abb. 10

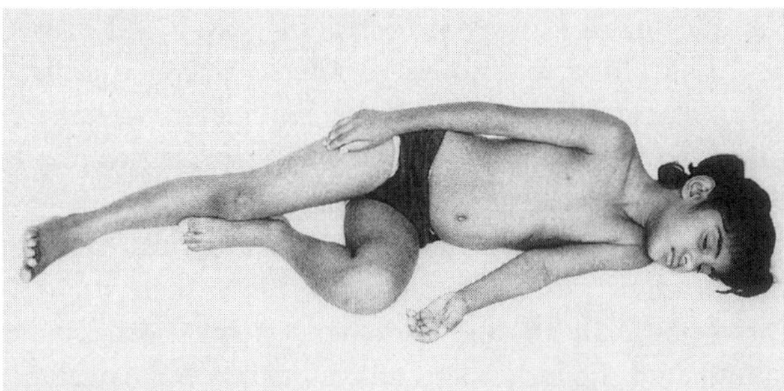

Abb. 11

Manchmal wird das Eindringen durch Kot oder Hämorrhoiden erschwert. Führen Sie also die Spitze sehr vorsichtig ein.

Einlauf mit und ohne Fett

Ich möchte hier zwei Grundtypen des Einlaufs beschreiben. Sie können beide Arten leicht selbst anwenden und brauchen dazu nicht die Hilfe eines Arztes. Einlauf ohne Fett bedeutet, daß die Klistierflüssigkeit kein Fett enthält. In der Regel handelt es sich dabei um kaltes oder warmes Wasser, eine warme Salzlösung oder einen Absud aus bestimmten Arzneipflanzen. Einlauf mit Fett enthält fettige Substanzen. Beide Verfahren sollten aufeinanderfolgen, um das humorale Gleichgewicht nicht durcheinanderzubringen.

Die Dosis für einen Einlauf ohne Fett beträgt 40 ml bei einem einjährigen Kind. Erhöhen Sie diese Menge pro Lebensjahr um 40 ml bis zum Alter von zwölf Jahren. Nach dem zwölften Lebensjahr sollten Sie um 80 ml pro Lebensjahr erhöhen, bis mit achtzehn Jahren die Gesamtmenge für einen Erwachsenen erreicht ist (960 ml). Nach dem sechzigsten Lebensjahr sollte diese Menge wieder auf 800 ml abgesenkt werden.

Ein fettfreier Einlauf kann zum Beispiel warmes Salzwasser sein (1/4 Teelöffel pro Liter) oder ein bestimmter Absud, den Sie zu Heilzwecken einführen wollen. So bietet sich zur Reinigung des Bluts oder zum Schutz vor Infektionen ein Absud aus Neem oder Kamille an. Sie können jedoch auch geeignete Kräutertees verwenden. Die Flüssigkeit sollte gerade so warm sein, daß es als angenehm empfunden wird. Achten Sie bei einem kalten Einlauf darauf, daß die Flüssigkeit nicht zu kalt ist. Das könnte Ihrem Körper einen Schock versetzen und Sie frösteln lassen.

Manche verspüren möglicherweise bereits kurz nach dem Zuführen einer nur kleinen Menge Flüssigkeit starken Stuhldrang. Das kommt besonders dann vor, wenn Sie nicht genügend entspannt sind. Falls das der Fall ist, beginnen Sie nach der Entleerung noch einmal von vorn. Richtig wäre es, das Wasser mindestens zehn bis fünfzehn Minuten im Darm zu halten. Dabei sollten Sie umhergehen, so daß die Flüssigkeit den Darm gut spülen kann und dadurch das Mala, das an den Innenwänden festklebt, mitreißt. Dies hilft, Kanäle zu öffnen, das Blut zu reinigen und die Zellen der Schleimhäute, die schützende und sekretabscheidende Funktionen haben, neu zu beleben. Es kann sein, daß Sie sich nach dem Einlauf mehrmals entleeren müssen. Auch die aufgestauten Winde gehen ab. Sie werden sich danach sehr wohl und entspannt fühlen.

Einem Einlauf ohne Fett sollte immer ein Einlauf mit Fett folgen. Dies gilt besonders für jene Menschen, die von zarter Konstitution sind und durch das Klistieren in Aufregung geraten. Hier einige Rezepte zur Herstellung einer fettigen Klistierflüssigkeit:

Einlauf (Klistier)

1. Nehmen Sie 160 ml Milch und fügen Sie zu gleichen Teilen Honig, Öl und Ghee hinzu, so daß die Gesamtmenge 240 ml beträgt. Rühren Sie gut um. Dieses Mittel baut Vāta ab und fördert Stärke und Aussehen.
2. Vermengen Sie Öl mit Weißwein, Honig und Ghee. Nehmen Sie von jedem 80 ml und rühren Sie gut um. Auch damit können Sie Vāta vermindern.
3. Nehmen Sie jeweils 80 ml Honig, Öl und Ghee. Geben Sie 5 g Steinsalz und 10 g Senfpaste dazu. Diese Mischung hilft sehr gut bei Hautproblemen und Blasenentzündungen. Auch Vāta/Kapha-Störungen werden dadurch gebessert.

Fetthaltige Einlaufflüssigkeit sollte über einen längeren Zeitraum im Darm verbleiben (1–7 Std.). Die Verbleibdauer nimmt mit etwas Übung zu, da die meisten Menschen am Anfang nicht genug entspannt sind und ihre rektalen Muskeln zu sehr verkrampfen. Dies führt natürlich schnell zu dem Drang, sich zu entleeren. Fetthaltige Klistierflüssigkeit ist wirkungslos, wenn sie nicht lange genug im Gedärm gehalten werden kann.

Ruhen Sie nach dem Einlauf eine Weile und nehmen Sie eine leichte, warme Mahlzeit zu sich.

Wenn Sie dick sind, häufig an Stuhlverstopfung leiden und Vāta-dominant sind, können Sie einmal pro Woche klistieren. Es wird empfohlen, dies auch am Ende einer Jahreszeit zu tun. Sind Sie unruhig, haben Probleme mit dem Schlafen und leiden unter Darmstörungen, sollten Sie ebenfalls einmal pro Woche einen Einlauf machen.

Warnung

Sehr schwache und kranke Menschen sollten von dieser Reinigungsform Abstand nehmen. Bei großer Müdigkeit ist davon ebenfalls abzuraten.

Reinigung durch Abführmittel (Purgative)

Eine innere Reinigung durch die Einnahme von Abführmitteln ist sehr wirksam bei überhöhtem Pitta. Dabei werden Medikamente verabreicht, die die Leberfunktion verbessern und die Schleimhäute und Muskulatur des Dickdarms anregen. Das hilft, die Leber zu revitalisieren und das angehäufte Pitta in Form von flüssigem gelbem Stuhl auszuscheiden. Setzen Sie diese Methode nicht gleich mit der Einnahme eines simplen Abführmittels zur Behebung einer Verstopfung. Die Abführmittel, die hier benutzt werden, sind sehr stark. Ziel ist es vielmehr, das System vollständig zu reinigen, indem das angesammelte Mala ausgeschieden wird.

Menschen, die blaß aussehen, schwach sind, Probleme haben, die mit dem Blut zusammenhängen, appetitlos sind, häufig unter Fieber oder Problemen mit der Haut leiden, sei besonders geraten, sich dieser Reinigungsform zu bedienen.

In jedem Land gibt es Kräutermischungen, die als Abführmittel angeboten werden. In Österreich ist es zum Beispiel ein Produkt, das sich Maikur nennt. Es eignet sich sehr gut für unsere Zwecke. In Frankreich wird ein Abführmittel unter dem Namen Herbesan verkauft. Es ist milder, doch eine zwei- oder dreifache Dosis dessen, was angegeben ist, erfüllt ebenfalls die Anforderungen. Die folgenden Kräuter gelten in der āyurvedischen Medizin als Laxativa (Abführmittel) und werden zur inneren Reinigung verwendet: 1. Mexikanischer Mohn *(Argemone mexicana)*; Dosis: 1–3 g Wurzelpulver. 2. Jamalgota oder Purgierkroton *(Croton tiglium)*; Dosis: 25–50 mg Samenpulver oder ½ bis 1 Tropfen Öl. 3. Seeg *(Euphorbia neriifolia)*; Dosis: ½ bis 1 g Wurzelpulver. 4. Kaudtumba oder Koloquinthe *(Citrullus colocynthis)*; Dosis: 1 g Wurzelpuder.

Abführmittel sollten vor dem Schlafengehen genommen werden, damit sie im Körper während der Nacht ihre Wirkung entfalten können und das System am nächsten Morgen gereinigt wird. Ein gesunder Mensch sollte sich ein- bis zweimal im Jahr dieser Reinigungsmethode unterziehen. Es ist empfehlenswert, diese Methode auch dann anzuwenden, wenn man zu viel gegessen hat. Dadurch vermeiden Sie, Gewicht anzusetzen.

Warnung
Für Kinder und alte Menschen ist diese Therapie ungeeignet. Geben Sie immer acht, daß Sie nicht zu hoch dosieren. Ein Übermaß an Darmtätigkeit führt zu Schwäche, Gewichtsverlust, Schlaflosigkeit und Niedergeschlagenheit.

Weitere Reinigungsmethoden im Āyurveda

Neben der inneren und äußeren Reinigung zur Wiederherstellung des humoralen Gleichgewichts wird im Āyurveda noch eine dritte Maßnahme empfohlen – der chirurgische Eingriff. «Ein chirurgischer Eingriff besteht aus Herausschneiden, Einschneiden, Einstechen, Abtrennen, Ausschaben, Herausziehen, eine Probe entnehmen und der Verwendung von Alkali und Blutegeln.»[9] Das geht jedoch über den Rahmen dieses Buches hinaus und ich möchte hier deshalb nicht ins Detail gehen. Die Chirurgie ist in der westlichen Welt sehr fortgeschritten, doch es bedarf des Rates eines erfahrenen Arztes, bevor man sich einer Operation unterzieht. Ein chirurgischer Eingriff sollte nur dann in Betracht kommen, wenn alle anderen Optionen ausgeschlossen sind. Es ist daher ratsam, die Meinung mehrerer Fachleute zu hören und alle zur Verfügung stehenden Heilverfahren auszuprobieren, bevor man sich zu diesem Schritt entschließt. In der Allopathie sind die Möglichkeiten alternativer Methoden jedoch begrenzt und es wird sehr schnell zu einem chirurgischen Eingriff geraten.

5. Vitalisierung durch Massage und Yoga

Massage und Yoga nehmen eine sehr wichtige Stellung in der āyurvedischen Therapeutik ein. Sie beleben die Körperorgane und verlangsamen den Alterungsprozeß. Die āyurvedische Massage und der Yoga bieten eine Vielzahl vorbeugender und heilsamer Hilfen, und es wäre deshalb ratsam, sich mit ihnen vertraut zu machen. Konzentrations- und Atemübungen des Yoga spielen bei der Behandlung psychischer und körperlicher Erkrankungen eine wichtige Rolle.

Massagen

Erhöhter Vāta oder Pitta kann durch eine Massage abgebaut werden. Der Āyurveda kennt verschiedene Arten von Massage, die entsprechend der jeweiligen Störung angewendet werden. Neben der therapeutischen Massage gibt es Massagen zur Aufrechterhaltung des humoralen Gleichgewichts und zur Erfrischung und Belebung des Körpers. Massagen helfen, die Kanäle im Körper zu öffnen, einen ungehinderten Energiefluß zu ermöglichen und neue Lebenskraft zu gewinnen.

In Indien, wo der Āyurveda seinen Ursprung hat, werden Massagen nicht nur von Fachleuten gegeben, sondern sind auch Teil der Familientradition. Ich würde vorschlagen, Sie lassen sich einmal pro Woche massieren, indem Sie sich mit Freunden oder Familienmitgliedern abwechseln. Wenn dies nicht möglich ist, sollten Sie sich selbst massieren, und zwar so, wie weiter unten beschrieben. Das ist zwar nicht ganz so wirksam wie eine Massage durch

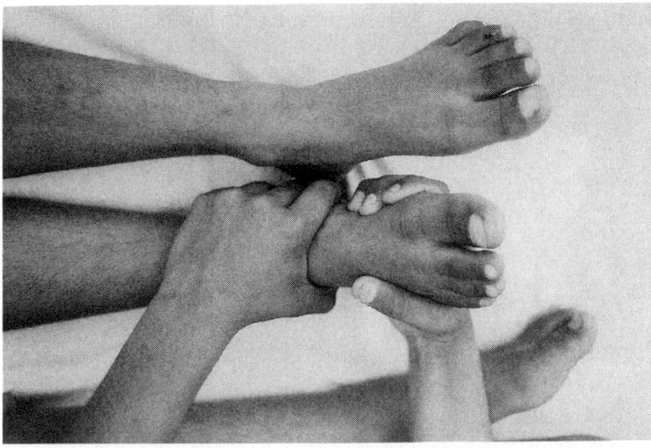

Abb. 12

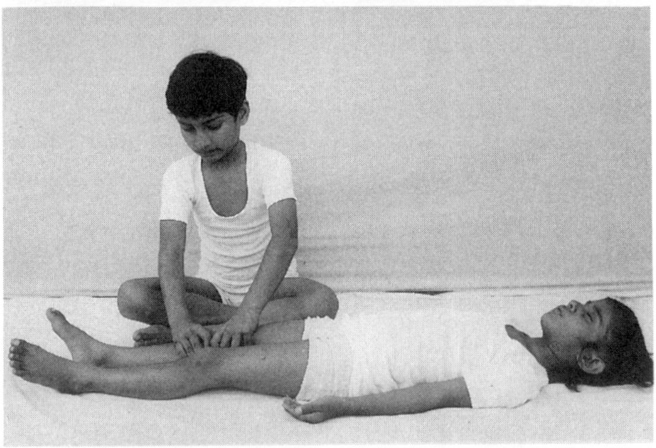

Abb. 13

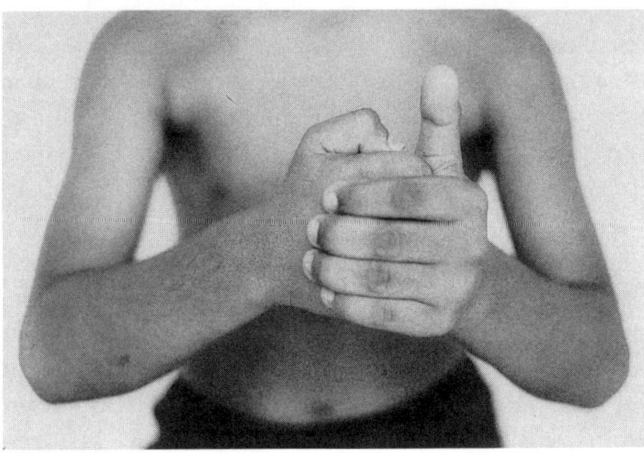

Abb. 14

jemand anderen, aber immer noch besser als gar keine Massage. Āyurvedische Massage zu Therapiezwecken umfaßt ein sehr großes Gebiet und könnte Gegenstand eines eigenen Buches sein. Für unsere Zwecke habe ich einige einfache Methoden zur Vorbeugung und Heilung ausgewählt, die in vielen indischen Familien praktiziert werden. Sie können diese Massagearten sehr leicht erlernen und auch in Ihrem Kulturkreis in Ihre Lebensweise übernehmen.

Es gibt fünf verschiedene Typen von Massage: 1. Druck und Druckmassage; 2. Fußdruckmassage; 3. Ölmassage; 4. Kopfmassage; 5. Heilmassage.

Bevor Sie mit einer Massage beginnen, sollten Sie sich versichern, daß die zu massierende Person völlig entspannt ist. Lassen Sie ihn/sie die Stellung einnehmen, die die Massage verlangt und überprüfen Sie, ob alle Körperteile locker und entspannt sind. Es kommt häufig vor, daß die Leute in den Hand-, Fuß- und Schultergelenken verspannt sind. Bei manchen ist die Stirnmuskulatur verkrampft und die Stirn deshalb gerunzelt. Sehen Sie sich all diese Teile genau an und helfen Sie der Person, sich zu entspannen.

Druck und Druckmassage

Druck ausüben mit den Händen

Bei dieser Massageart sollte man mit beiden Händen Druck ausüben (Abb. 12). Bewegen Sie Ihre Hände dabei über den ganzen Körper, so daß Sie alle Teile erreichen. Drücken Sie gleichmäßig und ruhig, weich und doch fest. Wenn sich der Druck Ihrer Handfläche nicht richtig verteilt, können Sie die Person verletzen.

Fangen Sie bei den Füßen an und drücken Sie jeden einzelnen Zehen. Drücken Sie die Zehengelenke gut, ebenso die Teile dazwischen. Der Druck sollte in Richtung Zehenspitze geführt werden. Nehmen Sie jeden einzelnen Zehen und ziehen Sie daran, meistens knackt es. Massieren Sie nun in Richtung Knöchel und Bein. Achten Sie besonders auf alle Gelenke und drücken Sie diese zwischen

Ihren Fingern (Abb. 13). Machen Sie so weiter, bis Sie die Beckengelenke erreicht haben.

Nun gehen Sie weiter zum Bauch- und Brustbereich. Drücken Sie diese Bereiche sehr sanft, indem Sie kleine, kreisende Bewegungen mit den Händen machen. Drücken Sie beide Körperseiten kräftig mit den Handflächen; dadurch wird Druck auf Rippen und Hüfte ausgeübt. Gehen Sie dann zu den Händen und Armen über. Drücken Sie die Fingergelenke gut und ziehen Sie an jedem einzelnen Finger. Drücken Sie die halbgeschlossene Faust, indem Sie von beiden Seiten Druck auf die Finger ausüben (Abb. 14). Nehmen Sie die Handfläche zwischen Finger und Daumen und drücken Sie gut. Machen Sie weiter mit dem Handgelenk. Drücken Sie es kräftig von allen Seiten. Nehmen Sie den Arm zwischen die Hände und drücken Sie ihn bis hinauf zum Ellenbogengelenk; drücken Sie dies kräftig mit den Fingern von allen Seiten.

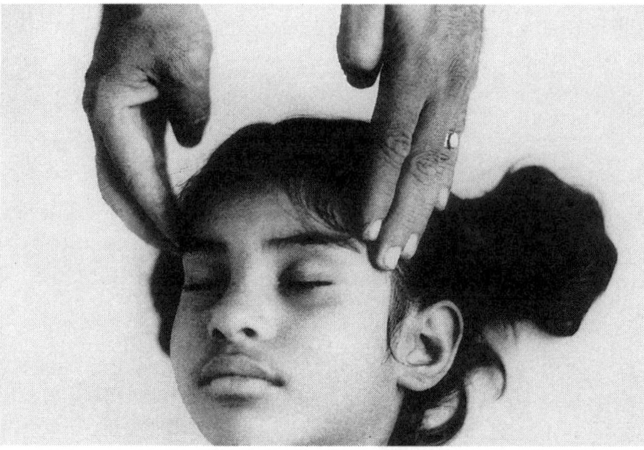

Abb. 15

Beim Massieren werden Sie bei vielen Menschen auf schmerzende oder empfindliche Stellen stoßen, besonders in der Nähe der Gelenke. Behandeln Sie diese vorsichtig, und reiben Sie sie nach der Massage mit etwas schmerzlinderndem Öl ein. Diese schmerzenden Knoten weisen auf angesammelten Kapha hin. Massieren Sie weiter in Richtung Schultern, Hals und Kopf. Drücken Sie die Ohrläppchen leicht zwischen den Fingern. Drücken Sie den Kopf

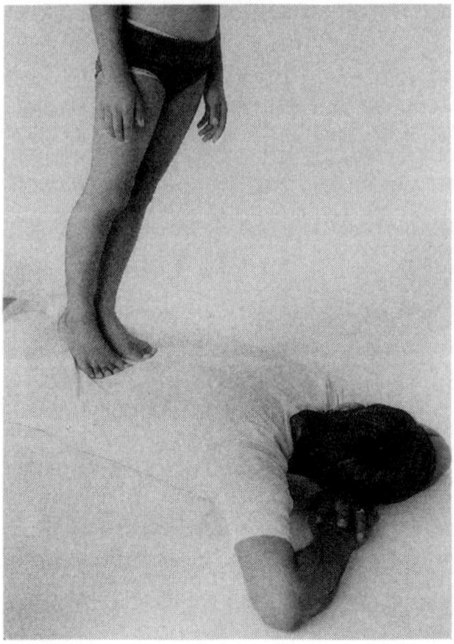

Abb. 16

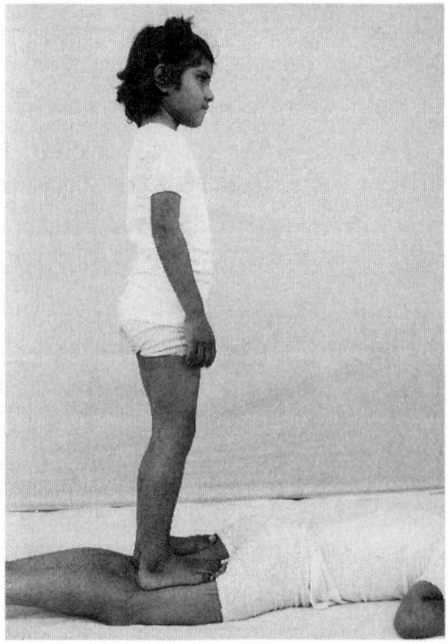

Abb. 17

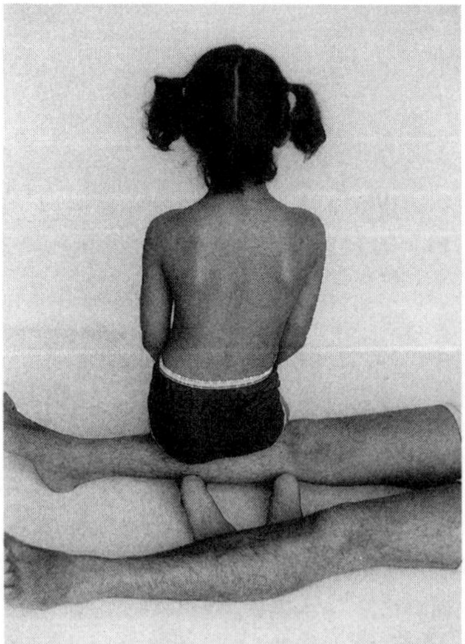

Abb. 18

von allen Seiten, schließlich die Stirn. Legen Sie die Finger auf beide Schläfen gleichzeitig und vollführen Sie unter Druck kleine, kreisende Bewegungen (Abb. 15).

Die behandelte Person sollte sich nun auf den Bauch legen, damit Sie den Rücken massieren können. Drücken Sie den Nackenbereich in der Nähe des Kopfes mit beiden Händen gleichzeitig. Machen Sie weiter mit der Muskulatur des Rückens und der Schultern. Drücken Sie gut. Geben Sie jedoch nicht zuviel Druck auf die Wirbelsäule. Nehmen Sie statt dessen die einzelnen Wirbel zwischen die Finger und vollführen Sie kleine, kreisende Bewegungen zu ihrer Belebung.

Nach der Massage sollte die Person eine Weile ruhen und sich warm halten. Zugluft und ein kaltes Bad sind zu vermeiden.

Druck ausüben mit dem eigenen Körpergewicht

Es handelt sich hierbei um eine Massageart, mit der Menschen aus dem westlichen Kulturkreis möglicherweise wenig anfangen können. Sie wird von jemandem durchgeführt, der ein geringeres Gewicht hat als man selbst, und den man auf seinem Körper stehen, gehen oder einfach sitzen läßt (Abb. 16 u. 17). Dabei werden Beine und Rücken massiert. Dies ist in Indien eine durchaus geläufige Methode, und meistens läßt man sie von Kindern ausführen. Da durch dieses Verfahren mehr Druck ausgeübt wird als bei anderen Methoden, bietet es sich besonders für dicke Menschen an.

Druck ausüben mit Wade und Oberschenkel

Diese eigentümliche Massageart, bei der die Unterschenkel gedrückt werden, ist immer dann hilfreich, wenn die Beine aufgrund zu großer Hitze oder Müdigkeit schmerzen oder sich leblos anfühlen. Starker Druck erhöht ihre Durchblutung und belebt die Muskulatur. Wadendruckmassage läßt Menschen, die solche Probleme haben, sich sofort besser fühlen.

Lassen Sie die Person dazu in entspannter Lage auf dem Rücken liegen. Drücken Sie den Unterschenkel, indem Sie ihn zwischen

Ihre Waden und Oberschenkel einspannen (Abb. 18). Der Druck wird dadurch ausgeübt, daß Sie Ihr Gewicht verlagern. Achten Sie darauf, nicht zu viel Druck auszuüben und fragen Sie immer wieder nach, ob der Druck noch erträglich ist. Wiederholen Sie dies an verschiedenen Stellen des Unterschenkels.

Fußdruckmassage

Fußdruckmassage bedeutet nicht Massage der Füße, sondern Massage unter Benutzung der Füße anstelle der Hände. Es handelt sich dabei um eine sehr angenehme Massageart, die leicht durchzuführen ist. Die Vorgehensweise ist genauso wie bei der Handdruckmassage. Der Unterschied besteht jedoch darin, daß Sie den Druck mit dem Fuß und nicht mit der Hand ausüben. Gewöhnlich stehen Sie dabei. Es bedarf des Trainings, um ein Gefühl dafür zu bekommen, wie man mit verschiedenen Stellen der Fußsohle verschieden starken Druck ausübt. Dabei ist es wichtig zu lernen, mit dem vorderen Teil der Fußsohle kreisende Bewegung zu machen, da die meiste Arbeit von den Fußballen geleistet werden muß. Achten Sie darauf, daß der Druck, den Sie anwenden, gut über Ihre ganze Sohle verteilt wird. Üben Sie nämlich einen punktuellen Druck aus, so werden Sie der Person wehtun. Außerdem ist es nicht gut für Ihr Bein; Sie werden sich dann nach der Massage müde fühlen.

Ihr Knie ist beim Massieren gewöhnlich geknickt; der Druck kommt dabei aus dem unteren Teil des Beines. Versuchen Sie, verschiedene Teile des Körpers der zu massierenden Person auf einfühlsame Weise zu vitalisieren – genauso, wie Sie es mit den Händen tun würden (Abb. 19). Viele Menschen haben Schwierigkeiten, sich auf eine Arbeit mit der Fußsohle zu konzentrieren, da wir gewohnt sind, ausschließlich mit den Händen zu arbeiten. Die Füße werden nur zum Gehen, zum Stehen oder zum Autofahren verwendet, und dabei tragen wir immer Schuhe. Um die gleiche Empfindsamkeit in den Fußsohlen zu entwickeln, wie Sie sie bereits in den Händen haben, können Sie den Fuß auf ein (festes) Kissen setzen und weiches Drücken üben. Massage mit den Händen erfordert viel mehr Energie, ist ermüdend, und häufig reicht der angewendete Druck nicht aus. Fußdruckmassage kann deshalb eine große Hilfe sein, da sie Zeit und Energie spart.

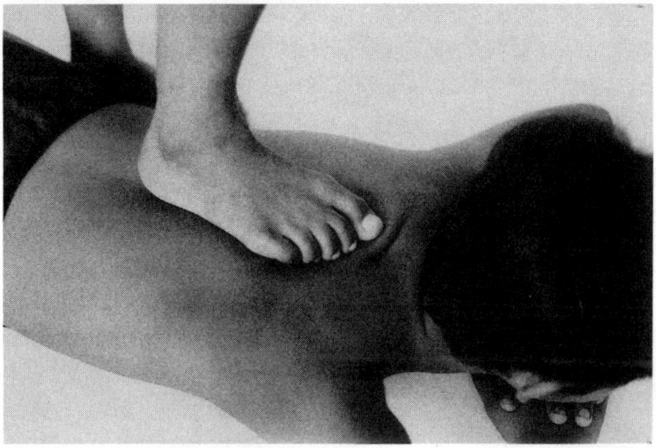

Abb. 19

Lassen Sie die Person auf dem Bauch liegen. Beginnen Sie bei den Füßen und folgen Sie demselben Muster wie bei der Handmassage. Die Massage der Körpervorderseite, der Seiten und des Kopfes fällt bei dieser Methode selbstverständlich weg.

Ölmassage

Bei dieser Massageart wird Öl oder Fett auf den Körper aufgetragen. Anschließend läßt man die Finger unter sanftem Druck über die verschiedenen Teile des Körpers gleiten. Verwenden Sie dazu Kokosnußöl, Sesamöl oder Ghee. Bei manchen Hautinfektionen zeigt Senföl gute Heilwirkung, ansonsten ist es zu stark und auch zu dickflüssig. Der Āyurveda hält Ghee für am geeignetsten, da es sehr fein ist und besonders leicht in die Haut eindringen kann.

Man sollte mit der Ölmassage in der Mitte des Körpers beginnen, also zwischen Bauch und Brust. In diesem Bereich, der auch Solarplexus oder *Hridya* genannt wird (Abb. 20), sitzt das Körperfeuer; von hier aus wird die Energie im System verteilt.

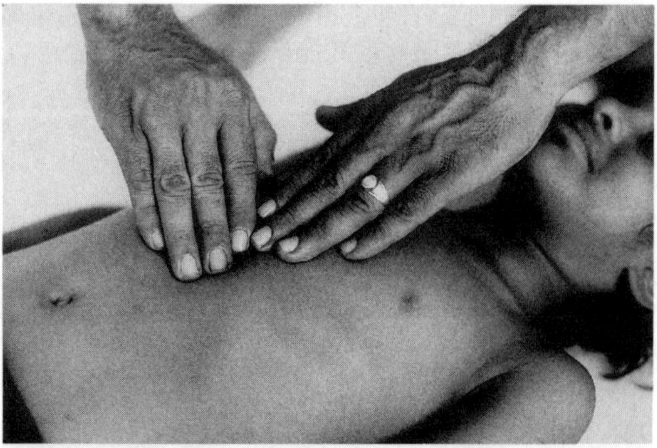

Abb. 20

Abb. 21

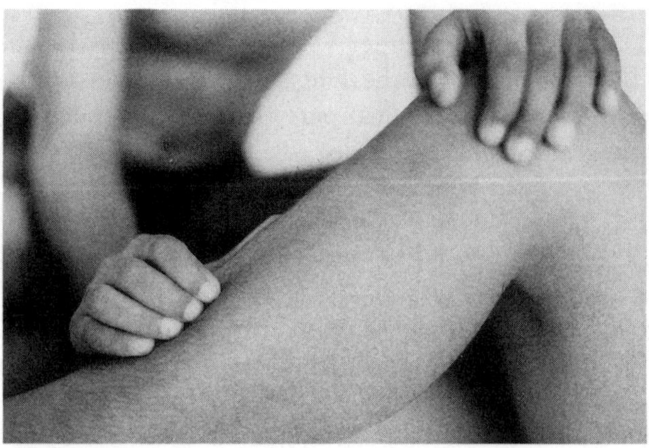

Abb. 22

Wenn dieser Teil richtig massiert und dazu gebracht wird, sich zu entspannen, dann entspannt sich der Rest des Körpers automatisch.

Lassen Sie die Person in entspannter Stellung auf dem Rücken liegen. Nehmen Sie Öl oder Ghee, das sich in einem offenen Behälter befindet, und tauchen Sie die Finger hinein. Verteilen Sie es sachte mit den Fingern im Solarplexus-Bereich. Massieren Sie leicht und rhythmisch mit den Fingern beider Hände. Passen Sie auf, daß die Person vollständig entspannt ist und sich im Verlauf der Massage nicht verkrampft. Bewegen Sie sich langsam zum unteren Bauchbereich und massieren Sie sanft. Bleiben Sie eine Weile dort. Tragen Sie immer wieder Öl oder Ghee auf, da das nicht nur Ihren Fingern beim Gleiten hilft, sondern auch in die Haut eindringt und auf diese Weise jenen angesammelten Vāta abbaut, der sich in den oberen Hautschichten befindet. Das Vāta-Gleichgewicht kann in diesem Bereich sehr leicht gestört werden. Eindringendes Öl stärkt daher die Haut und macht sie schöner. Prüfen Sie beim Massieren des Bauches, ob es irgendwo Verdickungen, Versteifungen oder schmerzende Stellen gibt. Falls Ihr Druck Schmerzen verursacht, so ist das ein Hinweis auf eine innere Verletzung, Entzündung, Stuhlverstopfung oder Infektion. Wenden Sie sich diesem Problem sofort zu. Stellen Sie eine Diagnose und leiten Sie die entsprechenden Maßnahmen ein. Massieren Sie den Bereich unterhalb des Nabels, den Urogenitaltrakt, gut. Lassen Sie diese Region jedoch aus, wenn die Person eine Darmentleerung notwendig hat.

Massieren Sie Brust und Schultern. Gleiten Sie langsam die Arme hinab, einen nach dem anderen. Massieren Sie sorgfältig das Handgelenk, anschließend Daumen- und Fingergelenke. Wechseln Sie jetzt zu den Füßen. Massieren Sie besonders sorgfältig den großen Zehen, das fördert die Sehkraft, anschließend die einzelnen Zehen. Massieren Sie auch den Bereich zwischen den Zehen und geben Sie acht, daß Ihre Bewegungen dabei nach innen gerichtet sind (Abb. 21). Der Knöchel sollte von allen Richtungen her massiert werden. Wenden Sie sich nun der Region über der Ferse zu und widmen Sie ihr besondere Aufmerksamkeit. Achten Sie beim Massieren der Beine speziell auf das Schienbein. Gleiten Sie mit den Fingern an der äußeren Seite des Knochens entlang, also auf der Seite des kleinen Zehs. Machen Sie dabei gerade Bewegungen von unten nach oben (Abb. 22). Diese Massage ist eine Wohltat bei müden Füßen; sie lindert Schmerzen, die von den Fußsohlen her ausstrahlen.

Massieren Sie das Knie in zwei gegensätzlichen Bewegungsrichtungen – im Uhrzeigersinn und gegen den Uhrzeigersinn. Beim Massieren der Oberschenkel sollten Sie die Handflächen benützen. Das verleiht Ihnen mehr Kraft in diesem überaus muskulösen Bereich. Nehmen Sie sich genug Zeit dafür. Wenden Sie sich anschließend dem Lendenbereich zu und lassen Sie danach die Person auf dem Bauch liegen, damit Sie den Rükken massieren können. Massieren Sie die Hüften und den unteren Teil des Rückens über den Hüften. Achten Sie dabei besonders auf die Muskulatur in diesem Bereich und wenden Sie entsprechend Druck an. Fahren Sie auf diese Weise fort und massieren Sie an beiden Seiten der Wirbelsäule entlang nach oben, bis zu den Schultern. Massieren Sie den Nacken mit einer Hand, indem Sie ihn zwischen Daumen und Finger fassen (Abb. 23).

Massieren Sie nun die Wirbelsäule von unten nach oben. In diesem Bereich gibt es drei Hauptenergiekanäle. Einer verläuft am Rückgrat entlang und verkörpert Sattva. Die anderen beiden Kanäle befinden sich links und rechts davon. Der linke repräsentiert Tamas, der rechte Rajas.[1] Die āyurvedische Massage dieser Region ist wegen dieser drei Energiekanäle von besonderer Bedeutung. Beginnen Sie mit der Massage ganz unten (in der Nähe des ersten Wirbels). Machen Sie dabei kreisende Bewegungen in beide Richtungen. Legen Sie als nächstes die Finger der linken beziehungsweise rechten Hand auf die linke beziehungsweise rechte Seite der Wirbelsäule, und drücken Sie die Finger gegeneinander. Machen Sie dabei kreisende Bewegungen in beide Richtungen. Massieren Sie langsam die Wirbelsäule entlang bis zum Nacken. Fangen Sie wieder von unten an, doch legen Sie die Finger auf die Mitte der Wirbelsäule. Machen Sie dabei die gleichen kreisenden Bewegungen wie zuvor (Abb. 24).

Die massierte Person legt sich dann noch einmal auf den Rükken. Massieren Sie sacht die Stirn. Tragen Sie dazu etwas Öl auf,

Abb. 23

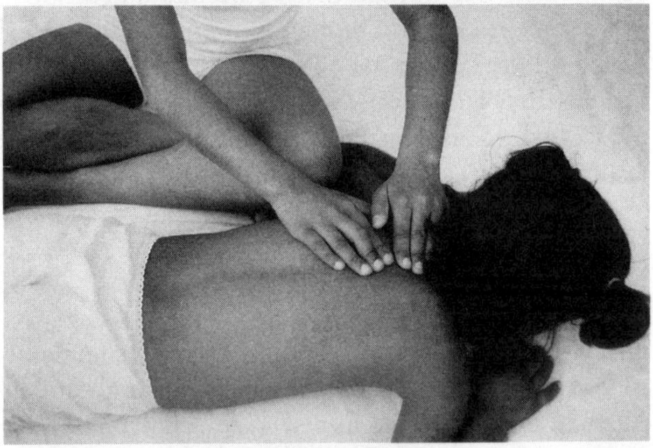

Abb. 24

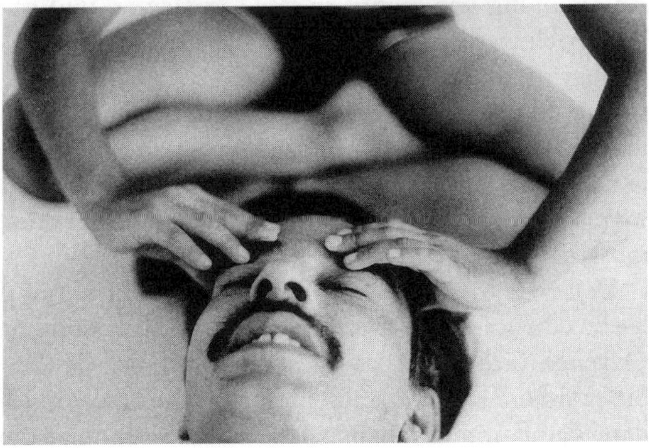

Abb. 25

legen Sie die Finger beider Hände auf die Mitte der Stirn, die Daumen auf die Schläfen. Gleiten Sie mit den Fingern in Richtung Schläfen (Abb. 25). Wiederholen Sie das mehrere Male. Beenden Sie die Massage, indem Sie sanft den Kopf der Person streicheln.

Nach der Massage sollte der Behandelte eine Weile ruhen und später ein heißes Bad nehmen.

Es wird empfohlen, sich einmal pro Woche eine Massage geben zu lassen, und zwar abwechselnd eine Öl- bzw. eine Druckmassage. Das hilft, die Vitalität und Energie des Körpers aufrechtzuerhalten. Massagen energetisieren den gesamten Körper, indem sie die feinen Energiekanäle öffnen und erhöhten Vāta reduzieren. Massage hilft auch bei Verdauungsstörungen und kleineren Schmerzen. Oft werden dabei Entzündungen oder Verwachsungen in einem sehr frühen Stadium entdeckt. Eine Ölmassage des Bauches hilft Frauen bei Menstruationsbeschwerden und anderen kleinen Problemen im Gebärmutter- und Vaginalbereich. Eine Massage des Solarplexus regt den Appetit an und verleiht strahlendes Aussehen.

Kopfmassage

Die Kopfmassage *(champi)* nimmt eine bedeutende Stellung im Āyurveda ein. Sie fördert die Erinnerungskraft und hilft, ein hohes Alter zu erreichen. Sie lindert Kopfschmerzen, schützt vor einer Ansammlung von Kapha in der Kopfregion und ist sehr heilsam bei Problemen wie chronischer Erkältung, Migräne und Nebenhöhlenentzündung.

Der oder die Massierte sollte bei der Kopfmassage tiefer sitzen als der Masseur. Sitzen oder stehen Sie also hinter dem Patienten, je nachdem, wie es bequemer ist. Ihre Hände müssen sich frei bewegen können, ohne daß Sie eine unbequeme Haltung einnehmen müssen.

Der erste Teil einer Kopfmassage besteht darin, die Kopfhaut leicht einzuölen. Verwenden Sie dazu Kokosnuß-, Sesam- oder Olivenöl. Geben Sie das Öl in einen offenen Behälter und tragen Sie es auf die Kopfhaut auf, indem Sie die Finger hineintunken und dann damit unter leicht massierenden Bewegungen durch das Haar fahren. Ölen Sie alle Teile der Kopfhaut systematisch ein. Beginnen Sie dabei an der Stirn und bewegen Sie die Finger in Richtung Nacken. Fangen Sie mit der Massage an, wenn Sie mit dem Einölen fertig sind. Greifen Sie dazu den Kopf mit den Fingern beider Hände und massieren Sie beide Seiten des Kopfes gleichzeitig (Abb. 26). Massieren Sie auf diese Weise den ganzen Kopf, anschließend noch sachte die Ohrläppchen.

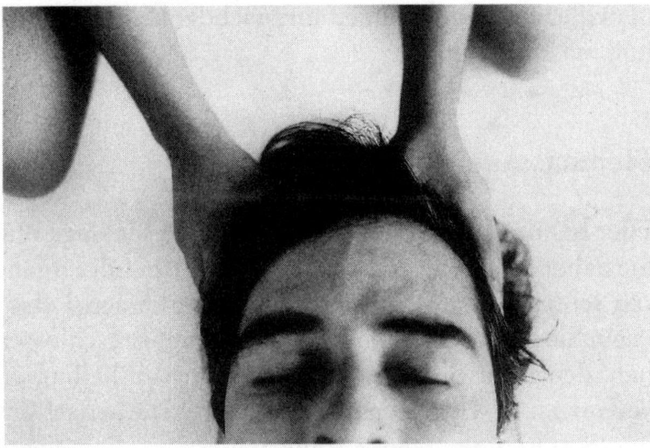

Abb. 26

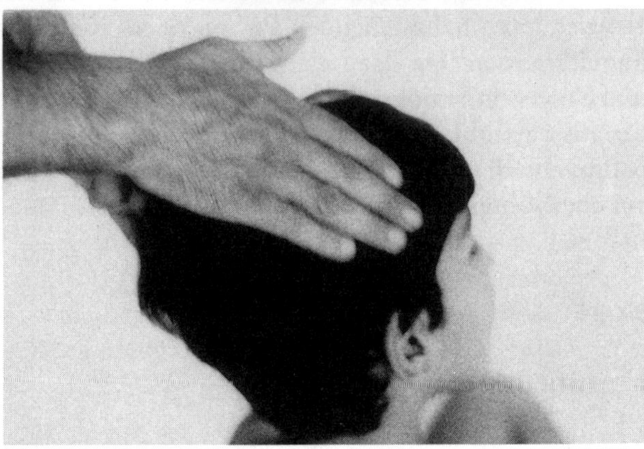

Abb. 27

Im zweiten Teil der Kopfmassage wird die Kopfhaut nun sehr viel massiver stimuliert. Dies sollte jedoch nicht bei jedem Menschen gemacht werden, da es Leute gibt, die zu schwach und zierlich sind, um eine solche Massage zu ertragen. Bewegen Sie dazu beide Hände auf dem Kopf der Person so, als ob Sie eine Tabla (Handtrommel) schlagen (Abb. 27). Die Bewegung der Handflächen und der Finger sollte nacheinander erfolgen. Beide Seiten des Kopfes werden dabei gleichzeitig massiert. Streicheln Sie danach mehrmals sanft über den Kopf. Fassen Sie nun ein Büschel Haare nach dem anderen und ziehen Sie leicht daran. Das belebt die Haarwurzeln und macht sie fester. Tun Sie dies niemals bei trockenem Haar, sondern immer nur, nachdem Sie die Kopfhaut eingeölt und massiert haben.

Heilmassage

Hier handelt es sich um eine sehr sanfte Massage ohne Öl. Legen Sie dabei die Hände ganz zart auf die Stirn oder irgendeinen anderen schmerzenden Körperteil der betroffenen Person, und streicheln Sie sachte. Dies muß mit der festen Entschlossenheit geschehen, den Menschen zu heilen oder ihm zu helfen, den Heilungsverlauf zu beschleunigen. Ein/e Kranke/r bedarf des Trosts und der Bestätigung. Beides sollte von einem Familienmitglied oder einer anderen nahestehenden Person durch die Heilmassage vermittelt werden. Da dazu ein ganz besonderes Gefühl von Liebe und Zuwendung nötig ist, eignen sich nur Menschen, die von Natur aus zartfühlend und warmherzig sind. Die Heilmassage hilft bei psychischen Störungen, aber auch bei Erkrankungen, die auf ein überhöhtes Pitta zurückzuführen sind.

Yoga

Einführung

Betrachten wir zuerst, was Yoga eigentlich ist, und in welcher Beziehung er zur Wissenschaft vom Leben – dem Āyurveda – steht. Wollen wir den Yoga verstehen, müssen wir zuerst die Grundgedanken des *Sāmkhya* verstehen und uns noch einmal die Bedeutung der Begriffe Samskāra, Karma und Samsāra ins Gedächtnis rufen. Ziel des Yoga ist Unsterblichkeit zu erlangen, also Freiheit von Samsāra, dem Kreislauf von Leben und Tod. Diese Freiheit kann durch die höchste Vereinigung *(yoga)*[2] des «Selbst» (die individuelle Seele, *ātmān*) mit der Universalseele (das Absolute, *purusha*) erlangt werden. Nach dem Verständnis des Sāmkhya ist Purusha nur insoweit an Karma gebunden, als es mit Prakriti (der kosmischen Substanz) eine Einheit bildet. Hat sich das Selbst, also der uns innewohnende Teil des Purusha, durch individuelle Anstrengung von der Prakriti getrennt, vereinigt es sich wieder mit der Universalseele. Diese Vereinigung macht das Individuum unsterblich; das bedeutet, daß es dem Kreislauf von Leben und Tod nicht mehr unterliegt, sondern Teil des unveränderlichen, unzerstörbaren, ewigen Brahman oder Purusha geworden ist.

Der Weg, dieses höchste Ziel des Yoga zu erreichen, ist lang und schwer. Er erfordert höchste individuelle Anstrengung, Kontrolle über das Denken und die Sinne zu erlangen. Die spirituelle Entwicklung ist nicht möglich ohne einen gesunden Körper und einen klaren Verstand. Wenn man krank ist, bleibt das Denken verstrickt in die Probleme des physischen Selbst, und es ist nicht möglich, zu den höheren Bereichen des Bewußtseins vorzudringen. Der Körper wird im Sāmkhya als heilig betrachtet, da er die Seele beherbergt, die unzerstörbar und unveränderlich ist. Sie ist Teil des Purusha. Der Yoga lehrt eine harmonische Entwicklung von Körper und Geist in ihrer Beziehung zum Kosmos. Der Körper, zusammen mit den Sinnen und dem Verstand, ist die Ursache unserer Verstrickung in diese Welt. Freiheit kann nur erlangt werden, wenn durch die Kraft des Verstandes Kontrolle über die Sinne gewonnen wird. In der klassischen (indischen) Literatur wird dieser Gedanke wie folgt veranschaulicht:

> Der Körper ist ein Wagen,
> der der Seele gehört;
> die Vernunft ist der Wagenlenker
> und die Zügel der Verstand,
> seine Rosse sind die Sinne
> und die Arena ist die Welt.[3]

Es ist Aufgabe der Vernunft (Lenker, *buddhi*), die Rosse (Sinne)

Diagramm 13. Der Achtfache Weg des Yoga
(Astānga Yoga)

1. Gebote *(yama)*	A. *Ahimsā:*	Nicht töten oder anderen Schmerzen zufügen
	B. *Satya:*	Wahrheitsliebe, Ehrlichkeit
	C. *Asteya:*	Nicht stehlen
	D. *Brahmacharya:*	Mäßigung oder Zurückhaltung (d. h. sich nicht Trieben oder Verlangen einfach ausliefern)
	E. *Aparigraha:*	Entsagung (d. h. nicht für sich wollen, was Vergnügen bereitet)
2. Selbstbeherrschung *(niyama)*	A. *Shauca:*	Reinigung (körperlich/geistig)
	B. *Santosha:*	Zufriedenheit
	C. *Tapa:*	Genügsamkeit
	D. *Japa:*	Stille Wiederholung eines Mantra
	E. *Īshvara-pranidhānā:*	Eine tiefe Hingabe an Īshvara (Universalseele)
3. Yoga-Haltungen *(āsana)*	Spezielle Körperhaltungen zum Zweck des Yoga. Mit zunehmender Übung sollten sie selbstverständlich und angenehm werden.	
4. Gelenktes Atmen* *(prānāyāma)*	Prānāyāma bedeutet die Ausweitung der Lebensenergie. Die Übung von Prānāyāma verlangt eine fortschreitende Verlangsamung des Atemrhythmus und eine Vergrößerung des Abstandes zwischen Ein- und Ausatmung bzw. Aus- und Einatmung.	
5. Rückzug *(pratyāhāra)*	Pratyāhāra ist die Affektlosigkeit der Sinne gegenüber ihren Objekten und ihre Gleichförmigkeit mit dem Wesen des Geistes. Sinnesobjekte sind beispielsweise Farbe für das Auge und Klang für das Ohr.	

6. Aufmerksamkeit* *(dhāranā)*	Dhāranā bedeutet, das »Denkorgan« im inneren Raum *(desha)* zu sammeln.
7. Betrachtung* *(dhyāna)*	Dhyāna ist der kontinuierliche Zustand von *Dhāranā*.
8. Meditation* *(samādhi)*	Samādhi ist erreicht, wenn Dhyāna in ein Stadium eintritt, wo nur das Bewußtsein dieses Zustandes bleibt und die persönliche Identität verschwunden ist.

* Es ist nicht möglich, diese Begriffe treffend ins Deutsche zu übersetzen. Die deutsche Bezeichnung ist nur als Annäherung zu verstehen. Es wäre deshalb besser, sich das Sanskrit-Wort zu merken.

mit Hilfe der Zügel (Verstand, *manas*) zu führen, um den Wagen (Körper) zusammen mit ihrem Eigner (Seele, *ātman*) zum Ziel (das Absolute, *purusha*) zu bringen. Diese bildhafte Darstellung macht deutlich, daß das Physische sehr wichtig für die Erreichung jeglichen spirituellen Zieles ist, da ein Wagen ohne Rosse nicht vom Fleck kommt. Kranke oder unkontrollierbare Pferde werden dem Wagen ein böses Ende bereiten. Die Instandhaltung des Wagens und die Kontrolle der Pferde mit Hilfe der Zügel ist ein sehr wichtiger Hinweis darauf, daß es dem Wagen allein nicht gelingen kann, den Eigner zum ersehnten Ziel zu bringen.

Es ist erforderlich, den Mikrokosmos mit dem Makrokosmos in Übereinstimmung zu bringen, damit wir unser inneres Licht wahrnehmen und die Kraft der Seele, die über unserer veränderlichen, vergänglichen, materiellen Welt steht, erkennen können. Der Ayurveda bedient sich einer ganzen Reihe von Yoga-Praktiken, um Körper, Geist und Selbst im Gleichgewicht zu halten und so die Harmonie mit dem Kosmos herzustellen. Yoga und Āyurveda haben beide eine ganzheitliche Sicht von Leben und Kosmos, und keiner von beiden beschäftigt sich ausschließlich mit dem Wohlergehen des Körpers im engeren Sinn. Vielmehr umfassen sie unsere gesamte Existenz, Persönlichkeit und Weltsicht. Diagramm 13 verdeutlicht diesen Gedanken nach dem System des Astānga-Yoga.[4] Wir werden uns hier mit einigen ausgewählten Stellungen *(āsana)*, Konzentrations- und Atemübungen *(prānāyāma)* beschäftigen, die alle dazu geeignet sind, das körperliche und geistige Wohlbefinden zu erhalten oder wiederherzustellen.

Yoga-Praktiken *(yogābhyāsa)*, Yoga-Stellungen *(yogāsana)* und Atemübungen *(prānāyāma)* energetisieren und beleben die inneren und äußeren Teile des ganzen Körpers und schenken dem Geist Frieden. Sie helfen die Körperenergien in Fluß zu halten und mit der kosmischen Energie in Einklang zu bringen.

Für eine āyurvedische Lebensweise ist es notwendig, die Grundlagen des Yoga zu begreifen und einige wesentliche Techniken zu erlernen. Ich habe bereits in einem anderen Buch ein Yoga-Programm für Anfänger unter Berücksichtigung aller praktischen und theoretischen Gesichtspunkte vorgestellt.[5] Darin werden einige sehr einfache Übungen aufgezeigt und in ihrer therapeutischen Funktion beschrieben. Ich wiederhole dies hier nicht und darf den Leser bitten, die Grundlagenkenntnisse jenem Buch zu entnehmen. Dies gilt ebenso für die Begriffe, die ich in diesem Zusammenhang benutze. Es ist nicht ratsam, die Yoga-Übungen, die im vorliegenden Buch aufgeführt werden, ohne Vorkenntnisse nachzumachen, da es sich dabei um Stellungen handelt, die eine gewisse Praxis voraussetzen. Wenn Sie unvorbereitet an diese Übungen herangehen und Ihren Körper, da er nicht die nötige Elastizität besitzt, in die Stellungen hineinzwingen, wird Ihnen das mehr Schaden zufügen als Gutes bringen. Im Yoga ist es verboten, etwas mit Gewalt zu tun, da alle Bewegungen mit dem Atem und der Konzentration auf jene Körperteile verknüpft sind, die durch eine bestimmte Übung beansprucht werden. Die Stellungen und Übungen des Yoga bringen Körper und Geist in Gleichklang und helfen Ihnen dabei, sich Ihres Selbst bewußt zu werden. Ich bitte den Leser deshalb, sich das notwendige Wissen auf diesem Gebiet anzueignen und die entsprechenden Übungen allmählich zu erlernen. Es folgen nun einige weitergehende Yoga-Praktiken oder -Stellungen und ihr jeweiliger Nutzen.

Yoga-Praktiken zur Erhaltung der Gesundheit

Sūrya Namaskāra («Gruß an die Sonne»)

Die Sonne schenkt uns Energie für unser Leben und unsere Gesundheit. Sie symbolisiert die Zeit, denn ihr Auf- und Untergang verkörpert einen Tag. Im *Rigveda*, dem ältesten der vier Veden, wird über eine gesunde Lebensführung und die Sonne gesagt: «Täglich Zeuge des Sonnenaufgangs, mögen wir allezeit rein bleiben im Geiste.»[6]

Im *Atharvaveda*, der in der Hauptsache ein Veda über Medizin ist, lesen wir in einem Gebet an das Element Wasser: «Gib' mir ein Heilmittel, damit ich gesund bleibe und die Sonne noch für eine lange Zeit sehen kann.»[7]

Die Pflanzen und Tiere wachsen durch die Energie der Sonne. Wir nutzen diese Energie in Form von Nahrung. Das Licht der Sonne ist das Medium für unsere Fähigkeit zu sehen. Indem wir Sūrya Namaskāra praktizieren, schaffen wir eine bewußte Verbindung zu dieser kosmischen Energie.

Der Sūrya Namaskāra («Sonnengruß») wird immer in Richtung auf die Sonne ausgeführt, nach Sonnenuntergang in Richtung Westen. Es handelt sich dabei um zwölf ineinander übergehende Haltungen, die verjüngend wirken und ein langes Leben verleihen. Nur fünfzehn Minuten täglich genügen, um den Körper neu zu beleben und ihm seine Spannkraft zurückzugeben. Die einzelnen Bewegungen helfen Ihnen herauszufinden, ob es Verspannungen oder versteckte Schmerzen in irgendeinem Teil des Körpers, einschließlich der inneren Organe, gibt.

Yoga-Haltungen werden grundsätzlich mit leerem Magen ausgeführt. Um Stuhldrang oder Blasendruck während der Übung zu vermeiden, sollte man vorher die Toilette aufsuchen. Der Einfachheit halber können Sie die unten beschriebenen zwölf verschiedenen Positionen des Sūrya Namaskāra einzeln erlernen, um sie dann später miteinander zu verbinden. Wenn Sie erst einmal die anfänglichen Schwierigkeiten überwunden haben, werden Sie in der Lage sein, fließend und spontan von einer Haltung in die andere zu gleiten. Sobald Sie dies können, müssen Sie lernen, sich während der Āsanas auf die Gestalt und Energie der Sonne zu konzentrieren. Dies ist jedoch nur dann möglich, wenn Sie nicht dauernd daran denken müssen, welche Haltung als nächstes kommen soll.

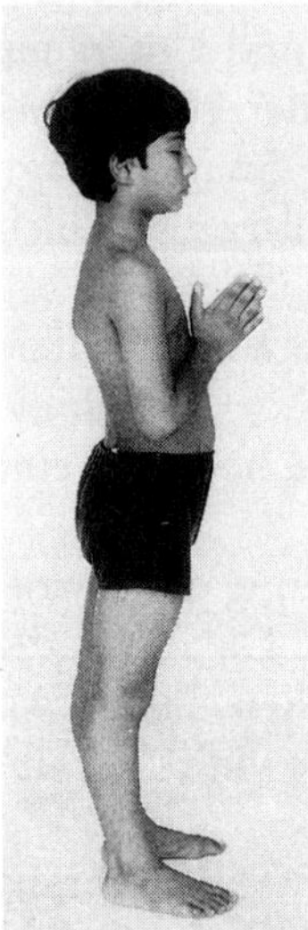

Abb. 28

Abb. 29

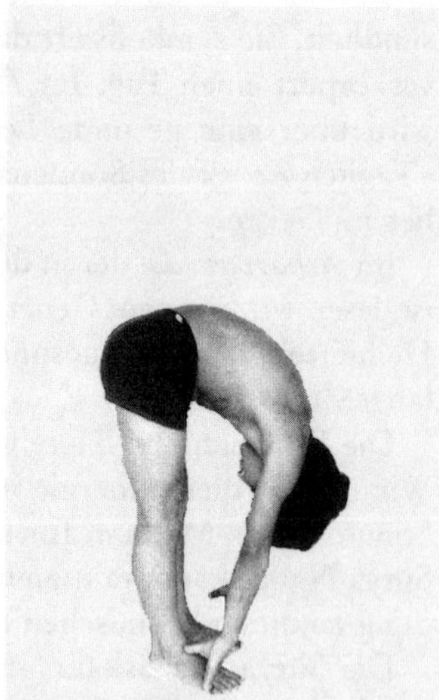

Abb. 30

1. Haltung

Stehen Sie gerade und legen Sie die Handflächen in Höhe der Brust zusammen, Beine leicht auseinander (Abb. 28). Versuchen Sie, sich vollständig zu entspannen. Prüfen Sie dabei, ob Ihre Schultern und Arme steif oder verkrampft sind. Konzentrieren Sie sich nun auf die Sonne. Stellen Sie sich dabei ihre Gestalt vor und projizieren Sie sie auf die Stelle zwischen Ihren Augen *(ajñā chakra)*[8]. Bei voller Konzentration fühlen Sie, wie ein leichtes Schwingen durch Ihren Körper geht. Ihr Atem wird automatisch langsamer.

2. Haltung

Heben Sie die zusammengelegten Hände langsam nach oben, bis sich Ihr Kopf zwischen den Armen befindet. Bleiben Sie in dieser

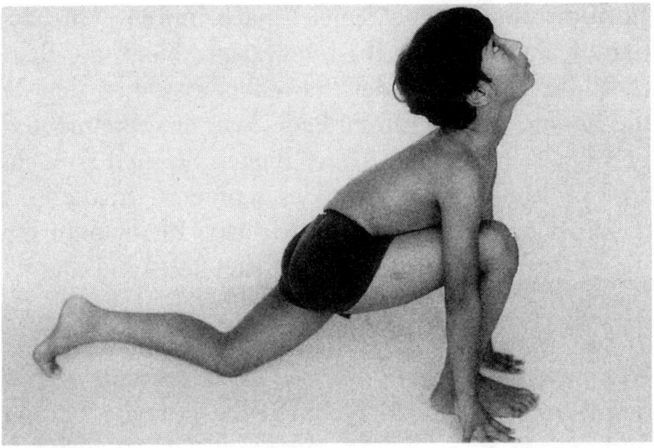

Abb. 31

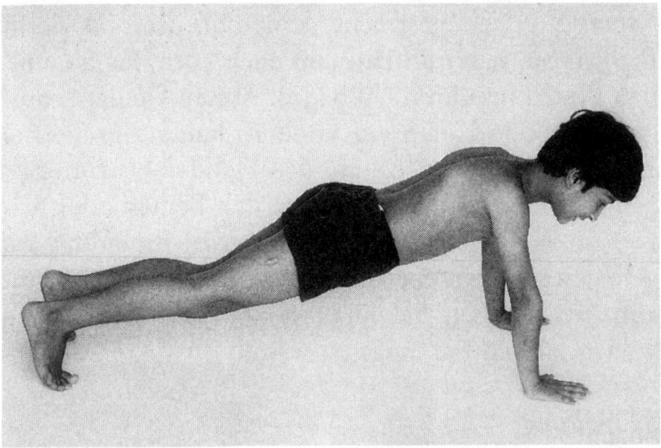

Abb. 32

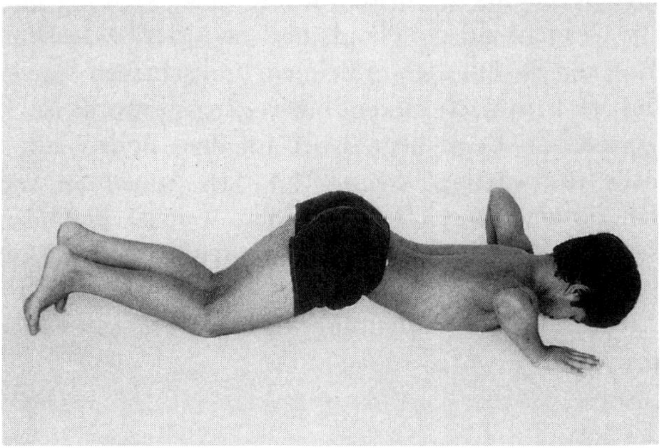

Abb. 33

Position und beugen Sie sich nach hinten (Abb. 29). Achten Sie darauf, daß sich nur Ihr Oberkörper biegt, die Beine bleiben gerade. Ihr Kopf befindet sich dabei zwischen den Armen, so daß die Innenarme die Ohren bedecken; er sollte nicht weiter zurückgebeugt sein als Ihre Arme. Biegen Sie sich so weit nach hinten, wie Sie können, ohne daß es schmerzt. In dieser Haltung wird die Luft aus den Lungen gedrückt. Bleibt man etwas länger in dieser Position, so verlangsamt sich der Atem und wird flach.

3. Haltung

Kommen Sie langsam wieder in die Gerade zurück, indem Sie den Körper strecken. Nehmen Sie nun die Hände auseinander und drehen Sie sie so, daß die Handflächen nach vorn zeigen; die Arme sind dabei gestreckt. Atmen Sie drei- bis viermal tief durch. Beugen Sie sich nun langsam nach vorn, bis Sie mit den Händen den Boden berühren (Abb. 30). Atmen Sie dabei aus. Knicken Sie nicht mit den Knien ein, sondern halten Sie die Beine gestreckt. Zwingen Sie sich nicht, mit den Händen bis zum Boden zu gelangen, das kann einen Krampf in den Beinen oder Schultern verursachen. Bei regelmäßiger Übung wird Ihnen das ganz von selbst gelingen. Achten Sie darauf, daß Sie den Atem nie krampfhaft anhalten. Sollten Sie in dieser Position etwas länger verweilen wollen, atmen Sie langsam weiter.

4. Haltung

Gehen Sie aus der dritten in die vierte Haltung über, indem Sie Ihr Gewicht auf die Hände und eines der beiden Beine verlagern. Knicken Sie mit diesem Bein ein und schieben Sie gleichzeitig das andere Bein nach hinten, bis es ganz gestreckt ist. Das Knie des gestreckten Beins liegt dabei auf dem Boden auf, der Kopf ist nach rückwärts gebogen (Abb. 31). Atmen Sie während dieser Übung ein. Es spielt keine Rolle, welches Bein Sie nach hinten schieben (die meisten Menschen tendieren dazu, das rechte zu strecken), wichtig ist nur, daß Sie in Stellung 9 das andere Bein strecken. In der Endhaltung wird die Luft teilweise aus der Lunge gedrückt.

5. Haltung
Verlagern Sie das Körpergewicht auf beide Hände und schieben Sie das eingeknickte Bein ebenfalls nach hinten. Verteilen Sie nun das Gewicht so, daß Hände und Zehenballen gleichmäßig belastet sind. Ihr Körper befindet sich jetzt in einer waagerechten Linie. Heben Sie den Kopf nicht an, sondern bringen Sie ihn auf eine Linie mit dem Körper (Abb. 32). Atmen Sie ruhig weiter.

6. Haltung
Diese Haltung nennt sich *Sāshtānga Prānām,* was soviel bedeutet wie «Gruß mit acht Gliedern», da acht Körperteile gleichzeitig den Boden berühren.

Atmen Sie aus, während Sie den Körper aus der vorangegangenen Position langsam absinken lassen, bis er den Boden berührt (Abb. 33). Zu den vier Körperteilen, die bereits vorher Bodenkontakt hatten (zwei Füße, zwei Hände), kommen jetzt noch vier hinzu (zwei Knie, Brust, Stirn). Magen und Oberschenkel sollten leicht angehoben bleiben, den Boden also nicht berühren. Wenn Sie in dieser Haltung nur sehr kurz verbleiben, können Sie den Atem anhalten, ansonsten atmen Sie langsam weiter.

7. Haltung
Heben Sie den Kopf, indem Sie langsam die Arme durchdrücken. Biegen Sie den Kopf so weit zurück, wie es Ihnen ohne Schmerzen möglich ist (Abb. 34). Ihre Lunge kann in dieser Position nur sehr wenig Luft einbehalten. Atmen Sie ganz weich weiter, wenn Sie länger in dieser Haltung bleiben.

8. Haltung
In dieser Position bilden Sie mit dem Körper die Form eines Hügels. Beugen Sie langsam den Kopf und schieben Sie gleichzeitig den Körper von der Mitte her nach oben, indem Sie das Gewicht gleichmäßig auf Hände und Füße verteilen. Ihr Kopf sollte sich zwischen den Armen befinden, die Fußsohlen sollten flach auf dem Boden aufliegen. Von den Füßen bis zur Hüfte und von der Hüfte hinab bis zu den Händen sollte der Körper jeweils eine gerade Linie bilden, so daß ein auf dem Boden aufliegendes Dreieck gebildet wird, mit der Hüfte als höchstem Punkt (Abb. 35). Atmen Sie langsam weiter.

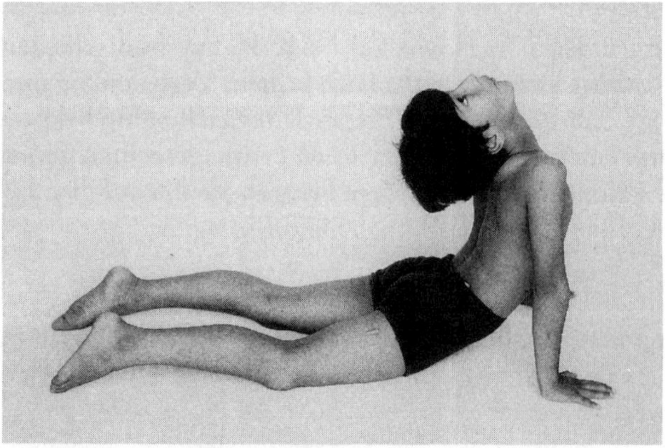

Abb. 34

Abb. 35

9. Haltung

Diese Haltung entspricht Haltung 4. Vergessen Sie aber nicht, jetzt das andere Bein nach hinten zu strecken. Haben Sie zuerst das rechte Bein zurückgeschoben, so müssen Sie nun das gleiche mit dem linken tun.

Ziehen Sie also ein Bein nach vorn und knicken Sie es ab. Das andere Bein ruht auf dem Knie und den Zehen, genauso wie in Haltung 4. Biegen Sie den Kopf zurück (Abb. 31).

10. Haltung
Diese Haltung entspricht Haltung 3. Ziehen Sie dazu das gestreckte Bein so weit nach vorn, bis sich der Fuß zwischen den Händen neben dem anderen Fuß befindet. Bei dieser Bewegung wird der Körper leicht angehoben und nach vorn gebeugt. Bringen Sie den Kopf so nahe an die Knie wie möglich und heben Sie den Rücken an (Abb. 30).

11. Haltung
Diese Haltung entspricht Haltung 2. Strecken Sie den Körper, indem Sie die Arme nach oben heben. Legen Sie die Handflächen gegeneinander und biegen Sie sich nach hinten (Abb. 29.)

12. Haltung
Kommen Sie zurück in die Anfangshaltung. Sie stehen jetzt wieder gerade mit zusammengelegten Händen (Abb. 28).

Diese zwölf Haltungen bilden einen Namaskār, einen Gruß. Es wird empfohlen, täglich zwölf Namaskār auszuführen. Verweilen Sie nach jedem Durchgang eine kurze Zeit in der Anfangshaltung. Es wird ziemlich lange dauern, bis Sie ein gewisses Maß an Perfektion erreicht haben und Sie spontan in die einzelnen Haltungen hineinfließen. Zwingen Sie sich nicht und ermüden Sie sich auch nicht zu sehr dabei; versuchen Sie statt dessen, die Bewegungsabläufe allmählich zu erlernen. Konzentrieren Sie sich also zuerst ganz darauf, die einzelnen Haltungen richtig zu erlernen. Üben Sie anschließend, weich und fließend aus der einen in die andere Position überzuwechseln. Achten Sie darauf, daß Sie dabei nichts falsch machen. Denken Sie auch daran, daß sich Ihre Füße während des gesamten Durchgangs nie von der Stelle bewegen. Beim Sūrya Namaskāra brauchen Sie Platz hinter sich, nicht vor sich. Wenn Sie beispielsweise in Stellung 4 ein Bein nach hinten schieben, sollte der vordere Fuß auf der ursprünglichen Position verbleiben. Merken Sie sich genau, wo Ihre Füße standen, als Sie mit der Übungsreihe begannen. Sollten Sie sich bei der letzten Übung woanders befinden, haben Sie etwas falsch gemacht.

Legen Sie sich nach dem Sūrya Namaskāra flach auf den Boden (Shava Āsana), um sich eine Weile zu entspannen und das Wohlbefinden und die Energie bewußt zu fühlen, die Ihnen diese Übung gebracht hat.

Bitte beachten Sie, daß es viele Versionen des Sūrya Namaskāra gibt. Entsprechend der Tradition einer bestimmten Yoga-Schule findet man leichte Unterschiede im Übungsablauf und in der Setzung des Schwerpunkts. Meine Variante legt die Betonung nicht auf den Atem oder die Zuordnung von Atemzug und Stellung. Das Atmen reguliert sich bei den einzelnen Positionen im allgemeinen von selbst. Ich finde, daß es vorteilhafter ist, in einer Haltung etwas länger zu verweilen, anstatt sie in schneller Abfolge ausführen zu müssen, wobei Ein- und Ausatmen an bestimmte Positionen geknüpft ist. Dabei fühlt man sich dann entweder atemlos, oder man führt die Positionen zu schnell aus. Beides darf im Yoga nicht geschehen.

Nutzen

Wie bereits erwähnt, wird durch Sūrya Namaskāra der Körper innerlich und äußerlich energetisiert, versteckte Erkrankungen und Schmerzen werden entdeckt und das Denken wird in Gleichklang mit der kosmischen Energie gebracht. Regelmäßiges Üben schafft Abhilfe bei Verstopfung, hilft bei Menstruationsbeschwerden und anderen kleineren Problemen mit der Verdauung. Das allgemeine Körperbefinden verbessert sich, die Gesundheit wird erhalten und das Leben verlängert. Aufgrund meiner eigenen Erfahrung und der Erfahrung vieler anderer möchte ich noch hinzufügen, daß die Ausübung von Sūrya Namaskāra enorm viel Kraft und Energie verleiht, vorausgesetzt er wird richtig ausgeführt und täglich zwölfmal hintereinander praktiziert.

Ich werde im folgenden einige spezifische Yoga-Haltungen beschreiben, die sehr zur Heilung häufig vorkommender Erkrankungen beitragen können. Zusätzlich helfen sie Frauen bei Menstruationsbeschwerden, in der Schwangerschaft und in den Wechseljahren. Es handelt sich dabei um Übungen, die ich in meinem Buch über Yoga nicht erwähnt habe.

Eine Version von Shirsāsana (Kopfstand)

Die meisten Menschen haben große Schwierigkeiten mit dem Kopfstand. Hier deshalb eine verhältnismäßig einfache Version von *Shirsāsana.* Führen Sie diese Übung entweder auf dem Teppich aus, oder benutzen Sie eine Decke oder ein dünnes Kissen, das Sie sich unter den Kopf legen.

Setzen Sie sich auf die Fersen. Die Handflächen berühren den Boden vor den Knien. Beugen Sie sich etwas nach vorn, so daß Ihre Brust auf den Oberarmen ruht. Verlagern Sie das Körpergewicht noch weiter nach vorn, indem Sie den Kopf langsam nach unten schieben und schließlich vor den Händen aufsetzen. Heben Sie dabei den Körper an und verlagern Sie das Gewicht auf die Hände. Auf diese Weise wird sich Ihre Brust langsam heben, Gesäß, Arme und Beine werden sich strecken. Ziehen Sie jetzt die Knie nach oben und lassen Sie sie auf den Ellenbogen ruhen. Die Fußsohlen zeigen jetzt gen Himmel und Ihr Körper wird vom Kopf getragen (Abb. 36).

Abb. 36

Warnung
Menschen mit Problemen im Nackenwirbelbereich sollten diese Stellung niemals einnehmen. Unterlassen Sie das ebenfalls, wenn Sie an Husten oder Erkältung leiden. Bleiben Sie in der beschriebenen Endstellung nicht länger als es Ihnen angenehm ist, und brechen Sie sofort ab, wenn Sie sich schwindlig fühlen. Es ist ratsam, diese Stellung unter Aufsicht eines Lehrers zu erlernen.

Nutzen
Shirsāsana verbessert die Blutzirkulation im Gehirn und belebt dadurch das gesamte Nervensystem. Die Merkfähigkeit wird gesteigert, der Blutkreislauf wird angeregt und das Gesicht erhält ein jugendliches Aussehen.

Makarāsana (Krokodil)

Dabei handelt es sich um eine entspannende Haltung, die sich sehr gut eignet, im Anschluß an den Kopfstand eingenommen zu werden, oder wenn man verspannt und überaktiv ist.

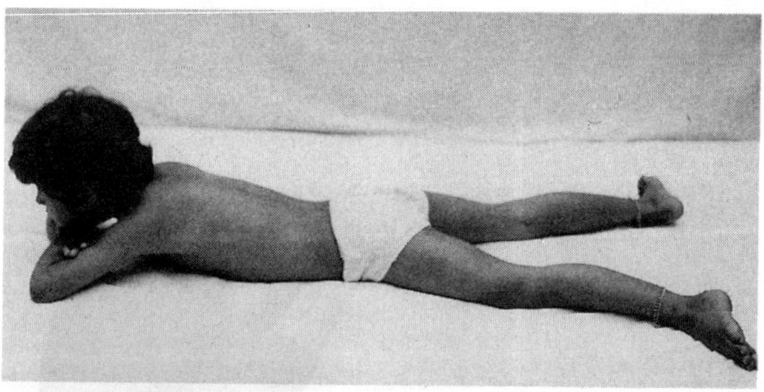

Abb. 37

Legen Sie sich auf den Bauch, spreizen Sie die Beine etwas und drehen Sie die Füße so, daß die Zehen nach außen zeigen. Kreuzen Sie jetzt die Arme, so daß Ihre rechte Hand auf der linken Schulter und Ihre linke Hand auf der rechten Schulter liegt. Legen Sie das Kinn auf den Kreuzungspunkt der Arme, schließen Sie die Augen und entspannen Sie sich völlig (Abb. 37). Fühlen Sie, wie Ihr Körper schwerer und schwerer wird. Folgen Sie aufmerksam dem Rhythmus Ihres Atems; lassen Sie Ihren Geist nicht umherwandern. Bleiben Sie in dieser Haltung für eine Weile und stehen Sie dann langsam auf.

Nutzen
Diese Haltung ist sehr entspannend. Sie hilft bei Müdigkeit und Verspannung. Sie wird ganz besonders Menschen mit Hypertonie (Bluthochdruck) empfohlen. Bei Schlafstörungen ist es ratsam, diesen Āsana vor dem Zubettgehen einzunehmen.

Pavanamukta (Haltung, die den Wind befreit)

Diese Haltung soll Gase, die sich im Darm gebildet haben, nach außen befördern. Legen Sie sich auf den Rücken und entspannen Sie sich. Beugen Sie ein Knie und führen Sie es langsam in Richtung Brust. Halten Sie die Luft in der Lunge, solange Sie sich in dieser Position befinden. Legen Sie die Hände unterhalb des Knies des gebogenen Beins übereinander. Bleiben Sie einige Sekunden in dieser Haltung und atmen Sie dann aus. Heben Sie den Kopf und berühren Sie das Knie mit der Nase (Abb. 38). Kehren Sie langsam in die Ausgangsposition zurück und machen Sie das gleiche mit dem anderen Bein. Anschließend noch einmal mit beiden Beinen gleichzeitig, wobei Sie am Ende Ihre Nase zwischen die Knie stecken (Abb. 39).

Nutzen
Die Gase treten aus dem Körper aus, der Darm entspannt sich, der Verdauungstrakt wird gereinigt.

Konāsana im Sarvāngāsana (Winkelhaltung im Schulterstand)

Das Wort *kona* bedeutet «Winkel» (beispielsweise eines Dreiecks). Es gibt eine ganze Reihe von Kona Āsanas, bei denen jeweils eine Winkelhaltung in ein anderes Āsana integriert wird. Konāsana ist hier eine Haltung, die eingenommen wird, während man sich im Sarvangāsana befindet. Sie dient dazu, Luft aus dem Uterus hinauszubefördern, ist aber auch eine ausgezeichnete Übung für die Organe im Urogenitalbereich. Legen Sie sich auf den Rücken, Hände am Körper und Beine zusammen. Entspannen Sie sich. Heben Sie langsam die Beine an, bis sie in einem rechten Winkel zum Körper stehen. Bleiben Sie ein paar Sekunden in dieser Position.

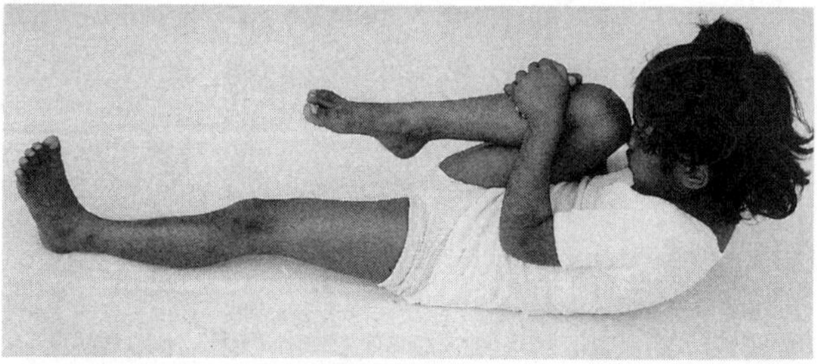

Abb. 38

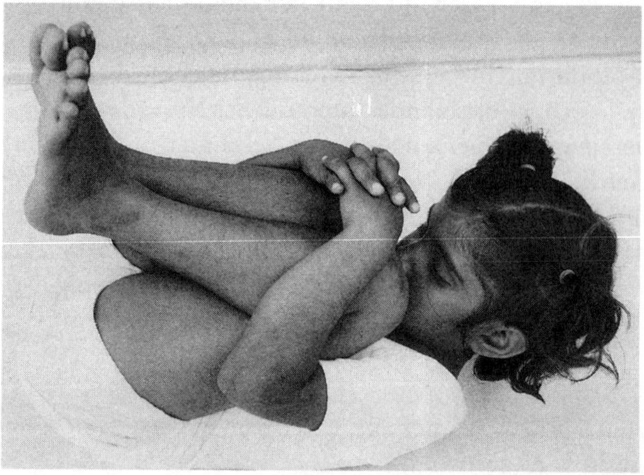

Abb. 39

Führen Sie nun die Beine weiter in Richtung auf den Kopf; dabei wird sich Ihre Hüfte etwas vom Boden abheben. Legen Sie jetzt beide Hände in Hüfthöhe an den Rücken, um die nun folgende Streckung des gesamten Körpers zu stützen. Sobald sich Ihr Körper in einer geraden Linie befindet – wobei Ihr gesamtes Gewicht auf Schultern, Nacken und Hinterkopf ruht –, spreizen Sie die Beine so weit Sie können (Abb. 40). Ihre Atmung wird dabei langsam und flach sein. Bringen Sie jetzt vorsichtig die Füße zusammen, und zwar so, daß die Fußsohlen einander zugewandt sind

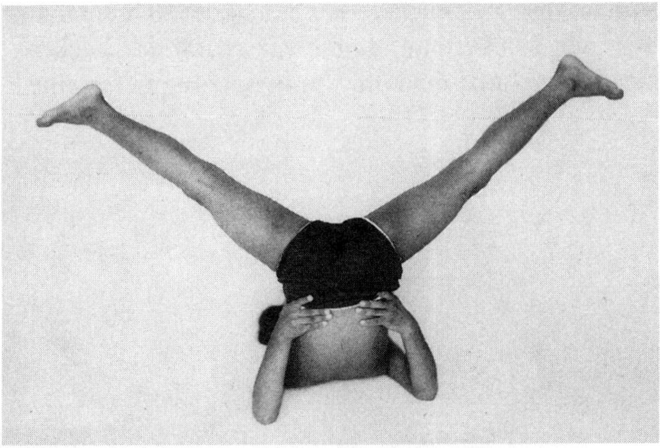

Abb. 40

(Abb. 41). Die Knie werden dabei gebeugt. Führen Sie die zusammengelegten Füße so weit nach unten wie möglich (Abb. 42). Bleiben Sie einige Augenblicke in dieser Position. Bewegen Sie die Füße sehr langsam einige Male auf und ab. Dies aktiviert die inneren Organe des Unterbauchs und drückt die Luft aus dem Uterus. Wenn die Füße am untersten Punkt sind, sollten Frauen versuchen, die Vaginalmuskeln wechselweise anzuspannen und zu lockern.[9] Normalerweise folgt die Atmung dabei dem Rhythmus Ihrer Bewegung. Halten Sie während eines bestimmten Bewegungsteils niemals den Atem zu lange an. Sie sollten nicht das Gefühl haben, zu wenig Luft zu bekommen. Atmen Sie aber auch nicht zu schnell, wie das manchmal bei einer großen Anstrengung der Fall ist. Üben Sie deshalb die hier beschriebenen Bewegungsabläufe langsam und ohne Hast.

Warnung
Für Menschen mit Problemen im Nackenwirbelbereich oder mit irgendwelchen Verletzungen in der Schulterregion ist dieser Āsana nicht geeignet.

Nutzen
Diese Haltung ist außerordentlich wohltuend für die Organe im Urogenitalbereich. Speziell Frauen wird empfohlen, diese Übung

regelmäßig zu praktizieren. Sie eignet sich auch als geburtsvorbereitende Maßnahme, da die Elastizität der Beckengelenke erhöht wird. So schafft man die Voraussetzungen für eine leichte Geburt.

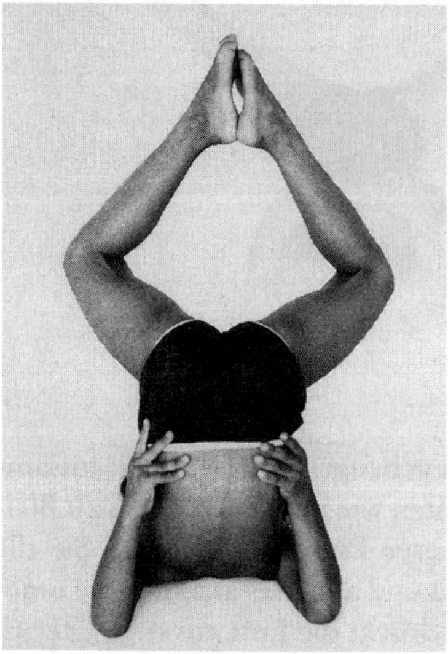

Abb. 41

Abb. 42

Upavishtha Konāsana (Winkelhaltung in aufrechter Haltung)

Bei der eben beschriebenen Übung bildeten Sie eine Winkelhaltung mit den Beinen, während Sie sich im Schulterstand befanden. Hier geschieht das gleiche, jedoch in aufrechter Haltung.

Setzen Sie sich gerade auf den Boden, die Beine ausgestreckt und die Hände an den Oberschenkeln. Nehmen Sie einige tiefe Atemzüge und entspannen Sie sich. Achten Sie darauf, daß Sie wirklich aufrecht sitzen und weder Rücken noch Schultern gekrümmt sind. Spreizen Sie die Beine so weit Sie können. Strecken Sie die Arme, bis Sie Ihre Füße mit den Händen berühren (Abb. 43). Biegen Sie dabei nicht die Wirbelsäule, sondern kippen Sie einfach nur den geraden Rücken nach vorn. Atmen Sie langsam und bleiben Sie in dieser Position so lange es geht. Wenn Ihr Körper elastisch genug ist, können Sie den Versuch machen, sich so weit nach vorn zu beugen, bis Sie den Boden mit der Stirn berühren (Abb. 44).

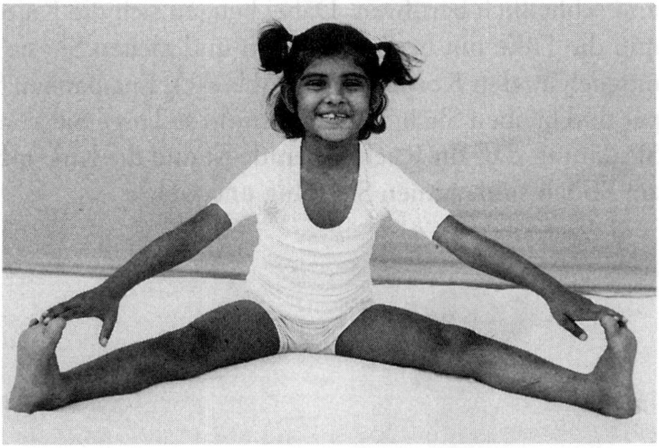

Abb. 43

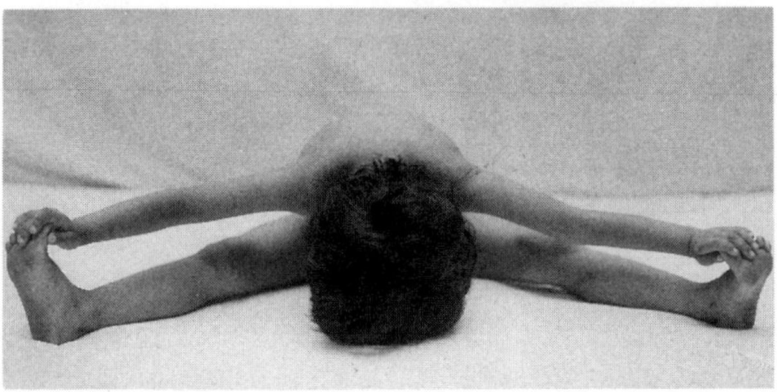

Abb. 44

Nutzen

Diese Haltung ist sehr gut für die Brust- und Bauchregion. Die Organe des Unterbauchs, besonders im Urogenitalbereich, werden massiert. Die Geschmeidigkeit der Beckengelenke wird vergrößert, was sich als sehr hilfreich bei einer Geburt auswirkt. Die Elastizität der Gebärmutter nimmt zu und schafft dadurch dem Fötus mehr Bewegungsraum. Wie bereits die vorangegangene Übung, eignet sich auch dieser Āsana als schwangerschafts- und geburtsvorbereitende Maßnahme.

Baddha Konāsana (Winkelhaltung im Sitzen)

Setzen Sie sich aufrecht auf den Boden und spreizen Sie die Beine (wie bei Upavishtha Konāsana). Führen Sie nun langsam die Füße zusammen, und zwar so, daß sich die Fußsohlen gegenüberliegen und schließlich berühren. Dabei beugen sich die Knie. Greifen Sie nun die Füße mit beiden Händen und ziehen Sie sie so nahe wie möglich an den Körper heran (Abb. 45). Entspannen Sie den Körper und bleiben Sie in dieser Position so lange Sie können. Achten Sie darauf, daß Ihr Rücken gerade ist und die Knie möglichst nahe am Boden sind. Atmen Sie ruhig und weich.

Abb. 45

Nutzen
Baddha Konāsana macht die Knöchel-, Knie- und Hüftgelenke elastisch. Die Dehnung erfolgt dabei in einer anderen Richtung als bei den beiden vorangegangenen Stellungen.

Menschen mit Problemen im Urogenitalbereich sei dieser Āsana sehr empfohlen, da er sich wohltuend auf alle Organe in der Bauchregion auswirkt. Baddha Konāsana eignet sich ebenfalls sehr gut als geburtsvorbereitende Übung.

Prāṇāyāma

Prāṇāyāma ist das vierte Glied des von Patañjali beschriebenen achtfachen Weg des Yoga (Diagramm 13). Im Yoga und im Āyurveda ist das Atmen nicht allein ein mechanischer Vorgang des Einziehens und Ausstoßens von Luft. Es ist unsere Verbindung zum Kosmos. Die lebenswichtige kosmische Energie durchdringt alles und findet sich auch in der Luft, die wir atmen. Jedesmal, wenn wir einatmen, nehmen wir diese Energie *(prāṇa)* in uns auf. Sich dessen bewußt zu werden und die Fähigkeit zu entwickeln, den Atemrhythmus zu kontrollieren, nennt man *Prāṇāyāma.* Für uns ist es wichtig, die grundlegenden Techniken der Atemkontrolle zu lernen, um sie für die verschiedenen Heilverfahren nutzbar zu machen. Außerdem schaffen wir uns dadurch die geistige Kraft, die man zum Heilen braucht.

Wenn Sie Prāṇāyāma erlernen wollen, müssen Sie zuerst lernen, den Atem mit Ihren geistigen Prozessen zu koordinieren. Geist und Atemvorgang sind miteinander verbunden; die Kontrolle des einen erfordert die Kontrolle des anderen.

Setzen Sie sich, nach Möglichkeit mit verschränkten Beinen, auf den Boden, entspannen Sie sich und atmen Sie normal. Konzentrieren Sie sich auf den Atem. Folgen Sie der Bewegung der Luft, die Sie einatmen, in Ihrem Körper. Spüren Sie dieses Prāṇa, diese Vitalität, und begleiten Sie sie auf ihrer Reise in Ihrem Inneren. Spüren Sie ihr nach, wie sie sich im Körper ausdehnt, verweilt und wieder geht. Empfinden Sie die Leere, die zurückbleibt, wenn Sie voll ausgeatmet haben.

Diese einfache Übung umfaßt bereits alle vier Schritte des Prāṇāyāma, das Sie nun mit voller Bewußtheit weiterüben sollten. Versuchen Sie, langsam und gleichmäßig einzuatmen (1. Schritt). Halten Sie die belebende Luft in Ihrem Körper (2. Schritt). Lassen Sie die Luft ebenso langsam und gleichmäßig ausströmen, wie Sie sie eingeatmet haben (3. Schritt). Vergrößern Sie den Zeitraum zwischen zwei Atemzügen (4. Schritt).

Nach dieser Vorbereitung auf Prāṇāyāma werde ich nun vier sehr einfache Übungen beschreiben, die Sie leicht jeden Morgen und jeden Abend praktizieren können, um Geistesruhe und einen guten Schlaf zu erlangen. Anschließend folgen noch einige Hinweise, wie diese Übungen zur Beschleunigung von Genesungsprozessen eingesetzt werden können.

1. Setzen Sie sich bequem auf den Boden, am besten mit gekreuzten Beinen oder im Padmāsana (Abb. 46). Legen Sie die Hände auf die Knie, oder strecken Sie die Arme so weit aus, daß Ihre Unterarme mit der Innenseite nach oben auf den Knien ruhen. Halten Sie Rücken und Schultern gerade. Entspannen Sie sich und beginnen Sie, langsam und ruhig einzuatmen. Atmen Sie so viel Luft ein, wie es Ihnen ohne Zwang möglich ist. Sobald Ihre Lunge gefüllt ist, halten Sie kurz inne und lockern Sie Schultern und Rükken, da sich diese möglicherweise durch die Einatmung verspannt haben. Halten Sie nun die Luft an. Wenn Sie nicht mehr länger können, lassen Sie die Luft langsam und weich ausströmen. Achten Sie darauf, daß keine Luft in der Lunge zurückbleibt. Machen Sie eine kurze Pause, bevor Sie erneut einatmen und der gleiche Ablauf von vorne beginnt. Sie sollten sich während der ganzen Übung auf die lebenspendende Kraft der Luft konzentrieren. Halten Sie dabei die Augen geschlossen. Lassen Sie alle Gedanken an die Außenwelt abfallen und richten Sie Ihre Aufmerksamkeit einzig auf die kosmische Kraft in Ihnen. Wiederholen Sie diese Atmung fünf- oder sechsmal.

Abb. 46

2. Die zweite Übung unterscheidet sich von der ersten nur insofern, als Sie in der Zeit, in der die Lunge entweder gefüllt oder

leer ist, Ihre Nase mit Hilfe von Daumen und Mittelfinger verschließen. Dies gewährleistet, daß während der statischen Phase Luft weder ausströmen noch eindringen kann. Sobald Sie also Ihre Lunge mit Luft gefüllt haben, heben Sie langsam die rechte Hand und verschließen die Nase. Wenn Sie ausatmen, legen Sie die Hand wieder an ihren Platz auf dem Knie zurück. Verschließen Sie die Nase erneut nach der Ausatmung, doch diesmal mit Daumen und Ringfinger der linken Hand (Abb. 46).

Abb. 47

Durch kontinuierliche Übung sollten Sie versuchen, alle vier Schritte des Prānāyāma zeitlich auszudehnen. Tun Sie das nicht mit Gewalt, sondern allmählich durch fortgesetztes Üben. Seien Sie dabei immer völlig entspannt. Wenn Ihre Muskeln oder andere Teile des Körpers beim Üben angespannt sind, benötigen Sie mehr Energie, und Ihre Fähigkeit, die lebenspendende Luft zu halten, wird abnehmen.

3. Bei dieser Übung praktizieren Sie die vier Schritte der Atmung mit nur einem geöffneten Nasenloch, das andere wird mit dem Daumen zugehalten.

Nehmen Sie die Prānāyāma-Haltung ein und führen Sie die linke Hand langsam zur Nase, um das linke Nasenloch mit dem Daumen zu verschließen. Atmen Sie also im folgenden nur durch das rechte Nasenloch. Folgen Sie der Beschreibung in Übung 2. Achten Sie jedoch darauf, daß Sie im zweiten und vierten Schritt auch das andere Nasenloch verschließen. Nehmen Sie dazu den Mittelfinger der linken Hand. Machen Sie mehrere Durchgänge hintereinander (mindestens fünf- bis sechsmal). Schließen Sie nach einer kurzen Pause das rechte Nasenloch mit dem Daumen der rechten Hand und beginnen Sie wieder von vorn (Abb. 47).

Bei dieser Übung werden zwei der drei (bereits an anderer Stelle erwähnten) Hauptenergiekanäle des Körpers gereinigt.

4. Bei dieser Übung geht es darum, das Gleichgewicht zwischen den drei Naturkräften (Qualitäten) im Körper herzustellen. Dazu atmen Sie abwechselnd durch das linke Nasenloch ein und durch das rechte aus; danach umgekehrt, also Einatmung durch das rechte Nasenloch und Ausatmung durch das linke. Auf diese Weise lassen Sie die Lebensenergie in Ihrem Körper kreisförmig fließen. Da das über die drei Hauptenergiekanäle geschieht, werden die sechs Chakras (Energiezentren) aktiviert. Sie liegen dort, wo die beiden äußeren Hauptenergiekanäle sich jeweils gegenseitig und den gerade in ihrer Mitte verlaufenden dritten Hauptkanal überschneiden.

Nutzen

Prānāyāma hilft, Körper und Geist in Einklang zu bringen. Das Nervensystem wird gestärkt, die Merkfähigkeit verbessert, Ausgeglichenheit stellt sich ein, und ein langes Leben wird möglich. Außerdem können damit kleinere Infektionen im Nasenbereich geheilt und Kopfschmerzen behoben werden. Die Widerstandsfähigkeit gegenüber Erkältungen und Infektionen im Bereich der Atemwege nimmt zu.

Prānāyāma ist auch Bestandteil verschiedener Heilverfahren, die in einem späteren Kapitel ausführlich beschrieben sind. Um einen Heilungsprozeß mit Hilfe von Prānāyāma beschleunigen zu können, ist es nötig zu lernen, wie man die Lebensenergie in bestimmte Teile des Körpers lenkt. Zum Beispiel ist es möglich, diese Energie in den Kopf zu schicken und sie dort kreisen zu lassen; oder Sie leiten sie zu dem Teil des Körpers, an dem Sie sich gerade eine kleine Verletzung zugezogen haben – und halten sie dort. Um dies jedoch leisten zu können, müssen Sie lernen, Prānāyāma zu meistern, was nur durch tägliche Übung möglich ist. Dabei ist es notwendig, geistige Kräfte zu wecken, die zwar in uns allen schlummern, die jedoch aus Mangel an Schulung im allgemeinen ungenutzt bleiben. Indem wir uns auf die Lebensenergie konzentrieren, bringen wir unser Denken zur Ruhe. Ein regloser Geist ist von gleicher Natur wie die Seele: reine Energie als unsere höchste Kraft (*shakti*). Aber die Erweckung dieser Kraft bedarf einer enormen Anstrengung und der Herrschaft über unser Denken durch Prānāyāma. Wir werden an anderer Stelle noch einmal über dieses Thema sprechen.

Jalneti

Jalneti ist eine Methode, die Nasenwege mit Hilfe von Wasser zu reinigen (Nasendusche). Der Grund, warum ich diese Technik hier vorstelle, ist der Umstand, daß mehr und mehr Menschen über Nebenhöhlenkatarrh und andere mit der Nase zusammenhängende Probleme klagen (wie zum Beispiel Heuschnupfen oder ähnliche Überempfindlichkeiten, die zu ständigem Niesen reizen). Die Nasendusche Jalneti ist geeignet, in Verbindung mit anderen Maßnahmen, Abhilfe zu schaffen.

Abb. 48

Sie brauchen dazu eine kleine Kanne mit einem Schnabel. Füllen Sie sie mit Trinkwasser. Das Wasser sollte nicht zu kalt oder zu heiß sein; lauwarmes Wasser ist angebracht. Halten Sie das Gefäß in der rechten Hand. Beugen Sie den Kopf leicht zurück, dann nach links und wieder ein wenig nach vorn. Entspannen Sie sich in dieser Stellung und atmen Sie dabei durch den geöffneten Mund. Führen Sie den Kannenschnabel in Ihr rechtes Nasenloch ein. Heben Sie jetzt die Kanne ein wenig an und lassen Sie das Wasser in den Nasengang laufen, bis es aus dem linken Nasenloch wieder herauskommt (Abb. 48). Leeren Sie die Kanne auf diese Weise. Schneuzen Sie sich danach die Nase, das reinigt die Nasenwege. Wiederholen Sie das Ganze noch einmal in umgekehrter Richtung.

Jalneti aktiviert die Nasenschleimhäute, so daß etwas Schleim abgeschieden wird. Schneuzen Sie sich deshalb mehrere Male. Es kann sich auch für einige Augenblicke das Gefühl eines leichten Schnupfens einstellen, da die Epithelzellen der Schleimhäute angeregt werden. Diese Aktivierung bewirkt einen besseren Schutz gegen das Eindringen von Viren, Bakterien und verschmutzten Luftpartikeln. Manche von Ihnen machen vielleicht danach die Erfahrung, daß der Geruchssinn sensibler als bisher reagiert. Möglicherweise empfinden sie Gerüche so intensiv wie niemals zuvor. Einige bezeichnen dies als «himmlisches Riechen». Meine eigene Erfahrung mit Jalneti läßt mich vermuten, daß die Nasendusche die Geruchszellen so stark aktiviert, daß man dadurch in die Lage versetzt wird, nicht nur kaum feststellbare äußere Gerüche zu entdecken, sondern auch Gerüche aus dem Körperinneren wahrzunehmen.

Warnung

Es ist ratsam, diese Technik unter Anleitung eines Lehrers zu erlernen. Wenn nämlich die Haltung des Kopfes nicht genau stimmt und das Wasser nicht unmittelbar von einem Nasengang in den anderen fließen kann, könnte es sein, daß etwas davon in die Luftröhre gelangt. Dies könnte das Atmen behindern und Husten verursachen.

Nutzen

Jalneti heilt Entzündungen der Nebenhöhlen. Die Nasenwege werden widerstandsfähiger gegenüber Infektionen und Reizungen. Deshalb ist die Nasendusche besonders für Menschen geeignet, die unter Allergien leiden, die irgendwie mit der Atmung zu tun haben (Staub, Pollen, Heu etc.). Da mit Hilfe dieser Technik die Nasenwege gereinigt werden und es dadurch der Luft möglich ist, ungehindert hindurchzuströmen, wird ein Gefühl des Wohlbefindens im Kopf erzeugt. Wer zu Erkältung und Schnupfen neigt, sollte Jalneti regelmäßig durchführen.

6. Ernährung

Das āyurvedische Konzept von Ernährung ist sehr umfassend. Alles, was wir uns auf irgendeine Weise einverleiben, ob gegessen, getrunken, geleckt oder geschluckt, fällt unter diese Kategorie. Der Körper ist das Produkt dieser konsumierten Dinge, denn ein jedes betrifft uns und verändert unsere āyurvedische Befindlichkeit, also unsere humorale Zusammensetzung. Deshalb werden wir hier auch einige Aspekte behandeln, die nach allgemeiner Ansicht nicht zu dem Bereich Nahrung und Ernährung gehören.

Das Thema Nahrung in Beziehung zur Gesundheit ist sehr umfangreich, und es ist nicht möglich, ihm in allen Einzelheiten in einem Kapitel dieses Buches gerecht zu werden. Ich habe deshalb nur einige Hauptgesichtspunkte ausgewählt. Wer mehr über Ernährung wissen möchte, einschließlich einiger āyurvedischer Rezepte, sei auf weiterführende Literatur verwiesen.[1]

Wenn wir einmal die Krankheiten betrachten, an denen die Menschen vor fünfzig Jahren gelitten haben, und sie mit denen der heutigen Zeit vergleichen, so zeigt sich eine deutliche Verschiebung. Früher gab es mehr exogene Erkrankungen aufgrund eines Mangels an Hygiene, heute leiden die Menschen mehr an endogenen und psychischen Krankheiten. Das frühere Krankheitsmuster läßt sich heute noch in den ärmeren Ländern der Welt finden. Das wurde mir ganz deutlich, als ich mit Slumbewohnern in einem Außenbezirk Delhis arbeitete. Diese Menschen, die meisten von ihnen Bauarbeiter, erkrankten sehr häufig an Durchfall, Malaria, Cholera, Typhus und so weiter. Niemand unter ihnen klagte jemals über Rückenschmerzen, Genickschmerzen, Magengeschwüre, Dickdarmkatarrh, Diabetes, Schlaflosigkeit oder Depression. Einige dieser Menschen litten jedoch an Unterernährung infolge von Armut. Familien, in denen es zu viele Kinder gab, konnten sich keine anständige Ernährung leisten und wurden deshalb von Krankheiten heimgesucht, die auf einen Mangel an Vitaminen, Mineralien und Proteinen zurückzuführen waren. Die Krankheiten der Reichen in Indien unterscheiden sich nicht von jenen in den Überflußgesellschaften des Westens. Die Fehlernährung eines Armen ist anders als die eines Reichen, das ist überall auf der Welt gleich. Die Krankheiten der Reichen sind in der Regel die Folge von zu vielem Essen zur falschen Zeit, verbunden mit zu viel Tabak, Alkohol oder sonstigen Drogen. Die Eßgewohnheiten in der «westlichen Welt» haben sich nach dem Zweiten Weltkrieg aufgrund des materiellen Überflusses beträchtlich gewandelt. Diese Veränderung ist auch auf die Entwicklung der Nahrungsmitteltechnologie und der Industrialisierung im allgemeinen zurückzuführen. Wie ich schon im zweiten Kapitel ausführte, ist unsere moderne Zivilisation Vāta-orientiert. Eine āyurvedische Lebensweise macht es erforderlich, sich von der noch gar nicht so alten Gewohnheit des hastigen Essens zu trennen sowie auf eine «Industrienahrung» zu verzichten, die durch eine Vielzahl von chemischen Zusätzen und mit anderen technischen Eingriffen haltbar gemacht wird.

Menge und Qualität der Nahrung

Āyurvedische Ernährung bedeutet nicht, nur fade Kost zu sich zu nehmen, sich vegetarisch zu ernähren oder gar wie ein Asket zu leben. Es wird einzig Wert darauf gelegt, ein Gleichgewicht zu schaffen zwischen Menge und Qualität der Nahrung und immer das zu essen, was dem Ort, der Zeit und der eigenen Befindlichkeit zuträglich ist. Denken Sie daran, daß Sie die Freude an einer köstlichen Speise nicht übertreiben sollten, indem Sie zuviel davon essen. Das führt letztlich nur zu Schmerzen. Wenn Sie das nächste Mal in Versuchung geraten, sagen Sie sich einfach folgendes: «Ich möchte, daß dieser Genuß ein Genuß bleibt; ich möchte nicht, daß eine Verlängerung dieser Freuden mir am Ende Schmerzen verursacht in Form von Fettleibigkeit, Magenbeschwerden, Leberproblemen und so weiter. Deshalb esse ich jetzt nur das, was für mich gut ist und was mein Körper braucht.»

Ein anderes Extrem sind jene Menschen, die das, was sie essen, ständig nach seinem Kaloriengehalt bemessen. Sie sind keine Maschine, die eine bestimmte Menge an Öl, Wasser oder Benzin braucht. Die Wahl Ihrer Speisen kann je nach der «inneren» oder «äußeren» Situation unterschiedlich sein. Ein Mensch hat Wünsche, Gefühle und Empfindungen, die auch den Geschmack oder Geruch betreffen, und Essen ist auch eine soziale Aktivität, die Freude bringen soll. Wenn Sie also ständig damit beschäftigt sind, Nahrung zu messen und zu wiegen, um ja nicht zu viele Kalorien zu sich zu nehmen, verlieren Sie die Freude daran. Sie sollten statt dessen ein Gefühl dafür entwickeln, wieviel Nahrung Sie brauchen, und dann mit dem Essen aufhören, wenn Sie diese Menge erreicht haben und sich «angenehm satt» fühlen. Hunger ist ein Phänomen, das zunimmt, wenn man zuviel ißt, und abnimmt, wenn man zu wenig ißt.

Es gibt Kinder, die appetitlos sind. Das kommt daher, daß sie zuerst immer weniger essen, vielleicht weil sie ein wenig kränkeln oder emotionale Probleme haben, oder einfach, weil das Essen zu eintönig ist. Ihr Körperfeuer wird dadurch immer schwächer. Dies geht ganz schnell, da in der Kindheit Kapha dominiert. Als Folge davon beginnen sie an Appetitlosigkeit zu leiden. Wir sehen also, daß es genauso schädlich ist, zuwenig zu essen wie zuviel. Manche Menschen wiederum reduzieren plötzlich die Nahrungsmenge drastisch, weil sie Gewicht verlieren wollen. Auch das schädigt Agni.

Vermehren oder vermindern Sie Ihre Kost im Bedarfsfall immer nur stufenweise. Steuern Sie sofort gegen, wenn Sie Übergewicht feststellen, sonst gelangen Sie in einen Teufelskreis, aus dem Sie immer schwerer herausfinden. Meist nimmt das seinen Anfang an Festtagen, wo man über einen längeren Zeitraum zuviel ißt. Dadurch wächst der Appetit und man nimmt zu. Gibt man dem vergrößerten Appetit nach und fährt fort, mehr zu essen als nötig, setzt man noch mehr an und wird schließlich dick. Achten Sie also immer auf Ihr Körperfeuer, und lassen Sie keine Situation eintreten, in der dieses Feuer aus dem Gleichgewicht gerät, weil Sie entweder zuviel oder zuwenig essen.

Sie sollten nichts zu sich nehmen, solange die vorherige Mahlzeit noch nicht verdaut ist, denn «wenn man während des Verdauungsprozesses neue Nahrung zu sich nimmt, vermischt sich Altes mit Neuem, was alle Humore gleichzeitig schädigt[2].» Deshalb ist es wichtig, den Abstand zwischen den Mahlzeiten so zu wählen, daß er der aufgenommenen Nahrungsmenge gerecht wird. Was diese Nahrungsmenge anbelangt, so sagen die āyurvedischen Schriften, wir sollten uns beim Essen den Magen dreigeteilt vorstellen: ein Drittel des Fassungsvermögens sollte fester Nahrung vorbehalten sein, ein Drittel flüssiger und ein Drittel sollte frei bleiben, denn das ist der Platz für die drei Humore.

> Die Nahrungsmenge kann in zweifacher Hinsicht unangemessen sein: entweder reicht sie nicht aus, oder sie übersteigt das Maß. Ersteres läßt Vāta ansteigen. Dies verursacht einen Verlust an Kraft, beeinträchtigt das Aussehen und verzögert die Entwicklung; die Lebenserwartung wird geringer, Fruchtbarkeit und Immunabwehr nehmen ab; eine Schädigung des Körpers, des Denkvermögens, des Intellekts und der Sinnesorgane tritt ein.
>
> Übermäßige Nahrungsaufnahme führt zu einer Beeinträchtigung aller Dosas. Hat man durch die Aufnahme fester Nahrung den Sättigungsgrad bereits erreicht, nimmt jedoch noch einmal die gleiche Menge Flüssigkeit zu sich, so werden Vāta, Pitta und Kapha zu sehr gedrückt und damit gemeinsam geschädigt ...
>
> Ein überhöhter Vāta verursacht kolikartige Schmerzen, Magenverhärtung, trockenen Mund, Ohnmachtsanfälle, Schwindelgefühl, Verdauungsstörungen, Steifheit im Rücken, an den Seiten und in den Hüften, Beengtheit und Krämpfe in den Blutgefäßen. Zuviel Pitta ist der Grund für Fieber, Durchfall, innere Hitze, Durst, Schwindelgefühl und Wahnvorstellungen. Übermäßiger Kapha erzeugt Erbrechen, Magenverstimmung, fieberhafte Erkältung, Mattigkeit und Schwere im ganzen Körper.[3]

Über den Konsum ungeeigneter Nahrung wird gesagt, daß

> sie die eben beschriebenen Störungen hervorrufen kann, wenn es sich dabei um Nahrung oder Getränke handelt, die schwer,

> grob, trocken, brennend, unsauber und aufeinander nicht abgestimmt sind; wenn sie Blähungen hervorrufen und Widerwillen erzeugen; wenn sie zur falschen Zeit zu sich genommen werden oder in einem psychischen Zustand wie Leidenschaft, Ärger, Gier, Verwirrung, Neid, Scham, Trauer, Eigendünkel, Erregung und Furcht.[4]

Das erste Merkmal āyurvedischer Ernährung liegt in der Kunst, verschiedene Speisen so zu kombinieren, daß das humorale Gleichgewicht erhalten bleibt. Diese Balance wird auch dadurch erreicht, daß man bestimmte Kräuter oder Gewürze hinzufügt. Dabei muß man wissen, welches Gewürz beispielsweise einem Gemüse oder einer Fleischsorte beigegeben werden muß, um die ihnen eigene humorale Beschaffenheit auszugleichen und so dem Körper bekömmlich zu machen. Die humoralen Eigenschaften eines Lebensmittels hängen von seinem Rasa oder Geschmack ab. Wie Sie Rasa bestimmen und so die humorale Beschaffenheit von Nahrungsmitteln herausfinden können, erfahren Sie in einem späteren Kapitel dieses Buches.

Ein zweites nicht minder wichtiges Merkmal ist die Abstimmung der Speisen auf die individuelle (humorale) Grundbefindlichkeit. So sollten Menschen mit einer Pitta-Dominanz Nahrung meiden, die Pitta-erhöhend wirkt. Tun sie dies nicht, so müssen sie wenigstens darauf achten, daß der Speise bestimmte Nährstoffe beigegeben werden, die Pitta abbauen, damit das humorale Gleichgewicht im Körper gewahrt bleibt.

Das dritte Merkmal āyurvedischer Ernährung ist die Auswahl der Lebensmittel unter medizinischen Gesichtspunkten. Nahrung wird immer auch als Mittel begriffen, leichtere Erkrankungen bereits in einem frühen Stadium zu heilen, indem man den gestörten Humoralhaushalt wieder ins Gleichgewicht bringt. Wenn zum Beispiel bei einem plötzlichen Hitzeeinbruch Ihr Blutdruck absinkt, dann trinken Sie viel kaltes Wasser, das mit etwas süßem Sirup gemischt ist. Oder die plötzliche Hitze verursacht Schmerzen in Waden und Füßen als Folge von übermäßigem Salzverlust des Körpers. Trinken Sie kaltes Wasser mit Salz und Zitrone, das wird Ihr Problem beheben. Auf ähnliche Weise können Sie Ihre Magenübersäuerung dadurch heilen, daß Sie täglich vor dem Schlafengehen ein Glas kalte Milch trinken. Eine Tasse heißer Tee oder Kaffee lindert Kopfschmerz, und ein Glas heiße Milch hilft bei Müdigkeit.

Ein weiteres Merkmal āyurvedischer Ernährungsweise ist die Abstimmung der Nahrung auf Zeit und Ort. Ort bedeutet hier die klimatischen Bedingungen und die geographischen Gegebenheiten der Gegend, in der wir uns aufhalten. In den Bergen muß man etwas anderes essen als an der See oder in der Wüste. Die humoralen Eigenschaften sind von Region zu Region verschieden. Viele Menschen werden nach einer Ortsveränderung nur deshalb krank, weil sie diesen Gesichtspunkt außer acht lassen. Waldreiche Gegenden sind Vāta-dominant, wohingegen Meeresklima einen Kapha/Pitta-Überschuß begünstigt. In der Wüste dominiert Vāta/Pitta, in Sümpfen Kapha und in den Bergen Vāta/Kapha. Sie sollten sorgfältig Ihre Gesundheitsprobleme studieren, damit Sie den Zusammenhang zwischen Ihrem Wohnort und der Erkrankung herausfinden, um so durch eine Veränderung der Ernährungsweise Heilung einzuleiten.

Wenn Menschen in ein fernes Land reisen, haben sie es immer mit veränderten klimatischen Bedingungen und unterschiedlichen Eßgewohnheiten zu tun. Sie müssen deshalb besonders achtgeben. Wenn Sie zum Beispiel von einem kalten Land in ein warmes fahren, müssen Sie die Essensmenge reduzieren und die Art der Ernährung umstellen. Pitta-erhöhende Speisen sollten in einem warmen Klima vermieden werden. Die Nahrung sollte deshalb flüssiger und leichter sein, weniger Fleisch, weniger Käse enthalten, dafür mehr Früchte und Salate, kalte Milch, Joghurt und viel kaltes Wasser. Nehmen Sie häufig ein kaltes Bad.

Die Abstimmung der Nahrung auf die Zeit ist aus verschiedenen Gründen sinnvoll. Wie Sie bereits wissen, wird jeder Lebensabschnitt (Kindheit, Jugend, Alter) von einem bestimmten Humor dominiert. Sie sollten deshalb Ihre Ernährungsweise auf Ihr Alter abstimmen. Andere Faktoren, die bei der Auswahl der Speisen eine Rolle spielen sollten, sind die Tageszeit, das Wetter oder die Jahreszeit. Dies habe ich an anderer Stelle in allen Einzelheiten behandelt (s. Anm. 1).

Fettleibigkeit und der Konsum von Alkohol und Tabak

Bevor ich dieses Kapitel abschließe, möchte ich noch über drei wichtige Bereiche sprechen, die in mancher Hinsicht die Hauptursachen von Erkrankungen in den wohlgestellten Bevölkerungsschichten sind. Es handelt sich dabei um die Völlerei und den übermäßigen Konsum von Alkohol und Tabak.

Übermäßiges Essen und Trinken verursacht Fettleibigkeit. Fettleibigkeit wiederum kann im Laufe der Zeit eine ganze Reihe von Erkrankungen zur Folge haben. Der Āyurveda beschreibt acht verschiedene Probleme, die ein zu dicker Mensch hat: «verkürzte Lebenserwartung, eingeschränkte Bewegungsfähigkeit, Schwierigkeiten beim Sexualakt, übler Geruch, leidet unter Erschöpfung, übermäßigem Schwitzen, zuviel Hunger und ständigem Durst».[5] Außerdem wird erwähnt, daß Fettleibigkeit zurückzuführen ist auf Überfütterung (mit Nahrung) und den Verzehr von schweren, süßen und kalten Speisen; ferner auf zuviel Schlaf am Tag, Ausgelassenheit, Mangel an geistiger oder körperlicher Arbeit und Vererbung. In einem zu dicken Menschen gibt es einen Überschuß an Fett aufgrund eines Ungleichgewichts der Dhātus.

Denken Sie daran, daß Sie bei Übergewicht diese zusätzliche Last ständig mit sich herumtragen müssen. Dabei haben Sie das gleiche Herz, die gleiche Lunge und die gleiche Leber, die Sie besaßen, als Sie noch weniger gewogen haben. All diese Organe müssen härter arbeiten, um Ihre Körperfülle zu ernähren und zu versorgen. Stellen Sie sich einmal vor, Ihr Gewicht lag ursprünglich bei 70 kg. Jetzt wiegen Sie aber 85. Das ist genauso, als ob Sie Tag und Nacht einen 15 kg schweren Koffer mit sich herumschleppen würden. Ist das ein angenehmes Gefühl? Doch die Situation ist viel schlimmer, denn der Koffer muß auch noch gefüttert werden, da er Teil von Ihnen selbst ist.

Ein Mensch mit einem ihm angemessenen Körpergewicht sollte ein gut bedecktes Knochengerüst haben, kein lockeres oder hängendes Fleisch, und eine gut entwickelte Muskulatur. Schenkel, Bauch und Hüften sollten frei von Fett sein. Manche Menschen sind nur an einer ganz bestimmten Körperstelle dick. Durch das Praktizieren bestimmter Yoga-Übungen können Sie dieses überschüssige Fett abbauen. Um Ihre Fettsucht zu heilen, sollten Sie

Yoga betreiben, körperlich und geistig arbeiten, eine kontrollierte Diät einhalten, während des Tages nicht schlafen und fettfreie Einläufe machen. Sie brauchen dazu Kontrolle über Ihre Sinne und einen disziplinierten Tagesablauf. Sie benötigen viel Kraft, den Versuchungen nicht zu erliegen und einige harte Maßnahmen durchzustehen. Doch Sie müssen beharrlich in Ihrer Anstrengung sein, Gewicht zu reduzieren, denn wenn Sie auf halbem Weg aufgeben, setzen Sie bereits verlorene Pfunde schnell wieder an.

Fettleibigkeit ist die Folge von Kapha- und Vāta-Überschuß. Charaka empfiehlt deshalb Speisen und Getränke, die diese Humore vermindern; dazu stark wirkende, heiße und scharfe Einläufe, Ölmassagen und eine allmähliche Steigerung der körperlichen und geistigen Arbeit, des Geschlechtsverkehrs sowie Verminderung der Schlafenszeiten. Ölige, süße und kalte Speisen oder Getränke sollte man meiden.[6]

Im Gegensatz zur Fettleibigkeit gibt es aber auch Menschen, die trotz ausreichender Ernährung zu mager sind und kein zusätzliches Gewicht ansetzen. Wenn man zunehmen will, sollte man seine Sorgen vergessen und sich nicht immer Gedanken machen über das Geschäft oder sonstige Verpflichtungen. Nehmen Sie süße, kalte Speisen zu sich, verwenden Sie Ghee, lassen Sie sich massieren und schlafen Sie viel.

> Schlaf, Heiterkeit, ein bequemes Bett, ein entspannter Geist, Ruhe, wenig geistige Arbeit, Geschlechtsverkehr, Körperübungen, Vergnügtheit, Getreide, junger Wein, Suppe aus Rind- und Schweinefleisch sowie von Tieren, die in Sümpfen und im Wasser leben, gut gekochtes Fleisch, Quark, Ghee, Milch, Zuckerrohr, Reis, schwarze Kichererbsen, Weizen, Produkte aus Zukkermelasse, wohlige Düfte und Blumengewinde, weiße Kleider, die rechtzeitige Behandlung eines überhöhten Humors und die regelmäßige Einnahme von Mitteln, die den Körperbau und Geschlechtstrieb anregen, helfen die Magerkeit zu überwinden und eine gute Entwicklung der Person zu gewährleisten.[7]

Der Āyurveda verbietet nicht die Freuden des Lebens, vielmehr nennt er uns die Mittel, sie zu fördern. Er gibt uns den Rat, unsere Sinnlichkeit durch verschiedene Maßnahmen zu erhöhen und die angenehmen Seiten des Lebens intensiver wahrzunehmen. Lebensfreude sollte jedoch nicht begleitet werden von Selbstzerstörung. Wahre Freude, in welcher Form auch immer, wirkt nicht zerstörend. Wenn Sie davon überzeugt sind, daß das, was Sie «Freude» nennen, auch zerstörerisch ist, sollten Sie noch einmal über Ihre Auffassung von Freude nachdenken.

Wenn Sie Tag für Tag eine Zigarette nach der anderen rauchen oder eine Flasche nach der anderen leeren, und meinen, das bringt Ihnen Freude, so ist dies sehr zweifelhaft. Die meisten starken Raucher nehmen sich kaum die Zeit, eine Zigarette zu genießen; sie entzünden sie mechanisch, ohne überhaupt zu wissen, was sie tun, und paffen sie auf die gleiche mechanische Weise, bis sie sich in Rauch aufgelöst hat. Wie kann man an so vielen Zigaretten pro Tag Geschmack finden? Die Monotonie, mit der sich andere allabendlich ein Glas nach dem anderen mit Alkohol füllen, steht dem in nichts nach. Die Betrachtung des Sonnenauf- oder -untergangs ist für viele Menschen ein großer Genuß, aber stellen Sie sich einmal vor, unser Planet würde sich schneller drehen und es gäbe folglich alle zehn Minuten ein solches Schauspiel – würden wir noch hinsehen? Oder jemand geht täglich an eine ganz bestimmte Stelle, um sich den Sonnenuntergang anzusehen. Dieser Mensch legt darauf großen Wert und macht viel Aufheben von seiner Aktion. Meinen Sie nicht, daß das zu einer mechanischen Handlung geworden ist und mit Freude nichts mehr zu tun hat? Ist es nicht eher Sucht als Vergnügen, Versklavung durch eine Gewohnheit?

Der Āyurveda verbietet weder das Rauchen noch das Trinken. Es gibt eine umfangreiche Liste von verschiedensten Kräutern, die man rauchen kann, ebenso eine große Auswahl an Wein und Bier. Es wird sogar empfohlen, beides zu genießen – Rauchen und Trinken –, jedoch auf zeremonielle Weise. Das Rauchmaterial, die benötigten Utensilien, das Feuer zum Anzünden sollten mit Bedacht vorbereitet werden, und man sollte dabei auf jeden einzelnen Schritt achten. Nehmen Sie bewußt wahr, wie Sie den Rauch einziehen, und verfolgen Sie seinen Weg, wenn Sie ihn wieder ausblasen.

Der Āyurveda schreibt dem Alkohol viele medizinische Eigenschaften zu. Neben seinem Merkmal, Freude zu schenken, übt er auch eine aphrodisische Wirkung aus. Es wird geraten, Alkohol immer zusammen mit Speisen zu sich zu nehmen, und immer nur in geringen Mengen. Vor bestimmten Alkoholsorten wird wegen ihrer extremen humoralen Beschaffenheit gewarnt.

Seien Sie sehr wählerisch, wenn es um die Qualität des Alkohols geht, den Sie trinken. Zu viel und schlechter Alkohol verursacht Magengeschwüre, Dickdarmkatarrh, Leberzersetzung und noch viele andere ernste gesundheitliche Probleme. Er zerstört langsam die Merkfähigkeit, das Erkenntnisvermögen und die Urteilskraft. Sie wissen sicher, daß auch übermäßiges Rauchen eine ganze Reihe ernster körperlicher Schäden zur Folge hat, von kleineren Beschwerden der Atemwege bis hin zu Asthma und Krebs. Das Rauchen in geschlossenen Räumen oder luftverschmutzten Gegenden ist schädlicher als an der frischen Luft oder in einer sauberen Umgebung. In großen Städten atmen wir bereits eine Menge gesundheitsgefährdender Partikel ein. Man sagt, daß ein Tag Aufenthalt in Mexiko-City gleichbedeutend sei mit einer Schachtel gerauchter Zigaretten. Neu-Delhi ist sicherlich nicht besser. Stellen Sie sich vor, Sie leben in einer dieser Städte und sind Raucher.

Wenn Sie ein starker Raucher sind und/oder viel Alkohol trinken (vielleicht nur gelegentlich, oder nur an Wochenenden), sollten Sie alles tun, einen Mittelweg zu finden, und sehr wählerisch werden hinsichtlich Quantität und Qualität des Alkohols, den Sie trinken, oder der Zigaretten, die Sie rauchen. Nehmen Sie sich ein Blatt Papier und machen Sie jedesmal ein Kreuz, bevor Sie sich eine Zigarette anzünden oder ein Glas einschenken. Es könnte ja sein, daß Sie es sich dabei noch einmal überlegen und es sein lassen. Zumindest werden Sie sich dadurch Ihrer Handlung bewußt. Dies wird den mechanischen Ablauf Ihrer Gewohnheit brechen und Ihnen vielleicht die Zeit geben, sich daran zu erinnern, was die erste Priorität des Lebens ist – das Leben selbst.

Lassen Sie sich nicht von Ihrer Gewohnheit versklaven. Sie sind der Boß, und Sie sollten die Kraft haben, selbst Ihr Leben zu bestimmen. Ein geistig gesunder Mensch müßte in der Lage sein, seine Sinne unter Kontrolle zu halten und Selbstbeherrschung und Zurückhaltung zu üben. Vergessen Sie nicht: Geist kontrolliert Geist. Um diese Kontrolle zu gewinnen, ist es deshalb sehr hilfreich, Prāṇāyāma zu praktizieren. Wenn Sie lernen, Ihr Denken zu beherrschen, und auf diese Art bestimmte Gewohnheiten abstellen, die offensichtlich Ihre Gesundheit schädigen, dann wird Sie das stärker machen – auch im Umgang mit anderen Lebenssituationen.

Ich schlage folgenden Weg zur Überwindung mechanischer Rauch- und Trinkgewohnheiten vor; er beruht auf den alten āyurvedischen Prinzipen des *Atharvaveda*:

Führen Sie mindestens einmal am Tag eine Rauchzeremonie durch. Waschen Sie sich vor Beginn Hände und Füße. Setzen Sie sich in entspannter Haltung hin, Ihre Rauchutensilien sind zur Hand. Nehmen Sie einige tiefe Atemzüge und konzentrieren Sie sich auf das Rauchen. Sprechen Sie folgendes Mantra: «Ich werde jetzt rauchen.» Wiederholen Sie es zuerst laut, danach still in Ihren Gedanken. Richten Sie Ihre ganze Aufmerksamkeit auf diese Worte.

Wenn Sie den Punkt erreicht haben, wo alle anderen Gedanken verschwunden sind und Sie nur noch Ihr Mantra denken, fangen Sie an, langsam Ihre Rauchwaren vor sich auszubreiten. Wiederholen Sie dabei ständig das Mantra. Entzünden Sie nun Ihre Zigarette, Pfeife oder was auch immer. Ziehen Sie den Rauch genußvoll ein, während Sie sich im Geiste vorsagen: «Jetzt rauche ich.» Blasen Sie den Rauch langsam aus und beobachten sie ihn dabei aufmerksam. «Ich rauche jetzt.» – «Ich rauche jetzt wirklich.»

Wiederholen Sie das immer wieder, und rauchen Sie Ihre Zigarette auf diese Weise zu Ende.

Machen Sie das mindestens einmal am Tag, wenn möglich öfter. Es wird Sie zur Ruhe kommen und daran denken lassen, was Sie eigentlich tun. Wenn der Automatismus erst einmal gebrochen ist, setzt das Denken ein und die Weisheit folgt von selbst. Wenden Sie das gleiche Zeremoniell auf das Trinken an. Der Vorgang des Einschenkens, das Betrachten der Farbe und der Form des Glases, das Nippen – all dies sollte begleitet werden von dem Mantra: «Jetzt trinke ich.» – «Ich trinke jetzt wirklich.»

Tabak und Alkohol vermehren Vāta und Pitta und schädigen Agni, mit der Folge, daß der Blutdruck ansteigt. Tabak erhöht die Nervosität, beeinträchtigt das periphere Nervensystem, macht die Bewegungen der Hände und Füße unsicher und läßt den Urin, besonders bei Pitta-dominanten Menschen, übel riechen.

Es geht hier, wie bei so vielem im Leben, darum, einen Mittelweg zu finden, ob es sich nun um gutes Essen, Tabak oder Alkohol handelt. Übertriebener Genuß, aber auch die fanatische Ablehnung bestimmter Dinge stören unser humorales Gleichgewicht und sind die Ursache von Krankheit und Leid.

7. Anpassung an natürliche Kräfte

Nachdem wir gesehen haben, welchen Einfluß die Ernährung auf unser humorales Gleichgewicht hat, gehen wir nun einen Schritt weiter und betrachten im ersten Teil dieses Kapitels, wie sich die anderen Aktivitäten des Lebens – physische und emotionale – auf unsere Humore auswirken, und was wir tun können, um in Harmonie mit der Umwelt zu leben und unsere Gesundheit zu erhalten. Es ist ein wichtiges Anliegen des Āyurveda, im Einklang mit den natürlichen Kräften leben zu lernen, doch was sind «natürliche Kräfte»? Nichts in der Natur hat Bestand. Alles ist ständig im

Diagramm 14. Unterdrückbare und nicht-unterdrückbare natürliche Triebkräfte

Natürliche Triebkräfte

nicht-unterdrückbare

Harndrang, Stuhldrang, Ejakulation, Tränenfluß, Niesen, Gähnen, Erbrechen, Aufstoßen, Windlassen, schnelles Atmen nach einer Anstrengung, Hunger, Durst, Schlaf.

unterdrückbare

Der Drang, Übles zu tun in Gedanken, Worten und Taten; der Hang zu Gier, Geiz, Neid, Gram, Furcht, Ärger, Eitelkeit und übermäßigem Anhaften.

Wandel, und dieser Wandel macht die Zeit aus. Das Leben ist eine Serie von Zustandsveränderungen. Die Seele in uns bleibt immer dieselbe, die sie schon im Mutterleib war; sie ist identisch im Baby, im Teenager, im alten Menschen. Michael, Shukal, Shanta, Veronika – alle bleiben sie ihr individuelles Selbst, ihr ganzes Leben lang. Dieses Selbst ist die lebendige Essenz in uns allen. Es ist das, was wir im Āyurveda Jīva nennen, etwas, das sich weder verändert noch älter wird, und das auch nicht stirbt. Es ist eine ganz wesentliche Aufgabe im Leben, diese beiden Bereiche der Existenz miteinander in Einklang zu bringen. Das Äußere, Materielle, und das Innere, die Essenz. Darüber werden wir im zweiten Teil dieses Kapitels sprechen.

Der Āyurveda unterteilt die natürlichen Triebkräfte in zwei Kategorien: jene, die sich unterdrücken lassen, und jene, die sich nicht unterdrücken lassen (Diagramm 14).[1]

Nicht-unterdrückbare Triebkräfte

Wenn man die nicht-unterdrückbaren Triebkräfte, die im Diagramm 14 aufgezählt sind, zu unterdrücken versucht, so führt das zu einer Reihe gesundheitlicher Störungen. Es gibt Menschen, die ignorieren einen natürlichen Drang, da es ihre berufliche Tätigkeit nicht gestattet, oder weil sie einfach zu gedankenlos und faul sind. So sitzen Leute stundenlang in Versammlungen und wagen es nicht, einmal austreten zu gehen, in der Meinung, dies sei unhöflich. Falls das öfter geschieht, stellen sich ernste Konsequenzen ein. «Pandits (Gelehrte), Regierungsmitglieder, Diener, Kurtisanen und Kaufleute sind ständig krank. ... Sie unterdrücken fortwährend ihren natürlichen Drang, nehmen ihr Essen nicht zur rechten Zeit ein, haben Stuhlgang und bewegen sich zur falschen Zeit. Wer sich wie sie verhält, wird ebenso krank.»[2]

Verhaltung des Harns schafft Schmerzen in der Blase und in den Harnwegen, Störungen beim Wasserlassen, Kopfschmerzen und Steifheit in den Lenden. Um Heilung herbeizuführen, sollte man sich in eine Wanne mit warmem Wasser setzen und eine Schwitzkur machen sowie sich massieren lassen.

Verhaltung des Stuhls verursacht kolikartige Schmerzen, Verstopfung, Wadenkrämpfe, Blähungen und Kopfschmerzen. In einem solchen Fall helfen Einläufe, ölhaltige Zäpfchen, Massagen, Schwitzkuren und eine den Stuhlgang anregende Kost.

Zurückhaltung des Samens führt zu Schmerzen im Penis, im Hodensack und in der Herzregion; das Urinieren macht Probleme und der ganze Körper schmerzt. Abhilfe schaffen Massage, Bäder, Wein, Hühnersuppe, Reis, Milch, fettfreier Einlauf und Geschlechtsverkehr.

Zurückhaltung von Darmwinden führt zu Stuhlverstopfung, Blähungen, Urinverhaltung, allgemeinen Schmerzen, Erschöpfung und anderen Störungen in der Unterleibsregion als Folge von überhöhtem Vāta. Sie sollten dann einen Einlauf machen und sich am ganzen Körper einölen.

Einem Brechreiz nicht nachzugeben verursacht schwarze Flekken im Gesicht, Blutarmut, Fieber, Jucken und Übelkeit. Es helfen künstliches Erbrechen nach dem Essen, Rauchen, Fasten oder eine leichte Diät, körperliche Bewegung und Darmentleerung durch Abführmittel.

Unterdrückung des Niesens erzeugt Steifheit in der Nackenmuskulatur, Kopfschmerzen, Migräne und eine allgemeine Schwäche der Sinnesorgane. Nackenmassage, Nasentropfen, Rauchen und der Verzehr von etwas Ghee nach dem Essen sind zu empfehlen.

Unterdrückung des Aufstoßens führt zu Schluckauf, Zittern und Beklemmungen in der Brust- oder Herzgegend. Es werden Brust- und Rückenmassage empfohlen sowie der Verzehr von Kandiszucker.

Unterdrückung des Gähnens verursacht Zuckungen, Verkrampfung, Taubheitsgefühl und Gliederzittern. Eine Vāta-reduzierende Behandlung ist in diesem Fall angeraten.

Unterdrückung von Durst läßt Hals und Mund austrocknen, führt zu Hörstörungen, Müdigkeit, Depression, Herzschmerzen, Kopfschmerzen und Störungen des Blutdrucks. Süße, kalte Getränke werden empfohlen.

Zurückhaltung von Tränen verursacht Augenentzündungen und Augenkrankheiten, aber auch Herzerkrankungen und Schwindelgefühl. Wein, Schlaf und Trost sind sehr hilfreich.

Unterdrückung von Schlaf führt zu Gähnen, allgemeinen

Schmerzzuständen, Schläfrigkeit, Augenmüdigkeit, Nervosität und Vergeßlichkeit. Der Schlaf gibt dem Körper und Geist Vitalität; seine Aufschiebung hat deshalb Müdigkeit und Erschöpfung zur Folge. Heilung verschaffen ausreichend Schlaf und Druckmassagen.

Unterdrückung von schnellem Atmen nach Anstrengung oder Überanstrengung ruft Herzerkrankungen, Tumorbildung und Ohnmachtsanfälle hervor. Viel Ruhe in Verbindung mit Vāta-senkenden Maßnahmen führt Heilung herbei.

Unterdrückbare Triebkräfte

Wir wenden uns jetzt jenen Triebkräften zu, die zum Wohl des Menschen unterdrückt werden sollten. Dies ist nur möglich, wenn der Geist die Kontrolle über die Sinne ausübt.

> Ein Mensch, der sich nach Wohlbefinden sehnt, in dieser und der Welt danach, sollte sich dem Drang entgegenstellen, Übles zu tun in Gedanken, Worten oder Taten. Gier, Gram, Furcht, Ärger, Eitelkeit, Schamlosigkeit, übermäßiges Anhaften und der Wunsch, sich das Eigentum eines anderen anzueignen, hält der Weise von sich fern. Das immer drohende Verlangen, in seiner Rede barsch, betrügerisch, unwahr und unpassend zu sein, sollte zurückgedrängt werden; desgleichen alles, was anderen Schmerzen verursacht, Ehebruch, Diebstahl, Gewalt ... Ein kluger Mensch schwelgt nicht in übermäßiger körperlicher Betätigung, Gelächter, Gerede, Fußmärschen, Geschlechtsverkehr und nächtlichem Wachen, selbst wenn er daran gewöhnt ist. Wer über die Maßen diesen und ähnlichen Tätigkeiten frönt, geht unerwartet daran zugrunde (an Überanstrengung), genau wie ein Löwe, der einen Elefanten davonzerren will. Ein Mensch, ausgemergelt durch Maßlosigkeit im Sexualverhalten, im Gehen, im Schleppen von Lasten und in der Anwendung körperreinigender Maßnahmen (wie Einlauf, Abführmittel, künstliches Erbrechen), ist leicht Opfer von Ärger, Furcht, Gram und Überanstrengung. Kinder, Alte, solche mit gestörtem Vāta und jene, die zuviel und zu laut sprechen, die hungrig oder durstig

> sind, all diese Menschen sollten sich der physischen Anstrengung enthalten ... Wer ohne Krankheit sein will, folge dem Pfad der Gesundheit.[3]

Dieses Zitat läßt den Unterschied zwischen den Vorsorgemaßnahmen und Behandlungsweisen der modernen Medizin und denen des Āyurveda deutlich werden. In der modernen Medizin ist die Körper-Geist-Spaltung auch heute noch vorherrschend. Wenn eine Person zum Beispiel an Kopfschmerzen leidet und deswegen den Hausarzt aufsucht, wird dieser selbstverständlich versuchen, den Kranken von seinen Schmerzen zu befreien. Gelingt das nicht, überweist er den Patienten an einen Neurologen. Dort untersucht man den Kranken sehr sorgfältig auf Infektionen, Verformungen oder Verletzungen, um der Ursache des Kopfschmerzes auf die Spur zu kommen. Findet der Neurologe auch nichts, so wird der Kranke schließlich zu einem Psychiater überwiesen, in der Meinung, daß der Grund des Kopfschmerzes kein physischer, sondern ein psychischer ist, und deshalb von einem Psychiater zu behandeln sei. Im Āyurveda ist die Vorgehensweise jedoch eine vollkommen andere. Der Patient wird zuallererst und in allen Einzelheiten befragt über seine Ernährung, Verdauung, Stuhl, Atmung, Beruf, berufliche Situation, familiäre Situation, sonstige Beziehungen, soziale Situation, emotionales Verhalten, Sexualverhalten, Sorgen, Spannungen und so weiter. Der Geist wird nicht vom Körper getrennt gesehen, sondern beide werden als Einheit betrachtet. Zum Beispiel kann übermäßiger Zorn Probleme mit dem Magen verurschen und damit zusammenhängende Kopfschmerzen. Erhöhtes Pitta aufgrund von zu großer Hitze, übermäßigen Verzehrs Pittamehrender Speisen oder sonstiger Ursachen kann die Bereitschaft zu Zorn enorm vergrößern. Ein hektisches Leben und ständige Überanstrengung vermehren Vāta, was wiederum Vāta-bedingte Erkrankungen im Körper entstehen läßt. Ebenso kann ein Übermaß an Vāta aufgrund falscher Ernährung oder fortdauernder Unterkühlung zu Ängstlichkeit und Nervosität führen.

Man kann sagen, daß die Grundlage der āyurvedischen Medizin die Psychosomatik ist. Es handelt sich jedoch dabei nicht um eine Psychosomatik, wie sie die westliche Medizin begreift. Letztere benutzt den Begriff «psychosomatisch» immer dann, wenn sie körperliche Symptome beschreiben will, die auf psychische, emotionale oder mentale Ursachen zurückzuführen sind. Dabei wird davon ausgegangen, daß auf physiologischer, struktureller und chemischer Ebene alles in Ordnung ist. Im Āyurveda ist es nicht möglich, Körper und Geist zu trennen und einfach den Schluß zu ziehen, daß ein bestimmtes Problem ein rein körperliches sei, das mit dem Geist überhaupt nichts zu tun hätte – genausowenig, wie es eine geistige Erkrankung in einem sonst gesunden Körper geben kann. Diese Verbundenheit von Körper und Geist ist außerdem noch eingebunden in die kosmische Realität.

Betrachten wir uns jetzt in allen Einzelheiten die unterdrückbaren Triebkräfte, ihre negativen Auswirkungen bei Nicht-Unterdrückung und die Behandlungsmöglichkeiten.

Im ersten Kapitel wurde bereits erwähnt, daß die individuellen Unterschiede der Menschen, wie beispielsweise starke und schwache Konstitution, unterschiedliche Intelligenz oder verschiedenartige Begabung, auf ihren jeweiligen Daiva zurückzuführen sind, von dem die Grundbefindlichkeit abhängt. Diese Grundbefindlichkeit ist charakteristisch für unsere emotionalen Reaktionen wie unsere humorale Beschaffenheit. Durch unseren Purushakāra können wir einen besseren Daiva erlangen und gleichzeitig auf einen besseren zukünftigen Purushakāra hinwirken. Durch Vernunft oder Erkenntnisvermögen (*buddhi*) sollten wir Kontrolle über unsere Sinne ausüben lernen, um auf dem «Pfad der Gesundheit» voranzuschreiten.

Lobha, das in der Regel als «Gier» übersetzt wird, bedeutet nicht nur das Begehren, etwas zu besitzen, das jemand anderem gehört, sondern es ist auch das brennende Verlangen nach immer «mehr». Mehr Ruhm, mehr beruflicher Erfolg, mehr Komfort, mehr Geld, mehr von allem.

Es gibt in unserer Zeit eine beständig wachsende Zahl von Menschen, die dieser Triebkraft, Lobha, in sich Raum gewähren. Die moderne Gesellschaft, die auf technischem Gebiet sehr weit fortgeschritten ist, ist stark wettbewerbsorientiert, und es gilt als ein Zeichen von Fortschrittlichkeit, das Verlangen nach «mehr» zu nähren. Immer weniger Menschen sind mit dem, was sie haben, zufrieden. Um noch mehr Fortschritte zu machen, führen sie deshalb ein Leben in Hektik, sind überarbeitet, und ihr Geist ist ohne

Ruhe. Dies alles läßt schließlich Vāta-bedingte Erkrankungen wie Nervosität, Schlaflosigkeit, Verspannung, Magenleiden und Krankheiten, die mit dem Blut zu tun haben, entstehen.

Wenn Menschen von einer Sitzung zur nächsten eilen, Geschäften nachjagen oder irgendwelche «wichtigen» Dinge zu erledigen haben, unterdrücken sie gewöhnlich die nicht-unterdrückbaren Triebkräfte in sich, setzen dadurch ihre Gesundheit aufs Spiel und verkürzen so ihre Lebenserwartung. In all ihrer hektischen Routine sollten sie einmal versuchen, für einen Augenblick innezuhalten, um sich zu fragen: «Warum mache ich das eigentlich? Warum tue ich Dinge, die sich gegen meine Gesundheit und gegen mein Leben richten?» Dem Erfolg oder Fortschritt hinterherzurennen ist nutzlos, wenn man dadurch sein Leben (durch Krankheit) bedroht und abkürzt. Denken Sie daran, daß die erste Priorität des Lebens das Leben selbst ist. Hat man es verloren, ist alles andere ohne Wert.

Ein Geist, verhangen von dunklen Wolken der Gier (*lobha*), vergißt nur allzu leicht, daß unser Aufenthalt in dieser Welt begrenzt ist. Es ist deshalb besser, die kleinen Freuden des Lebens zu genießen, als nach den großen zu gieren, da unsere Reise durchs Leben vielleicht schon vorzeitig beendet sein kann. Es ist wie beim Bergwandern – es geht dabei nicht nur darum, ein bestimmtes Ziel zu erreichen, sondern sich an der Schönheit und dem Geheimnis der Natur zu freuen. Wenn Sie versuchen, das Ziel zu schnell zu erreichen, könnte es bei der dünnen Luft passieren, daß Sie sich verausgaben oder sogar krank werden, und das Ziel erschöpft, vielleicht sogar überhaupt nicht erreichen. Wenn Sie an das Ziel hasten, bringt Ihnen das also keinen Gewinn, im Gegenteil, Sie werden ein Verlierer auf der ganzen Linie sein. Ich rate Ihnen auch, daß Sie sich die Zeit für das nehmen, was Sie gerne tun würden, anstatt immer nur das zu tun, was man von Ihnen erwartet.

Als unser Institut hier in Delhi gebaut wurde, hatte ich die Möglichkeit, die Bauarbeiter zu beobachten. Diese Leute leben aus unserer Sicht (meiner und der aller Leser dieses Buches) unter «ärmlichsten Bedingungen» von der Hand in den Mund. Ich bemerkte jedoch, daß sie trotz ihrer Armut das Wertvollste überhaupt besaßen: ihre Freiheit. Es ist unmöglich, diese Menschen zur Arbeit zu bewegen, wenn sie nicht wollen. Man mag ihnen anbieten, was man will, ob Geld oder irgend etwas anderes – nichts wird sie davon abhalten, in ihrem Dorf Urlaub zu machen oder einfach einen Tag frei zu nehmen. Im Gegensatz zu uns fehlt ihnen Lobha komplett.

Es ist unklug, sich allzusehr dem Gram auszuliefern, denn er schädigt die Gesundheit im höchsten Maße. Die Seelenqual des Kummers bricht sich immer in der einen oder anderen Krankheit Bahn. Meistens handelt es sich dabei um Magengeschwüre, Dickdarmkatarrh, Krebs, alle möglichen Körperschmerzen und andere Vāta-bedingte Erkrankungen. Die Leute grämen sich im allgemeinen, weil sie ihren Schmerz und ihr Unglück übertreiben und meinen, daß sie die einzigen auf der Welt sind, die leiden; alle anderen sind glücklich. Sie schwelgen in Selbstmitleid und messen sich und ihren Problemen zu viel Wichtigkeit zu. Kummer ist die Folge eines übermäßigen Hängens am Geld, an Besitz, Kindern, einem Partner oder an etwas anderem, dessen Verlust Gram verursacht.

Denken Sie immer daran, daß Glück ein Geisteszustand ist. Glück kommt von innen. Es ist ein Zustand von Zufriedenheit. Machen Sie sich nicht zum tragischen Helden oder zur tragischen Heldin. Es gibt keine wahre Tragik im Leben. Das Leben besteht aus Gegensatzpaaren. In allem findet sich immer auch etwas Gutes, und Ihr Kummer bringt der Welt nicht das Ende. Ertränken Sie sich nicht in einem Meer von Schmerz. Selbst wenn Sie nur einen Strohhalm der Hoffnung sehen, versuchen Sie ihn zu ergreifen. Der Āyurveda lehrt uns, daß unser Leid und unsere Freude die Folge von Daiva und Purushakāra sind. Daiva, das, was wir in dieses Leben mitbringen, ist unser früheres Karma. Wenn Sie zuviel über Ihr Leid grollen, machen Sie alles nur noch schlimmer. Purushakāra, also das, was wir durch jetziges Tun an Karma ansammeln, kann durch Daiva verbessert werden. Im Angesicht einer schlimmen Lage ist es besser, Mut zu sammeln und zu versuchen, das Beste aus dem Schlimmsten zu machen. Vergessen Sie nicht: Schmerz gehört zum Leben, wir alle sind davon betroffen. Wir müssen lernen, auf kluge Weise so mit Purushakāra umzugehen, daß wir uns als Folge des gegenwärtigen Leids nicht noch tiefer in Leid verstrikken. Wir müssen lernen, die Kette des Leidens zu durchbrechen.

Erinnern Sie sich immer daran, daß jeder einzelne Mensch sein

Karma hat, mit dem er sich auseinandersetzen muß. Ob es unsere Söhne, Töchter oder andere liebe Personen sind, wir können ihnen nur bis zu einem gewissen Grad helfen. Erkennen Sie Ihre Grenzen und grämen Sie sich nicht über das, was nicht in Ihrer Macht steht.

Zu viel Anhaften führt nur zu Kummer und Schmerz. Sie müssen sich immer vor Augen halten, daß alles nur von kurzer Dauer ist, einschließlich unseres Körpers und unserer Habe. Alles unterliegt beständigem Wandel, und wir sollten an nichts und niemandem festhalten. Sie müssen versuchen, einen von allem losgelösten Standpunkt zu gewinnen. Dies kann nur geschehen durch nie endende Anstrengung und den Versuch, sich die verschiedensten Lebenssituationen ganz klar vor Augen zu stellen.

Sie müssen versuchen, sich Mut, Furchtlosigkeit und Wahrhaftigkeit anzueignen. Gefühle von Furcht sind sehr zerstörerisch. Unternehmen Sie deshalb alles, die Angst zu überwinden, indem Sie sich ihr stellen. Wenn Sie sich in der Lage eines Vorgesetzten befinden, oder der von Eltern, oder irgendeine andere Funktion innehaben, in der Sie Macht ausüben, sollten Sie sehr darauf achten, nichts zu tun, was anderen Angst einjagen könnte. Seien Sie stark und glauben Sie an Ihre innere Kraft, an Ihr inneres Licht. Es ist unsere innere Kraft (*jīva*), die der Urgrund des Lebens ist – sie ist unzerstörbar. Versuchen Sie, sich in Situationen, die Angst machen, auf diese innere Stärke zu konzentrieren.

Die Menschen lügen gewöhnlich entweder aus Gier (wie beispielsweise Geschäftsleute oder große Konzerne, die den Konsumenten irgendein Produkt andrehen wollen) oder aus Furcht. Die Wahrheit zu sagen erfordert Mut und Furchtlosigkeit. Zerbricht oder verliert ein Kind etwas, das den Eltern von Wert ist, empfindet es große Furcht. Ein Kind ist verletzlich, denn es ist körperlich klein und fürchtet Ihren Zorn. Geben Sie Ihrem Kind immer das Gefühl, daß es belohnt wird, wenn es die Wahrheit sagt. Schaffen Sie keine Gelegenheit, in denen Ihr Kind Angst haben muß.

Haben Sie immer den Mut, die Wahrheit zu sagen, selbst wenn das unangenehme Folgen für Sie hat. Lügen zu erzählen bedeutet, sich ständig in einem Zustand der Angst zu befinden, entdeckt zu werden. Ein solcher Zustand ist sehr schlecht für die Verdauung, das Herz, die Nerven und die Atmungsorgane. Wenn Sie sich vor etwas fürchten, denken Sie an die mächtigen Berge, die aufrecht und stark den Stürmen die Stirn bieten. Denken Sie an das grenzenlose Firmament. Denken Sie an die lebenspendende Sonne und erwecken Sie Ihre innere Kraft, bezwingen Sie die Furcht und haben Sie immer den Mut, die Wahrheit zu sprechen.

Eifersucht und Neid haben ihren Ursprung in der Unzufriedenheit. Wir wollen, was der Nachbar hat, fühlen uns frustriert und möchten in der Lage des anderen sein. Versuchen Sie mit dem zufrieden zu sein, was Sie haben. Denken Sie in schlimmen Lebenslagen an jemanden, der noch schlechter dran ist als Sie. Glauben Sie niemals, Sie könnten in der Lage eines anderen glücklicher sein. Stellen Sie sich eine Lehrerin vor, die ihre Nachbarin beneidet, weil sie Managerin einer großen Firma ist und zehnmal mehr verdient. Die Lehrerin sieht möglicherweise nur das Geld der Nachbarin, jedoch nicht die Nachteile und den Streß, den diese Frau zu ertragen hat. Das ruhige Leben der Lehrerin mit den vielen Ferien ist viel mehr wert als Geld. Wofür ist das Geld gut, wenn der Preis eine gesundheitsgefährdende Lebensweise ist, die einen langsam krank werden läßt und das Leben kürzer macht. Vergeuden Sie nicht Ihre Energie an solche nutzlosen Gefühle, die zu nichts führen.

Zu viel und zu lautes Sprechen schadet der Gesundheit. Sprechen Sie nicht lauter als es das akustische Verständnis erfordert. Schreien Sie nicht. Manche Menschen lassen sich von Gefühlen überwältigen und sprechen dann sehr laut. Dies ist ein Anzeichen von zuviel Vāta. Sprechen Sie immer sanft und freundlich, und wählen Sie Worte, die andere nicht verletzen. Denken Sie immer daran, daß Sie auch sich selbst schaden, wenn Sie andere verletzen.

«Zorn zerstört das Gedächtnis», sagt die *Bhagavad-Gītā*.[4] Wenn Sie lange gesund leben und Ihr Gedächtnis dabei jung erhalten wollen, versuchen Sie, Ihren Ärger loszuwerden. Schützen Sie sich vor dieser verderblichen Regung des Gefühls und wenden Sie sich der Vernunft zu. Strengen Sie sich an, eine gütliche Regelung für ein Problem zu finden, anstatt zu explodieren.

Manche Menschen ärgern sich über die nichtigsten Anlässe. In Deutschland zum Beispiel regen sich viele Menschen darüber auf, daß sie keinen Parkplatz finden, oder über die falsche Fahrweise eines anderen Autofahrers. Sie nehmen das einfach zu ernst! In Indien ist es ganz normal, daß eine Kuh, ein Hund, ein Esel oder ein Radfahrer plötzlich vor Ihrem Auto auftaucht. Nur Städter und

Ausländer regen sich dort darüber auf. Versuchen Sie, es leicht zu nehmen. Ärger läßt den Blutdruck ansteigen, macht nervös und verkrampft die Muskeln. Schützen Sie sich vor dieser langsamen Aushöhlung Ihrer Gesundheit, falls Sie an einem langen Leben interessiert sind.

Anpassung an die biologischen Veränderungen im Alterungsprozeß

Als ich vor vielen Jahren in Paris lebte, bekam ich eines Tages einen Brief von meiner Mutter. Sie beschwerte sich darin, daß alle ihre Schwestern, ob jünger oder älter, bereits Großmütter waren, wohingegen keines ihrer drei Kinder auch nur ans Heiraten dachte. Mehrere Jahre später erlangte meine Mutter schließlich auch den Status einer Großmutter und war sehr glücklich, auf den Kleinen aufzupassen, ihn mit Ghee zu massieren, mit Milch zu waschen und alles mögliche für ihn zu tun. In Deutschland erlebte ich eine völlig entgegengesetzte Situation. Ein Kollege hatte eine zwei Jahre alte Enkelin, die gerade zu sprechen anfing. Die Frau meines Kollegen – sie war so um die fünfzig – bemerkte eines Tages: «Ist es nicht schrecklich, Oma genannt zu werden. Man fühlt sich plötzlich so alt.» Wie meine Mutter hatte auch sie große Freude an dem Enkelkind, doch es gab einen Unterschied: Diese Frau konnte der Vergänglichkeit nicht ins Gesicht sehen. Die Veränderungen, die das Altern bei ihr verursachten, frustrierten sie, und diese Frustration war selbst durch die dicke Schicht Make-up noch sichtbar.

Nach dem Āyurveda ist das Leben dreigeteilt: Kindheit, Lebensmitte und Alter. Die Kindheit reicht bis etwa sechzehn Jahre, die Lebensmitte bis etwa sechzig, darüber hinaus beginnt dann das Alter. «Kindheit nennt man die ersten sechzehn Jahre des Lebens, wenn die Dhātus noch unreif und die von der Sexualität bestimmten Charaktereigenschaften noch nicht manifest sind, wenn der Körper zart ist, ohne Ausdauer, mit noch unvollkommener Kraft, und wenn Kapha vorherrscht. In der Zeit bis zum dreißigsten Lebensjahr ist der Geist noch nicht gefestigt, auch die Dhātus haben ihre Entwicklungsphase noch nicht abgeschlossen. Die Lebensmitte ist gekennzeichnet durch Stärke, Energie, Zeugungskraft,

Können, Aneignung, Merkfähigkeit, Erinnerung, Rede und Verständnis. In dieser Zeit haben die Eigenschaften aller Dhātus ihre normale Ausprägung erreicht, die physischen und geistigen Kräfte sind voll entwickelt und Verfall ist noch nicht eingetreten; das Pitta überwiegt. Schließlich kommt das Alter, das bis zum einhundertsten Lebensjahr dauern kann. Im letzten Lebensabschnitt baut alles mehr und mehr ab: Dhātus, Sinnesorgane, Stärke, Energie, Zeugungskraft, Können, Aneignung, Merkfähigkeit, Erinnerung, Rede und Verständnis; der Vāta dominiert.»[5]

In jedem Alter gibt es Veränderungen und Umbildungen, mit jedem Augenblick altern wir. Es ist wunderschön, ein Baby zu einem Kind heranwachsen zu sehen, ein Kind zu einem Jugendlichen. Die Schönheit der Veränderung ist immer da, doch irgendwann um die Vierzig fangen die Leute an, sie zu verdammen. Sie möchten nicht alt werden und meinen, daß der bessere Teil ihres Lebens vorbei ist. Es ist, als ob sie nur das wahrnehmen, was positiv und gut an ihrer Vergangenheit war, und ihre Blicke einzig auf die Aspekte des Alterns richten, die negativ sind. Viele Menschen neigen dazu, ihre Vergangenheit zu glorifizieren; sie murren über das, was ist, indem sie es mit der Vergangenheit vergleichen, und machen sich Sorgen über etwas, das es noch gar nicht gibt. Alle Lebensstufen sind schön auf ihre eigene Art. Glauben Sie ja nicht, daß die schönste Zeit Ihres Lebens jene war, als Sie von Ihrer Mutter behütet wurden. Kinder sind verletzlich, hilflos und abhängig. Zweifelsohne waren die Studentenjahre wunderbar, aber sie bargen auch eine neue Art von Verantwortung, Furcht und Unsicherheit über die Zukunft, und die wenigsten von uns hatten zu jener Zeit ausreichend Geld oder Komfort.

Ein anderes schreckenerregendes Merkmal des Alterns ist für eine ganze Reihe von Menschen auch, daß sie das Älterwerden verbinden mit Krankheit, Gebrechlichkeit, Häßlichkeit und Abhängigkeit von anderen. Das Alter muß nicht so sein. Es ist unsere eigene Schuld, wenn wir in der Jugend nachlässig in bezug auf unsere Gesundheit sind und dann im Alter die Früchte unseres Karma ernten. Die Leute machen sich Gedanken darüber, in welche Art von Versicherung, in welchen Anlagefonds sie zum Zwecke der Alterssicherung investieren sollten, doch wenn man ihnen sagt, sie sollten täglich nur fünfzehn Minuten Yoga üben, haben sie keine

Zeit dazu. Die Fundamente für ein gesundes Alter müssen wir in der Jugend legen. Unser Körper/Geist vergißt die vergangenen Erfahrungen nicht. Alte Wunden schmerzen, alte Unfälle verursachen Beschwerden. Täglich zwanzig Zigaretten zu rauchen, achtlos zu trinken, die Nächte durchzumachen, eine laute Redeweise, Zornausbrüche und ähnliche Verhaltensweisen zeigen ihre Wirkung vielleicht nicht sofort, doch alles wird registriert. Es ist deshalb sehr wichtig, auf vielen Ebenen zur Erhaltung der Gesundheit beizutragen, damit man im Alter schön, strahlend und gesund ist – kein «altes Wrack».

Versuchen Sie nicht, jung zu bleiben; versuchen Sie lieber, schön zu altern. Sie müssen lernen, im Fluß der Zeit zu leben, sich ihr anzupassen und ihr Vergehen zu akzeptieren. Nehmen Sie jeden Tag als ein Geschenk der Natur. «Carpe diem» – pflücke und genieße jeden Tag. Gehen Sie mit jeder Lebenslage um, als wäre sie ein Kunstwerk.

Alter bedeutet nicht Krankheit und Verunstaltung. Wir können all das vermeiden, wenn wir nach den Regeln unserer «Natur» und nach dem Rhythmus der Zeit leben. Ernährung, Lebensstil, Bewegung und so weiter sollten sich mit dem Alter ändern. Wenn wir dem Rhythmus, den uns die Zeit und unser Leben setzten, nicht folgen, werden wir Opfer einer Schädigung unseres humoralen Gleichgewichts. Eine fortwährende Beeinträchtigung unserer Humore erhöht unsere Bereitschaft zu erkranken. So werden wir Gefangene einer ganzen Kette von Krankheiten und unsere Dhātus werden schnell zerstört. Solche Umstände beschleunigen den Alterungsprozeß; der körperliche und geistige Verfall beginnt zu früh, die Vitalität geht verloren und die Schönheit ist dahin. Sowohl unser gegenwärtiges Karma als auch unsere geistige Haltung spielen eine wesentliche Rolle bei der Erhaltung unserer jugendlichen Kraft.

Männer und Frauen um die Vierzig reagieren sehr oft bestürzt auf die ersten Anzeichen des Alterns. Ein paar graue Haare, ein leichtes Nachlassen der Sehkraft oder das Auftauchen von kleinen Fältchen hier und dort versetzen sie in Angst und Schrecken, und sie beginnen ihren Körper bereits im Stadium des Verfalls zu sehen. In das Alter hineinzuwachsen ist jedoch genauso natürlich, wie von der Kindheit in die Jugend zu erblühen. Bereits vom Augenblick der Empfängnis an beginnen wir zu altern. Dies bedeutet, daß uns die Umwandlungen in unserem Körper zu dem eindeutigen Ziel der Auflösung und somit dem Ende unseres physischen Daseins führen. Die Absicht des Āyurveda ist, verschiedene Methoden aufzuzeigen, die diese Reise durchs Leben angenehm und komfortabel machen können.

Die Wechseljahre, graue Haare, der langsame Rückgang der Körperstärke, die Verminderung der Sexualkraft, Falten und schließlich das allmähliche Näherrücken des Todes sind physische Wandlungsprozesse, die unserer gedanklichen Mitarbeit und Anteilnahme bedürfen. Sie sollten all diese Veränderungen weder als «Verlust» betrachten noch ängstlich vor ihnen zurückweichen. Statt dessen sollten Sie immer auf diese Grundtatsache des Lebens vorbereitet sein: daß nichts von Dauer ist – weder Ihr Glück noch Ihr Kummer, weder Ihr jugendliches Aussehen noch Ihr Alter. Ein jeder von uns bewegt sich auf ein klares Ende zu, das eigentlich gar kein Ende ist, sondern nur die Illusion eines Endes. Unsere Großeltern, deren Eltern und die vielen Menschen vor uns leben nicht mehr – und trotzdem geht das Leben weiter, die Jahreszeiten kommen und gehen, die Erde dreht sich um ihre Achse, wir sehen Sonnenaufgang und -untergang, und der Mond zieht seine Bahn. Genauso würde auch das Leben weitergehen, wenn wir nicht mehr sind. Immer wird es neue Menschen geben, die an unsere Stelle treten. Unser Körper, aus den fünf Elementen zusammengefügt, zerfällt und geht zu ihnen zurück. Die Essenz des Lebens (*jīva*) in uns erlangt nach gewisser Zeit einen neuen Körper und man sagt, sie sei «wiedergeboren» worden.

In diesem universellen Kreislauf gibt es keinen Grund, sich über physische Veränderungen, Verfall oder Tod zu beklagen. Die Weisheit liegt darin, diese Veränderungen mit Würde zu akzeptieren und alles dafür zu tun, ein Alter ohne Krankheit zu erleben. Die meisten von uns machen sich in der Jugendzeit, in der sich die Dhātus noch in einem Entwicklungsstadium befinden, keine Gedanken über das Alter. Schließlich haben wir den Gipfel erreicht und der Abstieg beginnt. Das schockiert uns. Wir beginnen mit künstlichen Methoden den Kampf dagegen aufzunehmen, indem wir uns die Haare färben, die Falten glattziehen lassen oder den Versprechungen der Werbeindustrie nach ewiger Jugend auf dem

Leim gehen. Wenn man aber tatsächlich etwas für den Erhalt seiner jugendlichen Kraft und Energie tun will, muß man damit vor dem Niedergang der Dhātus anfangen. Man beginnt nicht erst dann einen Brunnen zu graben, wenn man durstig ist.

Viele Frauen leiden an den Wechseljahren. Ein Teil dieses Problems ist der oben angesprochene Schock über die körperlichen Veränderungen, gleichzeitig aber auch die physiologischen Auswirkungen der hormonellen Veränderungen. Der psychische Zustand macht dies nur noch schlimmer, und so kann das Leid über Jahre andauern. Zunächst müssen Sie begreifen, daß das Ende der Menstruation so natürlich ist wie ihr Beginn, damals, als Sie etwa dreizehn Jahre alt waren. Das Ende Ihrer Periode bedeutet das Ende Ihrer Gebärfähigkeit, nicht das Ende Ihrer Sexualität oder gar den Beginn des Alterns. Es bedeutet nur, daß Sie Ihre monatliche Blutung nicht mehr haben werden und somit keine Kinder mehr bekommen können.

Um sich dieses Übergangsstadium der Wechseljahre zu erleichtern, müssen Sie sich rechtzeitig geistig und körperlich darauf vorbereiten. Kleine Abweichungen in Ihrem Regelzyklus markieren den Beginn dieses Lebensabschnitts. Machen Sie täglich Ihre Yoga-Übungen, essen Sie Vāta-mindernde Speisen und unternehmen Sie auch sonst alles, was Ihrer Gesundheit förderlich ist. Das können Massagen sein, das Einreiben mit Öl und Fett, regelmäßiges Klistieren, gelenktes Atmen (*prānāyāma*) und die Einnahme gesundheitsfördernder Stärkungsmittel (siehe 9. Kapitel). All diese Maßnahmen sind geeignet, sich auf diese Zeit vorzubereiten.

Augen, Haare und Haut sind die anderen Bereiche, in denen das Altern zuerst sichtbar wird. Kümmert man sich nicht richtig um ihre Pflege, setzt alles viel früher ein: das Ergrauen und der Ausfall der Haare, das Nachlassen der Sehkraft und das Schlaffwerden der Haut. Die Pflege dieser Körperteile sollte unter keinen Umständen vernachlässigt werden. Falten können entstehen aufgrund von zuviel Pitta, zu vielem und zu lautem Sprechen, Überanstrengung, zu streßbeladener Lebensweise, zu vieler Sorgen oder verkrampfter und unangemessener Körperhaltung. Man sollte deshalb täglich gewisse Yogāsanas machen, in Verbindung mit einigen speziellen Übungen, die der Faltenbildung entgegenwirken.[6] Lassen Sie ausreichend Schlaf und eine angemessene Ernährungsweise die Pflege Ihrer Haut übernehmen. Achten Sie darauf, daß Vāta an der Hautoberfläche nicht zunimmt, denn das macht die Haut trokken und schafft dadurch die Voraussetzungen für zu frühe Faltenbildung. Tun Sie deshalb alles, um Ihre Haut weich und glänzend zu erhalten. Ölen Sie Ihren Körper regelmäßig ein und wenden Sie auch sonst alle bereits erwähnten Pflegemaßnahmen an.

Im Āyurveda gibt es einen Bereich, der sich mit der Verjüngung von Körper und Geist befaßt und selbstverständlich eine āyurvedische Lebensweise voraussetzt. Diese Verjüngungstherapie beschäftigt sich auch mit der Erhaltung der Sexualkraft. Es handelt sich dabei jedoch um ein sehr umfangreiches Gebiet, dessen Behandlung den Rahmen dieses Buches sprengen würde.

Wenden wir uns zum Abschluß dieses Kapitels jenem Bereich zu, der alles Leben beschließt – dem Tod. Jedem Wesen ist eine innere Kraft eigen, die auf das Überleben gerichtet ist. Selbst der kleinste Einzeller besitzt Mechanismen, die ihn vor dem Tod schützen sollen. Wenn unser Leben bedroht ist, haben wir Angst und setzen sämtliche Mittel ein, um uns zu retten. Doch gleichzeitig ist der Tod ein natürlicher Verfallsprozeß – es ist eine Grundbedingung des Lebens, daß Neues geboren wird und Altes stirbt.

Anders als die moderne Medizin betrachtet der Āyurveda den Tod nicht als ein Versagen der Heilkunst, sondern als einen natürlichen Vorgang. In den Überflußgesellschaften der industrialisierten Länder werden Patienten mit unheilbaren Krankheiten mit allen nur erdenklichen Apparaten am physischen Leben erhalten. Entweder im Koma oder aller lebenswichtigen Körperfunktionen beraubt, liegen manche dieser Menschen jahrelang in Krankenhäusern. Im Gegensatz dazu rät der Āyurveda zu keiner unnötig lebensverlängernden Behandlung einer unheilbaren Krankheit. Statt dessen wird empfohlen, einen solchen Menschen in ruhiger Umgebung unter der Obhut seiner Lieben zu belassen, damit er/sie einen «guten Tod» haben kann. In der Tat gibt es in der modernen Medizin die Vorstellung eines guten oder schlechten Todes nicht.

Ich möchte Ihnen hier keinen langen Vortrag halten mit dem Thema «Wie bereitet man sich auf den Tod vor?», denn ich meine, es genügt, wenn man sagt: Vergessen Sie niemals, daß Sie sterben. Denken Sie immer daran, daß niemand von uns für immer in dieser

Welt leben wird. Jeder strebt in jedem Augenblick seiner flüchtigen Existenz einem einzigen Ziel zu, das landläufig «Tod» genannt wird. Der Āyurveda sieht den Tod nicht als endgültig an. Er ist nur eine Umwandlung, die sich von anderen Formen der Energieumwandlung nicht wesentlich unterscheidet. Kochendes Wasser wird zu Dampf, Dampf bei Abkühlung zu Flüssigkeit, und Flüssigkeit kann in Eis oder wieder in Dampf umgewandelt werden. Nichts geht wirklich verloren. Ähnlich ist es mit dem Tod. Der Tod ist der Prozeß der Trennung der Universalseele, Purusha, vom materiellen Körper, Prakriti (siehe 1. Kapitel). Der materielle Körper geht dorthin zurück, wo er herkam – zu den fünf Elementen. Das ist der Grund, warum die Hindus ihre Toten verbrennen. Es soll darauf hinweisen, daß der materielle Körper jetzt, da er ohne Seele ist, großzügig zurückgegeben wird an die fünf Elemente, damit das Gleichgewicht innerhalb der Natur aufrechterhalten bleibt. Dem toten Körper wird dementsprechend keine Wichtigkeit beigemessen – das wahre Selbst eines Individuums ist die Seele, die unzerstörbar ist, reine Energie, ohne irgendeine Substanz. So hat die Beschäftigung mit dem Tod im Hinduismus niemals den Stellenwert gehabt, den sie in anderen alten Zivilisationen eingenommen hat.

Die Hindus glauben, daß die Seele in einer anderen Gestalt und innerhalb eines anderen äußeren Organisationszusammenhangs wiedergeboren wird, entsprechend dem vergangenen Karma. Dieser Zyklus ist ohne Ende. *Kala* ist einer von mehreren Sanskrit-Begriffen für den Tod, doch es bedeutet auch Zeit. Zeit wird begriffen als Umwandlung.[7] Der Tod ist eine bloße Umwandlung. Im Āyurveda betrachtet man den Tod nicht als plötzliches Ende des Lebens. Eher als einen langsamen Ablauf, der bereits mit verschiedenen auf den Tod hinweisenden Vorboten beginnt. Charaka hat diesem Thema einen ganzen Abschnitt («Indriyasthāna») seiner Samhitā gewidmet. Es heißt, daß es keinen Tod gibt ohne vorhergegangene Anzeichen.

Seien Sie nicht besessen vom Gedanken des Todes und fürchten Sie ihn nicht. Bejahen Sie statt dessen mutig und in Würde die Tatsache, daß der Tod allen, die geboren werden, sicher ist. In der hinduistischen Mythologie gibt es eine Geschichte, die beschreibt, wie die Götter einst die Menschen verfluchten, indem sie den Tod aus der Welt verbannten und dadurch unsägliches Leid über die

Erde brachten. Gewöhnen Sie sich an, mindestens einmal am Tag an das unvermeidliche Ende zu denken; dies darf jedoch kein Selbstmitleid in Ihnen erwecken. Die Menschen fühlen sich normalerweise ihrem materiellen Besitz sehr zugetan und denken mit Trauer daran, ihn aufgeben zu müssen. Wenn Sie sich von Lobha und übermäßigem Anhaften befreit haben, ist es viel leichter, dem Tod gegenüberzutreten. Andere wiederum sorgen sich um ihre Angehörigen. Vergessen Sie nicht, jeder hat sein eigenes Karma, und es liegt nicht an Ihnen, das Los anderer Menschen zu bestimmen. Wir schaffen uns unser Schicksal selbst. Wenn wir deshalb anderen «helfen», so ist das entweder eine Folge von vergangenem Geben und Nehmen, oder es ist Nahrung für den Baum unseres Karmas – die sich in künftigen Früchten manifestieren wird.

8. Körper, Geist und Seele in Krankheit und Therapie

> Körper, Geist und Selbst – diese drei bilden ein Dreibein, auf dem das Wort Leben steht, und Leben ist das zentrale Thema dieses Veda [Āyurveda], der für die Lebewesen geschaffen wurde.
> Abartiger, negierender und übertriebener Gebrauch der Sinnesobjekte, der Zeit und der Vernunft sind der dreifache Grund psychischer und körperlicher Erkrankungen. Körper und Geist sind gleichermaßen der Ort von Leiden und Freuden. Das Selbst (*jīva*, die Einzelseele) ist frei von Störungen; es ist in Verbindung mit dem Geist die Ursache des Bewußtseins der fünf Sinneselemente (Klang, Fühlbarkeit, Erscheinung, Geschmack, Geruch) und der Sinnesorgane (Hören, Fühlen, Sehen, Schmekken, Riechen); er ist ewig und der Seher, der alle Taten sieht.[1]

Die menschliche Existenz ist das Resultat der Vereinigung von Körper, Geist und Seele. Die Außenwelt wird von den Sinnen wahrgenommen; diese Wahrnehmung wird vom Geist erkannt. Der Begriff «Geist» wird hier in einem Sinn gebraucht, der das Erkenntnisvermögen oder die Vernunft (*buddhi*) mit einschließt. Die Seele bleibt von den Aktivitäten des Geistes unberührt. Sie ist nur passiver Zuschauer (*drishtā*). Ohne diesen passiven Zuschauer können wir uns jedoch keines Wissens bewußt sein. Mit anderen Worten: Ohne Seele, die der Grund des Bewußtseins ist, existiert nichts für ein Individuum, ja ohne das Vorhandensein der Seele kann es keine Vorstellung von einem Einzelwesen geben. Wenn Sie sich noch einmal an das Diagramm 2 erinnern: Es ist die Kombination von Purusha, der Universalseele, und Prakriti, der kosmischen

Substanz, die das Denkvermögen, die Vernunft und das Prinzip der Individualität entstehen läßt.

Körper und Geist sind der Ort der Freude, wohingegen die Seele jenseits davon ist. Man sagt, daß die Ausgeglichenheit von Körper und Geist die Grundlage der Freude ist. Sie haben bereits über das Gleichgewicht des Körpers in bezug zu den drei Humoren und unsere kosmische Einbindung durch sie gehört. Sämtliche physischen und mentalen Funktionen des Körpers unterliegen ihrer Steuerung. Die Ausgeglichenheit von Geist und Körper setzt voraus, daß sich die Humore im Gleichgewicht befinden; stimmt ihr Mischungsverhältnis, dann sind auch die fünf Grundelemente in uns gleichrangig verteilt. Auf gedanklicher und psychischer Ebene ist eine Balance zwischen den drei konstituierenden Eigenschaften der Prakriti, also zwischen Sattva, Rajas und Tamas, für den Erhalt des Einklangs mit dem kosmischen Rhythmus unentbehrlich. Diese drei Qualitäten sind nicht nur Eigenschaften der kosmischen Substanz, sondern auch für drei Geisteszustände verantwortlich. Man findet sie in allen Bereichen des Lebens. Ich werde auf dieses Thema später noch zu sprechen kommen, möchte Ihnen jedoch zuerst erklären, was der Āyurveda meint mit «abartigem, negierendem und übertriebenem Gebrauch der Sinnesobjekte, der Zeit und der Vernunft (*buddhi*)», welcher als der dreifache Grund körperlicher und geistiger Leiden gesehen wird.

Sinne, Vernunft und Zeit

Alle fünf Sinne, die Vernunft (die Fähigkeit zu denken, zu unterscheiden und zu entscheiden) und die Zeit sollten von den Menschen auf eine richtige und angemessene Weise benutzt werden. Ihr abartiger, negierender und übertriebener Gebrauch führt zu ernsten körperlichen und geistigen Erkrankungen.

Nehmen wir als Beispiel ein Sinnesobjekt, das in Beziehung zu dem Sinnesvermögen des Sehens steht: die Erscheinung. Das Anstarren eines allzu hellen Gegenstandes wäre demnach ein übertriebener Gebrauch eines Objekts des Sehvermögens. Vermeidet man das Hinsehen gänzlich, wäre das sein negierender Gebrauch, und betrachtet man etwas aus zu geringer oder zu großer Entfernung, oder verbissen, oder ist der Gegenstand schreckenerregend, unangenehm, ekelhaft, entstellt oder fürchterlich, so wäre das ein abartiger Gebrauch des Sinnesobjekts. Andere Beispiele für einen abartigen Gebrauch visuell erfaßbarer Gegenstände sind das Betrachten von Gewalt und Horror, von Stierkämpfen, Hahnenkämpfen und ähnlich grausamen Aktionen.

Entsprechend verhält es sich mit dem Hören. Wohnen in einer lauten Umgebung, Fernseher oder Radio, die ununterbrochen laufen, sowie Trommel- oder Maschinenlärm stellen übertriebenen Gebrauch von Objekten des Hörsinnes dar. Hält man sich völlig von Geräuschen fern und hört überhaupt nichts, ist das ihr negierender Gebrauch. Das Anhören harter oder furchteinflößender Worte oder solcher, die den Tod eines lieben Menschen, Verlust oder Erniedrigung ankündigen, wäre ein abartiger Gebrauch von Objekten des Hörsinnes.

Das zu häufige Riechen von zu scharfen, intensiven oder abstoßenden Düften ist ein übertriebener Gebrauch der Objekte des Riechens. Das Fernhalten von allen Gerüchen ist ihr negierender Gebrauch; das Riechen von ungeliebten oder in Verwesung befindlichen Gegenständen, von vergifteter Luft, von toten Körpern oder übelriechenden Chemikalien wäre ihr abartiger Gebrauch.

Die Aufnahme sehr scharfer, starker, sauerer oder bitterer Kost ist ein übertriebener Gebrauch der Gegenstände des Geschmackssinnes. Geschmacklose Nahrung zu sich zu nehmen ist ihr negierender Gebrauch, und das Essen von Speisen, deren Rasas der eigenen Befindlichkeit und Stärke (siehe 9. Kapitel) entgegengesetzt sind, wäre der abartige Gebrauch der Geschmacksobjekte.

Zu heiße oder zu kalte Bäder, zu viel Massage oder Einölen der Haut ist ein übertriebener Gebrauch der Dinge, die man fühlen kann. Überhaupt kein Bad nehmen, keine Massage oder kein Einölen des Körpers ist ihr negierender Gebrauch, und die Berührung rauher Oberflächen, schmutziger Gegenstände oder die Selbstverletzung wäre der abartige Gebrauch von fühlbaren Objekten.

Nun zu den üblen Folgen, die ein übertriebener, negierender und abartiger Gebrauch der Vernunft für die Gesundheit haben kann. Es ist die Vernunft, mit deren Hilfe wir uns für ein bestimmtes Handeln, Karma, entscheiden. Diese Entscheidung wird durch den Körper, die Sprache und den Verstand (das Denkvermögen) in die Tat umgesetzt. Übermäßige körperliche Anstrengung, Bewegung oder Arbeit sind ein übertriebener Gebrauch des Körpers, wohingegen Mangel an Bewegung, Passivität und ein Fehlen jeglicher körperlicher Betätigung sein negierender Gebrauch wäre. Ein abartiger Gebrauch des Körpers ist das Unterdrücken oder das Erzwingen von Triebkräften, Schlafen auf unebenen Oberflächen, eine unnatürliche Körperhaltung, ein Blockieren des Atems und Selbstkasteiung.

Zu viel und zu lautes Sprechen ist ein übertriebener Gebrauch der Sprache. Sich jeglicher Rede und des Selbstausdrucks zu enthalten wäre ihr negierender Gebrauch, und Worte zu verwenden, die betrügerisch, unpassend, taktlos oder verlogen sind, die hart sind oder im Streit geäußert werden, ist ihr abartiger Gebrauch.

Eine Überbeanspruchung der Mentalkräfte und eine hektische Denkweise sind kennzeichnend für einen übertriebenen Gebrauch des Verstandes. Einen passiven, zurückgezogenen Verstand zu besitzen, deutet auf seinen negierenden Gebrauch hin, wohingegen das Hegen böser Gefühle gegenüber anderen oder das Nähren von Gedanken an Töten, Verletzen und Quälen ein abartiger Gebrauch des Verstandes wäre. Ein abartiger Gebrauch des Verstandes erfolgt durch eine abartige Benutzung des Gedächtnisses. Das geschieht, wenn das Gedächtnis nicht zu heilsamen und erfreulichen Zwecken verwendet wird, sondern dazu, angenehme oder unangenehme Situationen der Vergangenheit abzurufen, wobei die Gegenwart außer acht gelassen wird. Wir werden dieses Thema in Kürze detaillierter betrachten, wenn wir über die drei Gunas (Eigenschaften der Prakriti) sprechen.

Übertriebener, negierender und abartiger Gebrauch der Zeit bezieht sich auf den Wechsel der Jahreszeiten und deren besondere Merkmale. Beispielsweise deutet zu viel oder zu wenig Kälte während des Winters auf einen übertriebenen oder negierenden Einfluß der Zeit hin. Wenn man sich nicht auf die verschiedenen Jahreszeiten und ihre bestimmten Eigenheiten einstellt, dann ist das ein abartiger Gebrauch der Zeit. Dazu gehört zum Beispiel das Tragen von zu leichter Kleidung im Winter oder von zu warmer Kleidung im Sommer. Das gleiche wäre es, wenn man bei Hitze zu lange in der Sonne bleibt oder sich im Winter bedenkenlos kalten Winden aussetzt.

Eine ausgeglichene und zuträgliche Kombination der oben beschriebenen Faktoren führt zu Gesundheit, Heiterkeit und Stärke. Ihr übertriebener, negierender und abartiger Gebrauch, intellektuelle Irrtümer und eine ungesunde Lebensweise führen zu verschiedenen endogenen Erkrankungen, zu einer geringen Lebenserwartung und zu psychischen Störungen als Folge von Unzufriedenheit und Frustration.

Die drei Eigenschaften des Geistes

Sie kennen bereits die drei Eigenschaften von Prakriti, der kosmischen Substanz. Es sind Sattva, Rajas und Tamas. Sattva ist die Qualität der Wahrheit, Tugend, Schönheit und Harmonie. Rajas ist die Qualität, die Stärke und Triebkraft beinhaltet. Tamas schließlich ist das, was Bewegung zurückhält, behindert und ihr widersteht. Die Wirkweisen dieser drei Qualitäten der kosmischen Substanz finden wir auf verschiedenen feinstofflichen und praktischen Ebenen. Bevor ich ihre wichtige Rolle in der Medizin aufzeige, lassen Sie uns zuerst ihren Einfluß auf unsere Existenz und die kosmischen Gesetze betrachten.

Sattva ist die Ursache der individuellen Existenz und kennzeichnet Jīva, die Seele. Man kann es mit dem Zustand des Wachens vergleichen. Die Begriffe Schlaf, Traum und Wachen werden hier in einem abstrakten Sinn gebraucht. Die Ursache des Lebens eines Embryo ist Jīva, denn es ist Jīva, der der kosmischen Substanz Leben einhaucht. «Der Embryo kann nicht gezeugt werden ohne Jīva. Ein Sproß kann nicht treiben aus einem Nicht-Samen.»[2]

Jīva ist ein «Zustand der Wachheit», was soviel bedeutet wie die Erkenntnis, daß das wahre Selbst eines Individuums nicht der Körper ist, sondern die Energie oder die Seele, die ohne Substanz ist. Die Seele ist das reine Element, ein Zustand der Wachheit, der Erleuchtung, Sattva.

Ein Embryo ist vor der Geburt in einem Tamas-Zustand. Man kann das mit einem tiefen Schlummer vergleichen, einem Zustand der Inaktivität und Abgeschlossenheit von der Außenwelt.

Rajas ist ein traumartiger Zustand, kennzeichnend für die Aktivitäten des Lebens, die von einer feinen inneren Energie gespeist werden. Diese Energie hat feinstoffliche Kanäle, Nādīs genannt.[3]

Tamas, Rajas und Sattva repräsentieren deshalb in bezug zum Körper die physischen, feinstofflichen und spirituellen Aspekte der menschlichen Existenz. Aus kosmischer Sicht steht Rajas für das kreative Prinzip des Universums, Tamas für das vernichtende Prinzip und Sattva für das Prinzip der Energie und des Lebens. Um diese Prinzipien besser zu verstehen, sei noch einmal auf das *Sāmkhya* verwiesen. Gemäß dieser Lehre bleiben diese drei Qualitäten vor der Verbindung der Universalseele mit der kosmischen Substanz unausgedrückt. Die Verbindung erst kennzeichnet die Schöpfung und damit Rajas. Wenn Universalseele und kosmische Substanz sich wieder voneinander trennen, hat sich dadurch gleichzeitig die Welt der Erscheinungen aufgelöst, ein Kennzeichen für Tamas, das Prinzip der Vernichtung. Sattva ist das Prinzip des Lebens.

Ähnlich wie Vāta, Pitta und Kapha zum Körper gehörige Doshas (Humore) sind, so sind Rajas, Sattva und Tamas ein Kennzeichen der Eigenschaften und Tätigkeiten des Geistes.[4] Denken, Planen, Entscheidungen treffen sind beispielsweise Tätigkeiten des Geistes. Seine Tätigkeit im Zustand des Schlafens wird als Tamas bezeichnet, da er in diesem Zustand neuem Wissen gegenüber verschlossen ist. Es ist einzig das schon vorher erworbene Wissen, das den Geist während des Schlafens beschäftigt. Diese mentale Tätigkeit findet statt in Form von Träumen, oder sie spiegelt sich wider in der Feststellung, daß der Schlaf gut, schlecht oder sonstwie war, falls nicht geträumt wurde. Beides weist auf eine Tamas-Aktivität des Geistes hin. Sattva-Aktivitäten sind jene, die uns zu einem inneren und äußeren Gleichgewicht, zur Wahrheit und zur Erkenntnis des Selbst führen. Dies sind die Eigenschaften der Selbstdisziplin, der Selbstbeherrschung, der Kontrolle über die Sinne, von Prānāyāma, Konzentrationsübungen und der Stille des Geistes.

In einem normalen weltzugewandten Leben braucht man zur Erhaltung der geistigen und körperlichen Gesundheit ein Gleichgewicht zwischen Sattva, Rajas und Tamas. Ich habe den Ausdruck «weltzugewandtes Leben» verwendet, denn wer ein asketisches Leben führt, strebt nach dem Pfad des Sattva und wendet sich ab von Rajas und Tamas. Lassen Sie mich zum besseren Verständnis diese drei Eigenschaften noch etwas genauer beleuchten.

Wir haben bereits im zweiten Kapitel über die drei Prioritäten des Lebens gesprochen. Die erste Priorität des Lebens ist das Leben selbst – es zu schützen und alles zu tun, um die Gesundheit zu bewahren, denn ohne Leben bleibt nichts zurück. Die zweite Priorität ist, ein angemessenes Einkommen sicherzustellen, denn ohne die notwendigen Mittel kann ein langes Leben jämmerlich sein. Die dritte Priorität ist die Erkenntnis des Selbst und das Streben nach Unsterblichkeit, der Überwindung des Kreislaufs von Geburt und Tod, um eins zu werden mit der Universalseele. Um den ersten beiden Prioritäten gerecht werden zu können, müssen wir in einem mehr oder weniger von Konventionen bestimmten System einer Gesellschaft leben. Unser Leben ist dann überwiegend von Rajas bestimmt, da wir uns damit beschäftigen müssen, Geld zu verdienen, ein Dach über dem Kopf zu haben, Lebensmittel heranzuschaffen, uns zu bilden und viele andere Aktivitäten zu entwickeln, die unser Überleben sichern. All das läßt Wünsche entstehen – das Verlangen, mehr Geld zu verdienen, ein Haus zu bauen, ein Auto oder andere komfortable Dinge zu kaufen, wohlschmeckende Speisen zu essen und so weiter. Alle diese Tätigkeiten sind Rajas-Tätigkeiten.

Haltungen wie Gier, Eifersucht, Faulheit, Schmerz zufügen und Töten, Lügen erzählen, Stehlen und so weiter sind Bestandteil der Tamas-Qualität des Geistes.

Das weltliche Verlangen zu überwinden, Kontrolle über die Sinne zu erlangen, alles zu tun, um sich von Ärger und Zorn zu befreien, sich zu lösen vom Haften an Menschen und Dingen, frei zu sein von Gier oder ähnlichen Besessenheiten, all das bezeichnet man als Sattva. In unserem täglichen Leben werden wir von Rajas bestimmt, doch auch Tamas spielt eine Rolle. Tamas gleicht in bestimmten Situationen Rajas aus, beispielsweise Überaktivität durch Faulheit. Unsere Handlungen können nie ganz ohne die Tamas-Qualität sein, selbst wenn wir sehr «gute» und «moralische» Menschen sind. Fleisch essen bedeutet Töten und Schmerz zufügen. Es gibt Zeiten, da müssen wir lügen, um eine bestimmte Situation zu meistern oder einfach, um unser Gesicht zu wahren. Sattva ist ebenso Bestandteil des Lebens, da fast alle Menschen auf dieser

Welt inneren Frieden zu finden suchen, indem sie sich einer Religion zuwenden, die Natur verehren oder in irgendeiner Form Hingabe üben.

Wir sehen, daß unsere alltäglichen Handlungen eine Kombination der drei oben beschriebenen Eigenschaften darstellen. Wie bei den drei Humoren, deren Gleichgewicht die Voraussetzung für Gesundheit und ein langes Leben ist, so auch bei Sattva, Rajas und Tamas, die im Gleichklang sein müssen, damit der Geist friedlich, ungestört und kraftvoll funktionieren kann und so die geistige Gesundheit erhalten bleibt. Wie Sie wissen, zerstört ein verwirrter und ruheloser Geist das humorale Gleichgewicht, was zu verschiedenen endogenen Erkrankungen führt. Krankheiten wiederum wirken sich auf die geistige Verfassung sehr ungünstig aus. Dies führt zu einem Teufelskreis, dem nur schwer zu entrinnen ist (Diagramm 15).

Diagramm 15. Wirkkreis, der aufgrund eines Ungleichgewichts zwischen den drei Eigenschaften des Geistes entstanden ist

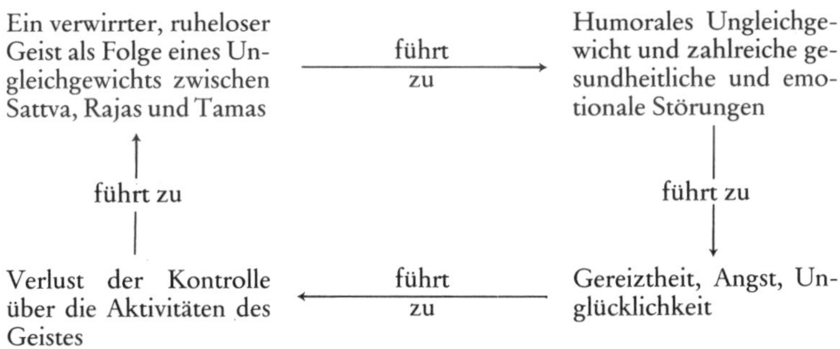

Übertragen wir nun den in Diagramm 15 dargestellten Wirkkreis auf das reale Leben. Stellen Sie sich dazu eine Person vor, die sehr viel Geld verdient und eine hohe Stellung als Top-Manager oder wichtiger Politiker einnimmt. Dieser Mensch muß zahlreiche Entscheidungen treffen, eine Menge Sitzungen und Versammlungen besuchen, diverse Reden halten und an tausend Dinge gleichzeitig denken. Er hat keine wirkliche Freizeit, um einmal abzuschalten; selbst zu Hause denkt er immer noch an seine Arbeit. Er hat sehr wenig Zeit, sich auszuruhen, und noch weniger, etwas für seinen Geistesfrieden zu tun. All das weist darauf hin, daß die geistigen Aktivitäten dieser Person Rajas-dominiert sind, daß sie nicht genug Tamas besitzt und daß Sattva vollständig fehlt. Dieses Ungleichgewicht führt zu einem Übergewicht an Vāta als Folge der Überbeanspruchung des Geistes.

Wie Sie wissen, finden Leute mit hektischer Geistesverfassung, die immer in Eile sind, nie die Muße, in Ruhe zu essen. Schwere Kost, bei «Arbeitsessen» hinuntergeschlungen, führt zu einer weiteren Erhöhung von Vāta. Wenn dieser Zustand über einen längeren Zeitraum anhält, zeigen sich Vāta-bedingte Symptome wie Schlaflosigkeit, Bluthochdruck, allgemeine Körperschmerzen und Verdauungsstörungen. Solche Menschen haben jedoch nicht die Zeit, sich durch Ruhe oder andere «zeitraubende» gesundheitsfördernde Maßnahmen zu kurieren. Aufgrund ständiger körperlicher Probleme sind sie gereizt, von Angst heimgesucht und unglücklich. Das führt zu einem Zustand, in dem der Geist zu schwach ist, die Kontrolle über sich zu behalten. Die Konzentrationsfähigkeit geht verloren, was noch mehr Ruhelosigkeit und Nervosität zur Folge hat. Gefangene ihres Ungleichgewichts, sind sie diesem sich selbst verstärkenden Kreislauf ausgeliefert. Am Ende bedarf es enormer Willenskraft, Anstrengung und äußerer Hilfe, um diesen Teufelskreis zu durchbrechen und das Gleichgewicht wiederzugewinnen.

Ein entsprechendes Beispiel ließe sich für Personen geben, die ein Übergewicht an Sattva oder Tamas haben. Einem Menschen mit einem Tamas-Geist mangelt es an Tatkraft, seine Reaktionen werden langsam, er stumpft ab. Andere Tamas-Merkmale wie Gier, Eifersucht oder zu starkes Anhaften führen schließlich zu Frustration und Depression. Dies schädigt Kapha und verursacht Kapha-bedingte Erkrankungen. Wie Sie wissen, neigt eine Kaphagestörte Person dazu, nur wenig Aktivitäten zu entwickeln, zu viel zu schlafen und langsamer in seinen Reaktionen zu werden. Das führt zu einer noch tieferen Depression und noch mehr Kaphabedingten körperlichen Störungen. So ginge der Kreislauf weiter, es sei denn, es wird eine Initiative ergriffen, Tamas mit Rajas und Sattva auszugleichen und so die Balance wiederherzustellen.

Die moderne, materialistisch orientierte Lebensweise zielt ab auf die Erfüllung der physiologischen Bedürfnisse der «Körpermaschine» und auf ihre Ausstattung mit maximalem Komfort und Luxus. Ein Geistestraining zur Kontrolle der Sinne, zur Entwicklung innerer Ruhe und zum Aufspüren der inneren Kraft fehlt völlig; Folge ist eine Vorherrschaft von Rajas und ein totaler Mangel an Sattva. Dies schafft ein gewaltiges Ungleichgewicht innerhalb der gesamten Gesellschaft und führt zu vielen sozialen Problemen. In der jüngeren Geschichte war es die extreme Rajas-Dominanz, die zu zahlreichen gegenkulturellen Bewegungen der Jugend in vielen Ländern der westlichen Welt geführt hat. Nach so vielen Jahren der Tamas-Vorherrschaft während des Zweiten Weltkriegs wendete sich der Westen Rajas auf Kosten von Sattva zu. Die Leute interessierten sich nicht mehr für Religion und andere spirituelle Aktivitäten. Wenn Rajas bei Fehlen von Sattva ein bestimmtes Maß erreicht hat, führt das zu einem Gefühl von Leere und Wertlosigkeit. Die Menschen dieser Gesellschaften sind relativ frei von materiellen Sorgen und fühlen sich zufrieden, was ihre materiellen Bedürfnisse betrifft, aber die Grundfragen der menschlichen Existenz bleiben bei ihnen unbeantwortet. Eingetaucht in eine materielle Welt und fern dem Gedanken, daß die Welt in ihnen selbst viel reicher ist, versuchen Raja-dominante Menschen meist, Fragen nach der menschlichen Existenz, nach Leben, Alter, Krankheit und Tod, auszuweichen.

Früher oder später aber müssen wir uns alle diesen Tatsachen des Lebens stellen. Wenn es dann soweit ist, kommt es entweder zu einer Krise im Leben des einzelnen Menschen oder ganzer Gesellschaften. Manchmal entwickelt sich eine Reaktion auf die bestehenden Verhältnisse, und das Ungleichgewicht verschiebt sich hin zu einem anderen Extrem. Dies kann dann ein Übergewicht von Sattva oder Tamas entstehen lassen. Wenn sich beispielsweise die Verschiebung in Richtung auf Tamas bewegt, so führt das zu verschiedensten Formen von Geistesgestörtheit, Depression, Ekel, Ablehnung und so weiter. Eine derart abartige Verlagerung kann zu schweren endogenen und psychischen Erkrankungen führen. Verschiebt sich das Ungleichgewicht in Richtung extremer Sattva-Dominanz, so stellt sich bei den Menschen der Wunsch ein, alles Materielle von sich zu weisen und ihr Leben in Absonderung zu verbringen auf der Suche nach einer «anderen Wirklichkeit». Beispiele sind die zahllosen Sādhus (heilige Menschen) in Indien oder die Hippies und andere «Aussteiger» im Westen. Solche Leute «hängen meist nur herum» und leben auf Kosten anderer in der Illusion, das Heil zu erlangen. Sie wechseln ständig zwischen Sattva- und Tamas-Dominanz und fallen auf diese Weise von einem Ungleichgewicht ins andere.

Jede extreme Verschiebung innerhalb der drei die Tätigkeit des Geistes bestimmenden Eigenschaften verursacht ein mentales, physisches und soziales Ungleichgewicht. Ihr Gleichgewicht repräsentiert den Mittelweg und führt zu Gesundheit und einem langen Leben. Ohne Gesundheit ist der Wohlstand wertlos. Ein ungesunder Körper kann uns nicht zum Heil bringen. Welche Tätigkeit, welchen Beruf, welches Ziel auch immer Sie in Ihrem Leben anstreben, wesentlich ist, daß Sie diesen Mittelweg finden. Werden Sie nicht Gefangener eines übersteigerten Rajas-Zustandes. Ich benutze den Begriff «Gefangener», denn ich kenne viele Menschen – in Europa und Indien –, die in der Illusion leben, die Hinwendung zu Sattva und Tamas auf einen späteren Zeitpunkt verschieben zu können. Dieses «später» ist eines Tages «zu spät». Statt dessen werden sie zu Opfern ihrer ungesunden Lebensweise und zu Gefangenen eines Teufelskreises. Erinnern Sie sich immer daran: Der Zeitpunkt, ein harmonisches und gesundes Leben zu führen, ist JETZT. Jeder Augenblick ist wichtig. Eine ungesunde Lebensweise hinterläßt für immer ihre Spuren.

Ein Mensch, der seine Zeit der Suche nach dem Heil widmen will, der Suche nach dem inneren Licht (*sattva*), ist auf ein Gleichgewicht der Kräfte ebenso angewiesen. Der Mittelweg ist absolut wesentlich für alle von uns, welche persönlichen Ziele auch immer wir verfolgen. Solange wir leben haben wir körperliche Bedürfnisse. Um ihnen gerecht werden zu können, müssen wir arbeiten. Wenn wir nicht arbeiten und nur für die «Spiritualität» leben, muß ein anderer für unser Überleben – Nahrung, Kleidung oder sonstiges – arbeiten. Ohne die entsprechenden Mittel zum Überleben könnte es auch sein, daß wir in ungesunden und schwierigen Verhältnissen leben müssen, was letztendlich zu einer Reihe von Krankheiten führt. Ein kranker Körper macht auch den Geist krank, und so können wir dem Pfad des Sattva nicht mehr folgen, denn nur ein starker Geist kann Sinne und Geist unter Kontrolle halten. Es läßt sich auch häufig beobachten, daß Menschen auf ihrer Suche nach Wahrheit faul werden und in Abhängigkeiten geraten. Geschieht dies, so sind sie nicht mehr auf dem Pfad des Sattva, sondern sie bewegen sich in Richtung Tamas.

Im Hinblick auf die Gesundheit ist es unsere Aufgabe, alles zu tun, um ein geistiges Gleichgewicht zu erlangen, egal, wer wir sind oder was wir wollen. Wenn Sie ein/e Geschäftsmann/frau sind, ignorieren Sie Ihr Tamas nicht. Lernen Sie, hektische Tätigkeiten des Geistes nicht zuzulassen, ruhen Sie sich entsprechend aus und schlafen Sie genug. Nehmen Sie sich täglich die Zeit, Ihre Yogāsanas und Atemübungen zu machen. Arbeiten Sie daran, Ihren Geist ruhigzustellen und für einige Augenblicke Stille zu finden. Versuchen Sie, Ihre hektischen Aktivitäten einmal zu überdenken, zu analysieren und in Beziehung zum Sinn des Lebens zu setzen. Lernen Sie, in einigen stillen Momenten bei sich zu sein. Stellen Sie sicher, daß Ihre Ferien ruhig und friedlich verlaufen, damit Sie sich wirklich entspannen können. Bei zu viel Rajas kann es geschehen, daß Menschen einen so hyperaktiven Zustand erreichen, daß sie sich auch dann nervös fühlen, wenn sie allein sind oder sich in einer ruhigen Umgebung befinden. Dies läßt natürlich Rajas noch mehr ansteigen. Das ist auch der Grund, warum es unverzichtbar für Sie ist, sich selbst bei engster Terminplanung Zeit für sattvische Aspekte des Lebens zu nehmen. Ihrer Gesundheit und Ihrem Wohlbefinden zuliebe sollte diese kurze Zeit für Prānāyāma und innere Schau erste Priorität bei Ihrer Terminplanung einnehmen. Schützen Sie sich davor, aufgrund Ihres hohen Rajas Opfer einer schweren Krankheit zu werden.

Wer einer eher passiven Lebensweise frönt, sich meist in geschlossenen Räumen aufhält und relativ wenig soziale Kontakte hat, sollte aktive Ferien machen, in denen er/sie die Möglichkeit findet, Leute zu treffen, Sport zu treiben oder sonstige Dinge zu unternehmen, die zu Bewegung anregen. Dies wird Ihren Tamasdominanten Lebensstil durch Rajas ausgleichen. Rajas-Menschen ignorieren Sattva aus Gründen ihrer Geschäftigkeit, Tamas-Menschen tun dies aus Faulheit. Um ein Gleichgwicht zwischen allen drei Qualitäten des Geistes zu schaffen, um ein ganzes und gesundes menschliches Wesen zu werden und um das Fundament für ein langes Leben zu errichten, sollten Sie sich zwingen, täglich Ihre Yogāsanas und Prānāyāma-Übungen zu machen.

Menschen auf dem Pfad des Sattva sollten unabhängig und in der Lage sein, ihren Unterhalt selbst zu verdienen. Sie sollten immer auf der Hut sein, nicht in eine Tamas-fördernde Lebensweise der Inaktivität zu verfallen. Deshalb sollte es Teil ihrer täglichen Routine sein, körperlich zu arbeiten, etwas dafür zu tun, ihren eigenen Lebensunterhalt zu verdienen oder das, was sie brauchen, selbst anzubauen. Ein solcher Mensch sollte Opferbereitschaft, Freundschaft, Herzensgüte und Mitgefühl besitzen. Die Tradition der Āshramas des alten Indien, die noch immer lebendig ist, beruht auf diesen sattvischen Prinzipien.

Ein bestimmter Geisteszustand oder die Vorherrschaft einer der drei geistigen Eigenschaften ist nicht nur begrenzt auf die Tätigkeit des Geistes, sondern betrifft unsere gesamte Lebensweise. Ein Rajas-dominanter Mensch wird sich nicht nur durch eine hektische Geistestätigkeit auszeichnen, sondern insgesamt eine hektische Lebensweise haben. Zu viel reisen, zu viel sprechen, zu wenig Schlaf, schlechte Körperhaltung, zu spätes und zu hastiges Essen, opulente und gut zubereitete Mahlzeiten und viele andere ähnliche Merkmale kennzeichnen in der Regel das Leben von Rajas-Menschen. Im Gegensatz dazu stehen Tamas-Menschen. Sie schlafen zu viel, stumpfen ab und werden möglicherweise dick, weil sie sich zu wenig bewegen. Sie neigen dazu, Tamas-Nahrung zu sich zu nehmen, was das Ungleichgewicht noch vergrößert. Ihre Faulheit und Trägheit kann Tamas-Qualitäten wie Eifersucht, Mangel an Selbstkontrolle und Mattigkeit noch zunehmen lassen.

Wer den Pfad des Sattva geht, sollte sein physisches Selbst nicht vernachlässigen. Manche Menschen essen dann zu einfach oder zu wenig; sie fasten zuviel oder benutzen andere Mittel der Selbstkasteiung, um ihr Ziel schneller zu erreichen. Sie können sich durchaus mit einfacher sattvischer Kost begnügen; achten Sie dabei aber immer auf Ihre Gesundheit und wenden Sie sich niemals Mitteln der Selbstkasteiung zu. Solche Methoden führen zu körperlicher Krankheit und zu einer Schwächung und Ermüdung des Geistes. Denken Sie daran, daß man nicht diese Welt verlassen muß, um das Heil zu erlangen. Man kann sehr wohl auf dem Pfad des Sattva voranschreiten und dabei seinen normalen Pflichten nachgehen, eine Familie haben und einen geregelten Haushalt führen. Sattva ist ein geistiger Zustand, der Sie zur Loslösung und zur Erkenntnis dessen führt, was hinter der materiellen Wirklichkeit liegt. Im Kontext dieses Buches reicht es aus, wenn ich Ihnen sage, daß Sie dem Mittelweg folgen und Ihre geistigen Aktivitäten kontrollieren sollten, um ein Gleichgewicht zwischen Sattva, Rajas und Tamas aufrechtzuerhalten – egal, ob Sie Wirtschaftsboß, arbeitslos oder Asket sind.

Die drei Gunas, die hier beschrieben werden, sollten nicht mit Yin und Yang aus der chinesischen Tradition verwechselt werden. Yin und Yang bezieht sich auf zwei gegensätzliche Pole von Energie. In der indischen Denkweise bezeichnen wir diese als Gegensatzpaare wie beispielsweise Tag und Nacht, Himmel und Erde, kalt und heiß, Seele und Nicht-Seele, Wahrheit und Lüge, materiell und spirituell. Mir ist klar, daß es leichter ist, den Gedanken des Gleichgewichts zu verstehen, wenn von zwei gegensätzlichen Polen die Rede ist: wie bei zwei Seiten einer Waage sollte keiner schwerer sein. Gleichgewicht kann aber auch dann erreicht werden, wenn beide Seiten leer sind, nur gering belastet oder sehr stark. Die drei Gunas sind jedoch ganz spezifische Eigenschaften in ihrem dreiseitig gleichgewichtigen Verhältnis. Jede ist mit den andren beiden verbunden, ein Zuviel der einen bringt die beiden anderen aus dem Gleichgewicht. Die drei Eigenschaften des Geistes sind wie die drei Ecken eines Dreiecks: zueinander in Beziehung, miteinander verbunden und voneinander abhängig.

In der lebendigen Tradition des Āyurveda sind die drei Gunas von großer Wichtigkeit, da sie nicht nur die geistige Tätigkeit betreffen, sondern auch alle anderen Bereiche des Lebens. Essen, Lebensart, bevorzugte Farben und vor allen Dingen Persönlichkeit und Charakter einer Person lassen sich als Zusammenspiel der drei Eigenschaften beschreiben. Manchmal wird aus Unkenntnis ihre tiefere philosophische Bedeutung nicht verstanden, und so wird Tamas allein mit negativen Taten und Gewohnheiten in Verbindung gebracht, Rajas mit etwas, das königlich und luxuriös ist, und Sattva mit spirituellen und gütigen Handlungen.

Alkohol, Fleisch, Zwiebeln, bestimmte stark riechende Speisen und überkochtes und schlecht zubereitetes Essen gilt allgemein als Tamas-Nahrung. «Überfressen» ist eine Tamas-Angewohnheit.

Rajas-Nahrung sind solche Speisen, die sorgfältig zubereitet werden, moderat gewürzt sind und viele ausgesuchte Zutaten aufweisen; die Mahlzeit besteht aus verschiedenen Gemüse- und Fleischsorten mit einander entsprechenden, nicht-antagonistischen āyurvedischen Eigenschaften. Diese Speisen werden in mittleren Portionen verzehrt, begleitet von einem Schluck guten Weins. Sattva-Nahrung ist alles, was die Sinne nicht erregt und eine milde Wirkung auf die Humore ausübt. Die Speisen sind leicht verdaulich und machen nicht faul. Früchte, Reis, Milch, Honig, Ghee und Gemüse mit einer milden Wirkung auf die Humore, wie etwa Karotten, Zucchini und Kürbis, gehören in diese Kategorie. Sattva-Nahrung schließt aus: Fleisch, Gewürze, Ingwer, Knoblauch, Gemüse mit Humor-erhöhender Wirkung wie zum Beispiel Blumenkohl, Zwiebel, Okra und Aubergine. Asketen nehmen in Indien nur Sattva-Nahrung zu sich, normale Menschen einmal die Woche oder zu bestimmten Zeiten im Jahr. Dies geschieht dann meist aus religiösen Anlässen, aus Gründen der Selbstkontrolle oder zum Zweck der Gesundheitspflege.

Was ich mit der Beschreibung der Eigenschaften von Nahrungsmitteln vermitteln will, ist der Umstand, daß eine Person die Tendenz hat, solche Speisen zu wählen, die ihrer geistigen Befindlichkeit entsprechen. Um jene, die Geistestätigkeit bestimmenden Eigenschaften zu verändern, ist es deshalb notwendig, auch die äußeren Faktoren zu berücksichtigen, da beide Bereiche in Beziehung zueinander stehen. Wenn zum Beispiel Ihr Geist Tamas-bestimmt ist, und Sie haben den Wunsch, dies zu ändern oder diesen Guna zu reduzieren, so sollten Sie neben anderen Maßnahmen Ihre Eßgewohnheiten ändern, helle Kleidung tragen, sich verschiedenen Aktivitäten zuwenden und weniger schlafen. Ihre äußere Wirklichkeit ist der Ausdruck dessen, was sich in Ihnen befindet, zur gleichen Zeit beeinflußt sie jedoch auch Ihr inneres Verhalten.

Drei Therapieformen: rational, psychisch und spirituell

Es gibt drei Therapieformen: rational, spirituell und psychisch. Die spirituelle Behandlungsweise beinhaltet die Rezitation von Mantras, das Tragen von Wurzeln und Edelsteinen, das Tun

> guter Taten, das Befolgen religiöser Vorschriften, Buße, Fasten, das Bitten um Segnung, Hingabe an Gott, Wallfahrten, Opfergaben und so weiter. Die rationale Behandlungsweise beruht auf der zweckmäßigen Verabreichung von Diät und Medizin. Die psychische Behandlungsweise ist die Fernhaltung des Geistes von unheilsamen Objekten.[5]

Wir haben bisher vor allem über die rationale Methode gesprochen, bis zu einem gewissen Grad auch über die psychische und spirituelle Behandlung. Im folgenden Abschnitt werden wir diese drei Therapieformen in ihrem Bezug zueinander näher kennenlernen. Zuerst einmal muß klargestellt werden, daß psychische Therapie hier nicht das bedeutet, was man in der modernen Medizin unter Psychotherapie oder psychologischer Behandlung versteht. Diese trennen Körper und Geist und teilen so die Krankheiten dem einen oder anderen Bereich zu. Die rationale Therapie findet also getrennt von der psychischen Behandlung statt; eine spirituelle Therapie existiert in diesem medizinischen Gedankengebäude nicht. Im Āyurveda jedoch sind diese drei Therapieformen voneinander abhängig, da sie in Beziehung zueinander stehen; man kann sie deshalb nicht getrennt anwenden. Das gilt auch für die Therapie der drei Arten humoral-bedingter Erkrankungen, wie sie im zweiten Kapitel beschrieben sind. Neben der rationalen Behandlungsweise, die sich auf die Einnahme von Medizin, eine geregelte Ernährungsweise, bestimmte Übungen und andere ähnliche äußere Methoden stützt, wird auch die Kraft des Geistes eingesetzt, um den Heilungsprozeß zu unterstützen – was dann die oben erwähnte psychische Therapie wäre. Gedankenprozeß und Geist sind dabei auf die Suche nach den Ursachen der Krankheit und die Faktoren, die sie verschlimmern, gerichtet, damit sie schließlich unter Einsatz geistiger Anstrengung und Willenskraft ausgeräumt werden können. Wenn ein Patient/eine Patientin nicht in der Lage ist, sich auf diese Weise selbst zu helfen, dann wird ein Arzt oder ein weiser Mensch zugezogen, um der/dem Kranken Kraft und Unterstützung zuteil werden zu lassen. Der wesentliche Punkt bei dieser Behandlungsart ist, der kranken Person beizustehen, die eigene Krankheit «kennen» und «fühlen» zu lernen. So kann eine Beziehung dazu aufgebaut werden, die es dem Patienten schließlich ermöglicht, die Willenskraft zur Ausschaltung krankmachender Faktoren einzusetzen – und so selbst zum Heilungsprozeß beizutragen.

Bevor wir uns der spirituellen Behandlungsweise zuwenden, möchte ich noch ein Beispiel geben, das Ihnen die Beziehung der beiden eben beschriebenen Therapiearten zueinander verdeutlichen soll. Stellen Sie sich einen Menschen vor, der an Magengeschwüren leidet. Der Kranke bekommt eine entsprechende Medizin, er wird auf eine eingeschränkte, ganz spezifische Diät gesetzt, Massagen werden ihm verschrieben – alles Methoden der rationalen Therapie. Im Āyurveda ist dies jedoch nur ein Teil der Heilbehandlung. Der andere Teil der Behandlung macht es sich in diesem speziellen Fall zur Aufgabe, den Kranken erkennen zu lassen, was genau das Problem ist, und ihm beizubringen, wie die geistige Energie gelenkt werden muß, um den Heilungsprozeß zu beschleunigen und einen Rückfall zu verhindern. Dabei sucht der Arzt durch detaillierte Befragung des Patienten nach den Ursachen der Geschwürbildung und leitet ihn an, seine Geisteskraft einzusetzen, um die krankmachenden Einflüsse zu vermeiden.

Vielleicht wurde das Geschwür dadurch verursacht, daß der Patient beim Essen unter Streß stand; oder er machte sich zu viele Sorgen, was sich auf seinen schwachen Magen schlug; oder das Magengeschwür ist die Folge einer Schrumpfung der Bauchmuskulatur aufgrund verschiedenster Umstände. Selbst wenn die beschriebenen Ursachen in diesem Fall nicht vorliegen und es sich um ein reines Ernährungsproblem handelt, so wird dennoch die geistige Anteilnahme des Patienten für sehr wichtig erachtet, da der Heilungsprozeß durch Verständnis und Verbildlichung der Krankheit beschleunigt werden kann. Die Aufgabe eines āyurvedischen Arztes oder einer Ärztin ist es also, neben der rationalen Behandlung Trost und ermutigenden Zuspruch zu gewähren. Falls der Arzt das Gefühl hat, der Patient sei nervös oder erregt, wird sofort ein weiteres Beratungsgespräch angeboten, um die Heilung nicht zu verzögern. Sie werden im letzten Kapitel dieses Buches, wo Wege zur Heilung bestimmter Krankheiten beschrieben werden, sehen, daß die āyurvedischen Heilmethoden sich nie rein am Rationalen orientieren.

Es ist tatsächlich manchmal schwer für mich, Menschen, die mir bei gesellschaftlichen Anlässen oder irgendwelchen anderen Gelegenheiten die Frage stellen, ob es für diese oder jene Krankheit ein Mittel gäbe, den ganzheitlichen Ansatz der āyurvedischen Behandlungsweise zu vermitteln. Menschen, die an das allopathische System gewöhnt sind, haben häufig die feste Vorstellung, daß Heilung allein durch das Schlucken von Medizin herbeigeführt wird. Im Āyurveda finden sich jedoch selbst bei einer vorwiegend rationalen Behandlungsweise immer auch detaillierte Hinweise zur Ernährung, zu bestimmten Übungen und ähnliche Instruktionen.

Betrachten wir nun die dritte Behandlungsform, die spirituelle Therapie. In dem Zitat zu Beginn dieses Kapitels führte Charaka eine Vielzahl von Methoden der spirituellen Therapie an. Welcher Behandlungsweise auch immer wir uns in diesem Zusammenhang zuwenden mögen, das Ziel ist bei allen das gleiche: die Kraft des Selbst oder der Seele, die Ātmashakti genannt wird, zu wecken. Warum aber muß sie geweckt werden, wenn doch die Seele das lebengebende Prinzip der kosmischen Substanz, gleichsam die Energie selbst ist? Die Antwort ist, daß die Seele als Ursache des Bewußtseins nur passiver Zuschauer ist und an der Tätigkeit des Geistes nicht teilnimmt. Wir sind so von dieser verführerischen, faszinierenden Welt eingenommen, daß wir das wahre Selbst, die Kraft und das Licht in uns vergessen. Wir verharren in der Verblendung, daß unser materielles Selbst unser wahres Selbst sei. Langsam bildet sich ein Schleier zwischen unserem äußeren materiellen Selbst und unserem inneren spirituellen Selbst. Durch beständige Anstrengung unseres Geistes müssen wir diesen Schleier, der das innere Licht verhüllt, wegziehen. Dies ist es, was mit «Erwecken der inneren Kraft» gemeint ist.

Wenn es heißt, daß unsere innere Kraft «schlummert», so ist das im metaphysischen Sinne zu verstehen. Sobald wir in der Lage sind, den Schleier der Verblendung durch sattvische Anstrengung wegzuziehen, breitet sich dieses innere Licht aus. Das ist der Zustand der Erleuchtung und des Erwachens. Diese innere Kraft gibt uns die Fähigkeit, die materielle Wirklichkeit zu durchschauen. Eine intuitive Kraft entwickelt sich, die uns das Vermögen gibt, vorauszuschauen und vorherzusagen. Man entwickelt Fähigkeiten, die über das, was normalerweise mit den Sinnen erfaßt werden kann, hinausgehen – Fähigkeiten, die deshalb als «paranormal» bezeichnet werden. Im Kontext des Āyurveda sprechen wir davon, daß wir Ātmashakti zum Zwecke der Heilung einsetzen. Im Westen wird das häufig «Wunderheilen» oder «Geistheilung» genannt. Aus āyurvedischer Sicht oder der des hinduistischen spekulativen Denkens sind solche Fähigkeiten nichts «Paranormales» – im Gegenteil, sie sind ganz normal und uns allen eigen. Es liegt nur an unserer Verblendung, daß sie ungenutzt bleiben.

Wir müssen enorme Anstrengungen unternehmen, unsere innere Kraft zu entwickeln. Jeder ist dazu in der Lage, da in allen Menschen die gleiche Energie ruht – ist sie doch Grund unseres Seins und Teil der Universalseele. Die beiden wesentlichen Eigenschaften, die uns dieses Ziel erreichen lassen, sind Beharrlichkeit in der Bemühung und ein starker Wille. Der Achtfache Weg des Patañjali-Yoga führt uns zu innerem Erwachen. Wir haben bereits über Yogāsanas und Prānāyāma gesprochen, den dritten und vierten Bereich des Achtfachen Yoga nach Patañjali. Widmen Sie sich auch sehr sorgfältig den ersten beiden Bereichen, denn die vier ersten Bereiche gemeinsam bereiten uns darauf vor, innere Stille zu erlangen. Das geschieht, indem wir die Kette der Gedanken sprengen, um so den Geist für eine kurze Zeit frei von Denken zu halten. Dies ist ein sehr schwieriges Unterfangen, da der Geist von dieser verführerischen Welt der Farben, Formen, Gerüche, Gefühle und Geschmäcker angezogen wird. Alles, was die Sinne empfangen, wird vom Geist erkannt. Er bleibt selbst im Schlaf tätig, obwohl man dann keine neue Erkenntnis erlangt. Wenn die Kette der Gedanken durchbrochen wird und der Geist zeitweise still ist, ist der Zustand des Sattva, der das Wesen der Seele ist, erreicht. Einfacher ausgedrückt: Wir schließen uns ab von der äußeren Welt und werden eins mit der inneren. Das ist der Zustand der Erkenntnis der inneren Wahrheit, der Essenz, die die Ursache allen Seins ist.

Durch ständiges Bemühen und Übung wird man langsam in die Lage versetzt, mehr und mehr von dem inneren Reichtum wahrzunehmen und sein Ātmashakti zu vergrößern. Ich betone ausdrücklich «ständiges Bemühen», da es täglicher Übung bedarf, speziell zu Beginn, um auch nur einen geringen Erfolg zu erreichen. Wenigstens einmal am Tag, am besten nach dem Prānāyāma, sollten Sie sich für mindestens fünf Minuten konzentrieren. Versuchen Sie, Ihren Geist mit Hilfe von *Japa* leer (ohne Gedanken) zu machen, indem Sie ein Mantra, wie beispielsweise OM oder irgendein anderes Wort, immer wieder vor sich hersagen, um alle Gedanken aus dem Geist zu verbannen. Koordinieren Sie das Japa-Mantra mit Prānāyāma, und fangen Sie langsam an, sich auf Hridya (den Solarplexus) zu konzentrieren. Die Konzentrationsfähigkeit nimmt im Laufe der Zeit zu. Praktizieren Sie diese Übung jedoch nur gelegentlich, kann es sein, daß Sie immer wieder von vorn anfangen müssen.

Wenn es Ihnen schließlich gelingt, Ihren Geist für Momente ganz von Gedanken zu leeren, werden Sie einen Zustand der «Verwirklichung» des wahren Selbst, des inneren Lichts, erreichen. Sie sollten diese Konzentrationsübungen nicht nur auf eine Sitzrunde stiller Sammlung beschränken, sondern versuchen, diese Augenblicke der Stille immer wieder im Verlauf des Tages zu finden. Wenn Sie sich zum Beispiel an einem lauten, überfüllten Ort aufhalten, versuchen Sie, Ihre Sinne für einen Moment von der Umgebung zurückzuziehen und sich auf Ihr inneres Licht zu konzentrieren. Durch derartige Übungen wird die Kontrolle des Geistes über die Sinne zunehmen, und Sie werden fähig sein, den Augenblick der Stille allmählich auszudehnen.

Wie Sie wissen durchdringt das innere Licht, auf das Sie sich zu konzentrieren gelernt haben, den gesamten Körper, obwohl sein Sitz Hridya ist. Um einen bestimmten Körperteil zu heilen, sollten Sie Ihre Gedanken darauf richten und Ihren Geist still werden lassen. Anfangs konzentrieren Sie sich auf ein Objekt, das in diesem Fall der erkrankte Teil Ihres Körpers ist. Im Verlauf der Konzentration sollte sich jedoch die Identität des Objekts auflösen und es sollte Ihnen möglich sein, einen Zustand völliger Gedankenfreiheit zu erreichen.

Sie können diese Übung zu Heilzwecken anwenden, aber auch dazu, Krankheiten vorzubeugen und Ihre Gesundheit zu fördern. Konzentrieren Sie sich dazu täglich auf alle Teile Ihres Körpers, einen nach dem anderen. Richten Sie schließlich Ihre Gedanken auf Hridya und konzentrieren Sie sich auf das innere Licht. «Sehen» Sie, wie sich das Licht in alle Richtungen ausbreitet, und lassen Sie es eine schützende Hülle um Sie bilden. Nachdem Sie diesen Zustand erreicht haben, versuchen Sie Ihren Geist still werden zu lassen.

Sie können diese Heilweise auch dazu benutzen, andere von ihrem Leid zu befreien, doch seien Sie vorsichtig dabei. Versuchen Sie nicht, andere zu heilen, bevor Sie nicht ganz sicher sind, daß Sie das Stadium völliger Geistesstille erreichen können und Ihre Ātmashakti wirklich erweckt ist. Wenn der Geist den Zustand des vollkommenen Sattva erreicht hat und eins geworden ist mit dem Wesen der Seele, nur dann ist es Ihnen möglich, die innere Kraft zu erwecken. Wenn Sie diesen Zustand nicht erreicht haben und trotzdem andere Menschen zu heilen versuchen, werden Sie Ihre Körperenergien erschöpfen. Die Energie der Seele ist unendlich, die Energie des Körpers jedoch begrenzt. Sie können anderen nicht geben, was Sie selbst nicht besitzen. Es erfordert Jahre beharrlichen Übens, bis Sie diese Fähigkeit des Heilens erlangt haben.

Bisher haben wir nur eine ausgesprochen technische und säkulare Methode der spirituellen Therapie behandelt. Wie Sie bei Charaka lesen konnten, gibt es aber noch eine ganze Reihe anderer Möglichkeiten, wie beispielsweise das Tragen von Wurzeln und Edelsteinen, das Tun guter Taten, Opfergaben, Pilgerreisen und so weiter. Bevor ich diese einzelnen Methoden weiter beschreibe – wobei ich noch einmal darauf verweise, daß die spirituelle Behandlungsweise immer auch rationale und psychische Therapieverfahren mit einschließt –, möchte ich erklären, warum solche Methoden nicht Bestandteil der modernen Medizin sind und von ihr für reinen Aberglauben gehalten werden. Wir haben bereits erörtert, daß in der modernen Medizin eine reduktionistische Denkweise vorherrscht. Der Körper wird dabei – ähnlich einer Maschine – als die Summe seiner Teile betrachtet. Krankheit ist demnach die Funktionsstörung eines Teils.

Aus der ganzheitlichen Sicht des Āyurveda handelt es sich beim Individuum um eine nicht-teilbare Einheit, die man weder auf ihre Teile reduzieren, noch von ihrem sozialen, kulturellen, seelischen und kosmischen Zusammenhang trennen kann. Ein Leiden wird als die Konsequenz mangelnder Übereinstimmung mit der kosmischen Ordnung angesehen. Da Körper, Geist und Seele ein integrales Ganzes bilden, werden Krankheiten immer unter Berücksichtigung des individuellen Umfelds behandelt. Die moderne Medizin hingegen begreift Erkrankungen nur auf der biologischen und molekularen Ebene und behandelt entsprechend mit physischen oder chemischen Eingriffen. Es ist daher verständlich, daß eine Sicht der Gesundheitspflege, die über die meßbare Wirklichkeit hinausgeht, als Aberglaube und Unsinn abgetan wird. Immerhin ist es der modernen Medizin interessanterweise nicht gelungen, das Vertrauen der Menschen in spirituelle Behandlungsformen völlig zu verdrängen. Ganz besonders gilt das für Südeuropa, wo es viele religiöse Zentren gibt, die für Wunderheilungen bekannt sind. Diese Heilmethoden scheinen allmählich wieder auf mehr Resonanz zu stoßen, da die Menschen durch die wachsende globale Vernetzung umfassendere Konzepte von Gesundheit kennenlernen als diejenigen, die man ihren «Körpermaschinen» zu Hause offeriert.

Ich habe in diesem Buch bereits über Mantras gesprochen, doch ich meine, dieser Begriff bedarf einer Erklärung, da es viele falsche Vorstellungen darüber gibt. Es herrscht allgemein die Auffassung, daß Mantras mystische Klangformeln zum Zwecke der Beschwörung und Anrufung sind. Dazu läßt sich sagen, daß es sich bei einem Mantra zuerst um einen Klang, eine Zusammenstellung von Wörtern oder bestimmte Formulierungen handelt, die die Konzentration unterstützen sollen. Konzentration wird hier in erster Linie verstanden als das Umleiten des Geistes von der Außen- zur Innenwelt, wie das weiter oben beschrieben wurde. Mantras werden zum Japa benutzt, das heißt, sie werden ständig wiederholt, um den Geist von Gedanken zu befreien. Sie werden ferner dazu verwendet, bestimmte Kräfte anzurufen. Wenn man seine Konzentration auf das Selbst oder die Seele richtet, nimmt man Verbindung auf mit der kosmischen Energie. Diese Energie kann zu Heilzwecken kanalisiert werden, aber auch dazu, Schlaf oder Entspannung herbeizuführen oder um irgend etwas anderes zu erreichen. Worauf Sie diese Energie hinlenken, hängt von Ihrer Vernunft (*buddhi*) ab. Ich möchte an dieser Stelle nicht mehr über Mantras sagen; für unsere Zwecke ist diese Erklärung ausreichend.

Eines der Zitate in diesem Kapitel macht deutlich, daß Mantras seit vedischen Zeiten feste Mittel der spirituellen Therapie sind. Auf der Grundlage des *Ātharvaveda* habe ich in diesem Buch (wie auch in meinem anderen Buch über Āyurveda[6]) verschiedene neue Formeln zu Heilzwecken angeführt.

Das Tun guter Taten, Schenkungen, Trank- und Speiseopfer und ähnliche Elemente der spirituellen Behandlungsweise müssen im Kontext der Karma-Lehre begriffen werden. Ich habe bereits erwähnt, daß Leid und Glück Folge eines guten oder schlechten Karma sind. Wenn Menschen an einer Krankheit leiden und den Wunsch nach Genesung haben, führen Sie die oben angegebenen Handlungen aus oder versprechen dies nach ihrer Gesundung zu tun. Es ist nicht so, daß eine gute Tat (*Karma*) das schlechte Karma, dessen Auswirkungen wir gerade spüren, sofort auslöschen kann. Man glaubt jedoch, daß der Segen, den man empfängt, wenn man Menschen in wirklicher Not hilft, die Folgen übler Taten abschwächen und eine gewisse Erleichterung bringen kann.

Wurzeln, Samen, Edelsteine oder andere Gegenstände werden in der spirituellen Therapie deshalb verwendet, weil sie eine bestimmte kosmische Energie enthalten; trägt man diese Objekte am Körper, so beeinflussen sie seine feinstofflichen Energien. Über Farben und ihre Beziehung zu den Humoren haben wir schon gesprochen. Auf ähnliche Weise wirken Edelsteine auf die drei Qualitäten des Geistes ein. Edelsteine sind erdgeschichtlich sehr alt; sie wurden unter ganz bestimmten Umständen, Bedingungen und zu bestimmten Zeiten geschaffen. Jeder einzelne Edelstein birgt deshalb eine besondere Energie. Zum Beispiel verschreibt man bei Kapha/Tamas-Störungen leuchtende Steine mit feuergleichen Farben. Bei Vāta- und Pitta/Rajas-Störungen wiederum werden schwachfarbene Edelsteine empfohlen, hellblaue etwa oder erdfarbene (gräulich, schwärzlich etc.), desgleichen Perlen. Diese Methode beruht unter anderem auch auf der sehr komplizierten Astrologie des alten Indien; ich erspare Ihnen deshalb weitere Einzelheiten zu diesem Bereich.

Heilige Orte und Wallfahrtszentren nehmen auf der ganzen Welt einen wichtigen Platz in der spirituellen Therapie ein. Gebete und verschiedene religiöse Vorschriften sind ein weiterer Bestandteil dieser Behandlungsweise. Zeremonielles Heilen, zusammen mit einigen Vorschriften wie Fasten und Selbstbeherrschung, sind nicht nur im Āyurveda als wirksame Methode anerkannt, sondern auch in der überlieferten Medizin anderer alten Kulturen. Meiner Meinung nach beruhen diese Heilverfahren auf dem gleichen

Grundgedanken wie die Konzentrationsübungen. Durch die Kraft unseres Geistes und mit Hilfe bestimmter Handlungen und Zeremonien werden wir befähigt, über die Kräfte unseres Geistes hinauszugehen – zur Kraft der Seele. Die Kraft der Seele ist unbegrenzt, da sie Teil der unendlichen kosmischen Energie ist. Vielleicht gelingt es mit rituellen Methoden eher, das Ziel zu erreichen, da bei ihnen, im Gegensatz zu den säkularen Methoden, dem Denken ein Halt gegeben wird. Wichtig dabei ist, daß das menschliche Bewußtsein die kosmische Kraft jenseits der materiellen Welt anerkennt, um eine Verbindung herzustellen zu dieser unbegrenzten, unendlichen und zeitlosen Energie.

Naturverehrung war in allen alten Zivilisationen ein wichtiger Bestandteil religiöser Heilzeremonien. Es handelte sich dabei um eine bestimmte Art mit der Natur zu leben: Man empfand sich als Teil von ihr, drückte ihr seine Dankbarkeit aus und war bereit, das kosmische Band anzuerkennen. Wir haben in diesem Buch oft darüber gesprochen, daß die moderne, technologisch fortgeschrittene Gesellschaft uns der Welt entfremdet hat. Nach Ansicht des Āyurveda lassen sich die gleichen Grundsätze, die den gesamten Kosmos regeln, auf die Gesundheit anwenden. Die Humore entstammen den Grundelementen, die die materielle Wirklichkeit des Kosmos darstellen. Die Wirkweise dieser fünf Elemente in uns ist die gleiche, wie ihre Wirkweise in der Natur. Sie bilden unser physisches Selbst und erhalten das Leben.

Im Verhältnis zu den drei Qualitäten des Geistes sind Luft und Äther Rajas, Feuer (Sonne) ist Sattva und Wasser und Erde sind Tamas. Die fünf Grundelemente sind personifiziert in zahlreichen Hindu-Gottheiten und werden zu Heil- und anderen Zwecken verehrt. Beispielsweise ist der Gott Hanumān der Sohn des Windes und symbolisiert Vāta und Rajas. Man huldigt ihm, um Mut, Tapferkeit und Genesung von Vāta-bedingten Krankheiten zu erbitten. Pitta und Sattva kommen von der Sonne. Sie wird verehrt, weil man sich neben sattvischen Eigenschaften Heilung von Sehschwäche und Steigerung der Erkenntnisfähigkeit erhofft. Wasser und Erde genießen überall in Indien höchste Verehrung.

Die Flüsse sind heilig und die Erde wird in unzähligen Ritualen verehrt, wie zum Beispiel vor und nach einer Ernte oder vor dem Bau eines neuen Hauses. Pipal (*Ficus religiosa*) und einige andere

Bäume werden im Zusammenhang mit der spirituellen Therapie angebetet. Ein Kranker verspricht möglicherweise, eine bestimmte Anzahl heiliger Bäume, speziell Pipal, zu pflanzen. Der Grund ihrer Verehrung liegt vielleicht darin, daß sie eine Reihe pharmazeutischer Wirkstoffe besitzen, die als Bestandteil vieler Arzneimittel Verwendung finden. Die Verehrung dieser Bäume ist gleichsam eine Danksagung an die Großzügigkeit der Natur uns Menschen gegenüber. Aus ähnlichen Gründen werden an den Ufern von Flüssen besondere Zeremonien abgehalten; dabei äußert man den Wunsch, von einer Krankheit geheilt zu werden, oder ein Versprechen, das auf dem Krankenbett gegeben wurde, wird nun eingelöst. Im *Rigveda* und *Atharvaveda* finden wir viele Gebetshymnen an die fünf Elemente – alle mit dem Ziel, Genesung und Gesundheit zu erlangen. Auch kosmische Veränderungen wie die Zu- und Abnahme des Mondes, Verfinsterungen und die Stellung der Sterne spielen eine große Rolle bei der Befolgung bestimmter Vorschriften zur Heilung und Therapie.

9. Āyurvedische Heilmittel und Krankheitsvorbeuge

Wir haben in diesem Buch bereits eine Anzahl von Methoden zur Vorbeugung und Heilung von Krankheiten erörtert. Verschiedene Anleitungen dazu wurden speziell im Kapitel über Pflege und Reinigung des Körpers gegeben. In diesem Kapitel geht es um die Heilung und Behandlung häufig vorkommender Erkrankungen. Dazu benötigen Sie Grundkenntnisse über die Eigenschaften natürlicher Substanzen, die Herstellung āyurvedischer Heilmittel und die Handhabung einiger einfacher Hilfsmittel. Doch bevor wir damit beginnen, lassen Sie mich zuerst ein paar Worte sagen über den Umgang mit Krankheiten allgemein, Ihre Haltung gegenüber der eigenen Krankheit und die Merkmale eines guten Arztes oder einer guten Ärztin.

Der Āyurveda hält es für die erste und wichtigste Aufgabe des Menschen, ein gesundes und harmonisches Leben zu führen, damit Krankheiten gar nicht erst entstehen. Wie Sie sicher festgestellt haben, muß man dazu Neues lernen und verstehen, ein Bewußtsein der eigenen Seinsweise entwickeln, den Bedürfnissen des Körpers Aufmerksamkeit schenken und natürlich alles dafür tun, ein āyurvedisch orientiertes Leben zu führen. Alles zusammen hilft, eine Krankheit bereits zu erkennen, bevor sie ausgebrochen ist, so daß sie mit sehr einfachen Mitteln behandelt werden kann. Es ist jedoch möglich, daß man trotz erfolgreicher Gesundheitsvorsorge und guter Allgemeinbefindlichkeit Opfer bestimmter Krankheiten wird. Manchmal kommt es vor, daß man aufgrund unvermeidlicher Umstände müde oder gestreßt ist, daß man einer schlechten Witterung ausgesetzt war oder einfach zuviel Müdigkeit in sich angehäuft hat – schon ist die Abwehrkraft geschwächt und die Anfälligkeit gegenüber Krankheiten erhöht. Manche Menschen können aber auch deshalb häufiger erkranken als andere, weil sie einfach eine schwächere Konstitution besitzen – was von ihrem Daiva abhängig ist. Ein weiterer Anlaß zu erkranken können ungewöhnliche Ereignisse sein – eine Reise, ein plötzlicher Witterungsumschwung oder ähnliches. Dies kann ein früheres oder chronisches Leiden wieder aufleben lassen, uns aber auch mit einer neuen Herausforderung konfrontieren. Daher ist es wichtig zu lernen, wie man mit allgemein verbreiteten Leiden am besten umgeht. Ich habe im folgenden jene Krankheiten ausgewählt, die nicht nur jeder kennt, sondern die auch dadurch auffallen, daß die moderne Medizin für sie keine erfolgreiche Behandlung hat. Viele Menschen leiden über lange Zeit an ihnen. Es handelt sich um Krankheiten wie Heuschnupfen, Hämorrhoiden, chronische Schmerzen, Magengeschwüre. Es ist jedoch möglich, alle diese Leiden in einem angemessenen Zeitraum zu heilen. Dabei helfen uns eine gesunde Lebensweise – wie sie der Āyurveda lehrt –, besondere Pflege und milde Heilmittel.

Ich habe oft feststellen müssen, daß Leute, die nur an einer Kleinigkeit wie Husten, Schnupfen oder leichtem Fieber erkrankt sind, sofort in Panik geraten und zum Arzt laufen. Viele von ihnen bekommen dann ihre Standarddosis Antibiotika, Analgetika und ähnliches, mit dem Erfolg, daß sie nicht nach einer Woche, sondern bereits nach sieben Tagen wieder gesund sind. Der Schlüssel zur Selbstbehandlung ist, nicht in Panik zu geraten, geduldig zu sein und nicht die Konzentration durch Angst zu verlieren. Wenn Sie ruhelos und furchtsam werden und sich zu sehr in die Krankheit hineinziehen lassen, sind Sie nicht in der Lage zu handeln, und alles wird nur noch schlimmer. Sie besitzen dann nicht die Möglichkeit, Ihren Verstand einzusetzen, um eine angemessene Therapie in die Wege zu leiten. Es ist wichtig zu lernen, daß der Körper, wenn er krank ist, darum kämpft, wieder gesund zu werden; Sinn und Zweck von Medizin ist es, diesen Heilungsprozeß zu fördern und das Leiden zu lindern. Sie sollten alles tun, was die Heilung fördert. Die beiden wichtigsten Faktoren dabei sind ausreichend Schlaf und Ruhe sowie eine richtige Ernährung.

Es gibt Menschen, die glauben, daß eine Arznei dazu da ist, sie zu «reparieren», damit sie ihre «Körpermaschine» gleich wieder starten können. Sie nehmen also sehr starke Medikamente. Diese unterdrücken zwar die Symptome, doch das heißt nicht, daß sie damit auch geheilt sind. Im Gegenteil, die Krankheit wird dadurch nur verlängert und kann sogar chronisch werden. Starke Medikamente, wie etwa allopathische Mittel, die schnell Erleichterung verschaffen, haben zudem eine Reihe von Nebenwirkungen, die nicht einmal der Arzt kennt, und schon gar nicht der Patient. Ich behaupte nicht, daß es im Āyurveda keine starken Drogen gäbe. Aber dem Āyurveda sind die Nebenwirkungen wohlbekannt, sie sind in den alten Büchern warnend beschrieben, zusammen mit spezifischen Hinweisen zu einer ihnen entgegenwirkenden Ernährung. Wenn zum Beispiel ein Präparat stark ist und Pitta anhebt, wird gleichzeitig pitta-mindernde Nahrung verschrieben. Tatsächlich muß āyurvedische Medizin immer mit etwas anderem gleichzeitig eingenommen werden; dies kann Joghurt, Butter, Milch, Ghee, Honig oder etwas anderes sein.

Wenn Sie nicht in der Lage sind, Ihre Erkrankung selbst zu behandeln und sich zu heilen, brauchen Sie ganz sicher ärztliche Hilfe. Die Wahl des richtigen Arztes ist dabei sehr wichtig. Nach dem Āyurveda «ist es besser, aus freien Stücken in den Opfertod zu gehen, als von einem unfähigen Arzt behandelt zu werden[1].» Ein Arzt sollte folgende Eigenschaften besitzen: «Vortreffliches theoretisches Wissen, umfangreiche praktische Erfahrung, Geschicklichkeit und Sauberkeit. Jener Arzt ist der Beste, der alle vier Wissensbereiche beherrscht: Ursache, Symptome, Heilung und Vorbeugung. . . . Er sollte freundlich und mitfühlend gegenüber dem Kranken sein und nicht habgierig.»[2]

Neben den Merkmalen eines guten Arztes gilt es noch zwei weitere wichtige Bereiche angemessener Heilbehandlung zu beachten: das Verhalten des Patienten und die Eigenschaften des Medikaments. «Erinnerungsfähigkeit, Folgsamkeit, Furchtlosigkeit und der Versuch, dem Arzt alle Informationen über das gesundheitliche Problem zu geben, sollten die Eigenschaften eines Patienten ausmachen. Reichlich vorhanden, gute Wirkung, verschiedene Verabreichungsformen und die richtige Zusammensetzung sind die vier Eigenschaften eines guten Medikaments.»[3]

Nehmen Sie sich in acht vor Quacksalbern, und wechseln Sie den Arzt nicht zu oft. Setzen Sie jedoch eine Behandlung nicht fort, wenn man Ihnen mit Ungeduld, Unhöflichkeit und mangelndem Mitgefühl begegnet. Bevor Sie einen Arzt aufsuchen, müssen Sie sich selbst ein paar Gedanken über Ihr Leiden machen; beispielsweise, ob es noch andere damit zusammenhängende Störungen gibt, bei welcher Gelegenheit es zu- oder abnimmt, und was Sie für Eßgewohnheiten haben. Es ist besser, diese Daten zu ordnen und aufzuschreiben, damit Sie Ihrem Arzt genaue Angaben machen können. Haben Sie keine Angst, über Ihre Probleme zu sprechen, selbst wenn Sie meinen, Sie wären möglicherweise nicht objektiv genug oder die Probleme hätten mit Ihrer Krankheit nichts zu tun. Es ist ebenfalls wichtig, den Anweisungen des Arztes gewissenhaft zu folgen und die Arzneimittel zur rechten Zeit einzunehmen. Falls Sie nachteilige Symptome feststellen, sollten Sie Ihren Arzt davon sofort in Kenntnis setzen. Das gleiche gilt für den Fall, daß Sie das Gefühl haben, das Medikament verschafft Ihnen keine Besserung.

Uns allen ist wohlbekannt, daß es ausgesprochen schwierig ist, einen guten Arzt oder eine gute Ärztin zu finden. Dieses Problem existiert auf der ganzen Welt. Dazu kommt noch, daß es sehr wenig Ärzte und Ärztinnen gibt, die eine ganzheitliche Medizin vertreten. Selbsthilfe ist daher unumgänglich. Sie sollten also in der Lage sein, den Heilungsprozeß zu unterstützen, auch dann, wenn Sie auf die Hilfe eines Arztes angewiesen sind, da Sie sich nur bedingt selbst behandeln können. Folgen Sie genau allen Hinweisen zur richtigen Ernährung, machen Sie Gebrauch von den verschiedenen Reinigungstherapien und bedienen Sie sich Methoden der äußeren Gesundheitspflege wie Ölmassage, Wärmebehandlung und stärkende Kräutermittel.

Pharmazeutische Eigenschaften natürlicher Substanzen

Natürliche Substanzen können ganz grob in zwei Hauptkategorien eingeteilt werden: Nahrungs- und Arzneimittel (Diagramm 16). Nahrungsmittel wie Reis, Weizen oder Gemüse nähren den Körper und fördern sein Wachstum. Sie beeinflussen die Humore und ihre entsprechenden Eigenschaften auf sanfte und subtile Weise. Arzneimittel erhalten oder nähren den Körper nicht, doch sie verändern die Humore wesentlich stärker. Ihre Anwendung ist auf spezifische Fälle begrenzt, und man verabreicht sie in genau vorgeschriebenen Mengen zur Heilung von Krankheiten. Sie werden unterteilt in drei Bereiche: mild, mittel und stark, je nach Grad ihrer Wirkung auf den Körper.

Diagramm 16. Klassifikation der natürlichen Substanzen

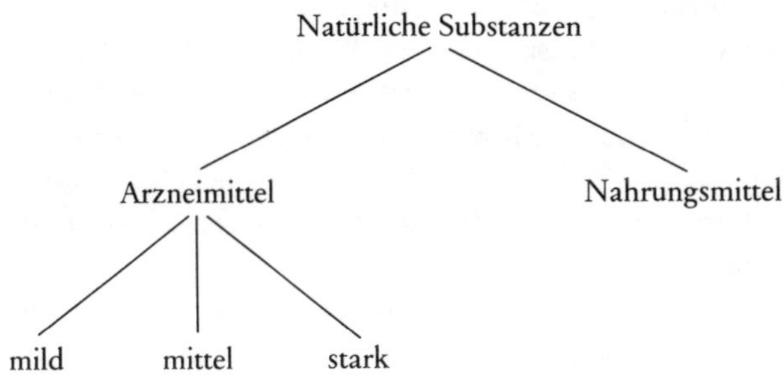

Bestimmte Substanzen werden in kleinen Mengen und großen Abständen in Form von Nahrung verabreicht. Dies soll eine ausgewogene Ernährung sicherstellen. In größeren Mengen dienen sie jedoch als Medizin. Einige Beispiele dafür sind Knoblauch, Ingwer, Zitrone, Anis oder Kümmel. Wenn Sie zum Beispiel einem Topf Gemüse einen Löffel Anis oder Kreuzkümmel beigeben, tun Sie das vielleicht deshalb, weil Sie den Geschmack und das Aroma des Gerichts verbessern wollen. Die gleichen Gewürze können jedoch in höherer Dosierung zu bestimmten Heilzwecken verwendet werden. Ein Löffel zerdrückter Kreuzkümmel mit warmem Wasser hilft bei Schwäche und Müdigkeit. Ein kalter Aufguß mit einem Löffel Anis, über Nacht stehengelassen und dann dreimal am Tag verabreicht, beendet Durchfall. Diese Beispiele können beliebig fortgesetzt werden.

Es wurde erwähnt, daß Substanzen der Kategorie Arzneimittel entweder mild, mittel oder stark sein können. Ihre Wirkkraft stellt einen entscheidenden Faktor bei der Dosierung dar. Es gibt im Āyurveda noch eine ganze Reihe anderer detaillierter Klassifikationsmethoden, um die pharmazeutischen Eigenschaften von Arzneimitteln zu verdeutlichen. Wir werden uns hier auf ihre wichtigsten und praktischsten Merkmale beschränken und einen Bezug zwischen Geschmack und Wirkung herstellen. Im āyurvedischen System folgt die Klassifizierung von Heilmitteln der Differenzierung von *Rasa.* Es ist nicht möglich, das Wort Rasa zu übersetzen. Rasa ist viel mehr als nur Geschmack. Er umfaßt die gesamte sinnliche Erfahrung, die einer jeweiligen Kategorie entspricht. Wenn Sie beispielsweise etwas Saures essen, wissen Sie aufgrund einer bestimmten Empfindung auf der Zunge, daß dies sauer ist. Die Zunge weist nur den Geschmack nach; das bedeutet aber nicht, daß die Wirkung der sauren Speise einzig auf Ihre Zunge beschränkt bleibt. Die Zunge übernimmt nur die Identifizierung, die Wirkung macht sich im gesamten Körper bemerkbar. Sauer hat einen unmittelbaren Einfluß auf Pitta, es ist wie Treibstoff und verstärkt Agni im Körper.

Vielleicht ist es einfacher zu verstehen, was Rasa ist, wenn ich ein Beispiel aus einem anderen Bereich der sinnlichen Wahrnehmung gebe. Mit den Augen sehen wir den blauen Himmel, eine weiße Kuh, einen grünen Baum oder einen wunderschönen Elefanten. Diese Wahrnehmung beschränkt sich nicht allein auf unsere Augen und die mentale Identifikation einer bestimmten Farbe oder eines bestimmten Gegenstandes. Vielmehr wird, als Folge der Identifizierung, auch ein Gefühl erzeugt (gut, schlecht, angenehm, unangenehm). Wenn wir einen verletzten Menschen sehen, wird uns dieser Anblick nicht nur die Farbe des Blutes oder den zerfetzten Zustand der Haut registrieren lassen, sondern gleichzeitig ein Gefühl des Mitleids, des Schreckens oder des Abscheus hervorrufen. Dieses Gefühl wiederum kann Sie dazu veranlassen, dem Verletzten zu helfen oder zu weinen, Ihnen kann schlecht oder schwindlig werden. Ganz ähnlich ist es, wenn wir etwas mit der Zunge schmecken – seine charakteristischen Eigenschaften betreffen den ganzen Körper. Der Geschmack einer bestimmten Substanz hilft uns, ihre charakteristischen Eigenschaften und die pharmazeutischen Wirkungen zu bestimmen.

Im Kapitel über die drei Humore konnten Sie sehen, daß eine ganze Reihe von Substanzen mit jeweils unterschiedlichem Geschmack gestörte Humore heilen oder schädigen können. Es ist in diesem Zusammenhang sehr wichtig, die pharmazeutischen Eigenschaften der Substanzen im Hinblick auf ihren Rasa kennenzulernen. Dieses Wissen wird Sie befähigen, Ihre eigene āyurvedische Medizin herzustellen, abgestimmt auf Ort und Zeit. Dabei ist nicht *ein bestimmtes* Arzneimittel von Bedeutung; viel wichtiger ist, daß Sie lernen, jene Mittel zu finden, mit denen Sie wenigstens leichtere Erkrankungen heilen können.

Eine Klassifikation der pharmazeutischen Eigenschaften von Heilmitteln geschieht auf der Grundlage der sechs Haupt-Rasas, die ihrerseits von den fünf Elementen abstammen (Diagramm 17). Betrachten wir im folgenden Herkunft und Wirkung dieser Rasas im einzelnen.

1. Süßer Rasa entstammt den Elementen Erde und Wasser. Er vermindert aufgrund der kalten Eigenschaften Pitta, aufgrund der schweren Vāta. In großen Mengen aufgenommen, lassen süße Substanzen Kapha anwachsen, da Erde und Wasser dessen formative Elemente sind.

2. Saurer Rasa entstammt den Elementen Wasser und Feuer. Er ist deshalb seinem Wesen nach heiß und erhöht Pitta. Sein Bezug zum Element Wasser läßt Kapha ebenfalls anwachsen, vermindert aber Vāta.

3. Salziger Rasa entstammt den Elementen Erde und Feuer. Wie saurer Rasa erhöht er Pitta und Kapha, vermindert jedoch Vāta.

4. Scharfer Rasa *(katu rasa)* entstammt den Elementen Luft und Feuer. Er findet sich beispielsweise in Pfeffer, Ingwer, Knoblauch, Kardamom, Basilikum oder Lorbeer. Scharfe Substanzen erhöhen Vāta und Pitta und vermindern Kapha.

5. Bitterer Rasa entstammt den Elementen Luft und Äther. Da sich Vāta ebenfalls davon herleitet, nimmt er zu ; Pitta und Kapha werden durch bittere Substanzen jedoch vermindert.

6. Adstringierender Rasa entstammt den Elementen Luft und Erde. Er vermindert Pitta und Kapha aufgrund des extrem trocke-

nen Charakters von Luft, läßt aber Vāta anwachsen. Nahrungsmittel, die diesen Rasa enthalten, sind zum Beispiel Spinat und Datteln.

Diagramm 17. Das Verhältnis der Rasas zu den fünf Elementen und den drei Humoren

	Rasa	**Fünf Elemente**	**Drei Humore** *Vāta*	*Pitta*	*Kapha*
1.	süß	Erde + Wasser	–	–	+
2.	sauer	Feuer + Wasser	–	+	+
3.	salzig	Feuer + Erde	–	+	+
4.	scharf	Feuer + Luft	+	+	–
5.	bitter	Äther + Luft	+	–	–
6.	adstringierend	Erde + Luft	+	–	–

Diagramm 18. Humor-steigernde und Humor-mindernde Rasas

Humor-steigernde Rasas

Vâta	*Pitta*	*Kapha*
scharf	sauer	süß
bitter	salzig	sauer
adstringierend	scharf	salzig

Humor-mindernde Rasas

Vâta	*Pitta*	*Kapha*
süß	süß	scharf
sauer	bitter	bitter
salzig	adstringierend	adstringierend

Der Beschreibung der Rasas können wir entnehmen, daß einige Rasas Humore anwachsen lassen, andere sie vermindern. Dies finden Sie zusammengefaßt in Diagramm 18.

Neben der Korrelation der fünf Grundelemente mit den Humoren und Rasas gilt es noch zwei weitere wichtige Dinge zu beachten. So gibt es einige Ausnahmen zur obigen Klassifikation. So läßt zum Beispiel Süßes Kapha ansteigen; Ausnahmen sind jedoch Honig, Kandiszucker, Fleisch von Wild, alter Reis, Gerste, Weizen und Mungbohnen. Saures erhöht zwar Pitta, Amla *(Emblica officinalis)* und Granatapfel gehören jedoch nicht dazu. Salzige Substanzen regen ebenfalls Pitta an und wirken sich schädigend auf die Augen aus – mit Ausnahme von Steinsalz. Scharfes erhöht Vāta, zerstört die Sekretabsonderung der Sexualorgane und die Fruchtbarkeit – nicht hinzuzuzählen sind jedoch Ingwer, Knoblauch und Pfeffer *(Piper longum)*. Bittere Substanzen wirken ähnlich – außer der gepunktete Flaschenkürbis (der in Indien als Gemüse verwendet wird und unter dem Namen Parval oder Patol bekannt ist) und Gilloy *(Tinospora cordifolia)*. Ausnahme beim adstringierenden ist Harad *(Terminalia chibula)*, das weder Vāta mehrt noch Pitta und Kapha mindert.

Man muß daran denken, daß in natürlichen Substanzen immer mehr als nur ein Rasa vorkommt. Sie besitzen deshalb eine ganze Reihe pharmazeutischer Eigenschaften. In einigen Substanzen dominiert jedoch ein spezifischer Rasa so stark, daß er allein die Wirkung bestimmt. Zum Beispiel ist die Limone sauer, obwohl sie auch einen Zuckeranteil aufweist, der jedoch vernachlässigt werden kann. Deshalb wirkt Limone Pitta-hebend und ihre pharmazeutische Wirkung ist »heiß«. Eine Mahlzeit ist eine Kombination aller Rasas, und die Kunst, eine āyurvedisch ausgewogene Speise zu bereiten, liegt in ihrer harmonischen Zusammenstellung. Extrem saurer oder salziger Geschmack, um nur ein Beispiel von Rasa-Dominanz zu nennen, verursacht ganz offensichtlich ein humorales Ungleichgewicht. Derartige Speisen, über einen längeren Zeitraum zu sich genommen, werden zu gesundheitlichen Problemen führen. Sie können aber auch leichtere Erkrankungen dadurch heilen, daß Sie auf den Genuß von Substanzen verzichten, die einen bereits überhöhten Humor noch mehr anwachsen lassen und dagegen solche Speisen essen, die eine ausgleichende Wirkung besitzen. Wenn Sie beispielsweise an Vāta-bedingten Krankheiten leiden, sollten Sie alle Substanzen meiden, die scharf, bitter und adstringierend sind. Essen Sie daher süße und saure Speisen, damit Vāta abgebaut wird und das Gleichgewicht mit Pitta und Kapha wiederhergestellt wird.

Ich möchte Ihnen noch ein Beispiel aus meiner persönlichen Erfahrung geben. Als ich letztes Jahr in Paris war, aß ich in den ersten Tagen vorwiegend französische Käsespezialitäten, die man anderswo nicht erhält. Dieser plötzliche Ernährungswechsel führte zu Bläschen im Mund. Ich nahm die Sache sofort sehr ernst, aß keinen Käse mehr, dafür aber süßen Joghurt; außerdem trank ich viel kalte Milch. Dies half, überhöhtes Pitta zu beruhigen, und die Irritation verschwand. Beachtet man solche Warnzeichen jedoch nicht und setzt seine unausgewogene Lebensweise fort, kann sich daraus eine ernste Krankheit entwickeln, und es ist dann nicht mehr möglich, korrigierend einzugreifen.

Ich habe die Rasas so detailliert dargestellt, weil ich Ihnen damit die Möglichkeit geben will, einen ausgewogenen Speiseplan zusammenzustellen, aber auch kleinere Erkrankungen zu heilen und pharmazeutisch wirksame Substanzen in der Natur ausfindig zu machen. Sollten die Pflanzen, die im Āyurveda beschrieben sind, in Ihrer Umgebung nicht vorhanden sein, können Sie einheimische Pflanzen benutzen. Wählen Sie sie jedoch unter āyurvedischen Gesichtspunkten aus, also nach ihren pharmazeutischen Qualitäten hinsichtlich Rasas und Humoren. Verwenden Sie keine Kräutertees oder sonstige Heilpflanzen nach Hörensagen.

Betrachten wir nun einige bekannte, vorwiegend im Westen vorkommende Kräuter bzw. Pflanzen, die man überwiegend zur Teezubereitung benutzt. Eisenkraut hat einen süßen Rasa und wird deshalb Vāta- und Pitta-dominanten Menschen empfohlen, jedoch nicht bei Kapha-Dominanz. Thymian besitzt adstringierende Bestandteile und beruhigt erhöhtes Pitta und Kapha. Zum Beispiel kann man damit die negativen Wirkungen von Alkohol durch Beruhigung des zu starken Körperfeuers mindern. Pfefferminztee hat einen bitteren Geschmack und vermindert ebenfalls Pitta und Kapha. Menschen mit zu geringem Agni brauchen

Heilmittel, die saure, scharfe und salzige Rasas enthalten. Zum Beispiel hilft Ingwer mit Zitronensaft und Salz sofort bei Appetitlosigkeit. Nehmen Sie diese Mischung eine halbe Stunde vor der Mahlzeit. Den gleichen Effekt erzielen Sie mit Hagebuttentee und einer Reihe anderer saurer Früchtetees, da sie alle die Eigenschaft besitzen, das Körperfeuer zu erhöhen. Eine Person mit zu hohem Kapha sollte scharfe Substanzen wie Pfeffer, Knoblauch und Ingwer zu sich nehmen. Bittere und adstringierende Tees helfen ebenfalls, erhöhten Kapha wieder ins Gleichgewicht zu bringen.

Herstellung von Heilmitteln

Es ist wichtig, ein paar einfache Methoden zur Herstellung von Arzneimitteln für den alltäglichen Gebrauch kennenzulernen, um sowohl vorbeugend als auch heilend tätig werden zu können. Die Herstellungsweise eines Präparats hängt immer von den Eigenschaften seiner Grundbestandteile und der beabsichtigten Wirkung ab. Es muß deshalb sichergestellt werden, daß die Wirkkomponenten beim Herstellungsprozeß weder zerstört noch unwirksam gemacht werden. Da es sich hier um ein Buch zur Selbsthilfe handelt, erwähne ich nur solche Methoden, die sehr leicht und ohne großen Aufwand durchgeführt werden können.

Absud, einfache Aufgüsse und Säfte

Hierbei handelt es sich um die wohl meistverbreitete Form der Zubereitung von Hausmitteln, und zwar nicht allein solcher, die man im Āyurveda benutzt, sondern auch jener, die in der Volksmedizin überall auf der Welt in Gebrauch sind. Es gibt ganz bestimmte Regeln zur Herstellung eines Absuds, je nach physischer (hart, weich usw.) und pharmazeutischer Eigenschaft *(rasa)* des Ausgangsprodukts. Diagramm 19 gibt Ihnen einen Überblick über Wassermenge und Kochzeit im Verhältnis zur Beschaffenheit der Grundsubstanz. Beachten Sie, daß sehr harte Pflanzenteile, wie beispielsweise Wurzeln oder Samen, vor der Herstellung des Absuds zerkleinert werden müssen. Kochen Sie alles auf kleiner Flamme und lassen Sie den Deckel halb geöffnet oder verwenden Sie einen Deckel mit Löchern.

Diagramm 19. Herstellung eines Absuds

Weiche Substanzen	**Mittelharte Substanzen**	**Harte Substanzen**
Ein Teil auf vier Teile Wasser, einköcheln bis auf 1/4 der Gesamtmenge	Ein Teil auf acht Teile Wasser, einköcheln bis auf 1/2 der Gesamtmenge	Ein Teil auf sechzehn Teile Wasser, einköcheln bis auf 1/2 der Gesamtmenge

Stellen Sie den halb zugedeckten Topf auf kleine Flamme, und lassen Sie alles so lange köcheln, bis die oben angegebene Endmenge erreicht ist. Gießen Sie den Inhalt durch ein Sieb oder ein dünnes Musselintuch. Verwenden Sie den Absud entsprechend den Vorschriften – heiß, kalt, mit Zucker oder Honig.

Im Āyurveda gibt es zwei Arten einfacher Aufgüsse – heiße und kalte. Ein heißer Aufguß wird dadurch gewonnen, daß man kochendes Wasser über die Bestandteile gießt und das Ganze für etwa fünfzehn Minuten ziehen läßt. Bestimmte aromatische Heilmittel wie Minze, Thymian, Eisenkraut, Schwarzer Tee oder Lindenblüten, die man gewöhnlich in Form von Tees zu sich nimmt, werden auf diese Weise zubereitet. Nach der Zubereitung des Aufgusses kann man ihn heiß oder kalt anwenden, je nach dessen Eigenschaften oder der Art der Erkrankung. Beispielsweise stellen wir in unserem Institut in Indien einen Tee zu Revitalisierung der Leber her. Man muß diesen Tee zwar mit kochendem Wasser zubereiten, darf ihn aber erst trinken, wenn er Zimmertemperatur erreicht hat. Er belebt die Leber und dämpft überhöhtes Körperfeuer. Deshalb wird empfohlen, diesen Tee kalt zu trinken. Dadurch ist es möglich, eine größere Menge davon im voraus zuzubereiten. Er ist sehr bitter, und manche Menschen können ihn kaum trinken. In diesem Fall darf man Kandiszucker hinzufügen, da dadurch die Grundeigenschaft des Heilmittels nicht verändert wird. Vielleicht erinnern Sie sich daran, daß süße Substanzen Pitta- und Vāta-mindernd wirken; bei einer Beeinträchtigung der Leber, wo es um gestörtes Pitta geht, sind sie also durchaus angemessen. Wenn Sie jedoch überhöhten Kapha behandeln wollen, sollten Sie keinen Zucker nehmen, da Süßes Kapha noch mehr zunehmen läßt und damit die Wirkung des Heilmittels abschwächt.

Ein kalter Aufguß wird von solchen Pflanzen hergestellt, die hitzeempfindlich sind. Zerkleinern Sie die Bestandteile und geben Sie sechs Teile Wasser hinzu. Lassen Sie alles über Nacht ziehen, mindestens sechs bis zehn Stunden. Bevor Sie den Aufguß trinken, rühren Sie gut um und gießen Sie die Flüssigkeit durch ein Sieb. Normalerweise kann man dieses Arzneimittel länger aufbewahren; in heißem oder feuchtem Klima können sich darin jedoch Bakterien oder Pilze bilden.

Abb. 49

Ein Beispiel eines Arzneimittels, das auf diese Weise hergestellt wird, ist der Aufguß von Anis. Anis wird auch in Europa häufig gegeben (speziell Babys), um leichten Durchfall zu heilen. Ein Teil seiner Wirkkraft geht jedoch verloren, wenn er entweder aufgebrüht oder als Absud verabreicht wird. Kaufen Sie nie industriell aufbereitete oder in Pulverform angebotene Heilpflanzen. Zerdrücken oder zerkleinern Sie sie kurz vor der Zubereitung eines Aufgusses selbst. In einigen Ländern werden sogar Instant-Heiltees angeboten, bei denen man nur heißes Wasser hinzufügen muß. Es gibt bestimmte Heilmittel, die frisch und in Form von Saft verabreicht werden müssen. Ihre Zubereitung hängt jedoch größtenteils von der Verfügbarkeit frischer Produkte ab. Blätter oder andere notwendige Teile einer Pflanze werden dabei in einem Mörser zerstoßen; anschließend wird die Masse ausgepreßt. Diese Methode eignet sich zum Beispiel sehr gut zur Verarbeitung von Basilikum.

Falls frische Pflanzen nicht vorhanden sind und man deshalb auf getrocknete zurückgreifen muß, sollte folgendermaßen vorgegangen werden: Zerstoßen Sie die Zutaten zu einem Pulver. Geben Sie vier Teile Wasser dazu und lassen Sie das Pulver 24 Stunden quellen. Wenn Sie die Arznei sofort benötigen, zerreiben Sie die Pflanzenteile unter Zugabe von etwas Wasser zwischen zwei Steinen (Abb. 49). Dabei bekommen Sie eine Paste, der man leicht den Saft entziehen kann. Achten Sie darauf, daß alles ganz fein zerrieben wird, so daß sämtliche Wirkstoffe aufgeschlossen werden und somit zur Verfügung stehen.

Haltbarmachung von Heilmitteln

Extrakte mit Öl oder Ghee werden hergestellt, indem man den Absud eines Heilmittels in einer der beiden Zutaten so lange köchelt, bis das gesamte Wasser verdampft ist. Das flüssige Fett wird gefiltert und kann anschließend in gut verschlossenen Flaschen für lange Zeit aufbewahrt werden. Diese Methode wurde bereits bei der Zubereitung von Haaröl angesprochen. Auch Massageöle können auf diese Weise hergestellt werden.

Extrakte mit Zucker oder Honig werden hergestellt, indem man den Absud mit Sirup oder Honig oder einer Mischung von beidem mischt. Bei der Verwendung von Zuckersirup muß die Mischung so lange köcheln, bis daraus wieder ein dicker Sirup geworden ist. Fügen Sie den Honig erst hinzu, wenn alles abgekühlt ist. Letzteres gilt auch für den Fall, daß Sie nur Honig verwenden. Mischen Sie alles gut durch. Diese Präparate heißen im Āyurveda *Avleha*; sie halten sich sehr lange.

Die Herstellung von Pulver *(churan)* ist einfach und geht schnell und ist besonders bei Verwendung von getrockneten Samen sehr geeignet. Eine ganze Reihe von Heilmitteln in Pulverform können bis zu einem Jahr aufbewahrt werden, doch ist es immer besser, das benötigte Pulver frisch herzustellen. Churans werden meist aufgelöst in heißer Milch oder heißem Wasser eingenommen.

Zuckersirups *(sharvat)* werden hergestellt, indem man die Kräuter in Zuckerwasser kocht. Das Ergebnis ist ein dünner Sirup, der vermischt mit kaltem Wasser verabreicht wird. Dieser Art der Zubereitung bedient man sich im allgemeinen dann, wenn gesundheitsfördernde Tonika oder – während der Sommermonate – hitzelindernde Getränke hergestellt werden sollen. Achten Sie darauf, daß es verboten ist, Sharvat während der kalten oder/und feuchten Jahreszeit zu sich zu nehmen.

Der Āyurveda bietet noch viele andere Möglichkeiten der Konservierung von Heilmitteln wie zum Beispiel *Arishtas* und *Ashva*, eine Methode, bei der man Alkohol verwendet; ferner *Ksharas*, ein Trocknungsverfahren; oder *Bhasmas*, die Herstellung von Asche. All dies erfordert jedoch sehr komplizierte Bearbeitungsprozesse, deren Beschreibung Umfang und Zielsetzung dieses Buches sprengen würde.

Geräte zum Mahlen

Wir haben schon sehr häufig über Verarbeitungstechniken wie Zerstoßen, Zerreiben, Zermahlen gesprochen. Der Āyurveda beschreibt in diesem Zusammenhang Mörser aus verschiedenen Materialien wie beispielsweise Stein, Stahl oder Ton, die jeweils entsprechend dem Mahlgut verwendet werden sollen. Sehr harte Substanzen brauchen einen Mörser aus Stahl, weiches Material wie beispielsweise Blätter sollten zwischen zwei Steinen zerrieben werden. Einige Heilmittel bedürfen der pulverisierten Form, da sie sonst vom Körper nicht aufgenommen werden können. Dies gilt für Augenmittel, Heilsalben oder Zahnpulver. Ich schlage Ihnen vor, sich einen Porzellan- oder Steinmörser anzuschaffen. Wollen Sie nicht auf modernen Komfort verzichten, tut es auch eine kleine elektrische Kaffeemühle. Letztere eignet sich ausgezeichnet zur Herstellung von Churans oder zur Zerkleinerung sehr harter Heilpflanzen. Wenn Sie eine elektrische Mühle verwenden, sollten Sie darauf achten, daß sich das Mahlgut nicht erwärmt. Unterbrechen Sie deshalb den Mahlvorgang entsprechend häufig.

Herstellung feiner Pulver

Bestimmte Mittel können nur als feines Pulver verabreicht werden. Wenn zum Beispiel Ihr Zahnpulver nicht fein genug ist, setzen sich kleine Partikel zwischen den Zähnen oder zwischen Zähnen und Zahnfleisch fest. Um ein derart feines Pulver zu gewinnen, sollten Sie das Ausgangsmaterial zuerst mahlen und dann durch ein Baumwolltuch passieren. Benutzen Sie für extrem feine Puder ein dickeres Tuch; falls ein derart hoher Grad an Feinheit nicht notwendig ist, können Sie auch ein Musselintuch verwenden. Spannen Sie dazu das Tuch, indem Sie es entweder an einer Seite befestigen und an der anderen Seite ziehen, oder Sie ziehen an einer Seite während jemand die andere Seite hält. Stellen Sie einen sauberen Behälter darunter. Geben Sie die gemahlenen Pflanzenteile in kleinen Mengen auf das Tuch und rühren Sie mit einem Löffel vorsichtig um (Abb. 50).

Abb. 50

Herstellung von Ghee

Ghee ist außerhalb Indiens möglicherweise nicht zu haben, außer es gibt in Ihrer Nähe einen Laden, der indische Lebensmittel führt. Darum sei hier erklärt, was Ghee ist und wie es hergestellt wird.

Ghee ist nichts anderes als Butterschmalz oder geklärte Butter. Butter ist kein reines Fett, folglich auch nur sehr begrenzt haltbar. Ghee hingegen kann jahrelang aufbewahrt werden. In manchen Ländern kann man Butterschmalz zwar kaufen, doch es handelt sich dabei nicht um Ghee. In Deutschland wird es beispielsweise unter dem Namen Butaris angeboten. Verwenden Sie derartige Produkte nicht, denn sie werden anders als Ghee hergestellt und enthalten außerdem Konservierungsstoffe.

Zur Herstellung von Ghee benötigen Sie frische ungesalzene Butter. Geben Sie die Butter in eine Pfanne und erhitzen Sie sie bei sehr schwacher Flamme. Wenn der Siedepunkt erreicht ist, bildet sich ein weißlicher Schaum an der Oberfläche und die flüssige Butter beginnt durchsichtig zu werden. Lassen Sie die Butter mindestens fünfzehn Minuten weiterköcheln, bis die wäßrigen Anteile vollständig verdampft sind und die festen sich vom Butterfett abgeschieden haben. Achten Sie darauf, daß das Butterschmalz im Verlauf dieses Prozesses durchsichtig und klar bleibt und nicht braun wird. Normalerweise genügen fünfzehn Minuten, doch hängt die Dauer von der Stärke der Flamme und der Dicke der Pfanne ab. Wenn Sie das einige Male sorgfältig gemacht haben, entwickeln Sie ein Gefühl dafür, wann die Butter vollständig geklärt ist. Lassen Sie das Fett etwas abkühlen und filtern Sie es dann durch ein Musselintuch. Passen Sie jedoch auf, daß das Fett nicht zu sehr abkühlt, sonst beginnt es wieder fest zu werden. Ist das geschehen, genügt kurzes Erhitzen, um es wieder zu verflüssigen. Bewahren Sie Ghee in sauberen, fest verschlossenen Glasgefäßen bei Zimmertemperatur auf. In den Sommermonaten kann es aufgrund der Hitze geschehen, daß das Ghee schmilzt. Es sieht dann wie Öl aus, Geschmack oder Haltbarkeit werden davon jedoch nicht beeinflußt.

Vorbeugung und Heilung einiger häufiger Krankheiten

Ich habe im folgenden Erkrankungen ausgewählt, an denen sehr viele Menschen leiden; dabei haben die meisten gelernt, mit diesen lästigen Beschwerden zu leben. Es ist jedoch sehr wichtig, daß man auch geringfügigen Beeinträchtigungen der Gesundheit wirksam entgegentritt, sonst können sich daraus ernste Krankheiten entwickeln. Außerdem sind gesundheitliche Störungen und körperliches Unwohlsein eine Behinderung der alltäglichen Aktivitäten, was Unzufriedenheit und Gereiztheit zur Folge hat. Wie Sie im vorangegangenen Kapitel erfahren haben, führt ein unruhiger Geist zu inneren Erkrankungen. Tun Sie deshalb alles, um sich schnellstmöglich zu heilen.

Verzögern Sie nichts, verschieben Sie nichts, gehen Sie kein Risiko mit Ihrer Gesundheit und mit Ihrem Leben ein.

Müdigkeit

Ein anhaltender Zustand verminderter Leistungsfähigkeit und verstärkten körperlichen Unbehagens wird gewöhnlich als Müdigkeit bezeichnet. Dabei handelt es sich nicht um eine Krankheit im strengen Sinn. Kümmert man sich jedoch nicht darum, kann das zu ernsten gesundheitlichen Störungen führen – speziell zu Kopfschmerzen, Migräne und Rückenschmerzen. Außerdem erhöht ständige Müdigkeit die Anfälligkeit gegenüber äußeren Infektionen, die Selbstheilungskräfte des Körpers werden geschwächt und die Genesung verzögert sich; hinzu kommen Ärger und Gereiztheit, was nicht nur zu Verstimmung im sozialen Umfeld führen kann, sondern auch zu Magengeschwüren und anderen ernsten inneren Krankheiten; ferner wird dadurch die Koordination der Sinnesorgane eingeschränkt, wodurch sich wiederum die Unfallgefahr erhöht. Alles zusammen macht Sie immer schwächer – ein Teufelskreis hat sich geschlossen.

Manche Menschen befinden sich in einem Zustand fortwährender Ermattung. Sie leiden an Problemen, die hauptsächlich damit zusammenhängen. Meist sind sie nicht in der Lage, das Übel an der Wurzel zu packen und wirkliche Heilung in die Wege zu leiten. Statt dessen nehmen sie Medikamente gegen die Auswirkungen der Müdigkeit auf den Körper und ignorieren dabei die einzige Medizin – Ruhe. Ich werde gleich erklären, was ich mit «Ruhe» meine.

In großen Städten überall auf der Welt – sei es nun Tokyo, München, Paris, New York oder Mexiko-City – klagen viele Menschen über Müdigkeit und fühlen sich dabei recht hilflos. Sie können dieses nagende Unbehagen, diese Mattigkeit nicht einordnen, da es sich aus Mangel an objektiven Symptomen um keine wirkliche Krankheit zu handeln scheint. Folge ist, daß medizinische Hilfe nicht gesucht wird. Zweck dieses Abschnitts ist, jene Faktoren näher zu beleuchten, die Ermüdung verursachen. Dabei kommt es darauf an, Müdigkeit als ernste Gesundheitsbedrohung zu begreifen und die entsprechenden Behandlungsmöglichkeiten anzuwenden.

Wir haben an anderer Stelle bereits über Müdigkeit als Folge von überhöhtem Kapha gesprochen. Im gegenwärtigen Kontext handelt es sich jedoch um Faktoren wie hektischer Lebensstil, Luftverschmutzung, Lärm und andere das innere Gleichgewicht störende Einflüsse. Im Āyurveda spricht man deshalb in diesem Zusammenhang von Vāta-Erschöpfung. Damit ist keine vorübergehende Mattigkeit als Folge einer unspezifischen Erkrankung oder äußerer Einflüsse gemeint. Die Erschöpfung, um die es hier geht, ist allgemeiner Art und zeichnet sich durch anhaltendes Unwohlsein und Mangel an Energie aus.

Die Hauptursache ist das Fehlen ausreichender und rechtzeitiger Ruhephasen. In unserer technologisch orientierten Gesellschaft gibt es keine wirkliche Erholung. Die Leute tun immer irgend etwas, selbst während ihrer Freizeit. Die Vorstellung einer völligen Entspannung in einer stillen Umgebung – nach der unser physisches Sein in gewissen Abständen verlangt – existiert nicht. Wirkliche Ruhe bedeutet, den Gedanken «etwas tun zu müssen» loszulassen, sich zu befreien von dem Druck der Gedanken an das, «was war» oder «was sein könnte», und dadurch einige Augenblicke der Stille und des Friedens in einem vollkommen spannungsfreien Zustand zu erleben – einfach mit sich selbst sein. Wirklich still zu werden erfordert eine beträchtliche geistige Anstrengung. Prāṇāyāma, Japa und Konzentrationsübungen können helfen, die alltäglichen Sorgen hinter sich zu lassen, für eine Weile alles zu vergessen und sich ganz zu entspannen.

Rechtzeitige Erholung ist sehr wichtig, sonst sammelt sich Müdigkeit an. Wenn Sie zum Beispiel Husten, Erkältung oder eine ähnlich leichte Erkrankung haben, jedoch während dieser Zeit arbeiten müssen, sollten Sie dies mit zusätzlichem Schlaf und viel Ruhe nach der Arbeit ausgleichen. Achten Sie darauf, daß Sie sich zur Entspannung immer hinlegen. Ähnliches gilt für Situationen, in denen Sie sich aus dem ein oder anderen Grund müde fühlen, vielleicht weil Sie öfter hintereinander spät ins Bett kamen, oder zu viel gegessen oder getrunken haben. Schieben Sie Ihre Erholungsphasen nicht auf und schleppen Sie Ihre Müdigkeit nicht mit sich herum, da dies nur zu einem Zustand totaler Ermüdung führt. Es ist sehr einfach, sich von einer kleineren Übermüdung zu erholen. Sie brauchen dazu nur ein oder zwei Tage Ruhe, eine Massage, ein Bad, leichtes und nahrhaftes Essen, heißen Ingwertee, heiße Milch und einige stärkende Getränke (Absud, Kräutertee etc.). Hat sich die Müdigkeit jedoch aufgestaut, brauchen Sie viel mehr Zeit zur Erholung, möglicherweise sogar ärztliche Hilfe, da Sie sich eventuell zu schwach und zu durcheinander fühlen, um selbst etwas zu unternehmen.

Wenn Sie der āyurvedischen Lebensweise folgen, werden Sie niemals an Müdigkeit leiden, da Sie Ihren Körper und Geist in regelmäßigen Abständen auf vielfältige Weise reinigen. Dies läßt Sie in bezug auf Ihr Leben bewußter werden, so daß Sie eine außerordentliche Sensibilität für Ihren Körper entwickeln. Wir leiden meistens dann an Müdigkeit, wenn wir uns schlecht behandeln. Erschöpfungszustände können aber auch emotionale Gründe haben. Wie bereits erwähnt, führt angemessene Erholung auch hier zu einer Beruhigung, schließlich zur Stille des Geistes. Geeignete Methoden dazu wurden bereits in einem vorangegangenen Kapitel beschrieben.

Es gibt noch einen anderen subtilen Grund für Müdigkeit – das Ego. Manche Leute glauben, sie wären unersetzbar, würden stets dringend gebraucht und alles ginge schief, falls sie einmal nicht das erledigten, was von ihnen verlangt wird. Dabei überarbeiten und verausgaben sie sich. Oft sind solche Menschen sehr kompetent in ihrem Beruf, den sie mit großer Selbstaufopferung ausüben. Doch dies geschieht auf Kosten ihrer Gesundheit. In diesem Zusammenhang möchte ich die Aufmerksamkeit auf viele Mütter und Hausfrauen lenken, die sich auf diese Weise über Jahre hinweg verausgaben; haben sie schließlich die Mitte des Lebens erreicht, finden sie sich infolge von Überarbeitung, dauernder Müdigkeit und Vernachlässigung ihrer selbst in einer sehr schlechten gesundheitlichen Verfassung.

Eine andere Gruppe von Menschen, die ständig die Grenzen ihrer Belastbarkeit überschreiten, sind Leute mit hohen Posten in Wirtschaft und Politik. Die damit verbundene hektische und unregelmäßige Lebensweise führt irgendwann zu schweren Erkrankungen. Gewöhnlich ist ihr Terminkalender übervoll, so daß sie sich nicht in der Lage sehen, einmal wirklich auszuruhen. Menschen dieser Kategorie haben ganz spezielle gesundheitliche Probleme – ein Thema, mit dem ich mich in einem anderen Buch beschäftigen werde.

Führen Sie also immer ein Leben, das auf Ihre körperliche und geistige Befindlichkeit abgestimmt ist und Ihrem Leistungsvermögen entspricht. Wenn Sie mehr Schlaf als andere brauchen oder schneller ermüden, so lernen Sie diese Tatsache zu akzeptieren und Ihre Lebensweise diesem Bedürfnis anzupassen. Vergleichen Sie sich nicht mit anderen Menschen, sondern hören Sie auf sich selbst. Ich kann jedoch verstehen, daß wir uns nicht selbstsüchtig ständig verhätscheln können, sondern daß es auch Zeiten gibt, wo wir uns mehr als sonst anstrengen müssen. Gleichen Sie dies ein andermal wieder aus, damit Ihre Müdigkeit nicht noch mehr zunimmt. Denken Sie immer daran, daß man nicht *alles* im Leben vollbringen kann. Erkennen Sie die Grenzen Ihrer Kraft. Müdigkeit mag zunächst wenig deutliche Symptome haben, über die Jahre kann sich dieser Zustand aber zu einer Krankheit entwickeln. Jede Form von Müdigkeit fördert Vāta, und so geschieht es, daß Sie bei zunehmender Störung anfällig werden für alle Vāta-bedingten Erkrankrungen. Unternehmen Sie deshalb rechtzeitig etwas. Übermüdung ist nicht nur schlecht für Ihre Gesundheit, sondern auch für die Gesundheit der Menschen in Ihrer Umgebung, da es nicht angenehm ist, mit einer Person zusammenzusein, die wenig Leistung bringt und schnell ärgerlich oder gereizt reagiert.

In der āyurvedischen Literatur gibt es eine Vielzahl von Heilmitteln, die in einem solchen Fall – neben ausreichend Ruhe – Linderung versprechen und die verlorene Energie wieder zurückgeben. Diese Mittel sind vielleicht nicht überall erhältlich oder haben möglicherweise gar nicht den gewünschten Effekt, da sie industriell verarbeitet wurden. Ich werde deshalb ein paar Hinweise zur Ernährung geben und damit verbunden einige einfache Rezepte zur Zubereitung energiespendender Nahrung.

Zuerst eine Reihe von Nahrungsmitteln, die dem Körper Kraft und Energie zuführen können. Dazu gehören heiße Milch, schwarzer Tee mit Ingwer, Kardamom, Nelken, heiße Gemüse- oder Hühnersuppe, Weizenbrei, Ghee, Nüsse, Honig, Kandiszukker, Äpfel, frisch gepreßte Obstsäfte.

Stärkungsmittel

Es gibt einige einfache Energiespender, die Sie leicht selbst zubereiten können; ein paar Löffel täglich genügen und Ihre Spannkraft erhöht sich wieder.

1.	Zutaten:	Mandeln	100 g
		Cashewnüsse	100 g
		Kandiszucker	100 g
		Anissamen	50 g
		Schwarzer Pfeffer	20 Körner

Zerstoßen Sie die Zutaten einzeln. Passieren Sie das Anispulver durch ein dünnes Musselintuch; vermischen Sie anschließend alles sorgfältig miteinander. Geben Sie diese Mischung in einen sauberen und trockenen Behälter; verschließen Sie ihn gut. Nehmen Sie täglich, oder immer, wenn Sie sich müde fühlen, einen Suppenlöffel mit heißer Milch. Dieses Mittel hilft nicht nur bei Müdigkeit, sondern es unterstützt auch die Sehkraft.

2. Zerstoßen Sie einen halben Löffel Kreuzkümmel. Geben Sie etwas Kandiszucker dazu. Trinken Sie das Ganze mit einem Glas heißem Wasser als tägliche Dosis, wann immer Sie Müdigkeit verspüren. Dieses Getränk gilt auch als Stärkungstonikum, das man von Zeit zu Zeit zu sich nehmen kann. Verwenden Sie immer nur frisch gemahlenen Kreuzkümmel, keinen gewöhnlichen Kümmel. Letzterer ist dunkler, mit leicht gerundeten Ecken.

Warnung

Kreuzkümmel erhöht Pitta, er sollte deshalb nicht über einen längeren Zeitraum oder bei heißem Wetter verabreicht werden.

3. Zutaten:

Karotten	1 kg
Äpfel	1 kg
Zucker	1 kg
Kreuzkümmel	40 g
Pfeffer	50 Körner
Anis	40 g
Kardamom	25 g
Nelke	25 g
Basilikum	25 g
Ingwer	25 g
Lorbeerblätter	25 g
Ajwāin od. Thymian (Samen)	25 g
Zimt	25 g

Waschen und schälen Sie die Karotten und Äpfel und schneiden Sie sie in kleine Stücke. Geben Sie alles in einen Topf und kochen Sie den Inhalt mit etwas Wasser auf kleiner Flamme; der Topf sollte bedeckt sein. Warten Sie, bis alles weichgekocht ist – es sieht dann aus wie Mus. Geben Sie den Zucker dazu und lassen Sie den Inhalt weiterköcheln, bis daraus eine dicke Paste geworden ist; der Topf bleibt zugedeckt. Rühren Sie ab und zu einmal um. Nehmen Sie den Topf vom Feuer und warten Sie, bis sich alles abgekühlt hat. Mahlen Sie die anderen Zutaten puderfein und rühren Sie sie in die kalte Paste ein. Achten Sie darauf, daß alles gut vermischt ist. Bewahren Sie die Paste in einem trockenen, sauberen und gut verschlossenen Behälter auf. Nehmen Sie täglich zwei Teelöffel davon mit heißer Milch oder als Marmelade aufs Brot.

Dieses Mittel hilft bei Müdigkeit, stellt die Spannkraft wieder her und heilt Appetitverlust.

Wenn Sie übermüdet sind, sollten Sie sich daran erinnern, daß genau jetzt der Zeitpunkt gekommen ist, eine Pause zu machen, alles stehen und liegen zu lassen, sich zu erholen und auszuruhen, die Dinge leicht zu nehmen und in Ruhe und Stille hinüberzugleiten.

Warnung

Sie müssen lernen zu unterscheiden zwischen einer allgemeinen, nicht-spezifischen Ermüdung und einer Müdigkeit als Vorbote einer herannahenden Krankheit. Ist letzteres der Fall, sollten die entsprechenden Maßnahmen unter sorgfältiger Beobachtung der Symptome getroffen werden. Wenn Sie an allgemeiner Müdigkeit leiden, müssen Sie den Ursachen auf den Grund gehen; Näheres dazu finden Sie im dritten Kapitel.

Schmerz

Das Phänomen Schmerz ist sehr umfassend, deshalb können wir hier nur auf einige Teilbereiche eingehen. Betrachten wir zunächst einmal, was Schmerz überhaupt ist.

In einem relativ gesunden Menschen ist Schmerz der offene Beweis dafür, daß Körper und Geist aus dem Gleichgewicht geraten sind. Schmerzen können auf Schwäche und Anfälligkeit eines bestimmten Körperteils hinweisen. Dabei handelt es sich meist um chronische Schmerzen, die immer wieder auftauchen. Schmerz kann aber auch Folge von Verfall, Entzündung und Verwundung sein. Wir werden uns jedoch nur mit den ersten beiden Bereichen befassen, da der dritte eine komplexere medizinische Betreuung notwendig macht, zumal sehr oft bereits eine irreversible Degeneration eingetreten ist.

Kopfschmerz und Migräne

Kopfschmerz ist wohl der am häufigsten vorkommende Schmerz. Es gibt kaum jemanden, der diese Art von Schmerz nicht kennt. Ich beziehe mich dabei nicht auf Kopfschmerzen, die mit bestimmten Krankheiten wie Fieber, Erkältung oder Grippe verbunden sind. Vielmehr meine ich den ganz gewöhnlichen Kopfschmerz, der viele Leute von Zeit zu Zeit befällt. Meistens greift man dann zu einem Analgetikum, das immer zur Hand ist.

Ein gesunder Mensch dürfte niemals derartige Schmerzen haben. Bevor wir uns jedoch der Behandlung von Kopfschmerzen zuwenden, wollen wir noch einen Blick auf die Hauptursachen werfen. Dabei ist es wichtig, verschiedene Arten von Kopfschmerzen unterscheiden zu lernen, um sie entsprechend behandeln zu können.

Kopfschmerz kann verursacht werden durch Störung eines der drei Humore, durch Stuhlverstopfung, Streß, Nervosität, Überaktivität, extrem heiße oder kalte Witterung, eine laute Umgebung und verschmutzte Luft. Zuviel Vāta hat Stuhlverstopfung zur Folge, was Vāta noch mehr ansteigen läßt. Ist die Verstopfung leicht, so stellt sich nur eine gewisse Schwere im Kopf ein; bleibt angesammeltes Mala hingegen über einen längeren Zeitraum im Körper, führt das zu einem Dauerschmerz. Kommen noch andere Faktoren wie Streß oder laute Umgebung dazu, wird der Schmerz noch stärker und die Person beginnt sehr darunter zu leiden. Es ist allerdings nicht schwer, diese Art von Kopfschmerz erfolgreich zu behandeln. Man muß nur auf regelmäßigen Stuhlgang achten und in gewissen Abständen klistieren oder eine vollständige innere Reinigung durch Abführmittel herbeiführen. Falls Sie an einem Tag den Darm nicht richtig entleeren konnten, werden Sie möglicherweise schon am nächsten Tag diese Schwere im Kopf verspüren, die sich langsam zu einem Schmerz entwickelt. Ein harter und schwarzer Stuhl ist ebenfalls Anzeichen dafür, daß Ihre Verdauung nicht normal funktioniert. In beiden Fällen ist es ratsam, unverzüglich einen Einlauf vorzunehmen; der Kopfschmerz verschwindet danach sofort.

Die zweite Kategorie von Kopfschmerz ist nervösen Ursprungs und wird verursacht durch eine laute Umgebung, hektische Lebensweise, Überaktivität und zu viele Sorgen. Menschen, die mehr schaffen wollen als sie tatsächlich können, leiden häufig an dieser Art von Schmerz. Wenn die Symptome nun ständig durch die Einnahme von Schmerztabletten unterdrückt werden und die Ursachen somit unaufgedeckt bleiben, wird der Schmerz chronisch und es kommt zu Migräne. Denken Sie lieber noch einmal nach, bevor Sie das nächste Mal einen «Schmerzkiller» nehmen; das schiebt eine rechtzeitige Hilfe zur wirklichen Heilung dieses Leidens nur auf.

Um nervösen Kopfschmerz zu heilen, sollten Sie versuchen, so gelassen wie möglich zu werden. Schreien Sie nicht und vermeiden

Sie es auch, laut zu sprechen. Wenn Sie sehr viel Arbeit haben oder Ihre Umgebung sehr hektisch ist, versuchen Sie dies durch Ruhe und Erholung nach Arbeitsschluß auszugleichen. Beugen Sie einer fortdauernden Übermüdung vor – es könnte sonst ernste Folgen haben. Schieben Sie Ihr Bedürfnis nach Erholung nicht auf die lange Bank.

Zur Behandlung des unmittelbaren Schmerzes bieten sich zur äußeren Anwendung eine Reihe von Mitteln an. Dies können Salben oder Ätherische Öle und Kräuteröle sein, oder auch ein Präparat, das leicht selbst herzustellen ist. Mischen Sie dazu fünf Teile Eukalyptusöl mit jeweils einem Teil Anisöl, Kampfer und Mentholkristallen. Vergessen Sie jedoch nicht, daß all diese Mittel nur äußere Hilfe verschaffen – die Ursachen des Schmerzes sind damit noch nicht behoben.

Migräne ist ein in bestimmten Abständen auftauchender extremer Schmerzzustand, der gewöhnlich von Brechreiz, Erbrechen, Reizbarkeit und Photophobie (Lichtüberempfindlichkeit) begleitet wird. Ein Migräneanfall kann sich auf eine Kopfhälfte beschränken oder auf den Bereich um Augen, Kinn oder Ohren. Dabei entsteht leicht der Eindruck, es handele sich um eine Erkrankung in der schmerzenden Region. Dieser außerordentlich starke, pochende Schmerz zwingt zur Bettruhe. Menschen, die an Migräne leiden, werden im Glauben gehalten, daß man mit dieser Krankheit leben müsse, da es dafür keine Heilung gäbe. Doch die Situation ist nicht so hoffnungslos, denn es ist möglich, Migräne mit āyurvedischen Methoden zu heilen. Die wahre Heilung besteht darin, sie gar nicht erst entstehen zu lassen.

Im Fall von Migräne oder anderen chronischen Schmerzen wie Ischias und Schulterschmerzen wird eine bevorstehende Attacke immer durch bestimmte Symptome angekündigt, die aber meist nicht ernstgenommen werden. Sie sollten sich jedoch bemühen, diese Symptome sorgfältig zu beobachten und alles tun, einen Anfall zu verhindern. Chronische Leiden brechen immer dann durch, wenn man physisch übermüdet ist, unter Streß steht und/oder die Humore aus dem Gleichgewicht geraten sind. All dies baut Körperenergie ab und erhöht die Anfälligkeit. Nehmen wir an, Sie leiden an leichten Verdauungsstörungen, unternehmen aber nichts dagegen, sondern gehen weiter auf Parties, trinken Alkohol und essen zu spät und zu schwer. Ihr gegenwärtiges Problem wird sich durch eine derartige Lebensweise ganz sicher verschlimmern und zu ständiger Müdigkeit führen. Sie achten jedoch nicht darauf, gehen weiter Ihren hektischen Geschäften nach und abends «machen Sie noch einen drauf». So gönnen Sie sich nicht die Ruhe, die Sie bräuchten, essen nicht warm und nehmen nicht die Heilmittel, die zu Ihrer Gesundung notwendig wären. Dazwischen geschieht vielleicht noch etwas Unerwartetes – ein Besuch, ein dringender Auftrag oder ein Vorfall, der Ihnen Sorgen bereitet. Dies ermüdet Sie noch mehr, und Ihr Vorrat an Energie neigt sich dem Ende zu. Ihr Pitta, möglicherweise auch Vāta, geraten infolge der ständigen Verdauungsstörungen mehr und mehr aus dem Gleichgewicht. Jeder weitere Tag einer solchen Lebensweise erhöht Ihre Anfälligkeit – bis schließlich der Moment gekommen ist, wo Ihr Körper protestiert. Falls Sie bereits chronische Migräne, Ischias oder etwas ähnliches haben, ist das tatsächlich Ihr schwacher Punkt, und der Protest Ihres Körpers wird genau dort ansetzen und sich durch Schmerz ausdrücken.

Wenn Sie sich von chronischer Migräne befreien wollen – dies gilt auch für andere, immer wieder auftauchende Anfallsschmerzen –, müssen Sie lernen, den Schmerz erst gar nicht eintreten zu lassen. Beachten Sie folgende Vorsichtsmaßnahmen:

1. Beobachten Sie genau die Umstände, die einem Anfall vorausgehen. Bestimmte, sehr subtile Symptome können Sie vor einer bevorstehenden Schmerzattacke warnen. Haben Sie die Anzeichen bemerkt, ruhen Sie sich aus und vermeiden Sie alles, was geeignet ist, die Schmerzen ausbrechen zu lassen. Beim Lesen dieser Zeilen sind Sie womöglich ganz verunsichert, da Sie diese Warnzeichen nicht erkennen können. Das kommt daher, daß Sie nie darauf geachtet haben. Ein Migräneanfall kann immer dann eintreten, wenn sich Angst mit Streß paart und Sie sich in einem Zustand übermäßiger physischer Erschöpfung befinden; häufig haben Sie in einer solchen Situation auch ein Gefühl der Hilf- und Ziellosigkeit. Physische Überanstrengung kann verschiedenste Ursachen haben, etwa zuviel oder zu lautes Sprechen, der Aufenthalt in einer lauten Umgebung, zuviel Sonne, Überarbeitung, nicht genug Erholung und Schlaf, zuviel Gehen oder Stehen. Es ist deshalb Ihre Auf-

gabe, jene Einflüsse zu vermeiden, die einen Schmerzausbruch provozieren. Wenn Sie erschöpft sind, ruhen Sie sich aus. Erinnern Sie sich immer an den āyurvedischen Grundsatz: Die erste Priorität des Lebens ist die Erhaltung der Gesundheit. Deshalb müssen Sie JETZT handeln, nicht erst dann, wenn es bereits zu spät ist.

2. Unterlassen Sie Ihre Yoga-Übungen oder andere physische Anstrengungen, wenn Sie müde sind oder das Gefühl haben, daß ein Anfall naht.

3. Trinken Sie viel Wasser, nehmen Sie leichte Speisen zu sich wie Gemüse- oder Hühnersuppe. Vermeiden Sie fettes, schweres Essen und wenden Sie sich statt dessen frischen Früchten und Salaten zu. Achten Sie auf regelmäßigen Stuhlgang. Praktizieren Sie Jaldhauti (siehe 4. Kapitel).

4. Eine Massage und ein Bad, dem man einige Tropfen Sandelholzöl beigegeben hat, hilft zu entspannen, entfernt Mala aus der Oberhaut und öffnet verstopfte Kanäle.

5. Praktizieren Sie Japa und Prāṇāyāma, und sagen Sie sich immer wieder, daß im gegenwärtigen Augenblick nichts auf der Welt wichtiger ist, als sich vor dem schrecklichen, stechenden Schmerz zu schützen, der Ihnen soviel Leid bereitet.

6. Denken Sie sich kleine Heilgebete aus, in denen Sie Ihre Entschlossenheit zum Ausdruck bringen, dem Schmerz keine Chance zu geben. Machen Sie deutlich, daß Sie sich für immer von diesen nagenden Migräneattacken befreien wollen. Richten Sie Ihre Gebete an die Sonne, die Erde, spezielle Bäume, Plätze, Tempel oder andere ehrfurchtgebietende Objekte in Ihrer Umgebung. Wenn Sie das nicht wollen, so konzentrieren Sie sich auf die innere Energie, die der Grund Ihres Daseins ist; wiederholen Sie Ihre Entschlossenheit, diesen Schmerz nicht zuzulassen.

Wenn Sie den festen Willen besitzen, die Warnzeichen genau zu beobachten, und sämtliche Vorsichtsmaßnahmen ergreifen, diesem Schmerz keine Chance zu geben, dann wird es Ihnen gelingen, sich von Ihrer Migräne zu befreien.

Ein Migränekranker sollte großen Wert auf seine Ernährungsweise legen. Halten Sie die Abstände zwischen den Mahlzeiten nicht zu groß und essen Sie nicht zuviel. Der Genuß von zuviel und zu schlechtem Alkohol ist zu vermeiden. Trockener, saurer Wein, zu junger Wein und starke Alkoholika wie Whisky und andere Spirituosen können einen Migräneanfall auslösen. Migräne ist eine endogene Erkrankung, deshalb sind innere Reinigungsmethoden besonders gut geeignet, die Schmerzen ein für allemal zu vertreiben.

Ischias

Es handelt sich dabei um einen plötzlich auftretenden, heftigen Schmerz im Bein, der vom Rücken oder den Oberschenkeln ausgeht. Wie bei Migräne, so besteht auch bei Ischias eine enge Beziehung zu Blutgefäßen und Nerven.

Der wichtigste Bestandteil der Behandlung von Ischias ist das regelmäßige Praktizieren von vier Yoga-Stellungen mit dem Namen *Uttanpadāsana.*[4] Diese Āsanas stärken die Beine, indem sie eine Erhöhung der Blutzirkulation und eine Aktivierung der peripheren Nerven bewirken.

Eine weitere wichtige Maßnahme zum Schutz vor einer Ischiasattacke ist das Vermeiden von Kälte und Zugluft. Achtet man nicht darauf und kommt noch Müdigkeit dazu, wird der Anfall sehr schnell ausgelöst. Was Warnzeichen und mögliche Vorbeugung anbelangt, so gilt hier das gleiche wie bei Migräne. Schon bei dem leichtesten Gefühl von Unbehagen im unteren Rückenbereich oder den Füßen sollte man sich hinlegen, schmerzlindernde Öle oder Salben auftragen und von außen Wärme zuführen, indem man eine Wärmflasche oder ähnliches auf die betreffende Stelle legt.

Gelegentliche Massage und ein heißes Bad helfen, sich vor den Schmerzen zu schützen, da diese Maßnahmen Vāta abbauen. Wenn Sie an Ischias oder ähnlichen Schmerzen in anderen Körperteilen leiden, sollten Sie immer daran denken, Ihre Ernährungsweise auf Vāta-reduzierende Kost umzustellen und auch sonst alles unternehmen, diesen Humor wieder ins Gleichgewicht zu bringen. Eine regelmäßige Verwendung von Ingwer, Knoblauch, Pfeffer und anderen Gewürzen wird empfohlen. Vermeiden Sie unter allen Umständen Bāsā-Kost oder andere Vāta-erhöhende Speisen wie Kartoffeln, Blumenkohl und Reis. Meiden Sie konservierte Produkte. Trinken Sie keine Frucht- oder Gemüsesäfte, sofern Sie nicht frisch gepreßt sind.

Man braucht zur Behandlung von Ischias nicht unbedingt eine spezifische Medizin, da die oben beschriebenen Behandlungsweisen in der Regel ausreichen. Ich empfehle jedoch, täglich zwei zerstoßene Knoblauchzehen zusammen mit zwei gemahlenen Gewürznelken einzunehmen. Sollten Sie Knoblauch schwer verdauen können, genügt schon die halbe Menge – also eine Knoblauchzehe und eine Gewürznelke. Obwohl die Pitta-steigernde Wirkung von Knoblauch durch die Beigabe von Nelke bereits abgeschwächt wird, ist es ratsam, viel Wasser zu trinken, um einer Pitta-Überhöhung vorzubeugen. Wenn Ihnen der Geruch von Knoblauch Probleme verursacht, kauen Sie einfach etwas Kardamom.

Beachten Sie, daß Sie bei chronischen Schmerzen bereits im Vorfeld handeln müssen. Warten Sie nicht, bis der Schmerz eingetreten ist, sondern machen Sie es zum Bestandteil Ihres täglichen Lebens, schmerzlindernde Salben auf die anfälligen Körperteile aufzutragen – besonders bei Müdigkeit. Vergessen Sie auch alle anderen Vorsichtsmaßnahmen nicht. Verlieren Sie niemals Ihr Ziel aus den Augen: sich von diesen Schmerzen vollständig zu befreien.

Vorbeugende Maßnahmen zur Verhinderung von Arthritis

Ich beziehe mich im folgenden auf Präventivmaßnahmen, da Arthritis, wenn sie erst einmal im Körper manifest geworden ist, einer sehr komplizierten āyurvedischen Behandlung bedarf, die zu beschreiben nicht Aufgabe dieses Buches sein kann.

Arthritische Schmerzen werden anfänglich von einer Vāta/Kapha-Überhöhung verursacht. Jede Schädigung des humoralen Gleichgewichts hat bestimmte gesundheitliche Störungen zur Folge. Welche von diesen Störungen sich nun tatsächlich als

Krankheit manifestiert, hängt sowohl von der individuellen Beschaffenheit ab, als auch von anderen Einflüssen wie etwa geographische Lage, soziales Umfeld, psychische Befindlichkeit oder Ernährungsgewohnheiten. Unser Ziel ist, alle Faktoren zu beseitigen, die, direkt oder indirekt, früher oder später zu einer Erkrankung führen.

Zur Verhinderung von arthritischen Schmerzen sollten Sie all jene Vorsichtsmaßnahmen treffen, die weiter oben in Zusammenhang mit möglichen Vāta-Störungen angeführt wurden. Machen Sie regelmäßig Yoga-Übungen, damit sich Kapha nirgendwo ansammeln kann und ein freier Energiefluß gesichert bleibt. Achten Sie dabei besonders auf jene Körperteile, die aufgrund der ständigen Ausführung einer bestimmten Tätigkeit übermäßig beansprucht werden. Dies sind zum Beispiel die Finger bei Menschen, die viel mit einem Computer oder einer Schreibmaschine arbeiten; der Rücken bei Büroangestellten; die Füße bei Personen, die viel gehen müssen.

Neben einer Vāta/Kapha-Überhöhung gibt es aber noch eine Menge anderer Faktoren, die eine arthritische Erkrankung begünstigen. Dazu gehören Kälte, Feuchtigkeit, Luftzug, plötzlicher Temperaturwechsel, sitzende Lebensweise, stark gebratene Speisen, Übergewicht, Überanstrengung, vorwiegende Benutzung eines bestimmten Körperteils, fortwährender Streß und die Ansammlung von Mala.

Es folgen einige wichtige allgemeine Hinweise zur Arthritis-Prophylaxe.

1. Nehmen Sie niemals ein Bad oder eine Dusche unmittelbar nach dem morgendlichen Aufstehen.

2. Nehmen Sie niemals ein Bad unmittelbar nach einer körperlichen Anstrengung oder wenn Sie schwitzen.

3. Nehmen Sie Ihr Bad weder zu heiß noch zu kalt.

4. Setzen Sie sich nach dem Baden niemals einem Luftzug aus, selbst während der heißen Sommermonate.

5. Wechseln Sie mit Händen oder Füßen niemals unmittelbar hintereinander von heißem zu kaltem Wasser.

6. Nehmen Sie selbst die geringsten Versteifungen in Ihrem Körper ernst, und sorgen Sie dafür, daß Ihr Vāta ins Gleichgewicht gebracht wird. Schieben Sie das niemals auf. Halten Sie sich warm, tragen Sie eine Salbe auf, lassen Sie sich massieren und ölen Sie sich mit schmerzlindernden Präparaten ein.

7. Führen Sie in regelmäßigen Abständen eine innere Reinigung durch, damit sich in Ihrem Körper kein Mala ansammeln kann.

8. Übergewicht ist die Ursache vieler Leiden, auch der Arthritis. Tun Sie alles, um Ihr Idealgewicht zu halten oder zu erreichen.

Rückenschmerzen, Nackenschmerzen und einige andere allgemeine Schmerzzustände

Viele Menschen leiden an Schmerzen in Rücken, Nacken, Schultern, in Arm- oder Handgelenken. Die Ursachen dafür sind meist Haltungsschäden, Streß, Überarbeitung, Sorgen und Gefühle von Hilflosigkeit. Dabei leben diese Menschen in der Illusion, die Schmerzen mit Tabletten beseitigen zu können, und fühlen sich dann frustriert und ratlos, wenn sie immer wiederkehren.

Wollen Sie wirklich etwas zur Heilung solcher Schmerzen tun, sollten Sie sorgfältig auf alle Faktoren und Umstände achten, die Ursache Ihrer Schmerzen sein könnten. So gibt es Leute, die gewisse Teile ihres Körpers anspannen, wenn sie unter Streß stehen, oder andere, die zu hohe oder zu enge Schuhe tragen, folglich über Schmerzen in Knöcheln, Beinen und Knien klagen. Schmerzen in Schultern und Handgelenken sind vielfach Folge von Auflehnung gegenüber unerwünschten Zuständen; man findet sie oft bei Menschen, die sich in einer Situation befinden, die sie innerlich ablehnen. Versuchen Sie, den Ursachen des Schmerzes beizukommen – nur so ist Befreiung von chronischen Schmerzen möglich.

Denken Sie daran, daß Schmerzen in einem bestimmten Körperteil immer darauf hinweisen, daß sich dort Kapha aufgestaut hat, der den freien Fluß von Vāta in dieser Region hemmt. Kapha kann sich jedoch auch anhäufen aufgrund von Verletzung, Verrenkung, psychischem Schock, schlechter Haltung, geistiger Anspannung und ähnlichem. Machen Sie deshalb nicht den Fehler, den betroffenen Körperteil ruhigzustellen. Es könnte sich zwar kurzfristig Besserung einstellen, doch durch diese Maßnahme sammelt sich noch mehr Kapha an, und das Problem verschlimmert sich. Statt dessen sind bestimmte Bewegungsübungen notwendig, um den überhöhten Humor abzubauen. Selbst wenn die Ursache Ihres Schmerzes Überarbeitung sein sollte, können Sie durch präzise aufeinander abgestimmte Übungen Linderung oder Heilung erlangen. Falls Sie beispielsweise an Schulterschmerzen leiden, weil Ihre Tätigkeit sehr viel Schreibarbeit verlangt, müssen Sie den Fingern, Händen, Armen und Schultern Ausgleich verschaffen, indem Sie mit ihnen langsame, kreisende Bewegungen in beide Richtungen vollführen. Auch die Yoga-Haltung Gomukhāsana ist in diesem Zusammenhang sehr nützlich.

Jede Art von Schmerz macht es notwendig, nach den Ursachen zu suchen – mit dem Ziel, sie ein für allemal zu beseitigen. Geschieht das nicht, bleibt alles nur ein Herumdoktern an Symptomen, und der Schmerz wird sich immer wieder einstellen.

Schmerzlindernde Öle

Es gibt etliche schmerzlindernde Kräuteröle auf dem Markt. Fast überall auf der Welt kann man chinesische Präparate in Form von Salben (z. B. *Tiger Balm*) kaufen; in Deutschland gibt es ausgezeichnete Kräuteröle mit hervorragender Wirkung. Allgemein läßt sich sagen, daß eine Mischung aus verschiedenen Ölen effektiver ist als das Öl von nur einer einzigen Pflanze wie etwa Lavendel, Zitronella oder Eukalyptus.

Schlaf und Schlafstörungen

«Wenn der Geist erschöpft ist, und die ebenso erschöpften Sinnesorgane lassen ab von ihren Gegenständen, schläft ein Mensch. Vom Schlaf hängen ab Glück und Unglück, Leibesfülle und Magerkeit, Stärke und Schwäche, Potenz und Impotenz, Verstand und Unverstand, Leben und Tod. Schlechter Schlaf, zu viel Schlaf und Schlaf zur falschen Zeit nimmt das Glück und macht das Leben zu einem Alptraum. Gesunder Schlaf hingegen führt zu Glück und einem langen Leben, so wie ein Aufblitzen der Wahrheit dem Yogi die Erfüllung bringt. Wie der Körper einer ausgewogenen Ernährung bedarf, so auch eines heilsamen Schlafs. Leibesfülle und Magerkeit sind im besonderen Maß Folge von Schlaf und Ernährung.»[5]

Der Schlaf ist eine immer wiederkehrende Rast, wenn sich die Sinne von ihrer Tätigkeit zurückziehen und der Geist neuer Wissensaufnahme gegenüber verschlossen ist. Schlaf wird mit dem Einbruch der Nacht in Verbindung gebracht und ist deshalb Tamas-bestimmt. Während des Schlafs verändert sich die Rajas-Qualität (Aktivität) des Geistes jedoch nicht. «Im Schlaf ist der Geist aufgrund seiner Rajas-Eigenschaft erfreulichen oder unerfreulichen Themen aus diesem oder einem anderen Leben unterworfen.»[6] Ein heilsamer Schlaf ist tief, ungestört, ausreichend und auf die Zeit abgestimmt. Beispielsweise ist Schlafen am Tag ungesund, in der Nacht hingegen heilsam. Der Āyurveda gestattet Tagesschlaf nur in den Sommermonaten. In ähnlicher Weise variiert die Länge des Schlafes mit der Jahreszeit; im Winter sollte er länger, im Sommer kürzer sein. Ein gesunder Schlaf ist weder zu lang noch zu kurz, er entspricht dem Lebensalter und den Umständen.

Wenn ein Baby geboren wird, ist es des Tamas (Mutterschoß) entbunden und paßt sich langsam dem Rajas an. Deshalb brauchen Babys in dieser Phase sehr viel Schlaf (15–16 Stunden). Heranwachsende Kinder benötigen 9–10 Stunden Schlaf, und Erwachsene, je nach Konstitution und Art der Tätigkeit, zwischen 6 und 8 Stunden. Menschen, die eine körperliche Tätigkeit ausüben, kommen mit weniger Schlaf aus als jene, die geistig tätig sind. Alte Menschen (nach dem Āyurveda über 60 Jahre) brauchen relativ wenig Schlaf; dies hängt jedoch von ihrem körperlichen Zustand ab. Bei Krankheit und Genesung sollte man mehr als üblich schlafen, da sich das positiv auf den Heilungsprozeß auswirkt.

Es gibt drei Arten von Schlafstörungen: 1. Schlaflosigkeit als Folge des Unvermögens zu schlafen; 2. gestörter Schlaf; 3. übertrieben viel Schlaf. Chronische Schlaflosigkeit wird gewöhnlich durch überhöhten Vāta oder Rajas verursacht. Schlaflosigkeit kann allerdings auch vorübergehend aufgrund bestimmter Erkrankungen auftreten. Gestörter Schlaf kann viele Gründe haben: Probleme im Magen-Darmbereich, zuviel oder zuwenig sexuelle Aktivität, Vāta/Pitta-bedingte Störungen oder psychische Probleme, um nur einige zu nennen. Übermäßig viel Schlaf ist die Folge von zu viel Kapha und Tamas.

Wenden wir uns nun den einzelnen Faktoren zu, die diese Störungen hervorrufen, und betrachten wir anschließend verschiedene Möglichkeiten der Heilung.

Schlaflosigkeit

Schlaflosigkeit ist in hochtechnisierten Gesellschaften ein sehr weit verbreitetes Problem. Eine große Anzahl von Menschen kann ohne die Hilfe von Tabletten nicht schlafen. Dabei ist man sich oft nicht im klaren darüber, daß diese Medikamente lang anhaltende schlimme Nebenwirkungen haben. Schlaflosigkeit kann indessen sehr einfach geheilt werden, wenn man bereit ist, die spezifischen Probleme, die dazu führen, zu verstehen und die entsprechenden āyurvedischen Maßnahmen zur Beseitigung der Ursachen einzuleiten. In diesem Zusammenhang möchte ich nun einige einfache Methoden zur Vorbeugung und Behandlung aufzeigen.

1. Bringen Sie zuerst einmal Vāta wieder ins Gleichgewicht. Ernähren Sie sich dazu mit Vata-reduzierender und Kapha-steigernder Kost. Trinken Sie so wenig Kaffee, schwarzen Tee oder andere koffeinhaltige Getränke wie möglich und trinken Sie diese nicht nach fünf Uhr abends. Obwohl die Wirkung der darin enthaltenen Substanzen von Fall zu Fall verschieden ist, handelt es sich dabei immer um Wachmacher. Tee hat diesbezüglich einen sehr anhaltenden Effekt; spät am Abend getrunken kann es sein, daß Sie

zwar problemlos einschlafen, doch mitten in der Nacht wieder aufwachen. Achten Sie deshalb darauf, daß Sie im Laufe des Tages nicht zu viel von diesen Getränken zu sich nehmen und meiden Sie ihren Genuß völlig am Abend und in den späten Nachtstunden.

2. Heiße, gesüßte Milch oder bestimmte Kräutertees wie etwa Lindenblütentee machen schläfrig und sollten vor dem Schlafengehen getrunken werden. Eine Banane mit heißer Milch hat die gleiche Wirkung.

3. Ein ganz wichtiger Punkt in diesem Zusammenhang ist die Schaffung einer Atmosphäre, die beruhigend auf Geist und Sinne wirkt. Denken Sie daran, daß Sie eben keine Nachttischlampe sind, die je nach Belieben ein- und ausgeschaltet werden kann. Viele Menschen sind einer hektischen Tagesroutine ausgesetzt. Am Abend folgt ein oft lautes und nicht weniger aufregendes Familien- oder Privatleben. Andere sind fortwährend mit der Lösung von Problemen beschäftigt – Problemen bei der Arbeit, in der Familie, im Privatleben, in der Ehe und so weiter. Wenn sie zu Bett gehen, das Licht ausschalten und schlafen wollen, ist ihr Geist immer noch höchst aktiv. Daß sie nicht einschlafen können, macht sie verspannt und läßt die geistige Aktivität weiter ansteigen. So gelangen sie in den Teufelskreis ständig zunehmenden Vātas, was wiederum Schlaflosigkeit erzeugt. Dies hat zur Folge, daß die Müdigkeit zunimmt, der Körper zu schmerzen beginnt und eine Reihe anderer Vāta-bedingter Störungen sich bemerkbar machen.

Vermeiden Sie wenigstens 15 Minuten vor dem Schlafengehen Gespräche oder eine laute Umgebung (Radio, Fernseher etc.). Versuchen Sie etwas Leichtes zu lesen – im Bett oder bevor Sie zu Bett gehen. Machen Sie Ihre Atemübungen mindestens eine Minute lang. Praktizieren Sie Shavāsana (Totenstellung), um Körper und Geist vollständig zu entspannen. Konzentrieren Sie sich auf die Dunkelheit der Nacht und beten Sie zu ihr, sie möge Ihnen einen tiefen, wohltuenden Schlaf schenken, damit Sie den nächsten Tag erfrischt und gutgelaunt beginnen können.

Denken Sie daran, daß die Nacht zum Schlafen da ist. Es ist nicht die Zeit, Ihre Arbeitsprobleme und Streitigkeiten zu lösen, ebensowenig irgendwelche anderen Probleme, die Sie am Schlafen hindern können. Viele Menschen hören nicht auf, über einen bestimmten Gedanken zu brüten oder darüber, wie sie sich jemandem gegenüber verhalten sollen, den sie lieben oder hassen. Sie verschwenden nur ihre Energien und finden dadurch nicht den notwendigen Schlaf, der ihre Schönheit und Jugendlichkeit erhält. Vergeuden Sie Ihre Kraft nicht für nichts. Ich kann verstehen, daß die Angelegenheiten, an die Sie während der Schlafenszeit denken, sehr wichtig für Sie sind – doch erinnern Sie sich immer daran: Die erste Priorität des Lebens ist das Leben selbst. Wenn das verloren ist, ist alles verloren, und es gibt auch keine Probleme mehr zu lösen.

Vielleicht erwidern Sie, daß Sie nur deshalb Probleme wälzen, weil Sie nicht schlafen können, und nicht, weil Sie das Denken vom Schlafen abhält. Die Antwort darauf lautet, daß Sie die Überaktivität Ihres Geistes niemals ernsthaft zu kontrollieren suchen, weder am Tag, noch in der Nacht. Tagsüber stört Sie das nicht besonders, da Sie ja auch sonst beschäftigt sind; nachts hingegen, wenn alles still ist, überwältigen Sie diese geistigen Schattengefechte und hindern Sie am Schlafen. Erinnern Sie sich daran – der Geist kontrolliert den Geist. Um einen gesunden Schlaf zu finden, brauchen Sie die Teilnahme Ihres «Denkorgans»; es muß seine Tätigkeit verlangsamen und zur Ruhe kommen.

Der Zustand des Schlafes ist ein langsamer Übergang von Rajas zu Tamas; ein Prozeß, der beim Aufwachen umgekehrt verläuft. Normalerweise handelt es sich dabei um einen natürlichen Vorgang, der an den Kreislauf von Tag und Nacht gekoppelt ist. Bei einer Störung hingegen ist es Ihre Aufgabe, sich durch geistige Anstrengung wieder in Übereinstimmung mit diesem Rhythmus zu bringen. Praktizieren Sie Japa (Wiederholung eines Mantra), bevor Sie zu Bett gehen; tun Sie dies bei abgeschwächtem Licht oder ohne Licht. Es wird Sie von Rajas zu Sattva bringen und Ihnen Geistesruhe verschaffen. Sobald das eingetreten ist und Ihre Augenlider schwer zu werden beginnen, sprechen Sie folgendes Gebet:

»O Kraft der Nacht, schenke mir einen ruhigen, ununterbrochenen Schlaf bis zum nächsten Morgen. Segne mich damit, damit ich nach einem tiefen, ungestörten Schlaf voller Energie erwachen möge. O Kraft der Nacht, gönne meinen Sinnen Ruhe vor ihren

Objekten.[7] O Kraft der Nacht, laß meinen Geist zur Ruhe kommen. Tief verneige ich mich vor Dir, o Kraft der Nacht, gib mir Frieden. Du bist es, die meine Energien belebt, indem Du mir regelmäßig Ruhe gewährst. Du bist es, die mir Leibesfülle und Schönheit schenkt. Dankbar bin ich Dir für diese Ruhe, die mich gesund erhält. Ich verneige mich vor Dir und bitte um Deinen Segen. Spende mir Schlaf, tief und ununterbrochen, bis der neue Tag anbricht.«

4. Wie ich bereits erwähnte, handelt es sich bei Schlaflosigkeit um ein Vāta-bedingtes Leiden. Machen Sie einen Einlauf und lassen Sie sich von Zeit zu Zeit massieren. Beide Maßnahmen sind sehr hilfreich bei der Behebung von Schlafstörungen jeglicher Art, da sie Vāta ausgleichen und so das humorale Gleichgewicht wiederherstellen. Ein Einlauf beruhigt gereiztes Vāta sofort, reinigt das Blut und schenkt ein Gefühl von Ruhe. Regelmäßige Mahlzeiten und eine ausgewogene Ernährungsweise halten Vāta im Gleichgewicht. Unregelmäßige Mahlzeiten, spätes Essen, schwere und fette Speisen, Unterdrückung der nicht-unterdrückbaren Triebkräfte und ein hektischer Lebensstil tragen dagegen zu einer weiteren Erhöhung von Vāta bei, was zu noch mehr Unruhe und Schlafstörungen führt.

5. Das Inhalieren bestimmter Düfte wirkt sich ebenfalls schlaffördernd aus. Es gibt einige chinesische oder thailändische Salben, von denen man sich vor dem Zubettgehen etwas unter die Nase reiben kann. Falls Ihnen der Geruch zu stark ist, können Sie etwas davon auf ein nasses, heißes Handtuch geben und dieses neben Ihren Kopf legen. Solche Salben und Öle werden gewöhnlich als Mittel gegen Husten oder Erkältung angeboten. In Deutschland werden ähnliche Mixturen als «Kräuteröle» gehandelt. Als ich einmal in einem Nachtzug in Thailand unterwegs war, bemerkte ich, daß die Anwendung derartiger Salben vor dem Schlafengehen in diesem Land offensichtlich allgemein üblich ist. Ich kann wissenschaftlich nicht erklären, wie es kommt, daß solche ätherischen Öle schlaffördernd wirken, aber ich kann diese Wirkung aus eigener Erfahrung nur bestätigen. Sie lassen den Atem schwerer und schwerer werden – und schon ist man der Welt entrückt.

Erwarten Sie von all diesen Methoden nicht, daß sie gleich beim ersten Mal damit Erfolg haben, wie das bei Schlaftabletten der Fall ist. Diese Maßnahmen sind nicht dazu da, Ihren überdrehten Geist in einen künstlich herbeigeführten Dämmerzustand zu versetzen. Vielmehr sind Sie gefordert, durch eigene Anstrengung und unter Anwendung der beschriebenen Methoden Ihrem Leben eine andere Richtung zu geben – hin zu einer natürlichen Lebensweise. Schlaf ist ein natürliches Phänomen; alle Mittel und Wege, die ich Ihnen aufgezeigt habe, sind einzig dazu da, Sie wieder einzustimmen auf den Rhythmus der Natur, von dem Sie sich langsam immer weiter entfernt haben, ohne es überhaupt zu bemerken. Sehen Sie sich ein schlafendes Kind an. Egal wo, immer schläft es tief und fest. Bei Ihnen war das genauso, als Sie klein waren. Was ist daraus geworden? Unser Ziel muß es sein, diese Spontaneität wiederzugewinnen und das, was natürlich ist, seinen Lauf nehmen zu lassen.

Es gibt aber auch Menschen, die aufgrund psychischer Störungen an Schlaflosigkeit leiden. Vielleicht erinnern Sie sich – psychische Probleme können dann entstehen, wenn sich Gewünschtes nicht erfüllt oder man mit Unerwünschtem konfrontiert ist. Es liegt in Ihrer Hand, das Denken unter Kontrolle zu halten und nicht zu wünschen, was jenseits Ihrer Möglichkeiten liegt. Versuchen Sie so gut wie möglich, sich von unerwünschten Lebensumständen zu befreien, oder aber so gelassen zu werden, daß Sie auch das Unerwünschte mit heiterem Gemüt akzeptieren können. Doch darüber haben wir bereits gesprochen. Wichtiges Thema jetzt ist die Frage, wie man jene quälenden Gedanken loswird, die es den Sinnen so schwer machen, sich von ihren Objekten zu lösen, und die es nicht gestatten, sich zu entspannen und die Welt für eine gewisse Zeit auszusperren. Sie brauchen dazu Urteilskraft, Selbstdisziplin und ein ständiges Bemühen, diesen Strom von Gedanken, die Ihnen den Schlaf rauben, zu stoppen. Denken Sie daran, daß der Geist den Geist kontrolliert und es einzig von Ihrer eigenen Anstrengung abhängt, sich von diesen Sorgen zu befreien. Machen Sie sich klar, daß Sie hier in Ihrem Bett nichts von dem ungeschehen machen können, was bereits geschehen ist, wie Sie auch keine Zukunft nach Ihren Wünschen schaffen können. Wie auch immer – um für die Zukunft besser gewappnet zu sein, brauchen Sie zum gegenwärtigen Zeitpunkt einen anständigen Schlaf. Schlaflosigkeit macht Sie krank und anfällig gegenüber weiteren Angriffen. All das führt Sie nur fort vom Leben an sich. Wenn aber das Leben selbst in Gefahr ist, verliert alles, worüber Sie sich jetzt Sorgen machen, jegliche Bedeutung. Versuchen Sie zu verstehen, daß es die erste Pflicht ist, Ihr Leben und Ihre Gesundheit zu schützen. Aus diesem Grund ist es absolut notwendig, ausreichend und gut zu schlafen. Wenn es natürlicher Bestandteil unserer Existenz ist, dem Körper nach einem Tag voller Aktivitäten die notwendige Erholung zu gewähren, so lassen Sie es nicht zu, daß irgendwelche Probleme oder Gedanken dazwischenkommen. Lösungen für Ihre Probleme können Sie am Tag suchen.

Die Gespräche mit Menschen, die an Schlaflosigkeit leiden, haben mir gezeigt, daß diejenigen unter ihnen, die «sich dauernd Sorgen machen», in Selbstmitleid geradezu schwimmen und davon überzeugt sind, ganz furchtbar zu leiden. Vergessen Sie nicht, daß Glück ein geistiger Zustand ist, den auch Sie erlangen können. Weltliche Freuden wie Geld, Wohlstand, Kinder, Frau oder Mann können Sie nicht glücklich machen, wenn Sie keine Anstrengung für Ihr eigenes Glück aufbringen. Höhen und Tiefen sind Bestandteile des Lebens – wir alle haben unser Karma aus der Vergangenheit, für das wir selbst verantwortlich sind. Doch wir haben die Freiheit, unser gegenwärtiges Karma zu bestimmen. Wenn wir über das murren, was wir nicht besitzen, ruinieren wir auch dieses Karma; das heißt in unserem Kontext: einen guten Schlaf zur Erhaltung unserer Gesundheit.

Der Āyurveda empfiehlt folgende Ernährungsweise zur Förderung von Schlaf:

1. Weizenbrei oder andere Weizengerichte mit Hühner- oder Gemüsesuppe;
2. Fleischsuppe von Tieren, die in Höhlen leben;
3. Reis (unpolierter weißer Rundkornreis) gekocht, mit heißer, gesüßter Milch;
4. süße, eher fette Speisen; meiden Sie salzige, grobe und trokkene Kost.

Es werden in diesem Zusammenhang noch eine Reihe schlafanregender Kräuterpräparate genannt. Meiner Meinung nach sollte man sich beschränken auf die angesprochenen Vorsorgemaßnahmen, schlaffördernde Nahrungsmittel und Tees. Atemübungen, Kopfmassage mit Kräuteröl, Druck-, Hand- und Fußmassagen wirken sich ebenfalls positiv auf die Wiederherstellung eines gesunden Schlafs aus.

Gestörter Schlaf

Viele Menschen leiden zwar nicht an Schlafmangel, doch sie wachen nachts immer wieder auf. Dies kann viele Gründe haben. Manche fürchten sich im Schlaf; oder Nasenwege oder die Rachenhöhle sind blockiert, was auch die Ursache von Schnarchen ist. Auch unterdrückte oder übertriebene Sexualität führt zu Schlafstörungen und Erwachen während der Nacht.

Man sollte die Hauptursache der Schlafstörung in jedem einzelnen Fall genau untersuchen und alles zu ihrer Beseitigung unternehmen. Wenn zum Beispiel Rachenhöhle oder Nasenwege verstopft sind, kann durch regelmäßige Anwendung von Jalneti oder Jaldhauti schnell Abhilfe geschaffen werden. Falls man voller Angst aufwacht oder böse Träume hat, hilft das oben angeführte Einschlafgebet. Sprechen Sie es vor dem Schlafengehen oder wenn Sie nachts aufgewacht sind. Japa und andere Konzentrationsübungen sind ebenfalls zu empfehlen.

Es gibt Leute, die nicht genug Flüssigkeit zu sich nehmen. Sie wachen nachts mit klopfendem Herzen und Taubheit in bestimmten Körperteilen auf; dies hängt mit dem Wasserverlust des Körpers während des Schlafens zusammen. Eine Heilung ist denkbar einfach. Trinken Sie mehr und nehmen Sie Speisen mit einem hohen Flüssigkeitsanteil zu sich – Suppen etwa, oder Salate und Früchte. Es reicht auch aus, wenn Sie am Abend einige Gläser Wasser trinken.

Viele Schlafstörungen werden durch schweres, unverdautes Essen und Magen-Darm-Probleme ausgelöst. Letztere führen auch zu Angstzuständen und bösen Träumen; Stuhlverstopfung kann ebenfalls dazu führen. Diese Ursachen können ebenfalls beseitigt werden.

Übermäßiger Schlaf

Wir haben bereits erwähnt, daß erhöhter Kapha faul macht und zu übertrieben viel Schlaf veranlaßt. Trotz vielem Schlaf sind solche Menschen immer müde. Sie gähnen oft und ihre Augen sind wäßrig. Sie fühlen sich immer schläfrig und bekommen plötzliche Anfälle von Erschöpfung, als ob sich ihre Sinne von der Außenwelt abschotten wollen. Diese Symptome sind genau das Gegenteil zu jener Überaktivität, die zuviel Vāta verursacht.

Die Behandlungsweise von überhöhtem Kapha wurde bereits aufgezeigt. Tun Sie alles, um Kapha wieder ins Gleichgewicht zu bringen, und Sie werden dadurch gleichzeitig Ihre Schlafstörungen beheben. Ergeben Sie sich nicht Ihrer Faulheit, wenden Sie grobe, heiße Maßnahmen an, essen Sie gut gewürzte Speisen und treiben Sie Sport.

Zum Abschluß möchte ich noch darauf hinweisen, daß in manchen Fällen von Schlafstörungen das Problem einfach darin liegt, daß der Schlafrhythmus aus dem Gleichgewicht geraten ist. Dies kann seine Ursache in einer Zeitverschiebung aufgrund einer langen Flugreise haben oder darin, daß man zu oft länger aufgeblieben ist als gewöhnlich. Man ist dann oft nicht mehr in der Lage, während der Nacht zu schlafen; statt dessen kommt die Müdigkeit in den frühen Morgenstunden oder am Tag. Um mit diesem Problem fertig zu werden, sollten Sie Ihren gewohnten Schlafrhythmus unter allen Umständen wiederherstellen, bei gleichzeitiger Umstellung Ihrer Ernährungsweise auf die oben beschriebene schlaffördernde Kost; das Trinken entsprechender Kräutertees und die Anwendung von Massagen ist ebenfalls hilfreich. Lassen Sie sich nicht dazu verleiten, die normalen Schlafenszeiten nicht einzuhalten; das macht alles nur noch schlimmer und wird mit Sicherheit Ihre Schlafprobleme vergrößern. Gerade in diese Kategorie fallen einige sehr schwere Fälle von Schlaflosigkeit. Seien Sie deshalb vorsichtig. Sollten sich einmal als Folge einer Veränderung Ihres gewohnten Tagesablaufs Probleme mit dem Schlafen einstellen, beheben Sie diese sofort.

Augenbrennen und Schwächung der Sehkraft

Der für die Sehkraft verantwortliche Humor ist Pitta. Ist er gestört, läßt die Sehkraft nach. Ein Übermaß an Kapha wirkt sich ebenfalls negativ aus, da dadurch Pitta beeinträchtigt wird. Ich habe bereits über gerötete Augen als Folge von zuviel Pitta gesprochen, ebenso über das Nachlassen der Sehkraft aufgrund einer Nebenhöhlenentzündung. Diese Probleme bedürfen einer angemessenen Heilbehandlung, die sich an den Ursachen orientiert. Wenn Sie bemerken, daß Ihre Augen brennen und rot werden, versuchen Sie Ihr Pitta zu senken. Leiten Sie Pitta-reduzierende Maßnahmen ein und vermeiden Sie alles, was Pitta erhöht. Ich zeige im folgenden einige Möglichkeiten auf, die sich zur Behandlung von derartigen Augenleiden anbieten. Die Maßnahmen sollten sofort angewandt werden, sonst kann es zu einer äußeren Infektion kommen.

1. Ein Absud aus Koriandersamen hilft bei brennenden und geröteten Augen. Waschen Sie damit Ihre Augen zwei- bis dreimal am Tag; Sie können auch ein oder zwei kleine Tassen davon trinken, um Ihr Pitta zu reduzieren.

2. Tragen Sie Sandelholzpaste auf Augenlider und Stirn auf, und lassen Sie die Paste einige Zeit einwirken. Dies hat eine kühlende Wirkung und reduziert Pitta. Sandelholzpaste kann man herstellen, indem man ein Stück Sandelholz unter Zugabe von etwas Wasser an einem Stein abreibt.

3. Ein Absud aus der Wurzel von Süßholz hilft ebenfalls bei brennenden Augen. Waschen Sie damit Ihre Augen zwei- oder dreimal am Tag.

Es kann vorkommen, daß nach einer Erkältung die Sehkraft etwas geschwächt ist und Schmerzen in der Augenregion auftreten. Praktizieren Sie dann Jalneti, Jaldhauti und machen Sie Augenübungen, um das angesammelte Kapha auszuwaschen beziehungsweise zu reduzieren.

Im Abschnitt über Müdigkeit finden Sie bereits ein Rezept für ein Mittel zur Förderung der Sehkraft. Es gibt jedoch noch andere wichtige und sehr einfach herzustellende Präparate; die Ausgangsprodukte dazu sind fast überall erhältlich.

1. Die Wurzel von Süßholz eignet sich ausgezeichnet zur Verbesserung der Sehkraft. Ihre Wirkstoffe helfen, Pitta und Kapha wieder ins Gleichgewicht zu bringen. Die tägliche Dosis sollte drei Gramm nicht überschreiten. Man kann die Wurzel kauen, einen Absud daraus bereiten oder sie zu Pulver zermahlen mit etwas warmem Wasser schlucken. Als vorbeugende Maßnahme ist dieses Mittel ab dem 35. Lebensjahr sehr zu empfehlen, da viele Menschen dazu neigen, in diesem Lebensabschnitt Probleme mit den Augen zu bekommen. Süßholz fördert nicht nur die Sehkraft, sondern auch das Denkvermögen.

2. Essen Sie täglich ein bis zwei Zehen Knoblauch. Das hilft besonders dann, wenn die Sehkraft aufgrund von zu viel Kapha beeinträchtigt ist. Dies kommt häufig in der Kindheit vor, da in diesem Lebensabschnitt Kapha dominiert.

3. In der indischen Volksheilkunde wird empfohlen, sich täglich vor dem Bad die Zehen mit Ghee einzumassieren, um die Sehkraft zu stärken.

4. Reiben Sie zwei mittelgroße Karotten und kochen Sie sie für fünfzehn Minuten in Milch auf kleiner Flamme. Mahlen Sie fünf Mandeln und ein Kardamom puderfein. Geben Sie das Ganze in die köchelnde Milch und süßen Sie mit Zucker, je nach Geschmack. Essen Sie diesen Brei während der Karottenzeit öfter oder gar täglich. Das fördert die Sehkraft, verleiht Stärke und befreit von Müdigkeit. Karotten sind nach āyurvedischer Einschätzung ein ganz vorzügliches Nahrungsmittel, da sie einen positiven Einfluß auf das humorale Gleichgewicht haben. Ich empfehle Ihnen, diesen Brei Kindern zum Frühstück zu bereiten.

Halsinfektion, Erkältung und Husten

In diesem Fall handelt es sich um gesundheitliche Störungen, die zwar nicht schlimm, jedoch weit verbreitet sind, ganz besonders in Gebieten mit hoher Luftverschmutzung. Zur Behandlung einer Halsinfektion oder zu ihrer Vorbeugung habe ich bereits im 4. und 5. Kapitel einige den Hals- und Nasenbereich betreffende Reinigungsmethoden dargestellt. Da beide Bereiche miteinander verbunden sind, dehnt sich eine Halsinfektion sehr schnell auf die Nasenwege aus; so ist es sinnvoll, bei Infektionen im Rachenbereich Jalneti anzuwenden. Hat die Infektion auf die Nase übergegriffen, bildet sich Schleim, und man spricht von Schnupfen oder Erkältung. Ursache einer Infektion sind in der Regel Viren, in einigen Fällen auch Bakterien; dies kann von Fieber begleitet sein, muß jedoch nicht.

Eine rechtzeitige Behandlung schützt vor Erkältung und Husten als Folge einer Halsinfektion. Gerade im Anfangsstadium spielt deshalb Gurgeln eine wichtige Rolle. Im 4. Kapitel wurden einige Heilpflanzen genannt, die sich dazu eignen. Ruhen Sie sich aus, um Energien für die Abwehr dieses äußeren Angriffs zu sammeln; bedienen Sie sich dabei auch psychischer und spiritueller Behandlungsmethoden (siehe 8. Kapitel). Konzentrieren Sie sich auf das betroffene Gebiet und sagen Sie der Infektion ganz klar, daß Sie sie weder haben wollen noch akzeptieren werden, sondern daß Sie vielmehr alles tun werden, um sie daran zu hindern, sich weiter im Körper auszubreiten.

Trinken Sie viel Flüssigkeit wie zum Beispiel heißen Tee, frisch gepreßten Orangensaft oder heißen Zitronensaft. Kaffee und schwarzer Tee lindern die Schmerzen; vermeiden Sie jedoch übermäßigen Genuß, da dies den Schlaf beeinträchtigt und den Magen schädigt.

Folgende Mittel wirken sehr gut bei kleineren Infektionen im Hals- und Nasenbereich mit oder ohne Fieber:

1. Nehmen Sie elf frische Basilikumblätter *(Ocimum sanctum)* oder, falls Sie getrocknetes Basilikum verwenden, einen Teelöffel davon, zwei Gramm frischen Ingwer (1/4 Teelöffel bei getrocknetem Ingwer in Pulverform) und fünf schwarze Pfefferkörner (bei

empfindlichem Magen nur zwei). Mahlen Sie die Zutaten und geben Sie sie anschließend in 200 ml kochendes Wasser. Lassen Sie den Trank auf kleiner Flamme bei geschlossenem Deckel eine Weile köcheln. Seihen Sie den Inhalt dann ab, geben Sie etwas Zucker hinzu und trinken Sie den Absud so wie er ist, oder bereiten Sie daraus einen Schwarztee. Dazu brauchen Sie noch einen halben Teelöffel schwarze Teeblätter, Milch und Zucker. Geben Sie alles zu den übrigen Zutaten in den Topf und lassen Sie das Ganze noch eine halbe Minute weiterköcheln. Gießen Sie den Tee durch ein Sieb und trinken Sie ihn solange er heiß ist. Legen Sie sich danach hin und decken Sie sich gut zu, damit Sie schwitzen können. Bereiten Sie sich diesen Trank zwei- oder dreimal täglich, je nach Schwere Ihrer Infektion.

2. Schmelzen Sie einen Teelöffel Ghee in der Pfanne. Geben Sie 1½ Suppenlöffel Kichererbsenmehl dazu (falls das nicht erhältlich ist, geht auch Weizenschrot) und rösten Sie es etwas an. Löschen Sie die Mehlschwitze mit einem Glas Wasser; rühren Sie dabei ständig um, damit sich keine Klümpchen bilden. Fügen Sie zwei bis drei Teelöffel Zucker hinzu und lassen Sie es nach dem Aufkochen noch eine halbe Minute weiterköcheln. Das Ganze sieht jetzt aus wie eine dicke Suppe. Trinken Sie diese und legen Sie sich danach hin und decken sich gut zu, damit Sie schwitzen können. Dieses Mittel sollte ebenfalls, je nach Schwere der Erkrankung, zwei- bis dreimal am Tag eingenommen werden.

3. Hier nun ein Rezept zur Herstellung von Lutschpastillen gegen Halsschmerzen und Husten.

Zutaten:	Kardamom	5 g
	Lorbeerblätter	5 g
	Zimt	5 g
	Schwarzer Pfeffer	15 Körner
	Datteln (getrocknet)	25 g
	Rosinen (getrocknet)	25 g
	Süßholz	25 g

Zerdrücken Sie die Datteln und Rosinen und stellen Sie aus den

Gewürzen ein feines Pulver her. Vermischen Sie alles mit etwas Honig, so daß eine dicke Paste entsteht. Sie können nun die Paste, so wie sie ist, aufbewahren, oder Sie stellen daraus Pastillen her. Rollen Sie dazu pfefferkorngroße Kügelchen zwischen Ihren Handflächen, lassen Sie sie trocknen und füllen Sie sie in eine Flasche ab.

Eine Halsinfektion in Zusammenhang mit Erkältung kann auch mit Husten verbunden sein. Die Lutschpastillen beruhigen den Husten und lindern die Heiserkeit. Trinken Sie außerdem noch zweimal am Tag den Absud von Süßholz.

Ein anderes Mittel gegen Husten besteht aus einem Teelöffel frischem Saft von Ingwer, drei grob zerdrückten Pfefferkörnern und zwei Teelöffeln Honig. Vermischen Sie alles gut miteinander. Es empfiehlt sich, dieses Präparat zweimal am Tag einzunehmen – morgens und abends vor dem Schlafengehen.

Das Inhalieren von Ölen oder Salben eignet sich ebenfalls sehr gut zur Behandlung von Erkältung und Husten. Im Abschnitt über Kopfschmerzen wurden einige nützliche Präparate vorgestellt. Sie können die gleichen Mittel oder ähnliche käufliche Produkte auch in diesem Fall verwenden. Inhalieren Sie, indem Sie einige Tropfen davon in heißes Wasser geben oder direkt daran riechen. Reiben Sie vor dem Zubettgehen Brust, Rücken und Hals gut damit ein. Ihre Nasenwege werden sich öffnen, der Husten läßt nach und eine allgemeine Besserung stellt sich ein. Ich werde bei der Besprechung der Nebenhöhlenentzündung noch ein weiteres Rezept zur Herstellung eines Kräuteröls geben, das auch zum Inhalieren benutzt werden kann.

Chronischer Husten und Asthma

Bisher haben wir nur über den Husten gesprochen, der in Verbindung mit einer Erkältung auftreten kann und gewöhnlich bald wieder vorbei ist. Husten kann aber auch seinen Grund in Allergien oder bestimmten anderen Infektionen haben. Es besteht dabei immer die Möglichkeit, daß sich das Problem auf die Bronchien ausdehnt, möglicherweise sogar die Lunge erfaßt. In vielen Fällen handelt es sich dann um chronischen Husten. Bei einem Asthmaanfall ziehen sich infolge einer infektiösen oder allergischen Reaktion die Bronchien krampfartig zusammen, so daß man nach Luft ringt. Endgültige Heilung läßt sich bei chronischem Husten wie bei Asthma nur dann erreichen, wenn man sich einer gesunden Lebensweise konsequent zuwendet und täglich seine Übungen macht.

1. Praktizieren Sie regelmäßig Yoga, morgens nach dem Aufstehen und abends vor dem Schlafengehen. Es genügen zwei Āsanas, Bhujangāsana (Schlange) und Paschimottānāsana (Zange). Diese beiden Stellungen werden ausführlich in meinem Buch über Yoga beschrieben. Folgen Sie den Anweisungen genau und widmen Sie diesen Übungen täglich insgesamt dreißig Minuten. Denken Sie daran, daß Sie dies nicht tun, um Ihre Gesundheit zu erhalten, sondern weil Sie sich von einer ernsten Erkrankung heilen wollen; Yoga ist ein Teil der Behandlung.

2. Praktizieren Sie regelmäßig Prānāyāma (siehe 5. Kapitel). Es könnte sein, daß Sie anfangs Schwierigkeiten damit haben, doch machen Sie weiter, so gut Sie können. Im Verlaufe Ihrer Genesung wird sich die Fähigkeit, entsprechend den Anweisungen zu atmen, erhöhen. Dies gibt Ihnen einen Hinweis auf den Grad der Besserung.

3. Praktizieren Sie regelmäßig Jaldhauti, wie im fünften Kapitel beschrieben. Sie werden sehen, daß dabei Schleim ausgestoßen wird, und nach dem Erbrechen wird sich sofort ein Gefühl der Besserung einstellen. Sie können diese Therapie auch während des Tages anwenden, um sich Erleichterung zu verschaffen. Babys brechen oft instinktiv, wenn sie Husten haben, und fühlen sich danach besser.

4. Essen Sie keine Nüsse oder trockene Nahrung wie Kekse, Brot und ähnliches; meiden Sie ebenfalls Bananen und kalte Milchprodukte wie etwa Eiscreme oder Shakes. Trinken Sie nur warme Getränke oder warmes Wasser zu den Mahlzeiten und auch bei anderen Gelegenheiten.

5. Nehmen Sie nur leichte, flüssigkeitsreiche Speisen zu sich – Suppen beispielsweise, Haferschleim oder gut gekochten Reis. Meiden Sie alles, was Kapha erhöht.

6. Trinken Sie nur Tees aus Kräutern mit adstringierender Wirkung wie Thymian, Ajwāin oder aus anderen örtlich vorkommenden Heilpflanzen.

7. Folgen Sie den Anweisungen zur Behandlung von Erkältung und Husten.

8. Falls es sich bei Ihrem Husten oder Asthma um eine allergische Reaktion handelt, sollten Sie eine Kur mit Gelbwurz *(Curcuma)* machen. Rösten Sie dazu einen halben Teelöffel Gelbwurz in einem Löffel Ghee etwas an. Halten Sie die Flamme klein und rühren Sie ständig um. Geben Sie jetzt zwei Teelöffel Zucker und eine Tasse Milch dazu. Lassen Sie das Ganze kurz aufkochen. Trinken Sie dieses Getränk heiß. Gelbwurz hat die Eigenschaft, das Blut langsam zu reinigen; Allergien, auch Hautausschläge, verschwinden, sofern Sie die Kur lange genug durchführen (ein Jahr lang täglich ein Glas).

Bei chronischem Husten oder Asthma ist der Heilungsprozeß sehr langwierig, da das Husten Wunden und Entzündungen verursacht, die sich leicht wieder infizieren können. Tun Sie alles zu Ihrer Genesung, damit die Wunden ausheilen können. Ist das geschehen, sollten Sie Vorkehrungen treffen, einen neuen Anfall zu verhindern. Bei dem erkrankten Körperteil handelt es sich um Ihre schwache Stelle, die sehr anfällig ist. Wird auch nur die kleinste Vorsichtsmaßnahme vernachlässigt, kann es zu einem Rückfall kommen, obwohl die Genesung schon weit fortgeschritten war. Befolgen Sie deshalb strikt die obigen Anweisungen, selbst wenn Sie sich bereits für gesund halten. Schützen Sie sich vor Kälte, reiben Sie sich regelmäßig ein und machen Sie Ihre Inhalationen.

Achten Sie immer auf einen gut funktionierenden Stuhlgang, und wenden Sie die Reinigungstherapien regelmäßig an. Jegliche Art von Streß oder Spannung fördert die Krankheit und behindert die Genesung. Lassen Sie sich von nichts aus der Ruhe bringen und erinnern Sie sich immer daran, daß Ihre Krankheit lebensbedrohend ist und Ihre Gesundung deshalb an erster Stelle steht. Diese Anweisungen mögen vielleicht schrecklich klingen, doch es ist der einzige Weg, sich von chronischem Husten und Asthma zu befreien.

Der Āyurveda hat einen wesentlichen Beitrag zur Behandlung von Asthma geleistet, indem er die Welt auf eine Heilpflanze aufmerksam gemacht hat, die schon seit uralten Zeiten Bestandteil āyurvedischer Medizin ist. Dabei handelt es sich um eine Pflanze, die im Himālaya in Höhen zwischen 2000 und 5000 Metern vorkommt und unter dem Namen Somalata *(Ephedra gerardiana)* bekannt ist. Sie enthält Ephedrin, einen pharmazeutischen Wirkstoff. Da diese Pflanze nicht überall auf der Welt erhältlich ist, sollten Sie ein kommerzielles Präparat suchen, das Ephedrin enthält.

Nebenhöhlenentzündung

Im oberen Teil unseres Schädelknochens gibt es viele Ausbuchtungen. Wird eine dieser Ausbuchtungen von einer Infektion befallen und bildet sich als Folge eine Entzündung, sprechen wir von einer Nebenhöhlenentzündung. Nebenhöhlenentzündung ist schmerzhaft, verursacht Beschwerden und behindert den freien Fluß von Vāta. Sie kann chronisch werden und zu einer Schwächung der Sehkraft führen, aber auch zu Kopfschmerzen und grauen Haaren. Nebenhöhlenentzündung tritt gewöhnlich im Zusammenhang mit einer Erkältung auf, klingt aber schon nach kurzer Zeit wieder ab. Ist sie chronisch, so hilft oft auch ein chirurgischer Eingriff wenig. Es ist ein quälendes Leiden, das immer wieder Erkältung und Husten mit sich bringt. Die folgenden Behandlungsmethoden versprechen bei leichteren Fällen Heilung, bei schwerer Nebenhöhlenentzündung müssen entsprechende Schutzmaßnahmen das ganze Leben lang befolgt werden.

1. Es gibt keine bessere Methode zur Heilung und Vorbeugung von Nebenhöhlenentzündung als die Nasendusche Jalneti. Ihre Anwendung öffnet die verstopften Nasenwege und lindert den Kapha-bedingten Schmerz. Benutzen Sie warmes Wasser. Es hilft, angesammelten Kapha zu «schmelzen»[8] und auszuwaschen. Ob-

wohl das Neti-Wasser nicht in alle Nebenhöhlen eindringt, macht es doch die Kanäle für Vāta frei, indem es den Kapha-Stau in den inneren Bereichen um die Augen und über den Backen aufzulösen hilft. Sie werden bemerken, daß nach einigen Tagen regelmäßiger Anwendung von Jalneti beim anschließenden Schneuzen der Nase ein dunkler Schleim kommt, der im Laufe der Zeit immer weniger wird, bis schließlich nur noch klare Flüssigkeit da ist; auch die Schmerzen werden dann verschwunden sein.

Menschen, die unter einem Vāta/Kapha-Überschuß leiden, empfinden möglicherweise eine gewisse Trockenheit in der Nase, so daß ihnen Jalneti mit warmem Wasser Schmerzen bereitet. Sie sollten sich vorab etwas Ghee in die Nase schmieren und von Zeit zu Zeit an Stelle von Wasser Milch verwenden.

2. Der zweite wichtige Behandlungsschritt ist das Inhalieren bestimmter Kräuterölmischungen in Verbindung mit speziellen Atemübungen. Verwenden Sie entweder käufliche Mixturen oder geben Sie etwas schmerzlindernde Salbe in kochendes Wasser. Sie können auch Ihr eigenes Öl herstellen. Nehmen Sie dazu je fünf Teile Eukalyptusöl, Zitronellaöl und Mentholkristalle, je zwei Teile Öl von Anis und Kampfer und einen Teil Lavendelöl. Vermischen Sie alles gut miteinander und lassen Sie das Öl anschließend mindestens eine Woche ruhen. Zur Aufbewahrung solcher Öle sollten Sie niemals Plastikflaschen verwenden. Verschließen Sie die Flasche nach Gebrauch sofort wieder, sonst verflüchtigen sich die ätherischen Bestandteile. Kräuteröle halten sich jahrelang.

Geben Sie bei akuter Nebenhöhlenentzündung ein paar Tropfen der obigen Mixtur in kochendheißes Wasser und inhalieren Sie die Dämpfe. Sie können dazu einen Inhalationsapparat verwenden, oder Sie bauen sich aus Pappe eine Vorrichtung, die die Dämpfe zu Ihrer Nase leitet. Atmen Sie tief ein. Gewöhnlich geschieht das über den Mund, da die Nase ja blockiert ist. Führen Sie sich diese Verstopfung deutlich vor Augen. Versuchen Sie nun, diese eingeatmeten Dämpfe durch die Nase auszuatmen. Nach einiger Zeit werden sich die Nasenwege öffnen. Ändern Sie jetzt die Atmung, indem Sie diesmal durch die Nase ein- und durch den Mund ausatmen. Danach wieder umgekehrt, also durch den Mund ein- und durch die Nase ausatmen. Fahren Sie für eine

Weile so fort. Es kann möglich sein, daß Sie sich zwischendurch schneuzen müssen. Tun Sie dies kräftig, um den ganzen alten Schleim hinauszubefördern. Atmen Sie danach nur durch ein Nasenloch ein (wie bei Prānāyāma) und behalten Sie die Dämpfe in der Nase, indem Sie beide Nasenlöcher zuhalten. Dies drückt sie in die Nebenhöhlen. Atmen Sie anschließend durch das andere Nasenloch wieder aus. Beginnen Sie mit diesem Nasenloch die Übung von neuem. Machen Sie so lange weiter, bis Ihre Nasenwege frei sind. Da die Inhalationsdämpfe die Speicheldrüsen anregen, ist es notwendig, öfter auszuspucken.

Inhalieren Sie als nächstes so tief wie möglich durch Mund oder Nase. Schließen Sie den Mund und halten Sie sich die Nasenlöcher zu. Versuchen Sie nun, die Luft hinauszudrücken. Da die Ausgänge verschlossen sind, werden auch hierbei die Dämpfe in die Nebenhöhlen gedrückt. Es kann sein, daß Sie dabei eine merkwürdige Empfindung in den Ohren verspüren, denn die ätherischen Bestandteile der Öle, die Sie einatmen, besitzen eine hohe Durchdringungskraft. Auf diese Weise «schmelzen» Sie den Kapha-Stau in den Nebenhöhlen. Die keimtötenden Eigenschaften der ätherischen Öle machen es Viren außerordentlich schwer zu überleben, also einen geeigneten Nährboden zu finden. Um die Infektion jedoch vollständig loszuwerden, müssen Sie regelmäßig inhalieren, da sich Bakterien und Viren sehr schnell vermehren.

Im Stadium der akuten Infektion sollten Sie nicht zögern, mehrmals täglich auf die angegebene Weise zu inhalieren. Legen Sie sich danach hin und halten Sie sich warm. Als Schutzmaßnahme ist eine tägliche Anwendung dieser Methode nicht notwendig. Es genügt, wenn Sie regelmäßig am Morgen Ihre Nasenspülung (Jalneti) durchführen, obiges Öl direkt durch Riechen an der Flasche inhalieren und Prānāyāma praktizieren. Geben Sie vor dem Schlafengehen einige Tropfen dieses Öls auf ein heißes, feuchtes Handtuch und atmen Sie die Dämpfe ein, indem Sie es sich unter die Nase halten oder neben den Kopf legen.

Wie Sie wissen, ist Kapha mit Tamas verwandt. So ist es nicht verwunderlich, daß es sich besonders in der Nacht ansammelt. Das Inhalieren vor dem Schlafengehen ist deshalb als Vorbeugung sehr zu empfehlen. Zusätzlich sollten alle Maßnahmen, die ich zum Schutz vor Erkältung und Husten angeführt habe, auch hier beachtet werden.

Heuschnupfen

«Heuschnupfen» bezeichnet eine ganze Reihe allergischer Reaktionen als Folge von Pollen oder anderen Substanzen in der Luft. Dazu gehören Bindehautentzündung, Schleimbildung in der Nase, Juckreiz in den Augen, Tränenbildung und Niesen. Es scheint mit den Mitteln der modernen Medizin keine Heilung dafür zu geben, und die davon betroffenen Menschen scheinen dazu verurteilt, mit diesem (jahreszeitlich begrenzten) Leiden zu leben. Āyurvedische und homöopathische Heilmethoden können jedoch Abhilfe schaffen.

Nach āyurvedischer Sicht wird eine allergische Reaktion durch Unreinheiten im Blut ausgelöst. Es gibt deshalb zahlreiche blutreinigende Verfahren. Das einfachste ist die oben beschriebene Gelbwurzkur. Sie dauert ein Jahr. Diese Behandlungsweise eignet sich in der Tat für alle Allergien, nicht nur für Heuschnupfen. Sollten Sie Zugang zu āyurvedischen Produkten haben, so können Sie statt dessen auch Mahāmanjishthā nehmen, ein klassisches Präparat zur Reinigung von Blut.

Neben der Anwendung der Therapien zur Blutreinigung sollten Sie auch täglich auf die zuvor beschriebene Weise inhalieren. Es ist sinnlos, mit der Behandlung von Heuschnupfen erst zu beginnen, wenn Sie gerade daran leiden. Zu diesem Zeitpunkt können Sie einzig die Symptome behandeln. Beginnen Sie deshalb rechtzeitig, die Ursachen auszuschalten, indem Sie bereits während des Jahres alle zur Verfügung stehenden Schutzmaßnahmen regelmäßig durchführen. Nur so entwickeln Sie die notwendige Widerstandskraft und Toleranz gegenüber jenen Substanzen, die Ihr Problem verursachen. Sie müssen die Schwachpunkte Ihres Körpers stärken, die auf bestimmte Allergene überreagieren, seien es nun die Nasenschleimhäute, die Augen oder der Hals. Regelmäßiges Inhalieren hat in diesem Zusammenhang sehr gute Ergebnisse gebracht.

Wenden Sie täglich Jalneti an. Das warme Wasser in Ihrer Nase, die eigentlich nur an Luft gewöhnt ist, erzeugt eine Art Herausforderung für das Oberhautgewebe (Epithelzellen); dadurch wird es aktiviert und kann so einem äußeren Angriff wirksamer begegnen. Wenn Sie dem Wasser etwas Salz beigeben oder Jalneti von Zeit zu Zeit mit Milch durchführen, erzielen Sie eine noch bessere Wirkung.

Praktizieren Sie täglich Prānāyāma, besonders vor dem Schlafengehen. Bereiten Sie sich ein Inhalationsöl nach dem oben beschriebenen Rezept. Mischen Sie 10 ml von diesem Öl mit 5 g Mentholkristallen, und Sie erhalten ein Präparat, das besonders für die Behandlung von Heuschnupfen geeignet ist. Führen Sie Prānāyāma durch, indem Sie direkt aus der Flasche inhalieren. Auf diese Weise tragen Sie ebenfalls zur Aktivierung der Schleimhäute bei. Unmittelbar vor und während der Heuschnupfenzeit sollten Sie immer etwas Inhalationsöl bei sich haben. Riechen Sie drei- bis viermal am Tag daran.

Nur wenn Sie alle angegebenen Vorbeugungsmaßnahmen sorgfältig und regelmäßig das ganze Jahr über anwenden, können Sie mit Heilung rechnen. Die Vorstellung, mit der Behandlung zu beginnen, nachdem der Heuschnupfen bereits eingesetzt hat, ist genauso, als ob man Waffen erst nach Ausbruch eines Krieges schmiedete. Wenn Sie diesen Krieg gegen feindliche Elemente in der Luft erfolgreich bestehen wollen, müssen Sie sich rechtzeitig darauf vorbereiten.

Verdauungsstörungen

Verdauung und Assimilation sind verantwortlich für das Körperfeuer *(agni)*; diese beiden Vorgänge sind kennzeichnend für die Produktion der Körperenergie auf physiologischer Ebene. Jedes Problem in diesem Bereich verursacht eine Erhöhung von Pitta und Vāta. Verdauungsstörungen führen unmittelbar zu Erschöpfungszuständen und einem Mangel an Energie. Deshalb sollte man täglich seine Verdauungstätigkeit mit den beschriebenen diagnostischen Methoden überprüfen und bei einem Problem sofort Gegenmaßnahmen ergreifen.

Verdauungsprobleme sind sehr vielfältig und können auf jeder

Stufe des Verdauungsvorganges eintreten. Wir werden uns hier nur mit einigen allgemeinen Beschwerden befassen und entsprechende Behandlungswege aufzeigen.

Appetitmangel und übermäßiger Appetit

Appetit ist das Verlangen nach Nahrung; er steht mit Hunger im Zusammenhang, ist jedoch nicht damit identisch. Man kann sich hungrig fühlen und trotzdem nichts essen wollen. Wenn bei mangelndem Appetit Speisen unter Zwang eingenommen werden, kann das gastrische Probleme verursachen. Ißt man zu wenig oder überhaupt nichts, so führt das zu Schwäche und Müdigkeit. Eine Erkrankung liegt aber auch bei Menschen vor, die ständig ein Verlangen nach Nahrung verspüren. Sie essen wahllos und ohne Unterlaß, was Verdauungsstörungen und Dickleibigkeit zur Folge hat. Beide Problembereiche sollten nicht ignoriert, sondern behandelt werden.

Wenden wir uns zunächst den Ursachen derartiger Störungen zu. Da beide Probleme auf eine Pitta-Störung zurückzuführen sein könnten, sollten Sie überprüfen, ob sich Ihr Pitta im Gleichgewicht befindet. Dazu stehen Ihnen verschiedene, bereits besprochene diagnostische Methoden zur Verfügung. Pitta-bedingter Appetitmangel ist beispielsweise gekennzeichnet durch das Fehlen jeglichen Hungergefühls; bei Pitta-bedingtem übermäßigem Appetit ist man dagegen ständig hungrig und die Speisen werden schnell verdaut. Wenn Sie also die jeweiligen Symptome bei sich feststellen, sollten Sie unverzüglich Pitta-reduzierende Maßnahmen einleiten, um das Problem zu beheben.

Betrachten wir nun jene Fälle von Appetitstörung, in denen das Problem nicht Folge eines Pitta-Ungleichgewichts ist. Das Verlangen, Nahrung zurückzuweisen, hängt oft eng mit einer tiefen Abneigung gegenüber den persönlichen Lebensumständen zusammen. Es handelt sich dabei um eine unbewußte Reaktion, die auf ein Gefühl von «Ich kann das alles nicht mehr ertragen» hindeutet. Eine solche Haltung steht immer für den Wunsch, sich allem zu entziehen – Menschen, Dingen oder sonstigen Einflüssen.

Versuchen Sie, an dieses grundlegende Problem heranzukommen. Dazu brauchen Sie Trost und Zuversicht. In Anbetracht der Schwierigkeiten, die Sie zu einem derartigen Rückzug veranlassen, sollten Sie versuchen, sich klarzumachen, daß alles noch schlimmer sein könnte und nichts bleibt, wie es ist, weder Gutes noch Schlechtes. Nahrung ist Lebenskraft – eine Verweigerung stellt eine Bedrohung für das Leben selbst dar. Um Ihre Probleme zu lösen und aus einer schwierigen Situation herauszukommen, brauchen Sie Tatkraft und Durchhaltevermögen. Weisen Sie deshalb Essen nicht zurück. Denken Sie immer daran, daß die erste Priorität des Lebens der Schutz des Lebens selbst ist. Weigern Sie sich deshalb nicht, lebenspendende Nahrung zu sich zu nehmen.

Wie bereits an anderer Stelle dargestellt wurde, entstehen Probleme oft nur, weil wir alles zu ernst nehmen und uns für unersetzlich halten. Wir vergessen dabei allzu leicht, daß die Erde weiterbestehen wird, auch wenn wir nicht mehr da sind. Lernen Sie deshalb, das Leben etwas lockerer zu betrachten und es nicht zurückzuweisen. Treten Sie selbst einer negativen Erfahrung mutig entgegen und versuchen Sie ihr etwas Positives abzugewinnen. Neben der Arbeit an Ihrer Persönlichkeit und der damit zusammenhängenden Bewältigung privater Probleme empfehle ich folgendes Mittel zur Appetitanregung: Essen Sie eine halbe Stunde vor jeder Mahlzeit frischen Ingwer (1 bis 2 Gramm) mit Salz und Zitronensaft. Falls Sie den Ingwer nicht roh zu sich nehmen wollen, da er doch ziemlich stark ist, nehmen Sie einfach Ingwersaft (einen Teelöffel), vermischen ihn mit einem halben Teelöffel Zitronensaft, geben eine Prise Salz dazu und füllen das Glas mit Wasser auf. Trinken Sie dieses Getränk zur angegebenen Zeit.

Ein Übermaß an Appetit ist häufig die Folge von Depression, Orientierungslosigkeit, Hilflosigkeit und dem Gefühl, wertlos und ungeliebt zu sein. Menschen, die an dieser Krankheit leiden, werden von dem Verlangen getrieben zu essen, ohne dabei hungrig zu sein. Sie gehen in die Küche und machen sich über den Kühlschrank her – manchmal ohne sich ihres Tuns richtig bewußt zu sein. Sinn āyurvedischer Lebensweise ist, Selbst-Bewußtsein und Selbst-Erkenntnis zu erlangen. Finden Sie deshalb die Ursachen Ihres Problems und stellen Sie sich ihnen. Suchen Sie sich etwas, das Ihnen wirklich Spaß macht. Es wird Ihre Gedanken vom Essen ablenken und Sie dadurch zumindest vor Dickleibigkeit bewahren.

Doch eine wirkliche Lösung bleibt Ihrer Auseinandersetzung mit den Ursachen vorbehalten.

Magenübersäuerung und Magengeschwür

Der Magen ist ein sehr interessantes Organ. In ihm werden die Nährstoffe in kleinere Einheiten gespalten, damit sie vom Körper aufgenommen werden können. Er kann dies auch mit Dingen tun, die seiner eigenen Struktur und Zusammensetzung ähnlich sind – wie zum Beispiel Fleisch. Doch wie kommt es, daß sich der Magen dabei nicht selbst verdaut? Der Verdauungsprozeß bedient sich zahlreicher gastrischer Säfte, die sehr säurehaltig sind. Was den Magen davon abhält, sich selbst zu verdauen, sind die Zellen, die seine Auskleidung bilden. Sie sind von sehr geringer Durchlässigkeit und haben die Funktion, einen Schutzschild gegen die sehr aggressive Magensäure zu bilden. Diese «Wächterzellen» des Magens werden beständig erneuert. Es gibt allerdings bestimmte Substanzen, die sie besonders schwer verkraften können. Dazu gehören Tee, Kaffee, Alkohol und bestimmte chemische Arzneimittel, darunter unter anderem Schmerzmittel und Präparate gegen Arthritis. Ist der Schutzschild geschwächt oder angeschlagen, gelingt es der Magensäure hindurchzudringen und die Magenwände anzugreifen. Dies verursacht Schmerzen und Unwohlsein. Geschieht dies öfter, werden die Zellen geschädigt, was zu Entzündungen (Gastritis) und Geschwüren führt. Falls diese Probleme immer wieder auftreten und nicht umfassend und rechtzeitig behandelt werden, kann die Folge Magenkrebs sein.

Gelegentliche Magenübersäuerung aufgrund falscher Lebensweise kann sehr leicht mit folgenden einfachen Methoden geheilt werden:

1. Ein Glas kalte, gesüßte Milch wirkt säureausgleichend. Falls Sie einen empfindlichen Magen haben und eine Übersäuerung sehr schnell eintritt, sollten Sie die Milch täglich vor dem Schlafengehen trinken.

2. Kauen Sie nach jeder Mahlzeit eine Gewürznelke. Kauen Sie

nicht zu schnell, lassen Sie sie einfach eine Weile im Mund und essen Sie sie langsam.

3. Vermeiden Sie alles, was Ihren Magen übersäuert. Wenn Sie dennoch Alkohol oder sonstige Dinge, auf die Ihr Magen empfindlich reagiert, zu sich nehmen, sollten Sie bereits vor Eintritt des Problems entsprechende Vorbeugungsmaßnahmen ergreifen. Vielleicht können Sie einen bestimmten Wein nicht vertragen. Versuchen Sie herauszufinden, um welchen Wein es sich handelt, damit Sie dieses Produkt in Zukunft meiden können.

4. Pitta-dominante Menschen bekommen sehr schnell einen sauren Magen. Stellen Sie deshalb als erstes Ihre Ernährung auf Pitta-reduzierende Kost um. Vermeiden Sie saure oder stark gewürzte Speisen. Falls Sie trotzdem saure Früchte wie etwa Grapefruit, Orangen oder Pflaumen essen wollen, verzehren Sie die Früchte mit etwas Salz oder Zucker, um die Pitta-mehrende Wirkung auf den Körper abzuschwächen.

5. Regelmäßiges Praktizieren von Jaldhauti schützt vor Übersäuerung, hilft den Magen zu entspannen und hält ihn sauber. Dieses Mittel ist für jeden als Vorbeugungsmaßnahme geeignet.

Es sollte Ihnen bewußt sein, daß viele Magenprobleme Folge von Streß sind. Wirkliche Heilung erfordert deshalb, neben der Anwendung der eben beschriebenen Maßnahmen, die Beseitigung der zugrunde liegenden Ursachen. Lassen Sie den Streß nicht auf Ihren Magen übergreifen. Es ist nicht ungewöhnlich, daß Menschen immer dann ein Magengeschwür bekommen, wenn sie Probleme mit ihrem Chef, dem/der Ehepartner/in oder sonst einer Person oder Lebenssituation haben. Nach āyurvedischer Sicht werden Situationen, die irgendwann in einer Krankheit enden, dadurch verursacht, daß man sich mit dem Ungewollten konfrontiert sieht. Wenn Menschen streßbedingte Magengeschwüre haben, dann macht sie diese Krankheit in ihrer «unglücklichen» Lebenssituation nur noch nervöser. Sie nehmen starke Medikamente, um sich zu heilen, doch der Genesungsprozeß kommt aufgrund von Streß nicht voran.

Sie müssen wissen, daß Magengeschwüre wie Wunden sind und eigentlich in kurzer Zeit heilen müßten. Normalerweise braucht man dazu keine besondere Medizin. Verschaffen Sie Ihrem Magen ein angenehmes Umfeld, das ihm hilft, rasch und gut zu heilen. Dazu müssen Sie eine entsprechende Diät in Verbindung mit bestimmten anderen Anweisungen strikt befolgen. Stellen Sie sich eine Wunde an Ihrem Finger vor. Was werden Sie wohl tun, um sie zu heilen? Nun, Sie werden alles versuchen, sie sauber zu halten. Sie werden sie vor starken, ätzenden Substanzen wie Seife, Salz oder Essig schützen. Sie werden vielleicht etwas antiseptische Salbe auftragen, um Bakterien-, Pilz- oder Virusbefall zu verhindern; kurz, Sie werden alles tun, um den Heilungsprozeß zu fördern. Nach ein paar Tagen wird diese Wunde verheilt sein und Sie werden sie schnell vergessen. Behandeln Sie Ihre Wunde im Magen genauso und geraten Sie nicht in Panik. Anders als Ihre Wunde am Finger können Sie die Wunde im Magen nicht sehen; versuchen Sie, sie statt dessen zu fühlen – mitzufühlen.

Wie ich oben bereits erwähnte, werden die Magenzellen fortwährend erneuert. Wenn das Geschwür noch nicht sehr alt ist, läßt es sich leicht heilen. Ist es jedoch fortgeschritten, weil man sich nicht darum gekümmert hat, führt die Entzündung der Zellen zur Bildung geschwächter und schlecht funktionierender neuer Zellen. Zur Behandlung von Magengeschwüren sollten Sie alles unternehmen, was den Genesungsprozeß vorantreibt; am wichtigsten ist in diesem Zusammenhang, daß man eine strenge Diät einhält. Im folgenden einige Hinweise für eine solche Diät.

1. Essen Sie keine gewürzten, sauren oder scharfen Speisen. Einfache Kost mit süßer Rasa-Dominanz, wie zum Beispiel Rundkornreis mit frisch zubereitetem Joghurt, ist sehr zu empfehlen. Hier das Rezept:

Joghurt-Reis

Nehmen Sie weißen Rundkornreis. Waschen Sie ihn gut und lassen Sie ihn anschließend fünf Minuten in frischem Wasser quellen. Bringen Sie die doppelte Menge Wasser zum Kochen. Geben Sie den Reis zusammen mit etwas Anis in das kochende Wasser. Kochen Sie den Reis zugedeckt auf sehr kleiner Flamme. Wenn das

Wasser verdampft ist, nehmen Sie den Reis vom Feuer und lassen ihn gut zugedeckt fünf Minuten ziehen.

Nehmen Sie frisch zubereiteten Joghurt, der nicht sauer ist. Versuchen Sie, frische unbehandelte Milch zu bekommen, und machen Sie sich Ihren eigenen Joghurt. Geben Sie eine Prise Salz dazu und rühren Sie gut um. Vermischen Sie ihn anschließend mit der gleichen Menge gekochtem Reis. Achten Sie darauf, daß der Reis warm, aber nicht heiß ist.

Es ist besser, mehrmals am Tag kleine Mengen davon zu essen, als alles auf einmal. Zum Frühstück können Sie diesen Reis auch heiß mit etwas Ghee essen.

Gekochtes Gemüse

Wählen Sie Gemüse mit süßem Rasa wie beispielsweise Karotten, Zucchini, weiße Rüben, Kartoffeln oder Kürbis. Verwenden Sie immer mehrere Gemüsesorten gleichzeitig. Waschen, schälen und schneiden Sie das Gemüse in kleine Würfel. Kochen Sie es zugedeckt in wenig Wasser auf kleiner Flamme. Geben Sie etwas Anis dazu. Warten Sie, bis alles Wasser verdampft ist. Achten Sie darauf, daß das Gemüse gut durchgekocht ist.

Sie können dieses Gericht mit gekochtem Reis essen, oder Sie kochen den Reis zusammen mit dem Gemüse.

Nehmen Sie dazu genausoviel Reis wie Gemüse. Wenn Sie wollen, können Sie etwas Ghee dazugeben, doch das hängt vom Grad Ihrer Erkrankung ab. Beginnen Sie mit einer kleinen Menge und beobachten Sie genau, wie Ihr Magen darauf reagiert. Essen Sie das Gericht immer frisch. Heben Sie es nie länger als fünf bis sechs Stunden auf. Vermeiden Sie Speisen, die am Vortag zubereitet wurden.

2. Zum Frühstück können Sie entweder gekochten Reis mit kalter Milch und Zucker essen, oder Sie probieren folgendes Weizenmilch-Rezept: Waschen Sie Weizenkörner gut und lassen Sie sie 24 Stunden in frischem Wasser quellen. Sie sind anschließend sehr weich. Zerkleinern Sie die Körner in einem Mixer oder einer Mühle. Geben Sie den gemahlenen Weizen in kochendes Wasser und lassen Sie ihn zehn Minuten kochen. Passieren Sie den Brei durch ein feines Sieb, um die Weizenmilch zu gewinnen. Sie kön-

nen diese Milch jetzt mit etwas Zucker trinken, oder die gleiche Menge Kuhmilch dazugeben und noch einmal für ein paar Minuten köcheln lassen. Manche Patienten vertragen Kuhmilch nicht, lassen Sie diese dann einfach weg.

3. Empfehlenswert sind auch Schleimsuppen. Verwenden Sie dazu Reis, Weizen, Gemüse oder Gerste; auch Hühnerbrühe bietet sich an. Nehmen Sie kein oder nur sehr wenig Salz. Achten Sie darauf, daß Sie niemals saure Speisen zu sich nehmen.

4. Banane, Papaya und Bilva *(Aegle marmelos)* können bedenkenlos verzehrt werden.

Während des Heilungsprozesses sollten Sie so wenig und so leicht wie möglich essen. Außerdem ist es ratsam, den Bauch täglich zweimal sanft zu massieren – vor dem Baden und vor dem Schlafengehen. Reiben Sie Bauch und Magen mit schmerzlinderndem Öl ein. Das hilft, die steife und schmerzende Muskulatur zu entspannen.

Verzweifeln Sie nicht an Ihrer Krankheit. Haben Sie Mut und seien Sie zuversichtlich, daß es Ihnen bald besser geht. Sie sollten Ihr Leiden im Griff haben und sich nicht von ihm beherrschen lassen. Lassen Sie sich dadurch nicht zu einem nervösen, ängstlichen Menschen machen. Das verzögert die Genesung und schafft nur neue Probleme.

Seien Sie Ihr eigener Heiler. Personifizieren Sie Ihren Magen und sprechen Sie zu ihm. Machen Sie ihm Mut. Sagen Sie ihm, er solle tapfer sein, die Krankheit schnell überwinden und die Harmonie mit dem Rest des Körpers wiederherstellen. «O Magen! Du bist unentbehrlich für mein Überleben. Du bist es, der mir die Energie für all mein Tun zur Verfügung stellt, indem du die Nährstoffe so aufbereitest, daß sie verfügbar sind. Du bist sehr stark. Selbst die härtesten Dinge brichst du in kleine Stücke zu meiner Ernährung. Ich bereue, mich nicht schon früher um dich gekümmert zu haben. Ich bitte dich, mir zu vergeben; ich bitte dich, bald wieder gesund zu werden. O Magen! Werde gesund, um wieder in Einklang zu kommen mit dem Rhythmus meines Körpers.»

Entspannen Sie sich in dieser Zeit so gut es geht. Üben Sie keine stressigen Tätigkeiten aus und meiden Sie körperliche Anstrengungen. Machen Sie keine Yogāsanas. Richten Sie Ihre gesamte Energie auf das Heilen der Wunden und Entzündungen in Ihrem Magen.

Andere gastrische Probleme

Manche Menschen leiden an Gärungsprozessen und Gasbildung im Verdauungstrakt. Zu fettes, zu hefehaltiges und zu häufiges Essen, der Genuß von Speisen aus schwer verdaulichem Getreide und eine hauptsächlich Bāsā-orientierte Ernährungsweise sind für dieses Problem verantwortlich. Da es sich dabei um eine Vāta-bedingte Erkrankung handelt, sind solche Maßnahmen zu ergreifen, die Vāta-reduzierend wirken. Regelmäßiger Stuhlgang, Einlauf und eine entsprechende Ernährungsweise werden dieses Problem beseitigen. Vermeiden Sie Vāta-erhöhende Speisen oder verwenden Sie bei der Zubereitung Vāta-reduzierende Gewürze. Denken Sie daran, daß salzige, stark gewürzte und sauere Speisen die Gärungsprozesse anregen; ebenso zu spätes und zu schweres Essen.

Trinken Sie Thymiantee, warmes Wasser mit Zitronensaft oder Ajwāin, oder einfach warmes Wasser, falls Sie nichts anderes zur Verfügung haben. Essen Sie täglich etwas Knoblauch, das wirkt vorbeugend. Nehmen Sie dazu zwei kleine Knoblauchzehen, schälen und zerstoßen Sie sie zusammen mit fünf bis sechs großen, getrockneten Rosinen. Dieses Mittel beruhigt oder verhindert Gärungsprozesse und Gasbildung im Verdauungstrakt. Gartenkresse *(Lepidium sativum)* ist ebenfalls eine gute Medizin gegen Blähungen. Geben Sie 1/3 Teelöffel gemahlenen Kressesamen in ein Glas warmes Wasser und rühren Sie vor dem Trinken gut um. Wie Knoblauch, wirkt auch Kresse Pitta-mehrend. Seien Sie also vorsichtig, besonders wenn Sie eine Pitta-dominante Person sind. Treffen Sie in diesem Fall entsprechende ausgleichende Maßnahmen.

Stuhlverstopfung

Ich habe über dieses Problem schon in verschiedenen Zusammenhängen gesprochen. Wie Sie inzwischen wissen, ist Verstopfung sehr gefährlich für die Gesundheit, denn sie ist die Ursache Hunderter körperlicher Leiden. Nach āyurvedischer Sicht verursacht jede Ansammlung von Mala Unreinheiten im Blut. Schlechtes Blut hat schlimme Auswirkungen auf den gesamten Körper. Es verursacht zahlreiche Hauterkrankungen, Allergien, Furunkel und Pikkel; eine allgemeine Schwäche tritt ein und die Abwehrkräfte gegenüber äußeren Angriffen sind stark eingeschränkt.

Man kann beobachten, daß Menschen, die an Stuhlverstopfung leiden, öfter als andere Husten, Erkältung oder ähnliche kleinere Probleme bekommen. Viele leichte Erkrankungen führen jedoch irgendwann einmal zu einer schweren Krankheit. Schaffen Sie deshalb Abhilfe, solange Sie noch Zeit dazu haben. Ich schreibe darüber deshalb so ausführlich, weil die meisten Menschen unregelmäßigen Stuhlgang ignorieren und sich nicht bewußt sind, daß es sich dabei um ein Leiden handelt, das die Gesundheit ernstlich bedroht. Neben den erwähnten Problemen läßt ständige Verstopfung Vāta ansteigen, was nach nicht allzu langer Zeit zu den damit verbundenen Erkrankungen führt. Ich habe oft gesehen, wie man versucht, rauhe Haut und fahles Aussehen mit kosmetischen Mitteln zu behandeln. Häufig ist jedoch unregelmäßiger Stuhlgang dafür verantwortlich. Lernen Sie, immer die Ursachen eines Problems aufzudecken.

Nachfolgend einige einfache Mittel gegen Verstopfung:

1. Das einfachste und wirksamste Mittel ist Wasser. Gießen Sie am Abend einen halben Liter Wasser in ein sauberes Gefäß, decken Sie es zu und stellen Sie es sich ans Bett. Trinken Sie dieses Wasser am nächsten Morgen unmittelbar nach dem Aufstehen. Legen Sie sich danach nicht mehr hin. Bewegen Sie sich statt dessen und machen Sie Ihre Übungen. Nach ca. zehn Minuten werden Sie Stuhldrang verspüren. Funktioniert das nicht, versuchen Sie es mit der gleichen Menge warmen Wassers. Falls Sie Mineralwasser verwenden, brauchen Sie das Wasser nicht am Vorabend zurechtzustellen. Trinken Sie nur stilles Wasser.

2. Richtige Ernährung ist eine wichtige Voraussetzung für einen normalen Stuhlgang. Essen Sie nicht zu viel trockene Nahrung wie Brot, Fleisch oder Käse. Ihre Mahlzeiten, besonders das Abendbrot, sollten Gemüse und Salate einschließen; Gemüsesuppe ist sehr zu empfehlen. Ein Glas heiße Milch vor dem Zubettgehen ist in manchen Fällen hilfreich. Vermeiden Sie unter allen Umständen Vāta-erhöhende Nahrungsmittel wie etwa konservierte Fruchtsäfte. Achten Sie darauf, daß Ihre Ernährungsweise keine Bāsā-Speisen enthält. Essen Sie keine Kuchen oder andere Bäckereiprodukte nach der Mahlzeit. Machen Sie es sich statt dessen zur Gewohnheit, Früchte zum Nachtisch zu verzehren. Meiden Sie alles, was aus weißem Mehl hergestellt ist. Essen Sie nicht zu viele Kartoffeln und kombinieren Sie diese immer mit anderem Gemüse. Ein Gericht, das nur aus Kartoffeln und Fleisch besteht, ohne Salat oder Gemüsesuppe, ist ungesund, da es zu Verstopfung führen kann. Vāta-dominante Menschen sind in dieser Hinsicht anfälliger und sollten deshalb besonderen Wert darauf legen, Vāta-erhöhende Substanzen zu vermeiden.

3. Ein oder zwei Teelöffel Rosenblütenmarmelade in einer Tasse heißer Milch vor dem Schlafengehen ermöglichen einen ordentlichen Stuhlgang am nächsten Morgen. Zur Herstellung dieser Marmelade benötigen Sie frische Rosenblütenblätter, die gleiche Menge Zucker und Wasser. Geben Sie alles in einen Topf, decken Sie ihn zu und kochen Sie das Ganze für mindestens eine Stunde. Rühren Sie von Zeit zu Zeit um.

Falls sich die Darmtätigkeit nach diesen Maßnahmen immer noch nicht normalisiert hat, sollten Sie Einläufe machen. Wechseln Sie dabei ab zwischen fettfreiem und fetthaltigem Einlauf. Die beste Heilung bleibt jedoch nach wie vor eine auf Ihre humorale Beschaffenheit abgestimmte Ernährungsweise.

Abschließend möchte ich noch hinzufügen, daß zu viel Sitzen, mangelnde Aktivität und Streß ebenfalls Darmträgheit verursachen können. Überprüfen Sie deshalb Ihren besonderen Fall ganz genau. In Spannungssituationen reagiert jeder anders – das betrifft auch körperliche Verspannungen. So gibt es Menschen, die Nakken und Schultern anspannen, andere ziehen ihren Bauch ein, und wieder andere halten die Darmmuskulatur gespannt. Verstopfung kann aber auch Folge eines unbewußten Gefühls der Unsicherheit, der Angst und der Beklemmung sein. Dies ist meist verbunden mit einem Mangel an Ausdrucksfähigkeit und der Tendenz, sich zurückzuziehen. Ölmassage ist in solchen Fällen äußerst hilfreich. Trotz allem ist es notwendig, an sich selbst zu arbeiten, um die grundlegenden Ursachen gestörter Darmtätigkeit zu beheben. Suchen Sie Hilfe bei einem Arzt oder einem anderen erfahrenen Menschen, falls Sie die Gründe Ihrer Stuhlverstopfung nicht finden können.

Trägheit der Leber

Viele Menschen haben Probleme mit der Leber. Dies läßt sie blaß aussehen, setzt ihre Verdauungskraft *(agni)* herab und erhöht ihre Anfälligkeit gegenüber Infektionen. Der Āyurveda mißt der Leber eine wichtige Aufgabe zur Erhaltung der Körperkraft bei. Ich werde jedoch nicht über die Heilung von Leberfunktionsstörungen sprechen, da dies eine langwierige und komplizierte Behandlung notwendig macht. Hier geht es mir vielmehr darum, eine Reihe von Möglichkeiten aufzuzeigen, die Leber gesund zu erhalten und einem Nachlassen ihrer Funktion vorzubeugen. Auf diese Weise kann man sich gleichzeitig vor zahlreichen anderen Leiden schützen.

Eine voll funktionsfähige Leber ist so wichtig für unsere Gesundheit, weil die Leber der Hauptsitz von Agni, dem Körperfeuer ist, das die Energie für alle anderen Körperfunktionen liefert. Die meisten Nährstoffe (Endprodukte der Verdauung) werden nach ihrer Assimilation zur Leber transportiert und von dort weitergeleitet ins Blut, das sie aufnimmt und verteilt. Die Leber ist das Verbindungsglied zwischen Darmtrakt und Blutzirkulation. Sie speichert und filtert das Blut, wobei sie in der Lage ist, toxische Stoffe zu entgiften.

Geben Sie deshalb auf Ihre Leber gut acht. Sie erhalten dadurch nicht nur Ihre Gesundheit, sondern auch Ihr jugendliches Aussehen. Im folgenden einige Hinweise zum Schutz und zur Pflege dieses wichtigen Organs.

1. Trinken Sie nicht zuviel Alkohol, besonders dann nicht, wenn Sie hungrig sind. Schlechter Wein schädigt Leber und Magen; dies gilt auch für andere alkoholische Produkte. Wein zum Essen schadet weniger als auf leeren Magen. Vermeiden Sie starke, unverdünnte Spirituosen, besonders vor oder ein paar Stunden nach der Mahlzeit. Es ist Ihnen sicher bekannt, daß übermäßiger Alkoholgenuß die Leber zerstört und dadurch das Leben bedroht.

Der Āyurveda ist nicht alkoholfeindlich. Ein gutes Glas Wein zum Essen wird ausdrücklich empfohlen. Wie aus den alten Schriften hervorgeht, gab es zur Zeit der Entstehung des Āyurveda eine ausgeprägte Weinkultur in Indien, die jedoch nicht überlebte.[10].

2. Trinken Sie nicht zuviel oder zu starken Tee oder Kaffee. Vermeiden Sie es besonders, diese Getränke auf leeren Magen zu trinken, außer Sie geben genug Milch dazu.

3. Fasten Sie nicht zuviel, und lassen Sie den Abstand zwischen den Mahlzeiten nicht zu groß werden. Es ist besser, über den Tag verteilt drei oder vier kleinere Portionen zu essen, als zwei große.

4. In Öl oder Fett gebackene oder gebratene Speisen, altes, mehrfach verwendetes Öl, gehärtete Öle und Fette (wie Margarine oder künstlich hergestelltes Ghee) und Rapsöl machen der Leber schwer zu schaffen; vermeiden Sie deshalb solche Nahrungsmittel.

5. Zu viel und zu fettes Essen beeinträchtigt die Leber. Wir haben über eine angemessene Ernährungsweise auf āyurvedischer Grundlage im sechsten Kapitel gesprochen.

Wenden wir uns nun einigen Mitteln zu, die die Funktion der Leber unterstützen. Sie können zur Vorbeugung oder zur Behandlung bei kleineren Problemen eingesetzt werden, die entstehen können, wenn Sie einmal zuviel getrunken oder zuviel beziehungsweise zu schwer gegessen haben (auch wenn Sie eine leichte Lebensmittelvergiftung hatten).

1. Der Āyurveda nennt verschiedene Früchte und Gewürze, die sich sehr heilsam auf die Leber auswirken und die überall erhältlich

sind. Kreuzkümmel, Kümmel, Zitrone, Granatapfel, Ingwer, Lorbeerblatt, Pflaume und Feige gehören dazu. Ihr regelmäßiger Verzehr wird sehr empfohlen. Das Würzen der Speisen mit Ingwer, Pfeffer und Kreuzkümmel ist außerordentlich wohltuend.

2. Als nächstes seien zwei Pflanzen vorgestellt, die als Medizin verwendet werden können, um einer träge arbeitenden Leber wieder frische Kraft zu geben. Es sind der lange Pfeffer *(Piper longum)*, tägliche Dosis ½ Gramm, und zerstoßene Endiviensamen oder -wurzel, tägliche Dosis 3–6 Gramm.

Unter den vier Arten von Steinsalz, die der Āyurveda namentlich nennt, empfiehlt er in diesem Zusammenhang besonders das «schwarze Salz», eine Mischung aus natürlichem Ammoniumchlorid und anderen Salzen. Vermischen Sie dieses Salz mit vier Teilen Ajwāin *(Trachyspermum ammi)*, geben Sie etwas Zitronensaft dazu (genug, um es anzufeuchten) und lassen Sie alles im Schatten trocknen. Bewahren Sie das Präparat auf und verwenden Sie es bei Bedarf. Es eignet sich sehr gut zur Anwendung nach einer schweren Mahlzeit, nach zu viel Genuß von Alkohol und nach sonstigen, die Leberfunktion ungünstig beeinflussenden Anlässen. Nehmen Sie ½ bis 1 Teelöffel davon mit einem Glas warmem Wasser. Falls Ajwāin bei Ihnen nicht erhältlich ist, kann er durch Thymiansamen ersetzt werden. Letztere sind allerdings weit weniger wirksam. Dennoch ist Thymiantee ein gutes Mittel zur Förderung von Agni und zur Stärkung der Leberfunktion. Trinken Sie von Zeit zu Zeit eine Tasse.

Ich möchte noch darauf hinweisen, daß die Empfindlichkeit der Leber gegenüber Alkohol und anderen schädigenden Substanzen von der individuellen Grundbefindlichkeit abhängt. Pitta-dominante Menschen können im allgemeinen eine ungesunde Lebensweise besser aushalten als andere. Sie sollten sich deshalb nie mit anderen Leuten vergleichen. Darüber hinaus gibt es eine Unzahl von Personen, deren Leber durch chemische Arzneimittel bereits vorgeschädigt ist. Diese Menschen müssen doppelt vorsichtig sein und sollten regelmäßig etwas zur Stärkung ihrer Leber nehmen.

Hämorrhoiden

Der letzte Teil des Darms, dort, wo er in der Anusöffnung endet, kann auf vielfältige Weise beeinträchtigt werden und dadurch Anlaß zu zahlreichen Erkrankungen geben – wobei Hämorrhoiden das wohl verbreitetste Leiden dieser Art sind. Es handelt sich dabei um eine Zivilisationskrankheit, die Folge unserer überwiegend sitzenden Lebensweise ist. Merkmal dieser Erkrankung sind Knoten, die sich aus krankhaft erweiterten Mastdarmvenen am Darmausgang gebildet haben. Das verursacht Schmerzen und/oder Blutungen. Dieses Problem ist sehr hartnäckig und es gibt dafür nach Auffassung der modernen Medizin keine Heilung, außer den chirurgischen Eingriff. Doch selbst nach einer solchen Operation können sich die Venen erneut erweitern und alles beginnt wieder von vorn. Der Āyurveda bietet dagegen eine Reihe von Methoden und Heilmitteln, diesem Leiden ein Ende zu setzen. Bei der Beschreibung der einzelnen Präparate und Behandlungsmethoden beschränke ich mich auf solche, die bei leichteren und mittelschweren Fällen erfolgversprechend sind. Schwere Fälle können hier nicht besprochen werden, da die Herstellung der entsprechenden Mittel sehr kompliziert und langwierig ist; fünfzehn Tage dauert es beispielsweise in unserem Institut, um nur eine einzige der vielen Komponenten eines bestimmten Präparats zuzubereiten. Es bedarf außerdem einer sechs- bis zwölfwöchigen Behandlung mit dieser Medizin, um vollständige Heilung zu erlangen.

1. Lassen Sie nicht zu, daß sich Mala im Körper ansammelt, und schützen Sie sich vor Stuhlverstopfung. Achten Sie deshalb darauf, daß Sie täglich Stuhlgang haben und daß Ihr Stuhl nicht hart ist. Trinken Sie regelmäßig nach dem Aufstehen ½ Liter Wasser, um eine vollständige Darmentleerung sicherzustellen. Harter Stuhl und Verstopfung verschlimmern Ihr Leiden sehr schnell und können außerdem zusätzliche ernste Probleme verursachen.

2. Langes Sitzen auf Stühlen ist die Hauptursache dieser Krankheit. Wie ich bereits erwähnte, haben wir alle unterschiedliche Sitz- und Arbeitsweisen, die je verschiedene Verspannungen zur Folge haben. Wie der Nacken, die Schultern, die Handgelenke, der Rük-

ken und der Magen, so reagiert auch der Darm besonders empfindlich auf Streß und falsche Körperhaltung. Überprüfen Sie deshalb immer Ihre Sitzstellung. Halten Sie Ihre Beine nicht ständig in der gleichen Position. Benutzen Sie eine Fußbank; das verringert den Druck auf Ihren Mastdarm und entlastet die betroffene Muskulatur. Unterbrechen Sie langes Sitzen von Zeit zu Zeit und gehen Sie ein paarmal im Zimmer auf und ab; oder spreizen Sie die Beine und machen Sie kreisende Bewegungen damit.

Aus āyurvedischer Sicht ist das Sitzen auf Stühlen mit den Beinen nach unten keine gesunde Körperhaltung. In alten Zeiten saß man mit überkreuzten Beinen entweder auf Matten und Teppichen oder auf niederen Sofas und Diwans. Diese Beinstellung ist in der Tat für Bauch und Mastdarm wesentlich gesünder, da das Blut besser zirkulieren kann und der Druck auf die Blutgefäße nur gering ist. Selbstverständlich können Sie in Ihrem Büro oder bei öffentlichen Anlässen nicht mit überkreuzten Beinen sitzen, doch zu Hause, wenn Sie sich entspannen, sollten Sie dies tun. Falls Sie das nicht wollen oder können, verwenden Sie zumindest einen Fußschemel oder strecken Sie die Beine aus. Ich habe in meinem Yoga-Buch zwei Yoga-Haltungen beschrieben (Vajrāsana und Paschimottānāsana), die bei Hämorrhoiden ganz besonders hilfreich sind. Praktizieren Sie diese beiden Āsanas täglich zehn bis fünfzehn Minuten. (In Vajrāsana können Sie auch beim Arbeiten oder in Ruhepausen sitzen, wenn Sie diese Haltung einmal mühelos einnehmen können.)

3. Manche Frauen bekommen Hämorrhoiden nach der Geburt eines Kindes. Ursache ist, daß ihr Körper zu steif ist; das hat zur Folge, daß sich die Blutgefäße im Enddarm während des Geburtsvorgangs zu sehr dehnen. Es ist deshalb ratsam, bereits vor der Geburt bestimmte geburtsvorbereitende Yoga-Übungen zu machen (siehe 5. Kapitel).

4. Nehmen Sie immer genug Flüssigkeit, Gemüse und frisches Obst zu sich. Meiden Sie gebratene, harte und trockene Speisen. Essen Sie eher Suppen, Salate und Reis als Brot, Käse, gebratenes Fleisch und Kartoffeln. Trinken Sie viel Lassi, ein Mixgetränk

aus Joghurt und Wasser, dem Sie wahlweise Zucker oder Salz beigeben können.

5. Rettich ist bei Hämorrhoiden sehr zu empfehlen. Nehmen Sie den langen weißen Rettich, der wirksamer ist als der kleine runde. Die indische Volksmedizin empfiehlt ein Glas Rettichsaft täglich gegen Hämorrhoiden.

Hier nun einige Rezepte zur Herstellung von Heilmitteln, die zur Behandlung von Hämorrhoiden eingenommen werden sollten. Die Bestandteile sind nahezu überall erhältlich.

1. Nehmen Sie täglich 3–4 g schwarzen Sesam. Zerstoßen Sie die Samen, und geben Sie diese in ein Glas heißes Wasser. Da Sesam Pitta-erhöhend wirkt, sollten bei Anwendung während der Sommermonate gleichzeitig Pitta-senkende Maßnahmen ergriffen werden.

2. Bereiten Sie einen Absud aus der Rinde des Banyan-Baumes *(Ficus religiosa)* und trinken Sie täglich 100–500 ml.

3. Essen Sie täglich ein oder zwei Feigen.

4. Das Pulver von Dillsamen (1–3 g täglich) bringt Erleichterung bei nichtblutenden Hämorrhoiden. Sie können auch Dillöl verwenden (1–3 Tropfen täglich).

5. Das Pulver von Java-Pfeffer *(Piper retrofractum)* hilft ebenso bei nichtblutenden Hämorrhoiden. Nehmen Sie 1–2 g täglich.

6. Ein anderes weitverbreitetes Hausmittel ist Ingwer. Verwenden Sie ihn als Saft (5–10 ml) oder in Form von Pulver (1–2 g). Eine tägliche Einnahme wird empfohlen.

Im Anfangsstadium der Erkrankung ist es ein leichtes, mit den angegebenen Hausmitteln und Vorsorgemaßnahmen schnell Heilung herbeizuführen. Schieben Sie so etwas nie auf, sonst müssen Sie nicht nur mit einer langwierigen medizinischen Behandlung rechnen, sondern auch Ihre Ernährungs- und Lebensweise vollkommen umstellen.

Frauenleiden

Menstruationsstörungen und Erkrankungen im Uterus- und Vaginalbereich sind Leiden, die viele Frauen offenbar in stiller Ergebenheit ertragen. Obwohl die Hälfte der Menschheit weiblichen Geschlechts ist, werden die spezifischen Probleme der Frauen weder verstanden noch entsprechend behandelt. Es sind in der Regel Männer, die sich mit der Erforschung und Heilung von Frauenleiden befassen, ungeachtet der Tatsache, daß ihnen die Feinheiten fraulicher Empfindungen in diesem Zusammenhang für immer fremd sein müssen. Es gibt zwar große Fortschritte in den Bereichen Schwangerschaft und Geburt, doch die Probleme, die mit Menstruation, Infektionen und allgemeiner Gesundheitsvorsorge zusammenhängen, finden nur geringe Beachtung; ihre Behandlung bleibt nach wie vor sehr primitiv. Sehen wir uns deshalb an, was die āyurvedische Medizin auf diesem Gebiet anbieten kann.

Menstruationsschmerzen und verwandte Probleme

Für viele Frauen ist die Menstruation mit Schmerzen und Verdauungsproblemen verbunden. Übelkeit, Erbrechen, Magenbeschwerden, Blähungen und Stuhlverstopfung sind nur einige der Beschwerden, die Frauen Monat für Monat aufs neue ertragen; einige Frauen haben auch einen Hämorrhoiden-Anfall kurz vor der Menstruation. Endgültige Heilung verspricht, neben der Einnahme bestimmter Mittel, allein eine Veränderung der Lebensweise.

Dazu nun einige Hinweise:

1. Darmträgheit vor der Menstruation kann zu Schmerzen, Hämorrhoiden und Magenbeschwerden führen. Da in dieser Zeit Vāta dominiert, sollten Sie täglich warmes Wasser zur Anregung des Stuhlgangs trinken, um Vāta nicht noch mehr ansteigen zu las-

sen. Meiden Sie gebratene, trockene oder fette Speisen, und essen Sie statt dessen viel Gemüse, Salate, Suppen oder ähnlich flüssigkeitsreiche Kost, besonders während der letzten zehn Tage vor Beginn Ihrer Periode.

2. Machen Sie täglich Ihre Yoga-Übungen. Sūrya Namaskāra, zwölfmal am Tag praktiziert, ist sehr hilfreich. Ich habe im fünften Kapitel einige Āsanas beschrieben, die sich besonders günstig auf die weiblichen Fortpflanzungsorgane auswirken. Lassen Sie diese zum täglichen Bestandteil Ihres Lebens werden. Das wird Ihre inneren Organe beleben und so das hormonale Gleichgewicht wiederherstellen.

3. Lassen Sie einmal pro Woche Ihren Bauch massieren. Das lokkert die Muskulatur in diesem Bereich und entspannt die inneren Organe.

4. Essen Sie täglich 8–10 Mandeln, nachdem Sie sie über Nacht in frisches Wasser gelegt und anschließend geschält haben. Das befreit von Menstruationsschmerzen. Tun Sie dies den ganzen Monat lang, mindestens jedoch fünfzehn Tage vor Beginn Ihrer Periode. Denken Sie daran, daß es sich dabei um Medizin handelt, nicht um ein Nahrungsmittel. Nehmen Sie die Mandeln vor dem Frühstück und kauen Sie sie gut.

5. Ein anderes Mittel gegen Menstruationsschmerzen ist Kalongī *(Nigella sativa)* (siehe 10. Kapitel). Stellen Sie aus den Samen ein Pulver her, und nehmen davon während Ihrer Periode täglich zweimal ½ Teelöffel mit einem Glas warmem Wasser. Falls Sie sehr starke Schmerzen haben, sollten Sie mit der Einnahme bereits drei bis vier Tage vor Menstruationsbeginn anfangen und sie bis zum Ende fortsetzen.

6. Das Einreiben von Bauch und Rücken mit schmerzlindernden Ölen und Salben ist sehr zu empfehlen. Trockene Hitze hilft ebenso.

7. Hier ein Rezept für einen spannungslösenden und schmerzlin-

dernden Tee: Zerstoßen Sie 2–3 g Ingwer, 4 schwarze Pfefferkörner und einen großen Kardamom-Samen. Geben Sie die Gewürze zusammen mit schwarzem Tee, Milch und Zucker in Wasser. Lassen Sie alles kurz aufkochen. Trinken Sie diesen Tee heiß.

8. Auch Gartenkresse ist ein sehr wirksames Mittel bei menstruationsbedingten Spannungen, Schmerzen und damit zusammenhängenden Verdauungsstörungen. Nehmen Sie ½ Teelöffel gemahlene Kressesamen mit einem Glas warmem Wasser. Beginnen Sie mit der Einnahme drei bis vier Tage vor Ihrer Periode, und setzen Sie diese bis zum Ende fort. Kresse reduziert Vāta und Kapha, erhöht jedoch Pitta. Seien Sie deshalb vorsichtig, wenn Sie Pitta-dominant sind. Vermindern Sie in diesem Fall die Dosis entsprechend, oder ergreifen Sie gleichzeitig Pitta-abbauende Maßnahmen.

Unregelmäßige Menstruation

Dieses Problem hat zwei Aspekte: Entweder handelt es sich um eine verzögerte Menstruation mit wenig Blutfluß, oder die Periode kommt zu früh und sehr heftig. Auch bei einer regelmäßigen Periode kann die Blutung entweder nur spärlich oder sehr stark sein. Bei einer geringen Blutung müssen Sie Ihr Pitta erhöhen und Vāta abbauen. Bei zu starker Blutung ist das Gegenteil erforderlich, das heißt, Sie brauchen Mittel, die überschüssiges Pitta vermindern und auf diese Weise Ihr humorales Gleichgewicht wiederherstellen.

Die folgenden Anweisungen beziehen sich auf die Fälle, in denen die Menstruation zu früh einsetzt und mit starken Blutungen verbunden ist.

1. Bereiten Sie einen Absud aus eineinhalb Teelöffel gemahlenem Koriander. Tägliche Einnahme wird empfohlen.

2. Ein weiteres, sehr wirksames Mittel ist Rettichsamen. Ein halber Teelöffel davon, gemahlen und mit warmem Wasser vermischt, wird Ihnen helfen. Diese Medizin sollte einen Monat lang jeden zweiten Tag eingenommen werden.

Im Falle einer zu spät einsetzenden Menstruation kann eine der folgenden Maßnahmen ergriffen werden:

1. Bereiten Sie einen Absud aus Rosenblüten und Anissamen. Achten Sie darauf, daß es sich dabei um Blütenblätter der rotfarbenen, duftenden Rosenart handelt, nicht um irgendeine Züchtung. Zur Herstellung brauchen Sie drei Suppenlöffel Blüten und einen Teelöffel Anissamen. Nehmen Sie dieses Mittel ein- bis zweimal täglich. Sie können damit auch eine Schwangerschaft abbrechen, sofern Sie es rechtzeitig anwenden (ein paar Tage nach Ausbleiben der Periode).

2. Ein Absud aus Sesamkörnern (tägliche Dosis 3–4 g) ist auch sehr wirksam bei verspäteter Menstruation.

Leukorrhöe

Es handelt sich dabei um eine klebrige, dickflüssige Absonderung der Gebärmutterhöhle oder der Vagina. Der Āyurveda unterscheidet zwischen vier Arten von Ausfluß:

1. Vāta-Leukorrhöe: ein schaumiger, leicht rosafarbener Ausfluß ohne Geruch.
2. Pitta-Leukorrhöe: ein bläulich-rötlicher Ausfluß mit Spuren von Blut.
3. Kapha-Leukorrhöe: ein weißer, dickflüssiger, manchmal leicht gelblicher Ausfluß.
4. Tridosha-Leukorrhöe: Hier liegt eine Störung aller drei Humore vor. Der Ausfluß ist sehr klebrig (wie Honig) und von üblem Geruch.

Stellen Sie zuerst fest, um welche Art von Leukorrhöe es sich bei Ihnen handelt. Behandeln Sie anschließend den überhöhten Humor oder im Falle von Tridosha-Leukorrhöe alle drei Humore. Die wirksamste Medizin speziell für diese Erkrankung, aber auch für andere Frauenleiden, ist die Rinde des Ashoka-Baumes *(Saraca asoca)*. Stellen Sie daraus einen Absud her; die tägliche Dosis soll

50 ml nicht überschreiten. Eine Zubereitung ist auch mit Ghee möglich (wie bereits an anderer Stelle beschrieben). Bei dem berühmten āyurvedischen Mittel «Ashokārishta» handelt es sich um ein Präparat auf Alkoholbasis.

Als Hausmittel gegen Leukorrhöe wird folgendes empfohlen: Stellen Sie aus je gleichen Teilen Bambus- und Bananenblättern eine Paste her. Zerquetschen Sie dazu die Blätter in einem Steinmörser. Geben Sie anschließend Honig im Verhältnis 1:4 dazu. Nehmen Sie davon zweimal täglich einen Teelöffel. In weiten Teilen Indiens ist es Brauch, zur Behandlung von Leukorrhöe täglich eine reife Banane, zerdrückt und mit etwas Honig vermischt, zu verzehren. Auch die Blätter des Neem-Baumes *(Azadirachta indica)* eignen sich ausgezeichnet zur Herstellung einer wirksamen Medizin gegen dieses Frauenleiden. 8–10 Neem-Blätter und ½ Teelöffel Kreuzkümmel ergeben eine Dosis. Zerstoßen Sie die Blätter und den Kümmel, und geben Sie etwas Zucker oder Honig dazu, da Neem ziemlich bitter schmeckt. Nehmen Sie dieses Mittel mit Wasser ein- oder zweimal pro Tag, je nach Grad Ihrer Erkrankung. Fahren Sie so lange damit fort, bis Sie wieder vollständig gesund sind.

Infektionen im Vaginalbereich

Viele Frauen bekommen hin und wieder eine Infektion in der Vagina. Dabei kann es sich um einen Befall durch Bakterien, Pilze oder sonstige Erreger handeln. Dies kann Folge mangelnder Hygiene sein, aber auch einer Störung der Flora in Scheide und Muttermund. Wir haben bereits im vierten Kapitel über hygienische Maßnahmen in diesem Zusammenhang gesprochen, können uns also gleich der Frage zuwenden, welche Aufgaben eine normal funktionierende Scheidenflora hat.

Unter normalen, gesunden Bedingungen befinden sich in der Vagina die sogenannten Döderlein-Bakterien, die dafür verantwortlich sind, ein Milieu von mittlerer Säure in der Vagina zu schaffen. Dies geschieht durch die Umwandlung von Glykogen (eine Art Zucker, der von den Zellen der Scheidenschleimhaut abgeschieden wird) in Milchsäure. Auf diese Weise wird verhindert, daß sich pathologische Bakterien festsetzen, da sie in einer derart sauren Umgebung nicht überleben können. Sterben jedoch die Döderlein-Bakterien aus irgendwelchen Gründen ab, gibt es keine Abwehr gegen Infektionen mehr. Da es in der Vagina warm und feucht ist, stellt sie dann ein günstiges Milieu für das Wachstum von Bakterien, Pilzen und anderen einzelligen Parasiten dar. Diese vermehren sich sehr schnell, und die Folgen sind verschiedenste Erkrankungen wie Reizungen, Entzündungen oder Wundbildung.

Durch die Einnahme von Antibiotika, mit denen Infektionen durch pathologische Bakterien bekämpft werden, werden zwar die Krankheitserreger abgetötet, gleichzeitig jedoch auch die nützlichen Bakterien in Mund, Darm und Scheide. Dies zerstört das natürliche Abwehrsystem des Körpers. Wer schon einmal Antibiotika eingenommen hat, erinnert sich vielleicht an den schlechten Geschmack, den er/sie danach im Mund hatte. Das kommt daher, daß die nützlichen Bakterien vernichtet wurden und sich somit eine Reihe von Pilzen im Mund einnisten konnten. Vermeiden Sie deshalb so weit wie möglich eine Behandlung mit antibiotischen Mitteln. Falls es sich jedoch nicht umgehen läßt, sollten Sie während des Anwendungszeitraums viel Joghurt essen. Sie können auch etwas Joghurt in und um die Scheide schmieren oder einfach auf eine Monatsbinde geben. Achten Sie darauf, daß der Joghurt lebende Bakterienstämme enthält, da dies im Westen oft nicht der Fall ist. Die meisten handelsüblichen Joghurtsorten sind bakterienfrei, da ihnen Konservierungsmittel zur Haltbarmachung zugesetzt wurden. Versuchen Sie deshalb, Ihren Joghurt selbst herzustellen.

Nachfolgend einige Möglichkeiten der Behandlung von leichteren Scheideninfektionen:

1. Eine sehr wirksame Methode, die sich besonders für leichtere Fälle eignet, ist eine Waschung der Scheide mit frischer Kuhmilch. Verwenden Sie dazu Milch, die weder abgekocht noch sonstwie chemisch behandelt wurde. Frische Kuhmilch besitzt eine ganze Reihe aktiver Bakterien, welche die natürliche Scheidenflora wiederherstellen und dadurch den Lebensraum für Krankheitserreger zerstören.

2. Tränken Sie Watte in Ghee oder Honig und führen Sie diese

in die Scheide ein. Wenn Ihnen das hilft, können Sie die Behandlung mehrmals wiederholen.

3. Falls Sie in einer Gegend wohnen, wo der Neem-Baum gedeiht, reiben Sie die Scheidenwände vorsichtig mit dem Saft der Neem-Frucht ein. Falls Sie frische Früchte nicht bekommen können, verwenden Sie getrocknete. Bereiten Sie daraus einen Aufguß, wie das weiter oben beschrieben wurde. Sie können auch den Saft der Neem-Blätter benutzen.

4. Bei zu trockener oder leicht gereizter Vagina als Folge einer Infektion empfiehlt sich Senf- oder Kokosnußöl. Reiben Sie das Öl entweder mit den Fingern ein, oder tränken Sie etwas Watte damit und führen Sie diese ein. Senföl ist sehr stark, seien Sie deshalb vorsichtig. Bei Erstkontakt mit den trockenen Stellen kann es etwas weh tun.

5. Stellen Sie eine sehr feine Paste aus Rizinussamen und Senföl her. Reiben Sie damit die Scheidenwände ein. Sie können dazu auch eine Paste aus Kressesamen und Kokosnußöl verwenden; sie ist jedoch sehr stark. Probieren Sie deshalb zuerst aus, ob Sie sie vertragen. Falls Sie ein Pitta-dominanter Mensch sind, ist die Wahrscheinlichkeit einer allergischen Reaktion größer.

6. Bereiten Sie eine Paste aus dem Pulver der Süßholzwurzel und Ghee. Dieses Präparat hilft besonders bei Wunden, die von Parasiten verursacht wurden. Die Anwendung erfolgt wie vorher.

Achten Sie darauf, daß Sie nach Behandlung beziehungsweise Ausheilung einer Infektion unbedingt etwas unternehmen, die natürliche Scheidenflora wiederherzustellen. Benutzen Sie dazu Joghurt und/oder Milch wie oben beschrieben.

Das Thema Frauenleiden ist sehr umfangreich und gäbe genug Stoff für ein eigenes Buch. Ich möchte deshalb zum Abschluß nur noch ein paar Hinweise zur Schwangerschaft geben.

1. Schwangere Frauen sollten Alkohol, Tabak, Haschisch *(Cannabis sativa)* oder sonstige Drogen meiden. Versuchen Sie,

leichtere Erkrankungen über die Ernährung in den Griff zu bekommen. Nehmen Sie keine chemischen Medikamente oder sonstige stark wirkende Präparate.

2. Vermeiden Sie Pitta-erhöhende Speisen, ganz besonders im frühen Stadium der Schwangerschaft. In den letzten beiden Wochen vor der Entbindung ist eine Pitta-orientierte Ernährung jedoch angebracht, da dies dazu beiträgt, die Geburt zu erleichtern.

3. Tun Sie alles, um eine Stuhlverstopfung zu vermeiden; sie wäre nicht nur für Sie beschwerlich und störend, sondern auch schlecht für die Gesundheit Ihres Babys. Manche Frauen leiden während der Schwangerschaft an Blutarmut. Meist werden in so einem Fall eisenhaltige Präparate verschrieben. Eisen erhöht aber Vāta; die Folge ist Stuhlverstopfung, was wiederum zu einer ganzen Anzahl weiterer Probleme führen kann. Essen Sie deshalb lieber Äpfel, Amla, Spinat oder Tomaten, statt Eisentableten zu nehmen.

4. Nehmen Sie leichte, flüssigkeitsreiche und nahrhafte Kost zu sich. Essen Sie Salate und frische Früchte, meiden Sie jegliche konservierten Produkte. Vermeiden Sie alles, was Vāta erhöht; es wird Ihnen und Ihrem Baby nur schaden. Versuchen Sie, Ihr humorales Gleichgewicht unter allen Umständen aufrechtzuerhalten, da es besonders in der Schwangerschaft sehr leicht durcheinandergerät.

Mittel zur Bekämpfung der Übelkeit während der Schwangerschaft

1. Bereiten Sie einen Sirup mit Kandiszucker. Mischen Sie zwei puderfein zerstoßene Gewürznelken mit zwei bis drei Löffel Sirup. Geben Sie kaltes Wasser dazu und trinken Sie ein Glas, wenn Sie sich schlecht fühlen.

2. Frisch gepreßter Saft von Zitrusfrüchten hilft ebenfalls. Passen Sie jedoch auf, daß der Saft nicht zu sauer ist, sonst erhöhen Sie Ihr Pitta. Süßen Sie mit dem Sirup von Kandiszucker nach Bedarf.

3. Nehmen Sie zum Süßen immer Kandiszucker. Wie Sie sich vielleicht erinnern, habe ich bei der Beschreibung der Rasas darauf hingewiesen, daß Kandis Kapha nicht erhöht, wie das bei normalem Zucker der Fall ist.

4. Lassen Sie Kreuzkümmel für ein paar Stunden in Zitronensaft quellen und anschließend im Schatten trocknen. Kauen Sie ein paar Samen, wenn Ihnen übel ist.

5. Kardamon ist ebenfalls ein ganz wunderbares Mittel gegen Übelkeit. Nehmen Sie einige Samen in den Mund und kauen Sie sie.

Haarausfall und graue Haare

Wir haben dieses Thema im vierten Kapitel bereits angeschnitten. Die Ursachen von Haarausfall und grauen Haaren sind zum Teil jenen gleich, die auch für eine Beeinträchtigung der Sehkraft verantwortlich sind: eine Störung von Pitta und Kapha. Liegt eine Vāta-Störung vor, so ist das Haar trocken und struppig. Bei Haarausfall sollten rechtzeitig Schritte eingeleitet werden, und zwar dann, wenn man bemerkt, daß mehr Haare ausfallen als neue nachwachsen. Es ist freilich normal, daß man Haare verliert, da, wie alles im Körper, auch die Haare einem ständigen Erneuerungsprozeß unterliegen. Ist dieser Prozeß gestört, führt das im Laufe der Zeit zur Glatzenbildung. Haarausfall ist auch jahreszeitlich bedingt. In den kalten Klimazonen der Erde nimmt er in den Wintermonaten zu; in den Sommermonaten wird dieses Ungleichgewicht durch vermehrtes Wachstum jedoch wieder ausgeglichen. Ist allerdings das humorale Gleichgewicht gestört, so kann der Verlust nicht mehr aufgefangen werden.

Aus āyurvedischer Sicht trägt ein gesunder Haarwuchs nicht nur zum guten Aussehen eines Menschen bei, sondern er ist auch ein deutlicher Hinweis auf seinen körperlichen und geistigen Gesundheitszustand. Sie werden sicher schon bemerkt haben, daß das Haar Ihre Gemütslage spiegelt: Fühlen Sie sich gut, so ist es glänzend und fest, sind Sie pessimistisch und depressiv, dann sieht auch

Ihr Haar matt und «leblos» aus. Haarprobleme sind auf die eine oder andere Weise immer auch Ausdruck humoraler und seelischer Störungen. Natürlich können auch andere Gründe eine Rolle spielen – zu heißes und zu häufiges Föhnen etwa, oder die Verwendung von zu starken Seifen oder Shampoos. Im Westen ist es besonders bei Frauen üblich, das Haar aus Schönheitsgründen chemisch zu behandeln. Dabei werden Festigungs- und Färbemittel benützt, die das Haar langsam, aber sicher ruinieren. Wenn Menschen meinen, sie müßten ihrem Haar eine andere Farbe geben und die Hilfe so vieler (schädlicher) Chemikalien in Anspruch nehmen, um ihr Aussehen zu verändern, so ist das meiner Meinung nach ein Hinweis darauf, daß sie sich unsicher und frustriert fühlen. Doch wie ich schon sagte, ist es für die Erhaltung Ihrer Gesundheit wichtig, daß Sie sich dem Leben stellen, anstatt mit künstlichen Mitteln auf die Unsicherheit zu reagieren. Man muß lernen, das Denken unter Kontrolle zu halten und die unterdrückbaren Triebkräfte zu beherrschen.

Zu viele Sorgen oder die Erfahrung eines psychischen Schocks führen ebenfalls zu Haarproblemen. Tiefer Kummer und Schmerz lassen manche Menschen innerhalb weniger Wochen ergrauen. Beide Gemütszustände weisen auf einen Mangel an Weisheit hin. Wie ich schon sagte, muß man sich auf Tod, Krankheit, Verlust oder ähnliche Schicksalsschläge vorbereiten, um bei ihrem Eintritt gewappnet zu sein und nicht unterzugehen. Nehmen Sie sich solche Menschen als Beispiel, die infolge von Krieg, Erdbeben oder irgendeiner anderen Katastrophe alles in ihrem Leben verloren haben, denen es aber durch Weisheit und Mut gelungen ist, alles wieder aufzubauen und einen neuen Lebenssinn zu finden. Geben Sie niemals auf und lassen Sie es nicht zu, daß das Leben Sie manipuliert und schließlich zerstört. Lernen Sie in Harmonie zu leben mit diesem sich ständig wandelnden Kosmos.

Empfehlungen zum Schutz vor Haarausfall und grauen Haaren

1. Lassen Sie nicht zu, daß sich Kapha in Ihrem Kopf ansammelt. Es gibt Leute, die ständig erkältet sind. Solche Menschen ergrauen frühzeitig. Nehmen Sie deshalb Schnupfen oder Erkältung nicht

auf die leichte Schulter, und unternehmen Sie alles, um wieder gesund zu werden. Anleitungen dazu wurden bereits gegeben.

2. Nebenhöhlenentzündung beeinflußt Haarwuchs und Sehkraft negativ. Vernachlässigen Sie dieses Problem nicht und leiten Sie sofort entsprechende Maßnahmen zur Genesung ein.

3. Praktizieren Sie regelmäßig Jaldhauti, um einer Kapha-Ansammlung in der Kopfregion vorzubeugen. Dadurch halten Sie die Energiekanäle offen. Befolgen Sie die verschiedenen Reinigungspraktiken und auch sonstige Anweisungen, die der Aufrechterhaltung des humoralen Gleichgewichts dienen.

4. Praktizieren Sie regelmäßig jene Āsanas, die zum Schutz vor Haarausfall und grauen Haaren empfohlen werden.[11]

5. Achten Sie auf eine gut funktionierende Verdauung. Kümmern Sie sich um Ihre Leber und reagieren Sie bei etwaigen gastrischen Problemen unverzüglich. Funktionsstörungen in diesen Bereichen wirken sich auch auf die Haare aus.

6. Eine regelmäßige Kopfpflege durch āyurvedische Massage und andere Maßnahmen ist wesentlich zur Neubelebung der Kopfhaut.

10. Auswahl und Beschreibung von Arzneipflanzen

Ich habe im zweiten Kapitel Charaka zitiert, als es darum ging, den entwürdigenden Umgang mit der Natur zu beschreiben und die Folgen aufzuzeigen, die das auf die Eigenschaften von Heilpflanzen hat. Man kann dies nicht ernst genug nehmen in einer Zeit, in der die Umweltverschmutzung katastrophale Ausmaße erreicht hat. Überall wird inzwischen Obst und Gemüse unter künstlichen Bedingungen angebaut, und oft wissen nur noch ältere Menschen, wieviel besser natürlich angebaute Nahrungsmittel schmecken. Doch nicht nur das. Auch die Heilpflanzen verlieren durch die Veränderung ihrer natürlichen Umwelt ihre spezifische Qualität – deshalb gilt es beim Kauf aufzupassen. Fragen Sie den Ladenbesitzer, woher das Produkt kommt. Kaufen Sie keine Pflanzen, die in der Nähe großer Städte, umweltbelastender Industrieanlagen oder unter Bedingungen angebaut werden, die nicht ihrer natürlichen Umgebung entsprechen.

Das Klima spielt eine außerordentlich wichtige Rolle bei der Bildung der pflanzlichen Wirkstoffe. Es ist durchaus möglich, eine Pflanze auch außerhalb ihrer angestammten Umgebung anzubauen, doch kann es geschehen, daß sie aufgrund der unterschiedlichen Lebensbedingungen ihre pharmazeutische Wirkkraft einbüßt. Um diese Behauptung zu veranschaulichen, nenne ich Ihnen als Beispiel eine Pflanze, die als Lebensmittel weit verbreitet ist, zusätzlich aber auch milde medizinische Eigenschaften besitzt: der schwarze Tee. Sie können Tee überall anbauen, doch sein ursprünglicher Geschmack geht dadurch verloren. Darjeeling-Tee gedeiht sicherlich auch in den türkischen Bergen, aber Geschmack, Aroma und Stärke sind weit entfernt von jenem Tee, der im Himālaya wächst. Einigen Leuten ist es gelungen, in Nordeuropa Bhang *(Cannabis sativa)* anzubauen, doch ohne Erfolg; zu ihrem Kummer zeigte die Droge nur geringe berauschende Wirkung. Ursache dafür ist, daß sich aufgrund des unterschiedlichen Klimas die humoralen Eigenschaften verändert haben – somit auch der Rasa. Mit anderen Worten: Infolge von zuviel oder zuwenig Sonne, Regen, Feuchtigkeit und so weiter können bestimmte chemische Prozesse nicht stattfinden. Möglicherweise haben Sie bemerkt, daß Thymian, Dill oder Lorbeer, den Sie in Ihrem Garten anbauen, deutlich weniger Aroma besitzt als die gleichen Pflanzen, die Sie aus der Türkei, Griechenland oder Italien mitbrachten.

Ein zweiter wichtiger Punkt betrifft die Haltbarkeit von Arzneipflanzen. Heben Sie sie nicht zu lange auf. Aromatische Pflanzen sollten vor der Verwendung auf ihr Aroma überprüft werden, indem Sie etwas davon zwischen den Handflächen zerreiben und daran riechen. Denken Sie daran, daß diese Pflanzen in der Regel im Schatten getrocknet werden müssen. Es gibt auch ganz bestimmte Zeiten, zu denen sie gepflückt werden sollten. Beispielsweise besitzen in bestimmten Fällen Pflanzen, die zu Beginn der Reifezeit geerntet werden, stärkere Wirkkräfte als solche, die später gepflückt werden. Ich will jedoch damit nicht sagen, daß Sie Ihre Kräuter selbst sammeln sollten; dazu ist ein sehr umfassendes Wissen notwendig. Sie sollten aber darauf achten, wo Sie Ihre Kräuter kaufen. Verwenden Sie keine Produkte, die in Form von Teebeuteln angeboten werden. Bewahren Sie die Pflanzen nach der Trocknung in gut verschließbaren Behältern an einem kühlen Ort auf. Kaufen Sie keine zu großen Mengen, da Heilpflanzen mit der Zeit an Wirkung verlieren. Dies gilt nicht für Pflanzen, die bereits zu einem Präparat verarbeitet und unter Beimischung von Öl, Ghee oder Sirup haltbar gemacht wurden. Solche Arzneimittel halten sich sehr lange. Ganz wichtig ist es, die richtige Heilpflanze zu kaufen und sich nicht von den vielen unterschiedlichen Namen verwirren zu lassen. Wenn Ihnen jemand etwas über ein bestimmtes Heilkraut erzählt, so fragen Sie nicht nur nach dem Namen, sondern auch nach den besonderen Kennzeichen dieser Pflanze, ihrer Farbe etwa oder ihrem Geruch, welche Teile man verwenden kann oder wo sie am besten zu haben ist. Sehen Sie sich die Pflanzen und Pflanzenteile immer sehr genau an, und merken Sie sich ihre besonderen Kennzeichen (Form, Farbe, Geruch etc.). Machen Sie es sich zur Gewohnheit, eine bisher unbekannte Pflanze zwischen den Handflächen zu zerreiben und sie auf Farbe und Geruch zu prüfen.

Eignen Sie sich ein Wissen über Arzneipflanzen an, das von deren pharmazeutischen Eigenschaften oder Rasas ausgeht. Nehmen Sie niemals ein Heilmittel nach Hörensagen, selbst wenn es sich dabei um ein mildes Präparat handelt. Vergegenwärtigen Sie sich Ihre eigene humorale Beschaffenheit, bevor Sie irgendein Mittel einnehmen. Der Rasa des Präparats sollte auf Ihre humorale Grundbefindlichkeit abgestimmt sein, oder sie treffen zusätzliche Maßnahmen, die verhindern, daß das eingenommene Mittel Ihr humorales Gleichgewicht stört.

Die im folgenden angeführten Heilpflanzen sind fester Bestandteil der indischen Küche; die meisten sind auch in Mitteleuropa erhältlich, manche vielleicht nur in indischen Lebensmittelläden (vielleicht auch in türkischen oder chinesischen). Wie ich feststellen konnte, gibt es einige der besprochenen Heilmittel auch in der Gewürzabteilung großer Supermärkte, doch meist handelt es sich dabei um zu alte Ware, weil die Nachfrage zu gering ist. Heilpflanzen, die zu lange aufbewahrt wurden, haben aber alle Wirkkraft verloren. Ich habe in der folgenden Aufstellung der Heilpflanzen neben ihrer deutschen und lateinischen Bezeichnung auch das Hindi-Wort dafür angegeben, da auf indischen Produkten, die im Ausland verkauft werden, der Inhalt meist auf Hindi angegeben wird.

Bei der Beschreibung der pharmazeutischen Eigenschaften dieser Heilpflanzen habe ich auf Details verzichtet, da dazu ein umfassenderes Verständnis der āyurvedischen Pharmakologie notwendig ist. Es geht mir hier nur darum, Ihnen durch die Beschreibung die Möglichkeit zu geben, die jeweilige Heilpflanze zu erkennen und sie entsprechend anzuwenden. Neben der Rasa-Eigenschaft einer bestimmten Pflanze habe ich immer auch ihre Virya-Qualität angegeben. Diese läßt sich in zwei Hauptkategorien einteilen: heiß und kalt. «Heiß» bedeutet, daß die Wirkstoffe der betreffenden Pflanze Pitta erhöhen, «kalt» hingegen, daß sie Pitta reduzieren. Diese Einteilung ist sehr hilfreich im Zusammenhang mit den Jahreszeiten, sagt sie uns doch, welche Mittel zu welcher Jahreszeit eingenommen werden sollten, oder daß bestimmte ausgleichende Maßnahmen notwendig sind, wenn Präparate mit heißem Virya im Sommer und kaltem Virya im Winter verabreicht werden.

Anis (Saunf, *Funiculum vulgare*)

Die verwendbaren Teile dieser Arzneipflanze sind die Samen. Das Öl aus diesen Samen wirkt schmerzlindernd. Es wird häufig anderen Kräuterölmischungen als Duftkomponente beigegeben. Anissamen sind hellgrün und schmecken süßlich. Sie regen die Verdauung an, was auch der Grund dafür ist, daß sie in Indien nach dem Essen gekaut werden. Da Anissamen sehr starke Geruchsstoffe enthalten, neutralisieren sie den intensiven Geruch von Knoblauch, Zwiebeln und anderen starken Gewürzen, die normalerweise Bestandteil der indischen Küche sind. Eine Reihe medizinischer Eigenschaften und die entsprechenden Rezepte wurden schon an anderer Stelle erwähnt. Die tägliche Dosis sollte bei Samen 3–6 Gramm sein, bei Öl 5–10 Tropfen.

Humorale Eigenschaften:	heilt Vāta- und Pitta-Störungen
Rasa:	süß, scharf, bitter
Virya:	kalt

Kleiner Kardamom (Chotī Ilāyachī, *Elettaria cardamomum*)

Dieser Kardamom ist etwas kleiner als der Große Kardamom. Lassen Sie sich nicht von der Namensgleichheit täuschen, denn beide unterscheiden sich in ihren pharmazeutischen Eigenschaften wesentlich. Gewöhnlich kennt man außerhalb Indiens nur den kleinen Kardamom; der größere ist im allgemeinen der Verwendung als Arzneimittel vorbehalten. Wenn ich bisher von Kardamom gesprochen habe, so meinte ich immer den kleineren. Es werden die Samen dieser Pflanze verwendet. Sie befinden sich in einer hellgrünen Samenkapsel. Die Farbe der Samen ist hell- oder dunkelbraun bis schwärzlich. Die dunklen Samen sind besser, da sie mehr Geruchsstoffe enthalten. Nehmen Sie deshalb immer die dunkleren. Im Westen ist noch eine andere Art von Kardamom erhältlich; er hat eine weiße Kapsel, ist von anderem Geschmack und besitzt andere Eigenschaften. Diesen Kardamom sollten Sie nicht verwenden.

Der «Kleine Kardamom» ist vielseitig verwendbar. Er enthält Geschmacksstoffe, die zu süßen und salzigen Speisen passen. Kardamom regt die Verdauung an und reinigt den Mund. Er eignet sich deshalb ausgezeichnet zur Pflege der Zähne. Ich empfehle Ihnen, nach jeder Mahlzeit einen Kardamom-Samen zu kauen. Falls er Ihnen zu stark ist, kauen Sie ihn zusammen mit etwas Kandiszucker. Letzteres ist jedoch nicht gut für Ihre Zähne. Kardamom hilft bei Übelkeit infolge von Verdauungsstörungen und bei allgemeinem Unwohlsein (z. B. als Folge einer Reise). Regelmäßiger Gebrauch stärkt das Herz. Er wird bei Halsinfektionen verabreicht. Sängern sei er sehr empfohlen, da sich dadurch die Stimme verbessert. Kauen Sie ihn möglichst langsam. Ich gebe Ihnen den Rat, immer etwas Kardamom bei sich zu haben und es sich zur Gewohnheit zu machen, von Zeit zu Zeit einige Samen zu kauen. Die tägliche Dosis beträgt ½–1 Gramm.

Kaufen Sie kein Kardamompulver. Schälen Sie Kardamom unmittelbar vor dem Verzehr, und zerstoßen Sie die Samen bei Bedarf.

Humorale Eigenschaften:	gut für die Ausgleichung aller drei Humore
Rasa:	scharf, süß
Virya:	kalt

Großer Kardamom (Badi Ilāyachī, *Amomum subulatum*)

Die Samen des Großen Kardamom befinden sich ebenfalls in einer Kapsel; sie ist braun, und die Samen sind dunkler. Sie sollten die Schale erst kurz vor Verwendung der Samen entfernen. Der große Kardamom hilft bei niederem Blutdruck und Müdigkeit. Meiden Sie ihn jedoch, wenn Sie unter hohem Blutdruck leiden. Er ist Bestandteil vieler Hustensäfte, da seine hustenlindernde Wirkung sehr gut ist. Fieber oder Schmerzen als Folge einer kalten Witterung lassen sich ebenfalls ausgezeichnet damit behandeln. Die tägliche Dosis beträgt 1–3 Gramm.

Humorale Eigenschaften:	erhöht Pitta, heilt Kapha- und Vāta-Störungen
Rasa:	bitter, scharf
Virya:	heiß

Zimt (Dālchīnī, *Cinnamomum zeylanicum*)

Die Rinde des Zimtbaums wird verwendet. Zimt ist inzwischen fester Bestandteil der westlichen Küche. Meistens kaufen ihn die Leute als Pulver, so daß sie zwar Geschmack und Geruch kennen, nicht jedoch sein Aussehen. Zimtöl besitzt schmerzlindernde Eigenschaften; Tee aus Zimt und großem Kardamom hilft bei Müdigkeit, Fieber und Schmerzen. Bei Kopfschmerzen als Folge von Erschöpfung oder Erkältung sollte dieser Tee ebenfalls verabreicht werden. Zimt erhöht Ojas und reinigt das Blut. Er besitzt antifungale, antivirale und antibiotische Eigenschaften. Die tägliche Dosis beim Pulver beträgt 1–3 Gramm, bei Öl 2–5 Tropfen.

Humorale Eigenschaften:	erhöht Pitta, reduziert Kapha und Vāta
Rasa:	süß, bitter, scharf
Virya:	heiß

Süßholz (Mulathī, *Glycyrrhiza glabra*)

Man verwendet die Wurzel dieser Pflanze, deren Saft als «Lakritze» bekannt ist. Süßholz ist fünfzigmal süßer als Zucker. Die Wurzel wird entweder gekaut oder als Pulver eingenommen oder weiterverarbeitet. Süßholz hilft bei Halsinfektion und Husten, stärkt aber auch Sehkraft, Nerven und Gedächtnis. Das Pulver hat ausgezeichnete Heilwirkung. Wenn man es mit Ghee vermischt, kann es als Salbe auf Wunden aufgetragen werden. Die tägliche Dosis beträgt 3–5 Gramm.

Humorale Eigenschaften:	heilt Vāta- und Pitta-Störungen
Rasa:	süß
Virya:	kalt

Kreuzkümmel (Jīra, *Cuminum cyminum*)

Kreuzkümmel ähnelt Anissamen. Er ist jedoch hellbraun und etwas kleiner. Anders als Anis schmeckt Kreuzkümmel nicht süß, eher scharf. Er regt die Verdauungstätigkeit an und wird deshalb häufig als Gewürz verwendet. Kreuzkümmel hat auch blutreinigende Eigenschaften. Die tägliche Dosis beträgt 3–6 Gramm.

Kreuzkümmel sollte nicht mit Kümmel *(Carum carvi)* verwechselt werden. Letzterer ist dunkler, kleiner und an den Samenenden gekrümmt. Es gibt noch eine weitere Kümmelart *(Carum bulbocastanum)*, deren Enden nicht gekrümmt sind. Sie ist dunkler und von stärkerem Geschmack. In Europa kann es vorkommen, daß man Kreuzkümmel verlangt, aber Kümmel bekommt. Seien Sie also vorsichtig, denn Kümmel besitzt völlig andere pharmazeutische Eigenschaften.

Humorale Eigenschaften:	heilt Kapha- und Vāta-Störungen, erhöht jedoch Pitta
Rasa:	scharf
Virya:	heiß

Ajwāin *(Trachyspermum ammi)*

Ajwāin wurde bereits mehrfach im Zusammenhang mit der Behandlung bestimmter Krankheiten erwähnt. Man verwendet die Samen. Sie sind sehr klein, hellbraun, herzförmig und haben eine gerillte Oberfläche. Ajwāin riecht sehr stark und erinnert dabei etwas an Thymian. Da es sich um eine sehr wichtige Arzneipflanze handelt, sollten Sie versuchen, die Samen zu bekommen. Ajwāin wirkt schnell und erfolgreich bei Verdauungsproblemen aller Art. Vermischen Sie dazu die Samen mit etwas Salz und nehmen Sie diese mit einem Glas warmen Wasser. Es gibt aber auch noch eine andere Möglichkeit: Weichen Sie Ajwāin in Zitronensaft mit etwas Salz ein, und lassen Sie sie anschließend im Schatten trocknen. Ajwāin unterstützt die Leberfunktion und wird besonders bei häufigem Alkoholgenuß empfohlen. Er hilft auch bei gastrischen Störungen und Appetitlosigkeit. Ajwāin läßt sich auch als Öl verwenden. Die tägliche Dosis für Samen beträgt 1–3 Gramm, für Öl 1–3 Tropfen.

Humorale Eigenschaften:	erhöht Pitta, heilt Vāta- und Kapha-Störungen
Rasa:	scharf, bitter
Virya:	heiß

Koriander (Dhaniā, *Coriandur sativum*)

Man verwendet Samen und Blätter. Die Samen sind rundlich und von gelblicher Farbe. Koriander ist sehr aromatisch und wird deshalb gern als Gewürz benutzt. Er hilft bei Fieber, das auf zu große Hitze zurückzuführen ist, und stärkt Nerven und Gehirn. Koriander findet häufig Verwendung bei der Behandlung der Folgen von übermäßigem Knoblauchgenuß. Die tägliche Dosis beträgt 3–6 Gramm.

Humorale Eigenschaften:	bringt alle drei Humore wieder ins Gleichgewicht
Rasa:	süß, bitter, adstringierend, scharf
Virya:	kalt

Bockshornklee/Kuhklee (Methī, *Trigonella foenumgraecum*)

Man verwendet die Samen zu Heilzwecken, die Blätter werden als Gemüse oder Salat zubereitet. Die Samen sind mattgelb und nahezu rechteckig. Bockshornklee-Samen kann man in Bioläden kaufen; sie eignen sich besonders zur Behandlung von Vāta-bedingten Erkrankungen und helfen bei schwachen Nerven. Bockshornklee wird auch als Stärkungstonikum verabreicht und zeigt besonders gute Erfolge bei allgemeiner Schwäche und Körperschmerzen. Frauen nehmen nach der Niederkunft ein gesüßtes Präparat aus Bockshornklee, Ghee und Mehl zur Anregung der Muttermilchproduktion.

Es ist empfehlenswert, Bockshornklee als Würzmittel in den Speiseplan aufzunehmen, da er die Vāta-erhöhende Wirkung vieler Substanzen abschwächt. Im Winter sollten Sie die Sprossen essen. Bockshornklee ist in Indien ein wichtiges Wintergemüse. Die tägliche Dosis bei Pulver beträgt 1–3 Gramm.

Humorale Eigenschaften:	sehr gut zur Heilung von Vāta-Überschuß und damit verbundenen Störungen
Rasa:	scharf
Virya:	heiß

Dill (Soe, *Anethum sowa*)

Dill wird häufig in der südeuropäischen Küche verwendet. Früchte und Öl benutzt man als Medizin. Dill fördert die Verdauung. Er hilft bei leichtem Fieber, Appetitlosigkeit, Übelkeit und Magenschmerzen. Auch Menstruationsschmerzen lassen sich damit lindern. Die tägliche Dosis bei Fruchtpulver beträgt 1–3 Gramm, bei Öl 1–3 Tropfen. Dillwasser läßt sich ebenfalls verwenden. Die Dosis dafür beträgt 20–40 ml.

Humorale Eigenschaften: heilt Kapha- und Vāta-Störungen
Rasa: scharf, bitter
Virya: heiß

Kalongī *(Nigella sativa)*

Man verwendet die Samen, die schwarz, sehr klein, an der einen Seite rund und an der anderen kegelförmig sind. Kalongī hilft ausgezeichnet bei Menstruationsschmerzen, regt den Milchfluß bei stillenden Müttern an und wird zur Reinigung des Uterus nach der Geburt verwendet.[1] Seine Vāta-reduzierenden Eigenschaften sind sehr gut. Die tägliche Dosis beträgt 1–3 Gramm.

Humorale Eigenschaften: heilt Vāta- und Kapha-Störungen, erhöht Pitta
Rasa: bitter, scharf
Virya: heiß

Gewürznelke (Long, *Syzygium aromaticum*)

Man verwendet die Knospen dieser Pflanze. Sie sind braun, und der Stielansatz ist noch deutlich zu erkennen. Die Gewürznelke ist hart und sehr aromatisch. Nelkenöl hilft bei Schmerzen, besonders bei Zahnschmerzen. Man gibt dazu etwas Öl auf einen Wattebausch und legt ihn sich auf den betroffenen Zahn. Gewürznelke hat antibiotische, antivirale und antifungale Eigenschaften. Sie ist Bestandteil āyurvedischer Zahnpasta. Nach dem Essen gekaut, verhindert sie Mundgeruch, pflegt die Zähne und fördert die Verdauung. Da Gewürznelke Kapha reduziert, eignet sie sich sehr gut zur Anwendung bei Husten und Problemen mit den Atmungsorganen. Auch in diesem Fall muß sie gekaut werden. Nelkenöl in Verbindung mit anderen Ölen wird zum Inhalieren verwendet. Es eignet sich auch zur Behandlung von Pilzbefall der Haut. Gewürznelke reinigt das Blut, erhöht jedoch den Blutdruck. Personen mit hohem Blutdruck müssen deshalb vorsichtig sein. Bei niedrigem Blutdruck sollte man Gewürznelke in Verbindung mit Zimt und großem Kardamom einnehmen. Letzterer besitzt heißes Virya, was das kalte Virya der Gewürznelke ausgleicht. Die tägliche Dosis beträgt ½–1 Gramm, bei Öl 1–3 Tropfen.

Humorale Eigenschaften:	heilt Kapha- und Pitta-Störungen
Rasa:	scharf, bitter
Virya:	kalt

Kresse (Chansur oder Halim, *Lepidium sativum*)

Man verwendet die Samen dieser Pflanze zu medizinischen Zwekken, ihre Blätter hingegen als Salat. Kresse reinigt das Blut. Vermischt mit Ghee dient Kressepaste der Behandlung von Hautinfektionen. Als Tonikum wird sie Müttern nach der Geburt eines Kindes verabreicht. Kresse hat den Uterus reinigende Eigenschaften und regt die Milchproduktion an. Weitere Anwendungsmöglichkeiten wurden bereits erwähnt. Kressesamen gibt es in jedem Bioladen. Im Winter kann man die Keimlinge zu Salaten verwenden. Die tägliche Dosis bei Samen beträgt 1–2 Gramm.

Humorale Eigenschaften:	heilt Vāta- und Kapha-Störungen
Rasa:	scharf
Virya:	heiß

Basilikum (Tulsī, *Ocimum sanctum*)

Ich habe Basilikum in diesem Buch schon oft erwähnt. In Indien wird diese Pflanze als heilig verehrt und findet sich in vielen Häusern. In einem Hindu-Haushalt wird jeden Abend ein Lämpchen vor dieser kleinen Pflanze zum Zeichen der Verehrung entzündet. Basilikum ist besonders in Südeuropa verbreitet, jedoch auch in Nordeuropa bekannt. Dort angebaut, verliert er allerdings infolge des kälteren Klimas einen Teil seiner pharmazeutischen Eigenschaften. Basilikumblätter dienen zur Behandlung kleinerer Erkrankungen. Es lassen sich auch die Samen verwenden. Die tägliche Dosis der gemahlenen Samen beträgt 3–5 Gramm.

Man verabreicht den Saft der Blätter (1 Teelöffel) zusammen

mit einem halben Teelöffel Ingwersaft und drei schwarzen Pfefferkörnern bei leichtem Fieber, Husten, Erkältung und Verdauungsstörungen. Babys wird nur der Saft der Blätter (1/2 Teelöffel) gegeben. Falls keine frischen Blätter zur Verfügung stehen, kann man einen Aufguß aus getrockneten Basilikumblättern oder Samen bereiten. Als Malariaprophylaxe und zur Stärkung der Sehkraft wird die tägliche Einnahme von sechs Basilikumblättern zusammen mit drei schwarzen Pfefferkörnern empfohlen. Achten Sie darauf, daß Basilikumblätter immer im Schatten getrocknet werden. Sie halten sich nicht sehr lange und verlieren ihre Wirkkraft schnell. Eine Riechprobe gibt Ihnen darüber Auskunft.

Humorale Eigenschaften: heilt Kapha- und Vāta-Störungen und erhöht Pitta
Rasa: scharf, bitter
Virya: heiß

Gelbwurz/Kurkuma (Haldi, *Curcuma longa*)

Man verwendet die Knolle, die eine Ähnlichkeit mit Ingwer hat. Sie ist jedoch leuchtendgelb und daher leicht zu erkennen. Das gelbe Gewürz, das Sie im Geschäft kaufen können, ist das Pulver der Knolle. Zu medizinischen Zwecken verwendet, sollte Kurkuma nicht älter als ein Jahr alt sein, da es im Laufe der Zeit seine Wirkkraft verliert. Die tägliche Dosis beträgt 1–3 Gramm.

Kurkuma reinigt das Blut und hilft bei Allergien und Hautproblemen. Es besitzt antibiotische Eigenschaften und ist entzündungshemmend. Auf Wunden gestreut, entfaltet es große Heilkraft. Die Verwendung von Kurkuma empfiehlt sich auch bei Schmerzen in der Brust. Kurkuma-Milch (Rezept im vorigen Kapitel) nimmt Müdigkeit, fördert die Körperkräfte und lindert Schmerzen, die von einer inneren Verletzung stammen. Besonders im Winter sollte man ab und zu Kurkuma-Milch trinken.

Humorale Eigenschaften: bringt alle 3 Humore ins Gleichgewicht
Rasa: scharf, adstringierend
Virya: heiß

Indischer Flieder/Zedrachbaum (Neem, *Azadirachta indica*)

Dieser Baum wird bis zu 16 Meter hoch. Blüten, Samen, Rinde und Blätter werden zu verschiedensten medizinischen Zwecken verwendet. Das Öl der Samen dient zur Behandlung von Furunkeln und Hautkrankheiten. Als Bestandteil anderer Präparate kommt es auch bei Diabetes zur Anwendung. Der Absud von Neem-Blättern, täglich getrunken, schützt vor Hautproblemen und stärkt die Leber. Die Haut wird weich und Akne und Pickel verschwinden. Zur Monsunzeit essen kleine Kinder in Indien die Früchte (Nimboli) dieses Baumes. Dadurch sind sie das ganze Jahr gegen Hauterkrankungen gefeit. Der Āyurveda hält es für notwendig, daß man von Zeit zu Zeit bestimmte blutreinigende Substanzen einnimmt, um Ojas zu erhöhen und oben erwähnten Problemen vorzubeugen. Der Saft der Rinde, gemischt mit Honig, wird bei Erkrankungen der Leber verabreicht. Die Samen helfen bei verzögerter und schmerzvoller Kindsgeburt, da sie die Gebärmutter zur Kontraktion veranlassen. Ein Absud aus Rinde und Blättern wirkt fiebersenkend. Die tägliche Dosis beträgt bei Saft aus Blättern und Früchten 10–20 ml, bei Pulver der Rinde 2–4 Gramm und bei Öl 5–10 Tropfen.

Ich bin mir der Tatsache bewußt, wie schwer es ist, außerhalb Indiens an Produkte des Neem-Baumes heranzukommen. Hätte ich dieses Buch vor fünfundzwanzig Jahren geschrieben, so wäre es vielen Lesern nahezu unmöglich gewesen, sich auch die anderen hier beschriebenen Arzneipflanzen zu beschaffen. Der zunehmende globale Gedanken- und Warenaustausch läßt mich jedoch hoffen, daß Sie eines Tages auch in Ihrem Land Neem-Produkte kaufen können.

Humorale Beschaffenheit: heilt Pitta- und Kapha-Störungen
Rasa: bitter, adstringierend
Virya: kalt

Feigenbaum/Pipal (Peeple, *Ficus religiosa*)

Wie der lateinische Name schon sagt, ist dieser Baum heilig. Wer einmal in Indien oder Nepal war, hat ihn dort immer in unmittelbarer Nähe von Tempeln gesehen. Oft steht auch eine kleine Götterstatue davor oder ein Schrein aus Stein, in dem ein Opferlicht brennt. Der Pipal ist sehr groß und ausladend und ein wunderbarer Schattenspender. Er ist in ganz Indien verbreitet.

Man verwendet Früchte und Rinde des Feigenbaumes zu verschiedenen Heilzwecken. Wie Neem, hat auch der Pipal blutreinigende Eigenschaften. Das Pulver seiner Früchte wird bei Husten und anderen Erkrankungen der Atmungsorgane verabreicht. Es hat auch schwangerschaftsfördernde Wirkung, da es sowohl das sexuelle Verlangen anregt, als auch die Einnistung des befruchteten Eis in der Gebärmutter erleichtert. Weitere Eigenschaften wurden bereits an anderer Stelle beschrieben. Die tägliche Dosis beträgt bei einem Absud 50–100 ml. Was die Erhältlichkeit der Produkte des Pipal-Baumes außerhalb Indiens angeht, ist die Situation die gleiche wie beim Neem-Baum.

Humorale Eigenschaften: heilt Pitta- und Kapha-Störungen
Rasa: süß, adstringierend
Virya: kalt

Ingwer (frisch: Adrak, getrocknet: Shunthī, *Zingiber officinale*)

Man verwendet die knotigen Wurzeln dieser Pflanze zu Heilzwecken, aber auch als Nahrungsmittel. Ingwer ist nahezu überall erhältlich, da er wesentlicher Bestandteil der asiatischen Küche ist. Der getrocknete Ingwer, den Sie im Westen bekommen, ist nicht mit dem āyurvedischen Shunthī zu vergleichen, da das Trocknungsverfahren ein anderes ist. Sie können jedoch Shuntī in indischen Lebensmittelläden bekommen. Kaufen Sie kein Ingwerpulver, da Ingwer seine Wirkkraft sehr schnell verliert. Stellen Sie das Pulver immer nur dann her, wenn Sie es brauchen. Die tägliche Dosis bei Saft beträgt 5–10 ml, bei getrocknetem Ingwer 1–2

Gramm. Ingwer hat antidiuretische Wirkung. Ich habe bereits über viele Eigenschaften und Anwendungsformen des Ingwer gesprochen. Ich empfehle Ihnen sehr, frischen Ingwer zu einem regelmäßigen Bestandteil Ihrer Ernährung zu machen, außer an sehr heißen Tagen. Er unterstützt die Funktion der Leber und wirkt einer Erhöhung von Vāta entgegen. Ingwer im schwarzen Tee mindert den Säuregehalt des Tees und hilft bei einer Halsinfektion. Kinder sollten Ingwer in irgendeiner Form verabreicht bekommen, da er appetitanregend wirkt und Kapha reduziert.

Humorale Beschaffenheit: heilt Vāta- und Kapha-Störungen
Rasa: scharf
Virya: heiß

Knoblauch (Lahsan, *Allium sativum*)

Ein Freund aus Norddeutschland erzählte mir einmal, daß er bis zu seinem 18. Lebensjahr Knoblauch weder gesehen noch gegessen hatte. Seine Familie, die in der Nähe der dänischen Grenze wohnt, verwendet Knoblauch bis zum heutigen Tag nicht. Wäre mir das nicht widerfahren, hätte ich wahrscheinlich auf die Aufnahme von Knoblauch in meine Liste der Arzneipflanzen verzichtet – in der Annahme, dies sei unnötig, da jeder diese Pflanze und ihre außergewöhnlichen Eigenschaften kennt. Knoblauch ist es jedoch wert, auch aus āyurvedischer Sicht beschrieben zu werden, zumal ihn die Leute aufgrund seiner in den letzten Jahren viel gepriesenen Eigenschaften häufig wahllos verwenden.

Heutzutage gibt es eine Menge verschiedener Knoblaucharten zu kaufen, doch nicht alle besitzen pharmazeutische Qualitäten. Wählen Sie die kleine Sorte, und achten Sie darauf, daß er ohne chemische Düngemittel angebaut wurde. Aus āyurvedischer Sicht sollten Sie zu medizinischen Zwecken immer nur frischen Knoblauch verwenden. Seine ätherischen Öle lassen sich nicht konservieren, und durch die Konservierung verändern sich seine humoralen Eigenschaften.

Knoblauch ist in der āyurvedischen Heilkunde so wichtig, weil er fünf der sechs Rasas (Ausnahme: sauer) enthält, was ihm eine ausgesprochen vielseitige medizinische Verwendbarkeit verleiht. Als Paste auf die Haut aufgetragen, wirkt Knoblauch schmerzlindernd. Normalerweise wird das wegen des Geruchs nicht getan, doch sollte man sich so etwas für den Notfall merken. Regelmäßiger Genuß von Knoblauch schützt vor Insektenstichen und dient somit als Vorbeugungsmaßnahme gegen Malaria und andere durch Insekten übertragene Krankheiten. Er stärkt Sehkraft, Nerven, Gehirn, Blutgefäße und Herz. Er erhöht Ojas und kräftigt dadurch das Immunsystem. Knoblauch beugt Arthritis vor, da bei regelmäßiger Einnahme eine Vāta-Erhöhung vermieden wird. Er fördert die Verdauung, regt die Lebertätigkeit an und hat antidiuretische Wirkung.

Wegen dieser vielen positiven Eigenschaften empfehle ich Ihnen, täglich ein bis zwei Knoblauchzehen zu essen. Wenn Sie Pitta-dominant sind, sollten Sie Knoblauch zusammen mit etwas Zucker zerstoßen und mit kaltem Wasser nehmen. Falls bei Ihnen Vāta dominiert, sollten Sie Knoblauch mit Ghee vermischen, bei Kapha-Dominanz mit Honig. Vermeiden Sie Knoblauch, wenn Ihr Pitta überhöht ist. Das gleiche gilt auch für schwangere Frauen. Zuviel Knoblauch verursacht Unruhe und übermäßigen Durst; trinken Sie in einem solchen Fall einen Absud aus Koriander. Die tägliche Dosis Knoblauch beträgt 1–4 Gramm. Diese Angabe betrifft die Einnahme von Knoblauch als prophylaktische Maßnahme. Ansonsten müssen Sie selbst herausfinden, welche Menge Ihrer humoralen Beschaffenheit am besten entspricht.

Kauen Sie Anis und Kardamom, um den Geruch von Knoblauch zu neutralisieren und seine Wirkung auf Pitta abzuschwächen.

Humorale Eigenschaften:	heilt Vāta- und Kapha-Störungen
Rasa:	adstringierend, scharf, bitter, salzig, süß
Virya:	heiß

Anhang

Ich habe in diesem Buch immer wieder von Gleichgewicht, Harmonie und Ausgeglichenheit gesprochen und dabei erwähnt, daß Gesundheit aus der Sicht des Āyurveda nichts anderes bedeutet, als sich einzustimmen in den kosmischen Rhythmus. So haben Sie etwas erfahren über das Gleichgewicht der drei Humore Vāta, Pitta und Kapha und über das der drei Qualitäten *(gunas)* Sattva, Rajas und Tamas in Körper, Geist, Welt und Kosmos. Ferner haben wir uns mit einer Reihe von Krankheiten befaßt, die typisch sind für unsere hochtechnisierte Gesellschaft. Zweck dieses Buches war es, dem Leser/der Leserin bewußt zu machen, daß Gesundheit in der Verantwortung des einzelnen liegt und es deshalb die Aufgabe eines jeden von uns ist, achtsam zu sein in allem, was unser Leben betrifft. Auf diese Weise lernen wir mehr als üblich zu «sehen», so daß es uns gelingt, Krankheiten bereits im Vorfeld unschädlich zu machen.

Bei all unserem Bemühen sollten wir uns jedoch darüber im klaren sein, daß wir als einzelne bestimmten Faktoren wie Umweltverschmutzung, Pestizidanwendung, chemischer Düngung und Millionen anderer gesundheitsschädigender Einflüsse ziemlich hilflos ausgeliefert sind. In Delhi während der Stoßzeit im Verkehr zu stecken, nimmt einem die Luft. Ich denke nun an Menschen, die täglich drei Stunden oder länger unter diesen Umständen Auto fahren müssen. Auch wenn diese Leute alles tun, um ihre Gesundheit zu erhalten, sind sie doch ziemlich machtlos angesichts dieser fortwährenden Bedrohung durch Streß, hohe Schadstoffbelastung der Luft und Mangel an Sauerstoff. Hinzu kommt, daß eine verschmutzte Umwelt allen Arten von Viren, Bakterien und Pilzen ausgezeichnete Lebensbedingungen bietet. Das Leben in solchen Riesenstädten führt zu Müdigkeit und Erschöpfung mit dem Ergebnis, daß sich Ojas im Körper vermindert. Die Situation in Metropolen wie Tokyo, Mexiko-City, New York und in anderen großen Städten ist sicherlich nicht anders – die Belastung durch Umweltverschmutzung und Streß ist hier nur graduell verschieden.

Unter derartigen Lebensbedingungen kann sich niemand den schädigenden Einflüssen entziehen. Die Frage ist: Kann man mit einer āyurvedischen Lebensweise in einer solchen Umwelt besser bestehen? Ein Mensch, der sich im Gleichgewicht befindet, humoral wie hinsichtlich seiner Gunas, ist weniger anfällig als jemand, dessen Gleichgewicht gestört ist. Das gilt selbst bei Epidemien. Sollte er dennoch erkranken, so ist sein Genesungsprozeß kürzer. Wer nichts dafür tut, sein Gleichgewicht aufrechtzuerhalten oder harmonische Verhältnisse wiederherzustellen, wird wesentlich eher Opfer einer angeborenen oder äußerlich verursachten Gesundheitsstörung.

Ein Gleichgewicht der Gunas und die Fähigkeit, die inneren Energien *(ātmashakti)* wachzurufen, machen uns mutig und tapfer angesichts der Höhen und Tiefen des Lebens. Der Āyurveda lehrt, sich dem Leben zu stellen, nicht vor ihm zu fliehen. Er rät, Sorgen, Ärger, Aggressivität, schlechte Erfahrungen oder negative Gefühle nicht in sich aufzustauen, da sie irgendwann in irgendeiner Form zum Ausbruch kommen werden – entweder auf mentaler Ebene als Verwirrung des Geistes oder auf physiologischer Ebene als Verwirrung der Zellen: Krebs. Der Āyurveda hat schon immer großen Wert auf das Abbauen von Spannung und Streß gelegt; dies glückt nur, wenn man dem Leben ins Gesicht sieht.

Vaidyas und Weise glauben, daß aufgestaute Gefühle wie Schock, Streß, Hilflosigkeit oder Angst sehr ernste Konsequenzen haben und zu schweren Erkrankungen führen. Sie sind wie Dornen, die ständig stechen und dadurch Wunden verursachen. Das macht verständlich, warum man einen Menschen zum Weinen bringt, der vielleicht beim Tod eines Angehörigen nicht weinen konnte, da er unter Schock stand. Das ist auch der Grund für die vielen Rituale, die mit einer Beerdigung zusammenhängen. Es soll damit auf die Tatsache aufmerksam gemacht werden, daß der Verstorbene für immer von uns gegangen ist, damit auch wir Lebenden die Begrenztheit unserer Existenz erkennen.

In dieser ganzheitlichen Schau von Leben und Gesundheit spielen in Indien soziale, religiöse und spirituelle Rituale auch bei anderen Gelegenheiten eine sehr wichtige Rolle. Sie helfen uns, das Selbst zu erkennen und ein Bewußtsein für die verschiedenen Aspekte unserer Erdenreise zu entwickeln. Diese Rituale stehen in enger Verbindung mit verschiedenen Bereichen der Gesundheitspflege. Zum Beispiel steht am Anfang einer Schwangerschaft eine Zeremonie, die gleichzeitig den Beginn einer besonderen Ernährung für die schwangere Frau markiert. Eine Geburt wird von einer ganzen Reihe religiöser Rituale begleitet, zu denen auch Speisen und die Zubereitung spezieller Präparate gehören, die dazu dienen, den Uterus zu reinigen, den Milchfluß der Brüste anzuregen und der Frau die verlorene Energie zurückzubringen. Einer großen Gefahr, der man glücklich entrinnen konnte, wird ebenfalls mit speziellen Zeremonien und Opfergebeten gedacht. Was haben sie zu bedeuten? Neben dem Ausdruck der Dankbarkeit gegenüber der kosmischen Energie sollen diese Zeremonien noch einmal den Schock der Lebensgefahr in seiner ganzen Auswirkung auf die Gefühlswelt der Person zu Bewußtsein bringen. Denn nur durch die bewußte Wahrnehmung einer Situation ist man in der Lage, die tiefen Ängste an die Oberfläche emporsteigen zu lassen – um sich auf diese Weise von ihnen zu trennen.

Das Rezitieren bestimmter Mantras zur Vermeidung von Naturkatastrophen, die vielfältige Anbetung der fünf Elemente oder das Aufsuchen von Pilgerstätten – all diese Zeremonien dienen einzig dem Zweck, sich des Lebens bewußt zu werden, seines stetigen Wandels und der Stellung, die wir in dem Gewebe von Wechselwirkungen, das diese Welt ist, innehaben. Wir als Lebewesen sind ein Teil aller Erscheinungen, die das Universum ausmachen. Die Verehrung von Wasser, Bäumen, Erde, Himmel, Wind oder Sonne ist nichts anderes als das Erkennen, daß wir als Teil dieser Welt auch in Verbindung zu ihr stehen. Wenn wir unsere Beziehung zur Umwelt belasten oder abreißen lassen, sind wir vollkommen allein. «Innenwelt» und «Außenwelt» sind nicht mehr im Einklang.

Das Fließende der mächtigen Ströme und die Festigkeit der

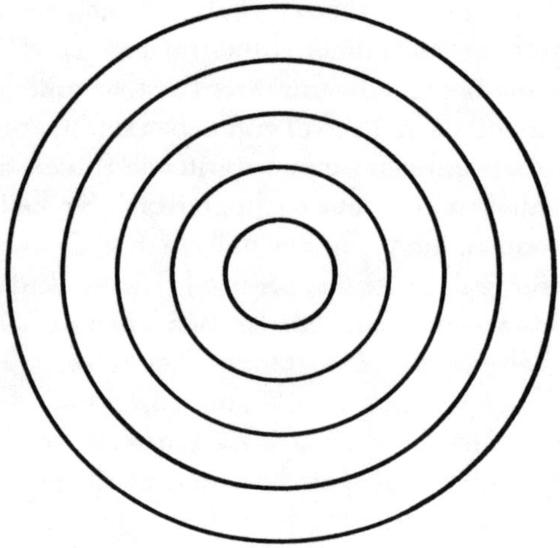

Abb. 51

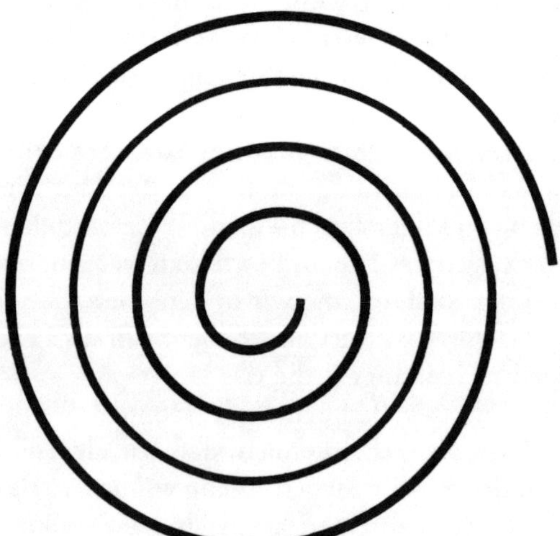

Abb. 52

Erde – wir besitzen sie als Kapha in uns selbst. Auch das Strahlen der Sonne, einen Teil dieser großen Sonne, die alles Leben ermöglicht, tragen wir in uns. Äther und Wind sind unsere Bewegungen, unsere Gedanken und unser Blut. Mögen sie alle ungehindert und im Einklang mit dem Rhythmus des kosmischen Orchesters fließen. Wenn zuviel Wind die fruchtbare Erde fortträgt und die Berge erschüttert, wenn die Wasser stagnieren und verderben, wenn riesige Felsbrocken den Wind aufhalten, wenn Feuer wütet und alles in Asche verwandelt, dann nennen wir das eine Katastrophe. Möge es keine Katastrophen in uns geben. Um die Gesundheit zu erhalten, müssen wir innere Katastrophen abwenden, indem wir in uns Verhältnisse schaffen, die im Gleichklang mit den kosmischen Gesetzen stehen.

Jede einzelne Zelle unseres Körpers ist eine Welt für sich. Sie kann bauen, Nahrung aufnehmen, zerstören und noch vieles mehr. Scharen von Wissenschaftlern sitzen tagtäglich in Laboratorien, jahraus, jahrein, um mehr zu erfahren über irgendeinen der vielen komplizierten Mechanismen in der Zelle. Doch je tiefer wir vordringen, desto weniger wissen wir. Jede neue Entdekkung gibt Anlaß zu einer Unzahl neuer Fragen. Zellen sind immer auch Bestandteil einer größeren Organisation, des Organismus. Manche Zellen sterben, andere ersetzen sie – jede Zelle hat ihre ganz bestimmte Funktion und arbeitet harmonisch mit den anderen zusammen für das eine gemeinsame Ziel: das Leben zu erhalten. Alle Funktionsbereiche sind aufeinander abgestimmt. Eine kleinere Organisationseinheit ist immer eingebunden in eine ebenso perfekt organisierte größere. Die kleineren Einheiten sind jedoch nicht in sich abgeschlossen in den größeren enthalten (Abb. 51). Die größeren Einheiten gehen aus den kleineren hervor, oder, anders ausgedrückt, die kleineren münden in die größeren. So bildet sich eine Spirale (Abb. 52). Auf die gleiche Art ist die gesamte kosmische Wirklichkeit aufgebaut. Kleinere, größere und noch größere Organisationsstrukturen sind auf eine Weise miteinander verbunden, die es mit sich bringt, daß eine Störung in nur einer Einheit immer auch die gesamte Struktur betrifft.

Betrachten wir nun, wie es innerhalb eines solchen geordneten und harmonischen Systems zu einer Erkrankung kommt. Die Spirale (Abb. 52) zeigt kleinere Einheiten, die in größere münden. In diesem gesunden Zustand befinden sich sowohl Vāta, Kapha und Pitta als auch Sattva, Rajas und Tamas im Gleichklang. Ist dieses Gleichgewicht nicht gegeben, verursacht das eine Störung des gesamten Systems. Bewegt sich Vāta beispielsweise zu sehr oder zu schnell, so wird dadurch Kapha reduziert und Pitta erhöht. Zuviel Pitta stört die Nährstoffverteilung im Körper. Ein gehemmtes Kapha behindert den freien Fluß von Vāta, der gleichzeitig der Träger von Pitta ist. Durch diese Störung kommt es zur Desorganisation innerhalb des Systems. Teile des organisierten Systems können sich der bisherigen Ordnung der Spirale nicht mehr anpassen, brechen aus, gehen ihre eigenen Wege und werden chaotisch (Abb. 53). Wenn man sich nicht rechtzeitig darum kümmert, dann beginnt sich dieses neu entstandene Chaos zu einem unabhängigen Untersystem zu entwickeln, das nicht mehr wie der Rest des Körpersystems im Gleichklang mit der kosmischen Ordnung steht. So sähe eine schwere Krankheit aus – Krebs etwa oder eine Geistesstörung.

Abb. 53

Beide Leiden unterscheiden sich nicht wesentlich voneinander. Bei einer Geistesstörung schafft sich der Kranke seine eigene Realität – gleichsam ein Untersystem der (normalen) Denkprozesse. Bei einem Krebsgeschwür sind es hingegen die Zellen, die sich ungezügelt zu vermehren beginnen. Sie sind größer und gehören nicht mehr dem organisierten Gesamtsystem an, aus dem sie ursprünglich kommen. Krebszellen sind Rebellen, die mit der Fähigkeit ausgestattet sind, in andere, gesunde Einheiten (Organe) des Körpers einzudringen. So breiten sie sich aus und verbreiten ihre pathologische Wirkung im ganzen Körper. Krebszellen haben ihre eigene Organisationsstruktur und wohldefinierte Funktionen. Das ist auch der Grund, warum ich sie «Untersystem» nenne. Dieses Untersystem ist jedoch nicht im Einklang mit dem Gesamtsystem und hat daher pathologische Wirkung.

Das Gleichgewicht der drei Humore und Qualitäten läßt sich mit dem ruhigen Lauf eines Flusses vergleichen. Zuviel Wind macht das Wasser unruhig; unruhige Wasser beschädigen das Ufer. Wird der Lauf des Flusses irgendwann durch einen Erdrutsch oder die Anhäufung von Schlamm und Geröll vollständig blockiert, so führt das zu einem Stau, Überschwemmung, Zerstörung und Stagnation des Wassers. Genau das geschieht bei zuviel Kapha. Zuviel Hitze oder Pitta hingegen läßt den Fluß austrocknen. Was bedeutet das für uns? Der ruhige Fluß des Lebens wird gestört durch ein Ungleichgewicht der Humore. Dies verursacht kleinere Beschädigungen. Werden diese Störungen nicht ernstgenommen und halten sie über einen längeren Zeitraum an, dann kommt es zur Krankheit. In anderen Worten: Ein Tumor entsteht durch die Anhäufung von Kapha an einer bestimmten Stelle. Diese Anhäufung ist eine Blockade. Sie behindert den freien Fluß von Vāta, so daß sich Vāta an der gleichen Stelle zu stauen beginnt und über die Maßen zunimmt. Da Vāta die Nahrung für Pitta verteilt (Feuer, Energie), wird Pitta ebenfalls in Mitleidenschaft gezogen und an dieser Stelle blockiert. Aufgrund der massiven Störung aller drei Humore am gleichen Ort beginnen sich die Zellen zu wehren und um ihr Überleben zu kämpfen. Diese Eigenschaft ist allem Leben angeboren, selbst der einzelnen Zelle. Wenn es ihr nun gelingt, unter abnormalen Umständen (abnormalen humoralen Proportionen) zu überleben, so entwickelt sie ihr eigenes unabhängiges System (Abb. 53).

Ich will Ihnen hier verdeutlichen, daß das «Annehmen eines āyurvedischen Lebensstils» im Grunde nichts anderes bedeutet, als sein Leben, langfristig gesehen, selbst in die Hand zu nehmen. Es bedeutet, das Beste aus unserer Existenz auf diesem Planeten zu machen. Wir alle wissen, daß wir hier nicht ewig bleiben. Was geboren wurde, muß sterben. Das Leben ist eine Reise von der Geburt zum Tod. Der Zweck einer āyurvedischen Lebensweise ist nicht, den Tod zu vermeiden, sondern das Leben angenehm zu machen. Wenn Sie jetzt gesund sind, sorgen Sie dafür, daß Sie es auch in hohem Alter noch sind. Wenn Ihnen kleinere Probleme zu schaffen machen, betrachten Sie dies als Herausforderung – behandeln Sie sie an der Wurzel und heilen Sie sich. Sollten Sie jedoch an einer ernsteren Krankheit leiden, tun Sie alles, um sich davon zu befreien. Bedienen Sie sich sämtlicher verfügbaren Methoden, um wieder gesund zu werden und – gesund zu bleiben. Erinnern Sie sich immer an das āyurvedische Mantra:

Die erste Priorität im Leben ist das Leben selbst

Abschließend sei noch einmal auf das Zitat aus den Upanischaden verwiesen (siehe 5. Kapitel), in dem der Körper mit einem Wagen verglichen wird. Führen Sie sich vor Augen, daß der Lenker (Vernunft) überflüssig wird, wenn der Wagen (Körper) nicht funktioniert. Zügel (Verstand) werden in einem defekten Wagen nicht gebraucht. Nur wenn er in Ordnung ist, kann er seinen Eigner (die Seele, das wahre Selbst) zum ersehnten Ziel bringen. Ob Ihr Ziel nun ist, dieses Leben zu genießen, oder ob Sie Unsterblichkeit im Verschmelzen mit der Universalseele erstreben – auf jeden Fall brauchen Sie einen funktionstüchtigen Wagen. Tun Sie also alles dafür, ihn lange in guter Verfassung zu erhalten.

OM SHĀNTI

Danksagung

Es bedurfte jahrelanger Forschung und vieler ausgedehnter Reisen in verschiedene Regionen Indiens, um dieses Buch fertigzustellen. Ich möchte deshalb all jenen meinen aufrichtigen Dank aussprechen, die mir bei meinen Bemühungen geholfen haben. Unter dieser großen Zahl von Menschen befinden sich Professoren zahlreicher āyurvedischer Ausbildungseinrichtungen, Ärzte und einfache Dorfbewohner, die mich immer freundlich aufnahmen und mir ihr Wissen über Āyurveda ohne Einschränkung mitteilten. Herzlichen Dank den Bewohnern des Dorfes Ranari und all jenen Menschen, die während der Sommermonate in Gangotri im Gharwal Himālaya leben, für ihre große Hilfe und Unterstützung.

Dieses Werk wurde zu einer Zeit verfaßt, als das «Delhi Centre» der von mir gegründeten New Way Health Organisation (NOW) in Noida gerade in Bau war, und so schulde ich großen Dank meinem großzügigen Freund Naresh Jhanji und meinen beiden Brüdern Rajesh und Kuldeep, die mir viele den Bau betreffende Aufgaben abnahmen und mir so die Zeit ließen, mich dem Schreiben zu widmen.

Ich habe Dr. Kapila Vatsyayan zu danken, die mir ihr unermeßliches Wissen über alle Bereiche indischer Tradition, einschließlich der Medizin, freigebig zur Verfügung stellte und mir beständig zur Seite stand.

Mein wärmster Dank an Eckhard Biermann und Andrea Wolff-Biermann, die mich in ihrem Heim in Freiburg so freundlich aufnahmen, und an Nancy Myerson-Hess in München. Ohne ihre Hilfe wäre es nicht möglich gewesen, durchzuhalten und dieses Buch zu schreiben. Vielen Dank auch an Dietlind Sieker für ihre finanzielle Unterstützung.

Danksagung

Ich bedanke mich recht herzlich bei meinen Freunden Dr. Elmar R. Gruber und Dagmar Neff-Westrick für ihre umfassende Hilfe bei den Forschungsarbeiten zu diesem Buch.

Dr. Vinay Bhide rettete mich aus allen Schwierigkeiten mit dem PC und half mir auch sonst bei unzähligen anderen Dingen. Mahendra Kulshrestha und Catherine Singh opferten viel Zeit für die Durchsicht meines Manuskripts und gaben mir wertvolle Hinweise.

Dankbar bin ich meinen kleinen, bezaubernden, liebevollen, engelgleichen Assistenten Abhinav und Gayatri für ihre Hilfe.

Ich betrachte es als mein großes Glück, den Scherz/O. W. Barth Verlag als Herausgeber gefunden zu haben, und ich möchte mich bei seinen Mitarbeiterinnen und Mitarbeitern für die Zusammenarbeit und Hilfe bedanken.

Anmerkungen

Vorwort

1 Die Vedas sind die Bücher der Weisheit des alten Indien. Es gibt vier Hauptwerke, den *Rigveda*, den *Yajurveda*, den *Sāmaveda* und den *Atharvaveda*.
2 *Charaka Samithā*, «Sūtrasthāna», I, 41.

1. Historische und philosophische Grundlagen des Āyurveda

1 Basham, A. L.: *The Wonder that was India*, London 1967, S. 29.
2 Eliade, M.: *Yoga – Immortality and Freedom*, Bollingen Series, Princeton[3] 1973, S. 353–358 (dt. *Yoga*, Frankfurt a. M. 1988).
3 *Atharvaveda*, I, 3.
4 Ebenda, I, 12.
5 Ebenda, I, 11.
6 Ebenda, VI, 29.
7 Ebenda, II, 31.
8 Ebenda, II, 30.
9 Sharma, P. V.: *Dravyaguna-Vijñāna*, Teil IV, «Vedic Plants and History of Dravyaguna (Hindi)», Varanasi 1977, S. 2.
10 Sharma, P. V.; *Charaka Samhitā*, Varanasi 1981, S. xi (Einführung).
11 Ebenda, S. xxvii.
12 Siehe Anm. 9, S. 249
13 Die beiden Diagramme stammen aus meinem Buch *Yogasutra of Patañjali: A Scientific Exposition*, New Delhi, 1992.
14 *Charaka Samhitā*, «Vimānasthānam», III, 29–32.
15 Ebenda, III, 36.
16 *Charaka Samhitā*, «Shariasthānam», III, 8–9.

2. Praktische Grundlagen des Āyurveda

1 *Charaka Samhitā*, «Sūtrasthāna», XI, 3–6.
2 Ebenda, XI, 45–46.
3 Bāsā nennt man von einer Mahlzeit übriggebliebenes Essen, das zu einem anderen Zeitpunkt noch einmal serviert wird. («Vorgekochtes» wird dem Sinn von *Bāsā* zwar nicht voll gerecht, macht aber deutlich, worauf es im Kontext ankommt; Anm. d. Übs.).
Traditionell erzogene Inder sind sehr heikel hinsichtlich Bāsā. Dies gilt auch für jegliche Form mit moderner Technologie haltbar gemachter Lebensmittel. So brachte das Zeitalter des Kühlschranks so manches Problem mit sich. Die älteren Familienmitglieder weigerten sich, Bāsā zu essen, selbst wenn es im Kühlschrank aufbewahrt worden war. Die Jüngeren hingegen machten den Einwand, daß dies eine primitive Vorstellung sei, da doch niedrige Temperaturen Nahrungsmittel für ein paar Tage frisch halten können. Dies bedeutet jedoch nicht, daß es im Āyurveda keine Möglichkeit gäbe, Nahrung haltbar zu machen. Man tut das allerdings mit Hilfe verschiedener Gewürze und Kräutermischungen, um die Bekömmlichkeit zu erhalten.
4 *Charaka Samhitā*, «Sūtrasthana», XX, 11.
5 Ebenda, XII, 8.
6 Heutzutage finden wir in fast allen großen Städten der Welt die von Charaka beschriebenen Anzeichen.
7 *Charaka Samhitā*, «Vimānasthānam», III, 6.
8 Es sei daran erinnert, daß nach indischer Tradition das Wort «Gott» zur Beschreibung verschiedener Naturkräfte verwendet wird. Charakas Beschreibung von Vāyu (Luft) wird dies verdeutlichen: «Vāyu ist allmächtig, (der) Erschaffende und unzerstörbar; (er) verursacht die Verneinung der positiven Elemente im Menschen und bringt Glück und Unglück; (er) ist der Tod, Yama (Gott des Todes), der Lenker, Prajāpati (Herr aller Lebewesen), Aditi, Vishvakarmā (Schöpfergott); (er) nimmt jede Gestalt an, durchdringt alles, wirkt in allen Systemen, ist das Flüchtige unter den Dingen, ist überall vorhanden, ist Vishnu (Beschützer), regt sich in der ganzen Natur, er ist, was es sonst noch gibt. Vāyu ist allmächtig.» *Charaka Samhitā*, «Sūtrasthāna, XII, 8.
9 *Charaka Samhitā*, «Vimānasthānam», III, 20.
10 Ebenda, III, 4.
11 Sharma, P. V.: *Sodaśāṅghrdayam*, in Sanskrit und Hindi, Varanasi 1989, S. 12–13.
12 *Charaka Samhitā*, «Sūtrasthāna», XVII, (1), 76–77.
13 Ebenda, XII, 11.
14 *Charaka Samhitā*, «Vimānasthānam», VI, 12.

3. Eine integrale Lebensweise

1 Ich habe es vermieden, das Wort *Shānti* mit «Friede» zu übersetzen, da *Shānti* mehr als das ist: Es bezeichnet ein Gefühl des Gleichgewichts und der Stille.
2 Beachten Sie dazu mein Buch *Ayurvedic Instructions on Nutrition, Healing and Sexual Energy* (dt.: *Ayurveda – der sanfte Weg zur inneren Harmonie*, Freiburg i. Br. 1992).
3 Beachten Sie dazu mein Buch *Yoga for Integral Health*, New Delhi 1991, dt. unter dem Titel *Total gesund und fit durch Yoga*, Aitrang i. Allg. 1988.

4. Pflege und Reinigung der Organe und anderer Körperteile

1 *Charaka Samhitā*, «Sūtrasthāna», V, 75.
2 Ebenda, V. 18–19.
3 Verma, V., *Total gesund und fit durch Yoga*, a. a. O.
4 *Charaka Samhitā*, «Sūtrasthāna», V, 85–86, 88–89.
5 Verma, V., *Total gesund und fit durch Yoga*, a. a. O.
6 *Charaka Samhitā*, «Sūtrasthāna», XIII, 14–19.-
7 *Charaka Samhitā*, «Siddisthānam», VII, 64.
8 Ebenda, I., 32–35, 37, 39.
9 *Charaka Samhitā*, «Sūtrasthāna», XI, 55.

5. Vitalisierung durch Massage und Yoga

1 Einzelheiten dazu in Verma: *Total gesund und fit durch Yoga*, a. a. O.
2 Einzelheiten dazu in den *Yoga Sūtra* von Patañjali und in der *Bhagavad Gītā.*
3 *Katha Upanishad*, III, 3.
4 Dieses Diagramm stammt aus meinem Buch *Yoga Sutras of Patañjali: A Scientific Expositon*, New Delhi 1992.
5 Ebenda; s. a. Anm. 1.
6 *Rigveda.*
7 *Atharvaveda*, I, 6.
8 Ebenda, 1; s. a. Anm. 1.
9 Frauen sollten diese Übung auch im Sitzen durchführen. Tägliches Üben ist notwendig, um die Vaginalmuskulatur und die Zellen des Oberhautgewebes neu zu beleben. Dadurch wird der Säftehaushalt in der Vagina normalisiert und die Widerstandskraft gegenüber Infektionen gestärkt. Setzen Sie sich dazu mit verschränkten Beinen auf den

Boden. Entspannen Sie sich. Atmen Sie langsam ein und kontrahieren Sie dabei die Muskeln der Vagina so fest Sie können. Halten Sie nach der Einatmung die Luft für ein paar Sekunden an und lassen Sie die Muskulatur gespannt. Atmen Sie nun langsam aus und lokkern Sie Ihre Muskeln wieder. Achten Sie darauf, daß die Entspannung nicht zu abrupt geschieht. Sie sollten diese Phase wiederholt üben, damit Sie die Kontrolle über die Muskellockerung gewinnen, um die Entspannung dem Rhythmus der Ausatmung anpassen zu können.

6. Ernährung

1 Einzelheiten dazu in meinem Buch *Ayurvedic Instructions on Nutrition, Healing and Sexual Energy,* a. a. O.
2 Charaka Samhitā, «Vimānasthānam», I, 24.
3 Ebenda, II, 7.
4 Ebenda, II, 8.
5 *Charaka Samhitā,* «Sūtrasthāna», XXI, 4.
6 Ebenda, XXI, 21, 28.
7 Ebenda, XXI, 29–33.

7. Anpassung an natürliche Kräfte

1 *Charaka Samhitā,* «Sūtrasthāna», VII, 3–35.
2 *Charaka Samhitā,* «Sidhisthānam», XI, 27, S. 30.
3 *Charaka Samhitā,* «Sūtrasthāna, VII, 26–29, 34–35, 45.
4 *Bhagavad-Gītā,* II, 63.
5 *Charaka Samhitā,* «Vimānsthānam», VIII, 122.
6 Einzelheiten dazu in Verma: *Total gesund und fit durch Yoga,* a. a. O.
7 *Charaka Samhitā,* «Vimānasthānam», VIII, 76.

8. Körper, Geist und Seele in Krankheit und Therapie

1 *Charaka Samhitā,* «Sūtrasthāna», I 46–47, 54–56.
2 *Charaka Samhitā,* «Sharīrasthanam», III, 9.
3 Eine kurze Erläuterung finden Sie in Verma: *Total gesund und fit durch Yoga*; nährere Einzelheiten entnehmen Sie bitte der umfangreichen Literatur über Tantrismus.
4 *Charaka Samhitā,* «Sūtrasthāna», I, 57.
5 Ebenda, XI, 54.

6 Beachten Sie dazu mein Buch *Ayurvedic Instructions on Nutrition, Healing and Sexual Energy*, a. a. O.

9. Ayurvedische Heilmittel und Krankheitsvorbeuge

1 *Charaka Samhitā*, «Sūtrasthāna», IX, 15.
2 Ebenda, IX, 6, 19, 26.
3 Ebenda, IX, 9.
4 Siehe dazu Verma: *Total gesund und fit durch Yoga*, a. a. O.
5 *Charaka Samhitā*, «Sūtrasthanā», XXI, 35–38, 51.
6 *Sushruta Samhitā*, «Sharīrasthānam», IV, 36.
7 Die Sinnesobjekte geben der Sinnesfunktion ihren Grund. Zum Beispiel ist der Gegenstand des Sehens die Erscheinung, der Gegenstand des Hörens der Klang, der Gegenstand des Riechens der Geruch, der Gegenstand des Schmeckens der Geschmack und der Gegenstand des Fühlens die Fühlbarkeit. Im Schlaf reagieren die Sinne nicht mehr auf die ihnen zugeordneten Objekte, deshalb kann der Geist keine neuen Eindrücke aufnehmen. Schläft man, so sieht man nicht, auch wenn es hell ist. Auch die anderen Sinne nehmen nichts wahr. Bemerkt man einen Gegenstand, sei es nun über Auge, Ohr, Nase, Zunge oder Haut, ist man nicht mehr im Zustand des Schlafens.
8 Es wird angenommen, daß überhöhter Kapha, der sich an einem bestimmten Punkt angesammelt hat, dort quasi verfestigt. Er muß deshalb erst wieder verflüssigt werden, um ihn wirksam abbauen zu können. Ich benütze in diesem Zusammenhang lieber den Begriff «schmelzen», da sich dadurch dieser Vorgang deutlicher beschreiben läßt.
9 Siehe dazu Verma: *Ayurvedic Instructions on Nutrition, Healing and Sexual Energy*, a. a. O.
10 *Charaka Samhitā*, «Sūtrasthāna», XXVII, 178–195.
11 Siehe dazu Verma: *Total gesund und fit durch Yoga*, a. a. O.

10. Auswahl und Beschreibung von Arzneipflanzen

1 Der Āyurveda empfiehlt eine Reihe von Substanzen zur «Reinigung» der Gebärmutter und der Brüste. Eine solche Reinigung sollte von Zeit zu Zeit durchgeführt werden, ganz besonders jedoch nach der Geburt eines Kindes. Aus āyurvedischer Sicht wird dadurch das humorale Gleichgewicht wiederhergestellt und die richtige Funktion dieser Organe nach den starken physiologischen Veränderungen während der Schwangerschaft, Geburt und Stillzeit

wieder gewährleistet. Da physiologische Veränderungen aber auch durch den Alterungsprozeß eintreten, ist es wichtig, verschiedenartige Heilmittel zur Reinigung von Uterus und Brüsten zu verwenden.

Register

Abführmittel (Purgative) 121, 132
Achtfacher Yoga → Astangā-Yoga
Adharma 86 ff.
Agni (Körperfeuer) 71, 73, 89, 92 f., 102, 141, 178, 236, 240 f., 284, 295, 297
Bhūtāgni 93 f.
Dhatvāgni 93
Jathāgni 93
Agnivēsha 23
Ajwāin 279, 292, 297, 318 f.
Alkoholkonsum 182, 184 f., 296 f.
Allopathie 12 ff., 38 f., 44, 133, 223, 226 f., 232 f.
Alterungsprozeß 198 ff.
Angst 196
Anis 235, 243, 315
Appetit(störungen) 178, 285 f.
Arthritis-Vorbeugung 118, 260 ff.
Arzneimittel, āyurvedische 47 f.
Āsana 150, 153, 163 (s. a. → Yogāsanas)
Ashtanga Samgraha 25
Astangā-Yoga (Achtfacher Yoga; Patañjali-Yoga) 150 ff., 169, 224
Asthma 26, 85, 126, 277 ff.
Atem-Überprüfung 101 f.
Atharvan 18
Atharvaveda 17 ff., 153, 186, 227, 230
Ātman 30, 36, 149 f.
Ātmashakti 18, 223 f., 226, 330
Atmen 101, 169, (s. a. → Prāna)
Ātreya 23 f.
Augenbrennen 273
Augenpflege 113 f.
Augentropfen 113 f.
Augen, Überprüfung der 105 f.
Aussehens, Überprüfung des 105 f.
Āyurveda 11 ff., 18, 23, 25 f., 33 f., 37 ff., 42, 44 ff., 49 f., 52 f., 80, 85, 88 ff., 94, 95, 98, 101, 106 f., 108, 111, 113, 117, 121, 127, 133, 134, 141, 146, 148, 150, 169, 182 ff., 188 f., 192 f., 195, 198, 201, 203 f., 207, 221, 223 f., 226, 228 f., 231 ff., 240, 244, 249, 264, 280, 283, 295 f., 298, 304, 324, 329 f.

Bāsā-Nahrung 66, 260, 292
Basilikum 237, 244, 275, 322 f.
Bhāridvāja 23
Blähungen 127, 292
Blutreinigung 279, 283
Bockshornklee 320
Brahmā 23
Brahman → Purusha
Buddhi (Vernunft) 27 f., 33, 101, 149, 193, 206 ff., 227

Charaka 23 ff., 34, 36, 66, 71, 87 f., 91, 127, 183, 204, 223, 226, 312
Charaka Samhitā 11, 23 f., 89
Churan 244 f.
Collyrium 114

Daiva 33, 59, 193, 195, 232

Daksha Prajāpati 23
Denkvermögen → *Manas*
Dhanvantrī 24
Dhatus 89 ff., 182, 198 ff.
  Asthi Dhātu 89 f.
  Majjā Dhātu 89 f.
  Māmsa Dhātu 89 f.
  Meda Dhātu 89 f.
  Rakta Dhātu 89 f.
  Rasa Dhātu 89 f., 92
  Shukra Dhātu 89 f.
Dill 300, 313, 320 f.
Doshas 13, 38, 76, 211
Dridhabala 23

Edelstein-Therapie 220, 228
Einlauf (Klistier) 99, 121, 127 ff., 202, 255, 294
– mit Fett 130 f.
– ohne Fett 129 f.
Eisenkraut 240, 242
Elemente, fünf (materielle oder fundamentale) 13, 20, 27 f., 35 ff., 46, 53, 60, 76, 87, 93, 101, 201, 204, 206 f., 229 f., 237, 239
Ephedra gerardiana 26, 280
Ephedrin 26, 280
Erbrechen, künstliches 121, 125 f.
Erkältung 275 ff.
Ernährung 176 ff.
Erwecken der inneren Kraft 223 f.

Fasten 46 f., 66, 98, 228
Feigenbaum (Pipal) 229 f., 300, 325
Fettkuren 121 ff.
Fettleibigkeit (Übergewicht) 182 f., 285 f.
Formalin 110
Fußpflege 118

Geist (s. a. → *Gunas*) 12 f., 15, 95, 150, 169, 173, 185, 191, 194, 200, 206 f., 211, 213, 216 ff., 221, 223 ff., 264, 266 f., 269
«Geistheilung» 224
Gelbwurz *(Kurkuma)* 21, 45, 279, 283, 323 f.
Geschmack 236
Gesundheitspflege 60, 116 ff.
Gewürznelke 109, 111, 321 f.
Ghee 114, 117, 122 f., 141, 143, 274
–, Herstellung von 246 f.
Gier → Lobha
Glück 195
Gottheiten in indischer Kultur 20 f.
Grundbefindlichkeit des Menschen 38 f., 42, 52, 54, 60 f., 64, 85, 88, 180, 193, 314
Gunas 27, 209 ff., 219, 328 ff.

Haarausfall 309 ff.
Haare, graue 309 ff.
Haarpflege 119 f.
Hämorrhoiden 298 ff.
Halsinfektion 112, 275 ff.
Halsschmerz-Lutschpastillen 276 f.
Handpflege 118
Handlungsorgane, fünf 27 f.
Hautpflege 115 ff.
  Milch 116
  Öl(massage) 115 f., 117, 135, 148
  Seife 116
Heilmittel-Klassifikation 235 ff.
Heilmittel-Haltbarmachung 244 ff.
  Extrakte 244
  Pulver 244
  Zuckersirup 245
Heilmittel-Herstellung 47 f., 241 ff.
  Absud 241
  Aufguß 242 f.
  Mörser 245
  Pastenform 244
  Pulver 246
Heuschnupfen 283 f.

Hridya (Solarplexus) 141, 143, 146, 225
Humorale Beschaffenheit 81 ff.
Humorale Grundmischung 54
– Grundtypen-Kombination 81
Humorales Gleichgewicht 40, 42, 53 f., 58 ff., 63, 67 f., 80, 85, 97, 106, 130, 180, 188, 213, 303, 308, 311, 330, 335
– Ungleichgewicht 40, 53 f., 58, 64, 67, 78 f., 102, 104, 121, 239, 256, 260, 335
Humore, drei (Tridosha) 13, 19, 37 f., 40, 42, 44, 53 ff., 76, 78 ff., 97 ff., 104, 127, 179, 183, 200, 207, 211, 213, 228 f., 234 ff., 239 f., 255, 263, 304, 329
–, Farben der 79, 228
–, Grundeigenschaften der 40, 42, 53
–, Nährstoffbeeinflussung der 61 ff.
Husten 126, 275 ff.
–, chronischer 277 ff.

Identität, āyurvedische 81 ff.
Indischer Flieder → Neem
Indra 23
Indus-Kultur 17
Ingwer 124, 235, 237, 239, 241, 260, 275, 277, 286, 300, 325 f.
Inhalieren 277, 279, 281 ff.
Innere Reinigung 121 ff.
Inneres Licht → Sattva
Ischias 259 f.

Jaldhauti 125 f., 258, 271, 273, 278, 288, 311
Jalneti 112, 173 ff., 271, 273, 275, 280 ff.
Japa 224 f., 227, 249, 258, 267, 271
Jīva 36, 189, 196, 201, 206, 210
Joghurt 306 f.

Kalongī 302, 321
Kapha 19, 37 f., 42, 52, 55, 58, 61 f., 74 ff., 79, 81, 83 f., 93, 98 f., 102, 104, 112, 114, 122, 124 ff., 131, 146, 178 f., 181, 183, 198, 211, 214, 228, 237, 239 ff., 243, 249, 260 ff., 265, 272 ff., 280 ff., 303 f., 329, 333 ff.
Kardamom, Großer 124, 316 f.
–, Kleiner 109, 111, 237, 260, 309, 315 f.
Karma 27 ff., 148 f., 196, 199, 205, 208, 228
–, gegenwärtiges 31, 34, 270
–, gutes 32 f., 228
–, schlechtes 32 f., 228
–, vorangegangenes 30 f., 33 ff., 195, 204, 270
Klistier → Einlauf
Klistierspritze, selbstangefertigte 128 f.
Knoblauch 64, 82, 235, 237, 239, 241, 260, 274, 292, 326 f.
Körper 13, 15, 37 ff., 150, 206 ff., 216, 221, 226, 231 f.
– als Mikrokosmos 35 ff.
– im Āyurveda 13
Körperfeuer → Agni
Körper-Geist-Seele(Selbst)-Einheit 16, 150, 192 f., 206, 226
Körper-Geist-Spaltung 13, 192
Körpertemperatur-Überprüfung 102 f.
Kopfhautpflege 118
Kopfschmerz 254 ff.
Koriander 273, 303, 319
Kosmische Energie → Prāna
– Substanz → Prakriti
Kosmischer Rhythmus 26, 207
Kräuteröle 263, 269, 281, 284
Krankheiten-Einteilung 52 ff.
Krankheiten, endogene 52 f., 58, 176, 210, 213, 215, 259
–, exogene 52 f., 103, 176
–, psychische 52 f., 176, 215

Kresse 292, 303 322
Kreuzkümmel 235, 252, 309, 318
Kurkuma → Gelbwurz

Lebensführung, āyurvedische 49ff., 52, 212, 286, 336
Leber, Trägheit der 295ff.
Leukorrhöe 304f.
Lobha (Gier) 193ff., 205
Lorbeer 111, 237, 313

Magengeschwür 287ff.
Magenübersäuerung 287f.
Magerkeit 183
Mala 89, 92f., 97, 99f., 113, 130, 132, 255, 258, 261, 293, 298
Manas (Denkvermögen) 27f., 150, 208f.
Mantras 19ff., 186, 225, 227, 267, 331
Massagen 134ff.
  Druck und Druckmassage 136ff., 146
  Heilmassage 135, 148
  Kopfmassage 135, 146ff.
  Ölmassage 135, 141, 143f., 146
Medizin, ganzheitliche 39f., 49f., 94, 222f., 226
–, reduktionistische 39, 90, 94, 226 (s. a. → Allopathie)
Menstruation, unregelmäßige 303f.
Menstruationsschmerzen 301ff.
Migräne 58, 255ff.
Müdigkeit 248ff.
  Energiespender-Rezepte 252f.
Mund, Reinigung von Zunge und 104, 109, 111f.

Nackenschmerzen 262
Nadis 211
Nahrungsmenge 177ff.
Nahrungsqualität 177
Namaskār 159
Nasenwege, Reinigung der 112f.
Natürliche Substanzen 234ff.
Naturverehrung 20f., 229f.
Nebenhöhlenentzündungen 174f., 280ff., 311
Neem (Indischer Flieder; Zedrachbaum) 110, 120, 130, 305, 307, 324
Niesen 113

Öle, schmerzlindernde 263
Ohren, Reinigung der 113
Ojas 89, 91f., 122, 317, 324, 327, 330

Pandit 20, 45, 189
Patañjali 169, 224
Patañjali-Yoga → Astangā-Yoga
Pfeffer 111, 113, 124, 237, 239, 241, 260, 275, 277, 297, 300
Pfefferminztee 240, 242
Pipal → Feigenbaum
Pitta 19, 37f., 42, 46, 52, 55, 58, 61f., 64, 69, 71, 73f., 79, 81ff., 89, 92f., 98ff., 102ff., 114, 122, 124f., 127, 132, 134, 179ff., 186, 192, 199, 202, 211, 228f., 233, 236f., 239f., 242f., 252, 257, 260, 265, 273f., 284f., 288, 292, 300, 303f., 308f., 314, 327, 329, 334f.
Prabhava 88
Prakriti (kosmische Substanz) 20, 27f., 54, 149, 204, 206f., 209ff., 223
Prāna (kosmische Energie) 13, 101, 169, 228f., 331
Prāna Shakti 101
Prānāyāma 101f., 150, 169ff., 185, 202, 211, 217f., 224f., 249, 258, 278, 282, 284
Proteine 94
Psychosomatik 192f.
Psychotherapie 221
Puls-Überprüfung 103f.
Purgative → Abführmittel

Purusha (Brahman; Universalseele) 27 f., 30, 36, 149 f., 204, 206, 211 f., 224
Purushakāra 33, 59, 193, 195

Rajas 27, 144, 207, 210 ff., 228 f., 264 f., 267, 329, 334
Rajas-Nahrung 220
Rasa 92, 122, 180, 208, 236 ff., 289 f., 309, 313 f., 326
Rauchzeremonie 186
Rauwolfia serpentina 26
Reinigungsmethode, chirurgische 133
Rescinamin 26
Reserpin 26
Rigveda 17, 230
Rishi 15, 18, 30
Rückenschmerzen 262

Sāmaveda 17
Sāmkhya 27, 29, 148 f., 211
Samsāra 28, 30 f., 148 f.
Samskāra 148
Sattva (inneres Licht) 27, 144, 150, 207, 210 ff., 216, 223 f., 225 f., 229, 267, 329, 334
Sattva-Nahrung 220
Schlaf(störungen) 58, 85, 264 ff., 271
Schmerz, körperlicher 254 ff.
–, seelischer 195 f.
Schwangerschaft 307 ff.
Schweiß-Überprüfung 100
Schwitzkuren 100, 121, 123 ff.
Schulterschmerzen 262 f.
Seele 12, 28, 30, 149, 173, 189, 204, 206 f., 210, 223, 226 f., 228, 336
Sehkraft 114, 252, 273 f.
Seife 116
Selbst 13, 16, 18, 30, 36, 64, 107, 149 f., 152, 189, 204, 206, 210 f., 218, 223, 227, 229, 331, 336 (s. a. → Jīva)
Selbst-Wahrnehmung 95, 106
Shānti 101, 336
Sharma, Priyavrat V. 22 f.
Sharvat 44, 245
Sinne, Mißbrauch und Nutzung der 207 ff.
Sinnesorgane 27 f., 207
Solarplexus → Hridya
Soma 95, 106
Streß 45, 47, 255 f., 261 f., 279, 288, 294, 299, 329
Stuhl-Überprüfung 97 ff.
Süßholz 119, 273 f., 277, 317 f.
Sushruta 25
Sushruta Samhitā 25

Tabakkonsum 182, 184 f.
Tamas 27, 144, 207, 210 ff., 228 f., 264 f., 267, 282, 329, 334
Tamas-Nahrung 219
Tattva 27
Therapie, psychische 220 f., 226, 275
–, rationale 220 f., 226
–, spirituelle 220 ff., 275
Thymian 240, 242, 279, 292, 297, 313
Tod 203 ff.
Tränensäcke 105 f.
Tridosha → Humore, drei
Triebkräfte, natürliche 188 f.
–, nicht-unterdrückbare 189 ff., 194
–, unterdrückbare 191 ff.

Übergewicht → Fettleibigkeit
Universalseele → Purusha
Universum 60, 76, 87 f., 93, 107
Upadhātus (Sub-dhātus) 90
Urin-Überprüfung 99

Vagbhata 25
Vagina, Infektion der 305 ff.
–, Pflege der 120 f.
Vaidya 20, 45, 84, 103, 330

Vata 19, 37 f., 40, 46, 52 f., 55, 58, 61 ff., 79, 81 f., 84 f., 89, 93, 98 f., 102, 104 f., 112 ff., 120, 122 ff., 126 ff., 131, 134, 143, 146, 177, 179, 181, 183, 186, 190 ff., 197, 202 f., 211, 214, 228 f., 237 ff., 242, 249, 251, 255, 257, 259 ff., 265 f., 268, 272, 280 f., 284, 292 ff., 301, 303 f., 308 f., 320 f., 326 f., 329, 334 f.
Vātika-Menschen 68, 82 f., 85, 98 ff., 104
Veden 11, 17, 21, 153
Verdauungsstörungen 85, 284 f.
Vernunft → *Buddhi*
Verstopfung 98, 131 f., 255, 293 ff., 298, 308
Virya 88, 314 f., 321

Wechseljahre 202

Yajurveda 17

Yin und Yang 219
Yoga 27, 29, 101, 134, 148 f., 152, 160, 169, 183, 199
Yogabhyāsa 150, 152 f.
  Baddha Konāsan 168
  Konāsana im Sarvangāsana 163 ff.
  Makarāsana 162 f.
  Pavanamukta 163
  Paschimottānāsana 278, 299
  Shirsāsana 161 f.
  Sūrya Namaskāra 153 ff., 302
  Upavishta Konāsana 166 f.
  Vayrāsana 259
Yogāsana (-übungen) 48, 102, 150, 153 f., 163, 182, 217 f., 224, 259, 261, 278, 292, 299, 302, 311

Zahn-Reinigung 109 ff.
Zedrachbaum → Neem
Zellen 94, 333, 335
Zimt 317
Zorn 197 f.